本书系国家社科基金一般项目
"超大城市生人社会的熟人社区建设研究"（16BSH119）的最终成果

温情再归

超大城市的熟人社区建设

Warmth Returns

The Construction of
Metropolitan Acquaintance Communities

李敏 著

社会科学文献出版社
SOCIAL SCIENCES ACADEMIC PRESS (CHINA)

序

社区研究起源于美国芝加哥大学社会学系，属于城市社会学的重要组成部分。甚至可以说，芝加哥大学社会学系刚建系时，社区研究是它最重要的研究聚焦点。一百多年过去，如今社区研究仍然是美国城市社会学的主要研究领域之一。芝加哥大学社会学系两任系主任，都曾因为社区研究方面的卓越成就而转任哈佛大学社会学系主任。其中罗伯特·J.桑普森（Robert J. Sampson）至今仍然笔耕不辍，他的近著《伟大的美国城市：芝加哥和持久的邻里效应》于2018年由社会科学文献出版社翻译出版。

2003~2005年，我作为富布莱特访问学者和美中学术交流委员会高级访问学者，在一些美国学者和朋友的帮助下，实地考察和访谈了芝加哥、休斯敦、波特兰、纽约的一些社区，尤其在波特兰的纽伯格进行了四五个月的实地调查，考察和访谈了多个社区、志愿者组织以及市政府负责社区发展的机构。我亲身感受也比较清楚和具体地了解了托克维尔在《论美国的民主》一书中描述的美国地方自治、公民参与和社会组织的具体运作过程与活动方式。虽然后来在日本东京的多个社区以及之前在英国伦敦的一个社区也做过类似的实地考察和访谈，但是美国的社区居民和他们建立的社区组织所进行的各种活动仍然令我印象深刻。

我国的社区研究开始于20世纪二三十年代，主要也是受美国芝加哥大学的影响。时任燕京大学社会学系主任的吴文藻先生曾经邀请芝加哥大学的社会学教授罗伯特·帕克（Robert Park）等人到燕京大学讲学，在吴文藻先生撰写的《中国社区研究的西洋影响与国内近状》一文中我们可以看到这种影响的详细情况。

20世纪50年代，国内社会学系取消，直到改革开放后的80年代才重新恢复。与此同时，随着改革开放的深入，20世纪80年代中后期，社区服务开始在我国发展起来，但是社区服务的真正发展是在1992年党的十四大确立社会主义市场经济体制之后。在社区服务多年发展的基础上，我国又进一步在 2000 年和 2012 年开展了社区建设和社区治理的工作。党中央的重视，以及在开展社区建设后国家各级政府资金（包括科研资金）的大力投入，使全国各地的社区得到了蓬勃兴旺的发展，也吸引了越来越多的研究者。回想 1997 年我开设社区研究的本科生课程时，这门课程算不上热门。同年在青岛参加民政部组织的"社区服务理论与实践研讨会"时，全国进行社区研究的社会学者也就十来个人。随着社区建设和社区治理的深入发展，参与的研究者不啻过江之鲫，大量涌入，包括不少以前在其他领域的研究者，研究热潮也一浪高过一浪，蔚为壮观。

《温情再归：超大城市的熟人社区建设》这本专著是李敏教授主持的国家社科基金项目的研究成果，主要研究在超大城市的社区中重建传统社区的本质属性：居民对社区的归属感和认同感、居民之间的凝聚力、邻里互动与互助、社区参与、遵守规范以及自主自治等。这些属性是传统社区最重要的内核，但是工业革命后城市化的迅速发展，使这些属性在世界各国都不同程度地被破坏，严重的甚至消失殆尽。当然，随着电子通信技术和互联网的发展，虚拟社区成为不少地域性社区的替代，或多或少弥补了传统社区的一些属性。

作者的研究视角主要是社会学的社会资本理论，即以帕特南为代表的研究者所提出的社会为中心的社会资本概念。我在 2007 年发表的《社会为中心的社会资本理论及其测量》一文中就提出，社会为中心的社会资本与个人为中心的社会资本在研究关注点和社会实践方面有着极大的区别，其服务的对象和影响也有根本的区别。正如林南教授所指出的，社会为中心的社会资本关心的是一个社会、社区或者群体中集体的社会资本，主要包括：①特定的群体如何发展或维系一定存量的社会资本作为公共（集体）物品；②这一公共（集体）物品如何提高群体成员的生活品质。而个人为中心的社会资本关心的是：①个人如何对社会关系进行投资；②个人如何挖掘嵌入社会关系中的资源，以实现特定的目标。实事求是地讲，我们的社会中并不缺少挖空心思"搞关系"、编织个人社会关系网的人，缺少的是关注社会和社区成员的互助合作、热情于社区互动和各种活动、注重社区参与、增强社会凝聚力和向心力以及促进更广泛的社会信任的人。

本书采用的是社会学的定量与定性相结合的研究方法。课题负责人在北京和深圳分别选取了 5 个社区和 4 个社区，发放问卷并进行实地访谈调查。

通过研究，作者认为超大城市重建熟人社区的路径主要是：在多元主体协同治理的前提下，以社区社会资本培育为切入点，依托社区服务，重点激发与建设居民的主体性。具体内容是：多元主体协同是前提，激发社区参与是关键，搭建社区网络是核心，提升社区信任是根基，形成社区规范是保障，实现社区自治是主旨。

本书的研究创新与贡献主要是深化了社区治理的研究视角，专门针对超大城市的熟人社区重建进行研究。而实际上，超大城市的社区在传统社区属性方面的丢失恐怕是最严重的，世界各国无不如此。再者，是采用社会学田野调查的方法，在第一手调查数据和调查资料的基础上，对熟人社区重建与社会资本的关系进行了深入研究，因此提出的重建熟人社区的路径更切实可行，也更具有理论意义和实践价值。

不过，研究也存在不足和局限，如同作者指出的，调查问卷的指标有缺陷，调查样本也较少。当然，三年的疫情也是客观原因。

作者李敏是我的博士生，她自进入中国人民大学攻读博士学位后，一直努力学习社会学的专业知识以及有关社区研究和城市社会学的各种理论，在学习与科研方面勤奋、踏实、努力，系统地掌握了本学科的基础理论和方法技术。博士毕业后我推荐她去清华大学做李强教授的博士后，出站后至今她都在中华女子学院讲授社会学和社会工作的课程并始终进行社区领域的学术研究。她工作上努力、责任心强，现任中华女子学院教授、社会工作学院院长。现在，她的研究成果正式出版，我由衷地为她高兴，并在此祝她在学术研究的道路上取得更大的成就。

夏建中

2024 年 2 月于京城寓所

前　言

20 世纪末期以来，在社会转型和社会重建的背景下，我国的社会结构经历了快速变迁。单位制逐渐瓦解，"单位人"转变为"社会人"。特别是随着工业化、城市化、市场化、全球化、信息化的深入发展，我国社会已然走出传统社会，人口流动日益频繁，社会分工高度细化，社会分层不断加剧。在城市社会中，由陌生人组成的社区成为新的组织形式，社区成员原子化、邻里关系疏离、社会联结弱化、社会规范失灵等，导致社区公共生活领域发展滞后，而这些问题影响着城市的健康发展。

截至 2021 年底，我国有重庆（2650 万人）、上海（2489 万人）、北京（2189 万人）、深圳（1768 万人）、天津（1373 万人）等多个市区常住人口超过 1000 万人的超大城市。在遵守社区规范的前提下，激发社区居民的参与主体性，培育社区居民互信、互助和合作的社区文化，还原中国社区"原初"的温情、互助属性，增强社区认同，助推社区自治，实现熟人社区建设的目标，是推进基层社会治理以及和谐社区建设的难点所在。

当代中国，无论是超大城市还是特大城市及大中小城市，都面临熟人社区建设的共性问题，尤其是人口众多、流动性大的超大城市，问题矛盾更为突出。为此，本书选取位于中国北方和南方的两个具有代表性的超大城市北京和深圳，尝试整合实证范式和行动范式。在治理理论和社会资本理论的指导下，运用问卷法和访谈法在北京和深圳的不同类型社区收集资料，梳理两个超大城市熟人社区建设的机遇与挑战，分析两个超大城市熟人社区建设的现状及影响因素。在此基础上，选择北京市朝阳区"农转居" C 社区、海淀区混合型老旧 Y 社区以及深圳市坪山区"农转居" I 社区和罗湖区城中村 L 社区开展个案研究；在北京市大兴区商品房 S 社区、海淀区单位型 Y 小区以及朝阳区传统老旧 A 社区，运用社区社会工作、小组社会工作等社会工作的专业方法开展行动研究，进而总结超大城市熟人社区的建设路径，为推进中国社会治理以及和谐社区建设提供有益的理论启示和政策建议。

本书将熟人社区建设界定为：通过搭建多元主体协商共治平台，培育社区社会资本，将原子化的居民重新凝聚，增强社区归属感与认同感，培养责任感与公共精神，将社区打造成为邻里熟识、守望相助、社区认同、自主自治的社会生活共同体。

研究发现，邻里在北京和深圳居民心中占有重要地位，绝大多数居民认同"远亲不如近邻"的观念，但邻里熟识度一般，深圳好于北京；居民认知的社区邻里互助总体情况一般，整体互助行为较少，深圳好于北京；绝大多数居民的社区归属感和社区自豪感较强，深圳好于北京。在北京，居民策划社区活动的意愿较强，但组织活动的比例较低，居民有意愿在活动中担任"义工"；参与解决社区问题的意愿较强，但曾经参与解决过社区问题的比例较低；大多数居民希望社区居委会主任的承担者是本社区居民，认为社区管得好不好主要在于社区居委会，少部分居民认为主要在于居民自己发挥力量。在深圳，居民策划社区文娱活动的意愿更强，策划活动的范围更广，更愿意参与策划公益类活动，参与"义工"的积极性更高；以组织者身份参与的比例更高，主动参与和自发组织文娱活动的比例更高；参与解决社区问题的意愿更强，曾经参与解决过社区问题的比例更高；半数以上居民希望社区居委会主任的承担者是本社区居民；认为社区管得好不好主要在于物业公司，认为主要在于居民自己发挥力量的比例较北京稍高。

影响超大城市熟人社区建设的主要因素包括社区社会资本、社区服务、社区安全和社区环境等。

社区社会资本主要通过社区参与、社区信任、社区网络、社区规范进行测量。研究发现，在社区参与方面，居民的社区文化参与、社区政治参与、社区公共参与比例越高，邻里熟识度越高，邻里互助行为越多，社区归属感和社区自豪感越强，居民的自主性以及自治意识越强；在社区信任方面，社区信任状况越好，邻里熟识度越高，邻里互助行为越多，社区归属感和社区自豪感越强，居民的自主性以及自治意识越强；在社区网络方面，社区网络状况越好，邻里熟识度越高，邻里互助行为越多，社区归属感越强，居民的自主性以及自治意识越强；在社区规范方面，赞同建立社区公约的比例越高，邻里熟识度越高，邻里互助行为越多，社区归属感和社区自豪感越强，居民的自主性以及自治意识越强。可见，社区社会资本与熟人社区建设显著相关。培育社区社会资本，有利于超大城市的熟人社区建设。

社区服务主要通过对社区组织的满意度进行测量。研究发现，两地居民对议事委员会、社区社会组织满意度越高，邻里观念越强。在北京，居民对开发商满意度越高，邻里熟识度越高；对议事委员会、社区社会组织满意度越高，行动照顾类互助比例越低；对议事委员会满意度越高，物质支援类互助比例越高；对开发商满意度越高，参与解决社区问题的意愿越强；对物业管理公司、社区党群服务中心满意度越高，选择社区居委会主任的承担者是本社区居民的比例越高。在深圳，居民对议事委员会满意度越高，邻里熟识度越高；对社区居委会、议事委员会满意度越高，信息分享类互助比例越高；对开发商、社区居委会、议事委员会满意度越高，社区归属感越强；对社区居委会满意度越高，社区自豪感越强；对物业管理公司的满意度越高，越会以活动参与者、受邀参与者身份参加活动；对社区组织满意度越高，选择社区居委会主任的承担者是本社区居民的比例越高。

社区安全主要通过社区夜晚安全状况、社区事故发生频率进行测量。研究发现，深圳社区安全状况越好，邻里熟识度越高，行动照顾类和信息分享类互助越多，越会以活动参与者身份参与文娱活动，社区归属感和社区自豪感越强。

社区环境主要通过社区绿化环境、健康娱乐设施、社区公共空间进行测量。研究发现，两地居民对社区绿化环境、健康娱乐设施、社区公共空间满意度越高，社区归属感和社区自豪感越强。在深圳，居民对健康娱乐设施、社区公共空间满意度越高，赞同邻里观念的比例越高；对社区公共空间满意度越高，邻里熟识度越高；对健康娱乐设施、社区公共空间满意度越高，邻里互助越多，尤其是行动照顾类、信息分享类互助越多；对健康娱乐设施满意度越高，策划社区文娱活动的意愿越强。在北京，居民对社区绿化环境、社区公共空间满意度越高，互助行为越多；对健康娱乐设施满意度越高，以组织者身份参与文娱活动的比例越高，参与解决社区问题的比例越高。

基于超大城市熟人社区建设的现状及影响因素分析，对北京的"农转居"社区、混合型老旧社区以及深圳的"农转居"社区、城中村社区开展个案研究。在北京的商品房社区、单位型小区以及传统老旧社区，运用社会工作专业方法开展行动研究。在此基础上，提出超大城市熟人社区建设的路径是在多元主体协同治理的前提下，以社区社会资本培育为切入点，依托社区服务，重点激发与建设居民的主体性。

第一，多元主体协同是熟人社区建设的前提。党的十九大报告阐述了多元主体共同参与社会治理的特征。社区治理被赋予了新的时代内涵和历史价值，成为当代中国推进国家治理和社会治理现代化的关键点和突破口。推动参与治理的主体结构从单一模式转变为多元主体模式是推进社区治理的重要抓手。为此，要理顺政府社会关系，充分发挥社会力量参与，动员市场力量作为补充，搭建多元主体协商议事联动平台，激发社区各主体的自主意识和参与意识。

第二，激发社区参与是熟人社区建设的关键。居民的社区参与是熟人社区建设的动力源泉。积极发现与培育社区骨干，带动居民共同参与，将个体化的居民、碎片化的社区凝聚成共同体，走出陌生人社区建设的困境。推行社区协商议事制度，充分发扬基层民主。以社区志愿者为"发力点"，延长志愿者队伍这条"连接线"，带动居民参与形成"互助面"。

第三，搭建社区网络是熟人社区建设的核心。培育社区社会组织，调整社会治理体系结构，形成多元主体合作网络。社区公共空间的合理规划与建设是社区关系网络强化的重要条件。通过社区服务，促进居民频繁互动与深层交往，构建社区各主体的联结机制，形成相互信任的社区网络。

第四，提升社区信任是熟人社区建设的根基。信任是社会关系的黏合剂，基于人际互动产生。强化人际信任，通过交往建立关系网络，在网络中形成组织，建立规范，通过不断互动，重塑邻里情感，促进社区信任的形成。将社区特色文化打造作为社区信任提升的内在主线，实现社区从地域共同体向精神共同体的转变。

第五，形成社区规范是熟人社区建设的保障。社区规范能够健全各项制度，增强社区功能，调动社区主体的积极性，实现资源共享和社区自治。城市社区治理需充分发挥自治章程、居民公约的作用，积极弘扬公序良俗，推动社区的法治、德治以及自治的有机融合。将社会主义核心价值观融入社区公约，内化为居民的道德情感，外化为服务社会的自觉行动，并积极构建社区公共精神。

第六，实现社区自治是熟人社区建设的主旨。"扩大民主、居民自治"是城市社区建设的基本原则，提高居民自治水平是创新社区治理的重要基础。社区自治是将居民放置在社区的主导地位。为此，发挥居民主体性是实现社区自治的关键。各主体要始终坚持"以居民为中心"的理念，以赋权为核心，以增能为目的，以激发居民的主体性为宗旨。

目　录

导　论 …………………………………………………………… 1

　　一　研究背景与研究意义 ……………………………………… 1

　　二　研究思路与研究框架 ……………………………………… 4

　　三　研究设计 …………………………………………………… 5

第一章　熟人社区建设：研究谱系与理论基础 ………………… 20

　　一　国内外研究谱系 …………………………………………… 20

　　二　理论基础 …………………………………………………… 25

　　三　概念界定 …………………………………………………… 35

第二章　熟人社区建设的机遇与挑战 …………………………… 47

　　一　熟人社区建设的机遇 ……………………………………… 47

　　二　熟人社区建设的挑战 ……………………………………… 56

第三章　熟人社区建设的现状分析 ……………………………… 58

　　一　邻里熟识的现状 …………………………………………… 58

　　二　守望相助的现状 …………………………………………… 65

　　三　社区认同的现状 …………………………………………… 88

　　四　自主自治的现状 …………………………………………… 93

第四章　熟人社区建设的影响因素分析 ………………………… 113

　　一　社区社会资本与熟人社区建设的关系 …………………… 113

　　二　社区服务与熟人社区建设的关系 ………………………… 199

　　三　社区安全与熟人社区建设的关系 ………………………… 220

　　四　社区环境与熟人社区建设的关系 ………………………… 230

第五章 熟人社区建设的个案研究 …………………… 246

　一　北京市朝阳区"农转居"社区 …………………… 246

　二　北京市海淀区混合型老旧社区 ………………… 258

　三　深圳市坪山区"农转居"社区 …………………… 271

　四　深圳市罗湖区城中村社区 ……………………… 279

第六章 熟人社区建设的行动研究 …………………… 288

　一　北京市大兴区商品房社区 ……………………… 288

　二　北京市海淀区单位型小区 ……………………… 303

　三　北京市朝阳区传统老旧社区 …………………… 315

第七章 超大城市的熟人社区建设路径 ……………… 320

　一　多元主体协同是熟人社区建设的前提 ………… 320

　二　激发社区参与是熟人社区建设的关键 ………… 326

　三　搭建社区网络是熟人社区建设的核心 ………… 329

　四　提升社区信任是熟人社区建设的根基 ………… 333

　五　形成社区规范是熟人社区建设的保障 ………… 337

　六　实现社区自治是熟人社区建设的主旨 ………… 339

第八章 结论与反思 …………………………………… 343

　一　结论 …………………………………………… 343

　二　反思 …………………………………………… 352

参考文献 ……………………………………………… 354

附　录 ………………………………………………… 383

　附录1　调查问卷 ………………………………… 383

　附录2　访谈提纲 ………………………………… 395

后　记 ………………………………………………… 400

导　论

一　研究背景与研究意义

（一）研究背景

在社会转型和社会重建的背景下，我国的社会结构经历了快速变迁。单位制的社会组织形式逐渐瓦解，"单位人"转变为"社会人"。传统中国社会的人口流动频率较低、速度较慢，社区成员的同质性较强。伴随城镇化和工业化的不断推进，人口流动日益频繁，社会分工高度细化，社会分层不断加剧，社区成员的异质性增强，陌生感凸显（何绍辉，2017：37～39）。在城市社会中，由陌生人组成的社区成为社会新的组织形式。当前社区成员原子化（田毅鹏，2012：65～69）、邻里关系疏离（王春光，2013：91～99）、社区认同缺失基础上的社会联结弱化（何绍辉，2017：37～39）、个人与国家间社会联结弱化（华伟，2000：86～99）、植根于社会组织关系弱化的社会规范失灵（田毅鹏，2015：62～67）等，导致社区公共生活领域发展滞后，社区治理出现诸多问题，而这些问题影响着城市的健康发展。

解决"社区失落"的实质就是要充分激活人们之间的相互需要，以共同的利益诉求和思想共识为前提，在社区建设过程中通过增加社区组织与居民的交往，组织丰富多彩的社区活动，扩大社区公共活动的空间，增进社区成员间的相互了解和沟通，拓宽居民的人际关系范围，形成良好的社区人际关系，增强社区凝聚力。邻里作为一种传统的乡土社会资本，应在现代社会发挥其潜能，达到社会的良好整合。通过邻里纽带完成人际关系的重新整合，继而通过认同社区文化完成对城市文化的认同及增强对城市的归属感，在社区文化背景下求同存异，达到城市对其成员的整合，最终建立以认同感为纽带的新型社区，培育新型邻里关系，增强居民间的亲和力，形成和睦相处的社会氛围，以上是熟人社区建设的重要内容。

社区作为社会的基础单元，承担相应的管理与服务职能。为了更好地发挥社区功能，满足居民多样化的需求，需要提升社区治理水平，构建以利益和情感为联结形式的社会生活共同体。如何实现社区的"再组织化"，还原中国社区"原初"的温情、互助属性，成为社区治理领域的重要议题。当代中国，无论是超大城市还是特大城市及大中小城市，都面临熟人社区建设的共性问题，尤其是对于人口众多、流动性大的超大城市，问题矛盾更为突出。

截至 2021 年底，我国有重庆（2650 万人）、上海（2489 万人）、北京（2189 万人）、天津（1373 万人）[①]、深圳（1768 万人）[②] 等多个市区常住人口超过 1000 万人的超大城市。在遵守社区规范的前提下，培育社区居民互信、互助和合作的社区文化，重构社区的交往规则，创建熟人社区，是推进基层社会治理以及和谐社区建设的难点所在。

（二）研究意义

1. 推进和谐社会建设的重要举措

和谐社会建设建立在社区和谐基础之上。超大城市因人类社会最重要的联结机制中间组织的解体或缺失，而产生了个体孤独、无序互动状态和道德约束、社会失范等社会危机。进一步推进和谐社会建设，必须直面以上社会危机。为此，要立足每个个体生活的社区，探究个体孤独、无序互动状态等的解决之道。社区和谐离不开邻里的和谐互助，离不开邻里关系的维系。为此，现代和谐社区的建设，必然需要建设熟人社区。研究超大城市熟人社区建设，探索熟人社区建设的路径，是进一步推进和谐社会建设的重要举措。

---

① 《2021 年城乡建设统计年鉴》，中华人民共和国住房和城乡建设部官方网站，https://www.mohurd.gov.cn/gongkai/fdzdgknr/sjfb/index.html，最后访问日期：2023 年 8 月 4 日。

② 《深圳统计年鉴 2022》，深圳市统计局官方网站，http://tjj.sz.gov.cn/zwgk/zfxxgkml/tjsj/tjnj/content/post_10390917.html，最后访问日期：2023 年 8 月 4 日。

2. 探索新时代主要矛盾解决途径

党的十九大报告指出，新时代我国社会的主要矛盾是人民日益增长的美好生活需要和不平衡不充分的发展之间的矛盾。社区是城市的基本构成单元，是居民的生活交往空间。社区建设的好坏直接关系到居民的获得感和满意度。居民的社区美好生活，是满足人民美好生活需要的重要组成部分。中国改革开放 40 多年的发展历程，在社区治理方面，实际是一个重新发现以及培育社区的过程，社区是拯救城市的一道底线（刘建军、王维斌，2018：54~60）。

超大城市已进入内涵治理的新阶段，进一步提升城市发展质量，已成为学术界与实务界共同关注的主题。在超大城市社区中，充分发挥多元主体的协商共治，促进社区居民的主动参与，推进社区治理形态的更新，推动社区共同体意识的生成，增强社区居民的认同感，成为满足社区居民对美好生活向往的新途径。因此，对超大城市熟人社区建设的研究与实践是回应人民群众对美好生活新期待的应有之义，对于解决新时代我国社会的主要矛盾具有重要意义。

3. 创新基层社会治理思路与路径

推动基层社区治理创新，提高基层社区治理水平，是全面深化改革的重要目标（何绍辉，2017：114）。没有社区治理的自主化，就没有社会治理结构的基础。研究熟人社区建设的路径，实际是对基层社会治理结构创新的探索。熟人社区建设的研究与实践，是充分发挥社区各方主体以及各职能部门的作用，打造共建、共治、共享的社会治理格局，创建"人人有责、人人尽责、人人享有"的社会治理共同体的积极探索与实践，为全国范围内的基层社区治理创新提供了现实路径。

4. 丰富城市治理及社区发展理论

进入 21 世纪以来，中国正在经历世界历史上规模最大、速度最快的城镇化进程，城市成为经济、政治、文化、社会等活动的中心。在城镇化过程中出现了对民众的基本需求关注不足、社会服务水平较低等问题。社区被认为是解决新产生社会问题的重要力量。加强城市治理和社会服务，创新城市治理方式，特别要注意加强城市精细化管理。为此，社区的作用将更加凸显。社区建设不仅意味着重新找回失去的地方团结形式，还是促进街道、城镇和地方区域的社会和物质复苏的可行办法，社区是新兴政治的根本所在。熟人社区建设的研究与实践，可进一步丰富我国城市治理及社区发展的理论，同时为推进社会服务、推动社会各阶层融合发展做贡献。

二 研究思路与研究框架

（一）研究思路

本书选取位于中国北方和南方的两个具有代表性的超大城市北京和深圳，梳理北京和深圳熟人社区建设的机遇与挑战，尝试整合实证范式和行动范式。在治理理论和社会资本理论的指导下，运用问卷法和访谈法收集资料，分析北京和深圳熟人社区建设的现状及影响因素。在此基础上，通过对北京和深圳的不同类型社区开展个案研究以及社会工作的行动研究，总结提炼超大城市的熟人社区建设路径，为推进中国社会治理以及和谐社会建设提供有益的理论启示和政策建议。

（二）研究框架

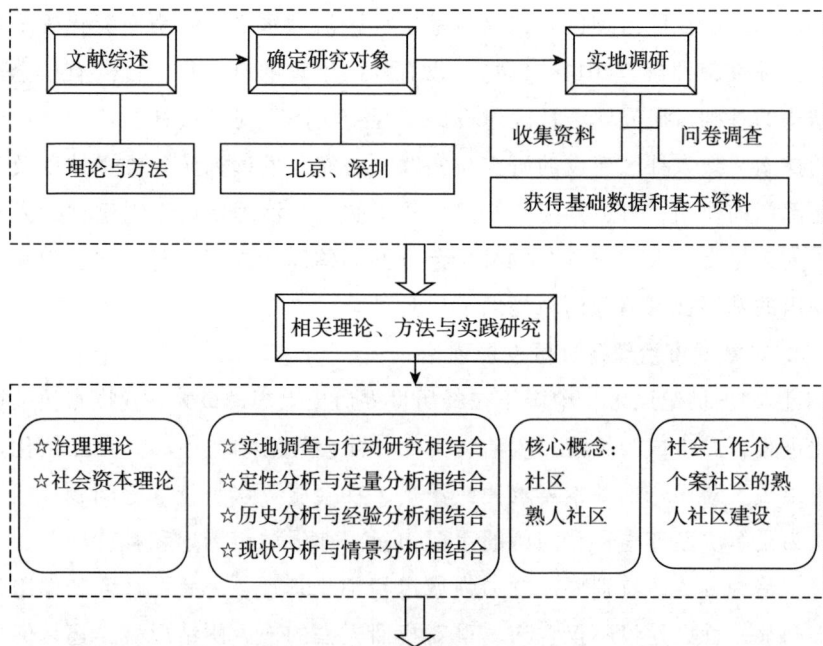

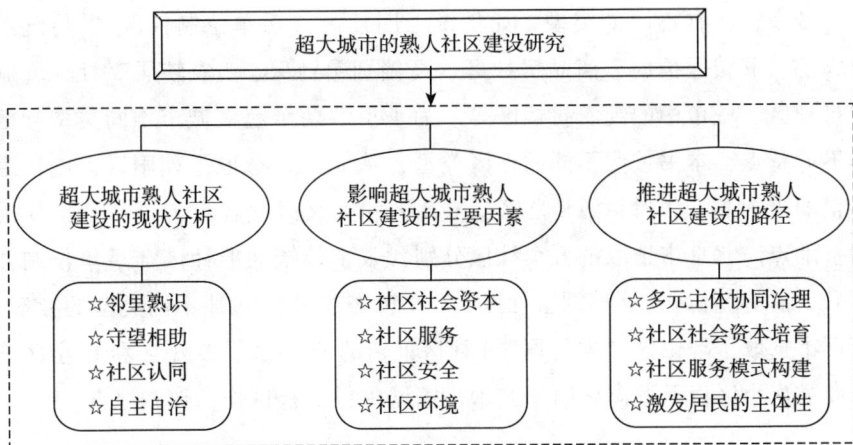

三　研究设计

（一）研究对象

本书选取北京和深圳两个超大城市作为研究对象。北京是首都，位于中国的北方。2022 年末，北京市常住人口为 2184.3 万人，比上年末减少4.3 万人。其中，城镇人口 1912.8 万人，占常住人口的比重为 87.6%；常住外来人口 825.1 万人，占常住人口的比重为 37.8%。常住人口出生率为5.67‰，死亡率为 5.72‰，自然增长率为-0.05‰。

第七次全国人口普查数据显示，北京市常住人口为 2189.3 万人，城镇人口为 1916.6 万人，占常住人口的比重为 87.5%；乡村人口为 272.7 万人，占常住人口的比重为 12.5%；外省市来京人口为 841.8 万人，占常住人口的比重为 38.5%。[①] 深圳位于中国的南方，是一个移民城市。截至2022 年底，深圳市常住人口为 1768.16 万人，常住户籍人口为 556.39 万人，占约 31%；常住非户籍人口为 1211.77 万人[②]，占近 69%。这两个城市是典型的超大城市。

[①]　《北京市第七次全国人口普查公报》，北京市统计局、国家统计局北京调查总队官方网站，http://tjj. beijing. gov. cn/tjsj_31433/tjgb_31445/rpgb_31449/，最后访问日期：2023 年8 月4 日。

[②]　《深圳统计年鉴 2022》，深圳市统计局官方网站，http://tjj. sz. gov. cn/zwgk/zfxxgkml/tjsj/tjnj/content/post_10390917. html，最后访问日期：2023 年 8 月 4 日。

城市社区有不同的类型，如传统老旧社区（后单位制社区）、传统单位大院、旧城保护区、商品房社区、高档别墅社区、"农转居"社区、城中村社区、城市中的纯农村社区等。为了反映两个超大城市不同类型社区的不同特点，本书按照不同的社区类型，从北京市选取了朝阳区大屯街道下辖的 Y 社区、A 社区、S 社区、X 社区和大兴区观音寺街道 Z 社区作为调查地点。北京市选取的五个社区分别代表了传统老旧社区（后单位制社区）、商品房社区、高档别墅社区、"农转居"社区四种不同类型的社区。深圳市选取了坪山区"农转居" I 社区下辖的 D 小区、W 小区和 G 小区三个商品房小区以及罗湖区梧桐艺术小镇城中村 L 社区作为调查地点。

（二）变量测量

1. 因变量

测量熟人社区主要有四个维度：邻里熟识、守望相助、社区认同、自主自治。

邻里熟识主要通过"远亲不如近邻，您对这种说法的态度"（邻里观念）、"您和邻居之间的熟悉程度如何"（邻里熟识）进行测量。

守望相助主要通过"您认为本社区的居民之间相互帮助的情况如何"（邻里互助认知）以及"您的邻居是否经常帮助您或您的家人"和"您和您的家人是否经常帮助您的邻居"（邻里互助行为）进行测量。

邻里互助可划分为五个维度：行动照顾类、物质支援类、心理慰藉类、工具支持类和信息分享类。通过"您是否请邻居看护过自己患病的孩子"以及"您是否请邻居帮忙照顾过患病的自己"（行动照顾类）、"您能否顺利从邻居家中借到需要的日常用品（如盐、酱油等）"（物质支援类）、"通常情况下，您的家庭生活纠纷首先找谁化解"（心理慰藉类）、"通常情况下，您家里的红白喜事主要找谁帮忙"（工具支持类）、"您是否愿意将社区活动信息传达给社区居民，让他们有机会享受社区服务"（信息分享类）等进行测量。

社区认同主要通过"我住在本社区有家的感觉"（社区归属感）、"作为本社区一员，我感到自豪"（社区自豪感）等进行测量。

自主自治主要包括社区居民自主性以及社区自治情况。社区居民自主性主要通过"您是否愿意策划组织社区文化娱乐活动"（策划意愿）、"您将参与策划哪方面的活动"（策划类型）、"您是以什么身份参与您最喜欢的娱乐活动的"（组织文娱活动）进行测量。社区自治情况主要包括解决社区问题和社区管理者两个方面。通过"如果有人发动居民来解决社区内的问题，您是否会参加"（参与意愿）、"在过去一年中，您是否曾与社区其他居民一起解决过社区的公共问题"（参与行为）、"您希望社区居委会主任是谁"（社区居委会主任的承担者）、"您认为社区管得好不好，主要在于谁"（社区管理的责任人）进行测量。

2. 解释变量

（1）个人属性

个人属性控制的变量主要有性别（女性为参照）、年龄、婚姻状况（未婚为参照）、中共党员身份（非中共党员为参照）、宗教信仰（无宗教信仰为参照）、受教育程度、就业状况（未就业为参照）、居住时间、近三年家庭年均收入、近三月个人月均收入、家中有孩子（12 岁以下）（家中无 12 岁以下的孩子为参照）、居委会成员身份（无居委会成员身份为参照）、居民代表身份（无居民代表身份为参照）。

（2）社区社会资本

社区社会资本主要通过社区参与、社区信任、社区网络、社区规范进行测量。社区参与包括社区文化参与、社区政治参与、社区公共参与。社区文化参与通过"您是否参加过社区内的文化娱乐活动"（参加文化娱乐活动情况）、"您本人参加过社区哪些方面的文化娱乐活动"（参加文化娱乐活动类型）、"您参加过的社区文化娱乐活动中，最喜欢的是"（最喜欢的文化娱乐活动）、"您不参与社区文化娱乐活动的最主要原因"（不参与原因）进行测量。社区政治参与主要通过"您是否关注社区两委（居委会和支委会）换届选举"进行测量。社区公共参与主要通过"您是否愿意参加更多的社区志愿活动"（参与社区志愿服务意愿）、"您是否愿意成为社区以下成员之一"（成为社区组织成员意愿）、"如果社区需要您贡献自己更多的力量，您是否愿意"（为社区发展贡献力量意愿）、"您是否支持居民代表/楼门长对社区事务的提议"（支持社区事务提议）、"通常情况下，您对社区的建设和发展有意见或建议找谁"（社区意见反馈对象）进行测量。

（3）社区服务

社区服务主要通过"请您对本社区的开发商、物业管理公司、社区居委会、业主委员会、议事委员、社区服务站等进行评价"（社区组织的满意度）进行测量。

（4）社区安全

社区安全主要通过"您认为晚上 12 点以后，在小区里独自步行是否安全"（社区夜晚安全状况）、"您在社区内是否遭遇过以下情况"（社区事故发生频率）进行测量。

（5）社区环境

社区环境包括社区绿化环境、健康娱乐设施以及社区公共空间。社区环境主要通过"您认为本社区的绿化环境是否有必要改善"（社区绿化环境）、"您对社区的健康娱乐设施满意吗"（健康娱乐设施）、"您对社区的公共空间满意吗"（社区公共空间）进行测量。

（三）研究方法

通过定量研究可在更为广阔的图景上了解北京和深圳两个超大城市熟人社区建设的基本情况以及影响因素。通过质性研究可更加深入地了解社区居民的日常生活世界，倾听他们的声音，在一定程度上呈现具有丰富意义的叙事。定量研究是将研究的事物进行操作化，并确定各项指标方面量的规定性的科学研究，它更强调将问题与现象用数量关系来表示，并进行解释分析，从而获得研究结论，所以定量研究重视预测控制，强调事实的客观实在性（风笑天，2009：121~140）。

质性研究是以研究者本身作为研究工具，在自然情境下通过多种方法进行资料收集，对资料进行归纳分析，进而形成理论，并通过互动对研究对象的行为进行理解的活动（陈向明，2000：12）。通过纵深地考察研究对象的发展变化和特征，才能揭示其本质和规律（张妙清，1995：287）。事物内部微妙复杂的关系，需通过过程充分展现（孙立平，2000：9）。事件过程展现中的复杂互动关系需通过质性研究获得。质性研究通过观察真实的生活世界，进行归纳分析，探究人们的生活、行为以及互动关系，试图了解特殊的社会事件，探讨多元主体及其与制度之间的复杂关系。质性研究可避免将丰富资料简单化处理，方便研究者理解复杂微妙的各种关系，探究事物的逻辑关系。

本书基于定量研究和质性研究的不同特点，采用两种方法相结合，以定量研究为主，质性研究资料主要体现在个案研究中。

1. 资料收集方法

（1）问卷法

根据年龄、性别以及各社区的人数比例从北京市朝阳区大屯街道下辖的 Y 社区、A 社区、S 社区、X 社区以及大兴区观音寺街道 Z 社区选取了调查对象展开调查。朝阳区大屯街道是中华女子学院的校外实习实践基地，中华女子学院与大屯街道及下辖各社区有着长期的合作关系。学院研究生和本科生的专业见习、毕业实习、实践周以及课程实践环节均在此街道开展。因此，朝阳区大屯街道的问卷调查是在街道办事处及各社区居委会的大力支持下，在对担任问卷调查员的研究生和本科生进行培训的基础上完成的。大兴区观音寺街道 Z 社区的调查是依托研究生所在的实习机构，在社区居委会的大力支持下，在对担任问卷调查员的研究生以及社区居委会参加调查人员进行培训的基础上完成的。问卷调查采用入户、社区开展活动以及社区公共空间偶遇时发放问卷等方式开展。

北京市总计发放问卷 650 份，其中大屯街道下辖的 Y 社区、A 社区、S 社区、X 社区共发放问卷 440 份，观音寺街道 Z 社区发放问卷 210 份。有效问卷总计 624 份，其中大屯街道 422 份，观音寺街道 202 份。北京市问卷的有效回收率是 96%。北京市问卷调查对象情况如表 0-1 所示。

表 0-1 北京市问卷调查对象情况 （$N=624$）

单位：%

样本特征	特征分布	样本数	占比
性别	男性	266	42.6
	女性	351	56.3
	缺失	7	1.1
年龄	20 岁及以下	12	1.9
	21~30 岁	9	1.4
	31~40 岁	130	20.8
	41~50 岁	89	14.3
	51~60 岁	111	17.8
	61~70 岁	125	20.0
	71 岁及以上	52	8.3
	缺失	96	15.4

样本特征	特征分布	样本数	占比
婚姻状况	未婚单身	68	10.9
	同居	13	2.1
	已婚有配偶	505	80.9
	离婚	9	1.4
	丧偶	26	4.2
	缺失	3	0.5
出生时户口性质	农业户口	257	41.2
	非农户口	364	58.3
	其他	3	0.5
当前户口性质	农业户口	150	24.0
	非农户口	470	75.3
	其他	2	0.3
	缺失	2	0.4
户籍所在地	北京市户籍	364	58.3
	非北京市户籍	254	40.7
	缺失	6	1.0
政治面貌	共青团员	61	9.8
	中共党员	136	21.8
	民主党派	3	0.5
	群众	420	67.3
	缺失	4	0.6
最高受教育程度	未受过正式教育	21	3.4
	小学	46	7.4
	初中	128	20.5
	高中	88	14.1
	职高、技校	6	1.0
	中专	33	5.3
	大专（非全日制）	34	5.4
	大专（全日制）	53	8.5
	大学本科（非全日制）	37	5.9
	大学本科（全日制）	120	19.2
	研究生及以上	57	9.1
	其他	1	0.2

样本特征	特征分布	样本数	占比
	创业	24	3.8
	党政机关、企事业单位、社会团体上班	213	34.1
	退休	210	33.7
就业状况	离职	6	1.0
	自由职业	92	14.7
	务农	28	4.5
	家庭主妇	43	6.9
	缺失	8	1.3
	1 年以下	71	11.5
	1 年（含 1 年）~3 年	185	29.6
	3 年（含 3 年）~5 年	99	15.9
在本社区居住时间	5 年（含 5 年）~7 年	42	6.7
	7 年（含 7 年）~9 年	47	7.5
	9 年（含 9 年）以上	177	28.4
	缺失	3	0.5

选取深圳市坪山区 I 社区作为调查地点，是基于中华女子学院毕业的研究生在 I 社区党群服务中心做社会工作者，在学生的帮助下，课题负责人与 I 社区党群服务中心主任充分沟通，签订合作协议后确定的。根据年龄、性别以及各小区的人数比例，本书从深圳市坪山区 I 社区下辖的 D 小区、W 小区和 G 小区以及罗湖区东湖街道 L 社区选取调查对象。课题组进入 I 社区党群服务中心后，先对社区党群服务中心的社会工作者进行了关于问卷调查的培训，在选定的调查社区进行了试调查。根据试调查的情况，对调查问卷进行了调整。根据所调查社区的实际情况，以社会工作外展的方式在 I 社区下辖的 D 小区、W 小区和 G 小区发放问卷。深圳市罗湖区 L 社区的调查是依托在读研究生的实习机构，在社区居委会的大力支持下，由研究生、实习机构工作人员与社区居委会成员合作，采用入户和社区公共空间偶遇的方式开展的问卷调查。

深圳市总计发放问卷 575 份，其中坪山区 I 社区发放问卷 415 份，罗湖区 L 社区发放问卷 160 份。有效问卷共 555 份，坪山区 I 社区 405 份，其中 D 小区 168 份、W 小区 102 份、G 小区 135 份；罗湖区 L 社区 150 份。深圳市问卷有效回收率是 96.5%。深圳市问卷调查对象情况如表 0-2 所示。

表 0-2 深圳市问卷调查对象情况 (N=555)

单位：%

样本特征	特征分布	样本数	占比
性别	男性	265	47.7
	女性	290	52.3
年龄	20 岁及以下	6	1.1
	21~30 岁	46	8.3
	31~40 岁	167	30.1
	41~50 岁	107	19.3
	51~60 岁	109	19.6
	61~70 岁	98	17.7
	71 岁及以上	22	4.0
婚姻状况	未婚单身	63	11.4
	同居	2	0.4
	已婚有配偶	470	84.7
	离婚	8	1.4
	丧偶	12	2.2
出生时户口性质	农业户口	352	63.4
	非农户口	203	36.6
当前户口性质	农业户口	244	44.0
	非农户口	311	56.0
户籍所在地	深圳市户籍	212	38.2
	非深圳市户籍	343	61.8
政治面貌	共青团员	35	6.3
	中共党员	67	12.1
	民主党派	4	0.7
	群众	447	80.5
	缺失	2	0.4

样本特征	特征分布	样本数	占比
最高受教育程度	未受过正式教育	17	3.1
	小学	50	9.0
	初中	119	21.4
	高中	107	19.3
	职高、技校	8	1.4
	中专	26	4.7
	大专（非全日制）	37	6.7
	大专（全日制）	62	11.2
	大学本科（非全日制）	24	4.3
	大学本科（全日制）	89	16.0
	研究生及以上	16	2.9
就业状况	创业	44	7.9
	党政机关、企事业单位、社会团体上班	170	30.6
	退休	94	16.9
	离职	13	2.3
	自由职业	112	20.2
	务农	37	6.7
	家庭主妇	76	13.7
	缺失	9	1.6
在本社区居住时间	1 年以下	49	8.8
	1 年（含 1 年）~3 年	142	25.6
	3 年（含 3 年）~5 年	169	30.5
	5 年（含 5 年）~7 年	71	12.8
	7 年（含 7 年）~9 年	50	9.0
	9 年（含 9 年）以上	71	12.8
	缺失	3	0.5

（2）半结构访谈法

本书运用半结构访谈法收集资料。访谈者首先拟定一个粗线条的提纲，然后根据访谈过程中的具体情况，灵活调整访谈者的提问顺序与方式、访谈对象的回答方式等（风笑天，2014：99~102）。在访谈资料收集的过程中始终遵守研究伦理，从客观角度收集资料，不做前提假设、不带主观判断。在访谈过程中，尊重受访者的主观意愿，不问带有诱导性的问题。

在北京大屯街道各社区的调查，依托本科生和研究生的课程，研究者会带领学生进入社区开展社会工作的专业服务。为此，在资料收集的过程中，能够进行持久观察，详细记录观察笔记，以获取更多信息。通过对社区居委会的工作人员、社会工作机构工作人员、社区居民等多方人员进行访谈，辨别相关信息的真实性，多方访谈验证。在整个调研过程中，多次回访访谈对象，与他们交流访谈心得，确认访谈资料的准确性和完整性。此外，将定量资料与质性资料相结合，互相验证并进行拓展，从而验证得到的某些结论是否具有普遍性。

本书在北京市大兴区 S 社区共访谈了 9 人，其中有 6 名社区居民、3 名社区居委会工作人员。S 社区于 2013 年建成入住，居民分别从石景山区、丰台区、大兴区黄村镇、大兴区魏善庄镇、大兴区团河村等不同地区搬入该社区。访谈的 6 名社区居民是多次参加社区活动的楼门长以及社区其他积极分子。通过观察发现，S 社区居委会所有的工作人员均为女性，本书访谈的 3 名工作人员分别是 1 名社区党支部书记、社区服务站站长，1 名社区党支部副书记，以及 1 名一线社工，访谈对象情况如表 0-3 所示。

表 0-3 访谈对象情况（北京市大兴区 S 社区）

编号	性别	年龄（岁）	居住时间（年）	职务（身份）
Case 1	女	46	1	社区党支部书记、社区服务站站长
Case 2	女	34	2	社区党支部副书记
Case 3	女	35	0.5	社区居委会一线社工
Case 4	女	81	2	社区居民（居民代表）
Case 5	女	70	2	社区居民（志愿者）
Case 6	女	85	3	社区居民
Case 7	女	63	2.5	社区居民
Case 8	女	72	2	社区居民
Case 9	女	31	2	社区居民

本书在深圳市坪山区 I 社区下辖的 3 个小区共访谈了 28 人。其中，D小区访谈了 11 人，包括 D 小区老年协会会长、D 小区文艺队长以及 9 名 D

小区居民。W 小区访谈了 5 名小区居民，G 小区访谈了 1 名老年协会副会长、5 名小区居民。此外，访谈了 I 社区党群服务中心主任、党群服务中心督导助理、3 名党群服务中心一线社工以及 I 社区居委会妇女主任。访谈对象基本情况如表 0-4 所示。

表 0-4　访谈对象基本情况（深圳市坪山区 I 社区）

编号	性别	年龄（岁）	居住时间（年）	职务（身份）
Case 1	男	30	6	I 社区党群服务中心主任
Case 2	女	29	6.5	I 社区党群服务中心督导助理
Case 3	女	23	1	I 社区党群服务中心一线社工
Case 4	女	38	38	I 社区党群服务中心一线社工
Case 5	男	26	3	I 社区党群服务中心一线社工
Case 6	女	48	48	I 社区居委会妇女主任
Case 7	男	68	7	D 小区老年协会会长
Case 8	男	60	5	G 小区老年协会副会长
Case 9	男	58	2	D 小区文艺队长
Case 10	女	42	7	D 小区居民
Case 11	男	60	7	D 小区居民
Case 12	女	57	4	D 小区居民
Case 13	女	38	7	D 小区居民
Case 14	男	64	4	D 小区居民
Case 15	女	60	4	D 小区居民
Case 16	女	56	10	D 小区居民
Case 17	女	30	5	D 小区居民
Case 18	女	41	6	D 小区居民
Case 19	女	59	11	W 小区居民
Case 20	女	48	2	W 小区居民
Case 21	女	43	13	W 小区居民
Case 22	男	34	5	W 小区居民
Case 23	女	60	10	W 小区居民
Case 24	女	30	3	G 小区居民
Case 25	女	56	3	G 小区居民
Case 26	男	60	4	G 小区居民

续表

编号	性别	年龄（岁）	居住时间（年）	职务（身份）
Case 27	女	49	4	G 小区居民
Case 28	男	63	7	G 小区居民

本书在深圳市罗湖区 L 社区共访谈了 7 人，包括 1 名社区居委会成员和 6 名社区居民，其中社区居民包括 1 名义工队成员和 1 名居民代表。访谈对象基本情况如表 0-5 所示。

表 0-5　访谈对象基本情况（深圳市罗湖区 L 社区）

编号	性别	年龄（岁）	居住时间（年）	职务（身份）
Case 1	女	35	6	L 社区居委会成员
Case 2	女	49	10	L 社区居民
Case 3	女	68	6	L 社区居民（义工队成员）
Case 4	男	40	20	L 社区居民（居民代表）
Case 5	男	53	12	L 社区居民
Case 6	男	60	15	L 社区居民
Case 7	男	39	10	L 社区居民

北京市大兴区 S 社区以及深圳市坪山区 I 社区和罗湖区 L 社区访谈的内容主要包括以下三个部分。

第一部分是针对社区居委会成员的访谈。了解目前本社区的建设目标和任务、所做工作及成效；社区居民构成、邻里关系状况、邻里交往规则；为改善邻里关系，社区居委会所做工作及成效、社区居民参与情况；为打造社区文化，社区居委会所做工作及成效、社区居民参与情况；驻社区机构为社区居民提供服务情况；社区邻里关系改善的影响因素；社区文化建设的影响因素；驻社区机构在推动社区邻里关系发展、营造社区文化方面发挥的作用及可进一步完善方面；理想社区状况；社区邻里关系发展、社区文化建设以及社区治理的建议和期望；对省市政府和街道政策或措施支持的期待。

第二部分是针对党群服务中心工作人员的访谈。了解社区党群服务中心目前的主要项目和项目目标、所做工作及成效；I 社区邻里关系状况、邻里交往规则；针对邻里关系改善所做工作及成效、社区居民参与情况；

中心在社区文化建设方面开展的活动或服务及成效、社区居民参与情况；社区邻里关系改善的影响因素；街道社区在邻里关系改善以及社区文化建设方面发挥的作用及进一步改进方面；对邻里关系发展、社区文化建设的建议以及期望。

第三部分是针对社区居民的访谈。了解社区居民对社区服务机构、社区活动场地的熟悉情况；社区承担工作情况及对工作的认识；社区参与情况及感受收获；社区关注度；对社区工作人员的熟识度及评价；享受社区服务情况及评价；社区文体组织参与及活动参与情况、参与目的以及对社区文体活动的意见建议；社区公益组织参与情况及评价；邻里互动、互助情况、邻里熟识度及评价、邻里关系期待、邻里交往规则；社区满意度、理想社区情况以及对社区建设和发展的建议等内容。

2. 资料分析方法

（1）定量资料的分析

本书主要探寻影响北京和深圳熟人社区建设的因素，研究中的因变量为定类数据，使用 Logit 回归分析。Logit 回归共分为三种，分别是二元 Logit 回归、多元 Logit 回归、有序 Logit 回归，此三种方法的区别在于因变量的数据类型。

本书分析的因变量多为定类且有序变量，即因变量在属性上为类别数据，且类别可以对比大小，因此主要采用多元 Logit 模型进行分析。此外，因变量中还有少量仅有（0 和 1）两个选项的定类变量，和选项大于两个且表示不同分类或选择倾向的定类变量，对应因变量类型，将采用二元 Logit 模型和多元 Logit 模型进行分析。

（2）质性资料的分析

资料对研究的意义，就在于能否说明问题。本书遵循实证到理论原则，即从资料的分析中发现问题。资料分析的基本思路是按照一定的标准将原始资料浓缩，进行系统化、条理化，及时地整理和分析，将资料整理为一个有一定结构、条理和内在联系的意义系统。通过反复阅读原始资料，探究其中的意义和相关性，寻找描述中的关键字、关键词和关键语句，依据其意义的不同进行编码；然后对分散的主题进行提炼与归类，这有助于对收集的资料进行更好的梳理，是一个从原始资料中寻找意义解释的过程（陈向明，2000：165～228）。研究者通过对访谈资料的整理，按照项目推进的时间进程加以分析、梳理。将资料中的有效信息反复阅读，对重复出现的词语整合起来进行归类，加以分析。同时考察现有资料是否能够满足研究目的，有无补充新资料的必要。

首先，把深度访谈的录音转为文本资料，在这个过程中，结合访谈记录和备忘录，对访谈资料形成初步的分类想法。其次，对资料进行编码和分类，在编码的同时将资料按照不同类别进行重新归类整理和比较分类。根据研究框架，对资料进行内容分类，在上一层次主题分类框架下进行层级分类。最后，在对以上描述性资料分类的基础上对其进行更高层次的归纳和解读，尝试进行联结分析，寻找资料中不同维度之间的联系。

3. 行动研究

本书尝试对北京市大兴区的 S 社区、海淀区清河街道的 Y 小区和朝阳区的 A 社区运用社区社会工作、小组社会工作等专业方法介入熟人社区建设，开展行动研究。

（1）行动研究是不是研究方法

学界关于行动研究是不是一种研究方法存在不同观点。有学者提出行动研究是作为一种社会科学领域的研究方法而存在（张民选，1992：63~70），弥补了研究与应用之间鸿沟的教育综合研究方法（陶文中，1997：42~44）。有学者认为行动研究是与学术研究相对的一种研究取向，目的不是求"真"，而是求"善"。同实证研究以及解释研究不同，它是以改进社会为目的，关注行动者做研究，在行动中研究以及为行动而研究（利布里奇等，2008：XI）。行动研究是一种研究途径或研究视角（李小云等，2008：2~10），是一种由实践者自己实施的、在实践中进行的、旨在改进实践的研究取径（陈向明，2008b：35），是一种研究范式（董树梅，2014a：13）。总的来说，行动研究是一种方法学方法（Small and Uttal，2005：936-948），它为理论与实践的更好结合与应用提供了途径，并为研究与实践的关系提供了新视角。

（2）行动者和研究者主体地位

学者对于行动研究在实际运用中的问题，争论较多的是行动者和研究者的主体性问题。学者认为理论和实践并不是相互独立的，行动研究的本质是实践工作者成为研究的真正主体。在行动研究中，实践研究者的主体地位如何体现，则在于其对所从事研究活动的积极主动态度和反思精神，以及他们在研究过程中对自我的解剖和反思（董树梅，2014b：9~13）。行动研究以社会改变为取向，打破了过程中的主客两分状态。行动者通过总结实践经验，发展知识。如果扮演的角色是协助实践者开展研究，那协同者就不仅要对行动展开研究，还要协同行动者书写，呈现作为协同者的行动知识，研究过程体现了对行动者的最大限度赋权（杨静，2017：46~56）。

（3）行动研究的方法与程序

行动研究的技术，不论是资料收集和记录技术，还是资料分析技术，都不是其独有的。这些技术与解释性研究者所用的技术相似。它的方法是一个螺旋式的自我反思过程，其严谨性也正在于反思的过程（凯米斯，1994：41~44）。反思型实践被认为是行动研究。检验研究的效果则是以行动者意识的提升、问题的解决以及生态环境的改善为标准（陈向明，2008b：35）。勒温认为行动研究包括制订计划、实地调查和贯彻执行。凯米斯提出行动研究是从计划、行动、观察到反思的螺旋式循环过程（凯米斯，1994：41~44）。行动研究主要有三个环节：制订计划、实施即全面落实计划、审查或被称为全面总结评价（李桂芝，2002：60~63）。行动研究的实施步骤主要包括发现问题、界定问题、文献探讨、拟定计划、设立假说、收集资料、实施行动、评价效果、撰写研究报告（陶文中，1997：42~44）。行动研究的目的是在实践中了解问题、解决问题，通过在行动中对场域的逐步深入了解而不断反思调整行动方案最终促成改变，具有系统性和灵活性。它是一个循环往复的过程，从做出为了促进改变的计划开始，到计划执行即行动，再到在行动所在的环境（场域）中观察和反思，最后调整或提出新的计划再次投入行动中（蒋楠，1987：47~51）。

结合行动研究的特点，研究过程主要包括以下步骤：计划，根据问题和现实情境拟定合适的计划；实施，根据制订的计划去执行和实施，并随时根据实际情况对计划做出调整；反思总结，对实施部分进行反思和总结，评估现有效果、存在问题，进而调整计划；再行动，根据调整后的计划继续投入实践，直到找到适合的方式，解决问题，达成目标。本书遵循计划、实施、反思总结、再行动的步骤，在北京市大兴区、海淀区以及朝阳区的三个社区开展了熟人社区建设的社会工作干预研究。

第一章　熟人社区建设：研究谱系与理论基础

一　国内外研究谱系

社区的成立和发展是一个被理论和实践建构的结果。西方语境下的"community"，自20世纪30年代起就被引入中国，到改革开放之前，该词语在中国还只是在学术圈内使用（李友梅，2007：159~169）。80年代中期以后，随着经济体制转型的加快，以及城市"单位制"的改革和解体，大规模的单位人从"单位制"转移出来，造成了城市基层社会管理的混乱，此时政府强调发挥街道和居委会的作用，并在1991年由民政部提出开展"社区建设"运动，推动社区发展。自此，学术意义层面的"社区"概念便具象化地体现在实践层面具有实体意义的社区上，社区包含了理论和实践双重含义。学术意义上的社区源自滕尼斯对社区与社会的讨论，其中社会产生于工商业时代，人际关系表现为阶段性、理性，以正式组织为团体，服从法律契约等特征；社区中的人际关系表现为以亲缘关系为纽带的情感性、具有地缘和血缘关系的互助的共同体特征（费孝通，2001：49~52）。实践意义上的社区则是指城市的各个区级政府或街道办事处"指导"之下的基层自治组织，这一自治组织取代了"街居制"下的居民区，并将居民委员会改造为社区居民委员会，形成了管理与服务意义上的科层特征，实现了社区的实体性与社区居民委员会科层性的密切结合（张翼，2020：1~19）。

（一）国外相关研究

西方学者对"熟人社会""生人社会"的研究始于滕尼斯1887年在《共同体与社会》中提出"礼俗社会"和"法理社会"。滕尼斯的"礼俗社会"即费孝通讲的"熟悉的社会"；而"法理社会"则指的是社会中的人们不了解、不认识，人们之间的互动建立在偿付的平衡之上的陌生人的社会（滕尼斯，2010）。德国社会学家韦伯认为礼俗社会包括近邻、家庭以及种族等基于主观共同感建立的关系。法国社会学家涂尔干则使用"有机团结"和"机械团结"来解释这两种社会。国外社区研究的主要理论有以下几种。

1. 社区失落论

该理论源自德国社会学家齐美尔（也译作西美尔）的《城市与精神生活》一文。受齐美尔观点的影响，美国社会学家沃思（Wirth，1938）发表了名为《作为一种生活方式的城市性》的文章。他们在文章中所阐述的思想一直是社会学研究者关注的焦点。沃思的城市性指的是与城市生活相关，与人们的价值观、传统习俗、习惯、行为方面的变化相联系的生活模式和行为，通常被认为是城市化的后果之一。城市性特征包括竞争、追求成就、专业化、肤浅、匿名、独立、易变的关系。

沃思提出，人口众多、高密度、异质性是城市的三种生态学特质，形成了城市的生活方式，即城市性（urbanism）。三种特质带来了如社会解组、越轨行为和精神疾病等诸多社会问题。人口众多必然导致文化以及职业等的差异，进而出现社会裂化。在城市中生活的人通常以高度分化角色交往，接触大多是短暂、肤浅、支离破碎、非人格的，以次级关系为特征。人口数量多必然导致混乱。人口的高密度容易造成厌烦心理，使人丧失"较有人情味"的感受能力，变得麻木甚至无情。高密度使居民身体距离很近，同时又扩大了彼此的社会距离，常常是"鸡犬之声相闻，老死不相往来"；高密度还易导致反社会行为，越拥挤越易造成摩擦。异质性易导致人际冲突增加，使人们之间的猜疑更多，信任减少，彼此不再依赖，更多表现为利用。因此齐美尔和沃思都认为滕尼斯的"社区"在城市中已不存在，这被称为"社区失落"。

2. 社区继存论

进入 20 世纪五六十年代，美国学者对沃思的观点产生怀疑，最具代表性的人物是刘易斯和甘斯。1952 年，刘易斯认为墨西哥村民移居城市后，他们的生活方式并没有明显改变，合作与人情味仍较强；大城市的人口众多、高密度和异质性对他们的影响非常小。许多居住在大城市的人，仍保留小圈子的活动，在自己的小圈子里，人们之间仍保留互助亲密关系。小圈子外的陌生人与他们并无多大关系，对其生活方式、行为方式、人际关系和精神心理影响不大。

甘斯认为生活方式是由居民特性决定的，与地域关系不大。他发现波士顿西区意大利移民的人际关系以及生活状态与刘易斯的观察相近。他认为人口众多、高密度和异质性并不是城市生活方式的起源。他进一步分析了城市中居住的不同人口的特质。他将城市划分为内城、外城与郊区，后两者表现出来的生活方式与沃斯的城市性很少相同。即使在内城，他发现存在五种不同的居民："四海为家者"（cosmopolitan）、"单身者或无子女家庭"、"少数民族村民"、"受剥夺者"以及"堕入陷阱者或社会地位下降者"。

3. 社区解放论

70年代，费舍尔等提出了社区解放论。1975年，费舍尔提出城市中的社会问题是因为亚文化人口存在产生的。大城市人口众多，异质性很强，不同类型的人在大城市中都可以找到同伴，进而形成自己的小圈子。圈中的人经过长期互动，会逐渐产生为圈中人所接受的价值观、规范和生活方式，综合以上思维和行为方式就是一种亚文化。他还提出应区分城市居民人际关系的两种不同类型，一般来说，公开人际关系是自私、冷漠、戒心较重；私人人际关系是信任、乐于助人以及充满人情味。1977年，他进一步论述了网络在居民生活中的作用，提出居住距离较远的城市居民可通过共同的爱好或价值观等组成群体，形成自己的网络。

1979年，受费舍尔影响，韦尔曼和雷顿提出截至70年代，学者关于社区的讨论限于同一地域邻里关系，因空间的接近而形成的关系纽带是研究的唯一基础。这将导致忽视人们的其他日常活动以及社会交往。为此，社区研究会更多关注场所和居住；提出重新思考社区内涵，打破对邻里的强调；倡导居民从地域或场所中解放，结交范围更广的朋友，建立超越邻里的初级群体关系，即"社区解放"。

综上所述，国外学者较早关注到城市社区发展问题，尽管相关理论观点产生的时代背景各不相同，但其中不少思路和观点依然对今天中国超大城市生人社会的熟人社区建设具有重要借鉴意义。但必须看到，中国社区产生的时代背景、政策环境与国外大不相同，超大城市生人社会的熟人社区建设面临的挑战与困难前所未有，有必要进一步深入研究其建设的路径模式。

（二）国内相关研究

20 世纪 80 年代以来，我国学者及实务界已对熟人社会、生人社会及熟人社区展开了研究和探索，概括起来主要包括四个方面内容。

1. 熟人社区的研究

费孝通（1998）提出中国传统社会是一个熟人社会，其特点是人与人之间有着一种私人关系，构成一张张关系网，背景和关系是熟人社会的典型话语。王德福（2013）指出熟人社会中的社会关系具有长久性和非选择性特征，施报平衡、内外有别与以和为贵等是熟人社会的交往逻辑；许娟（2010）提出推进新熟人社会建设要排除人口异质性，确立诚信法则。对熟人社会研究较为系统的是宋丽娜（2014）的《熟人社会是如何可能的：乡土社会的人情与人情秩序》和吴重庆（2014）的《无主体熟人社会及社会重建》；也有学者对城市熟人社区进行了研究，王若珺（2009）研究了社区警务中社会资本的创建和运用；肖林（2012）指出业主论坛帮助原先彼此陌生的人建立起新的社会关系和社会资本，将原子化的个人重新凝聚在一起并建立起社区归属感；王冬梅（2013）认为运用社区社会工作方法介入现代社区，应建立以社区社会组织为中心、以社区居民参与为纽带的一个"事缘型"的新熟人社区；曾兴（2013）指出电子社区网站在重建邻里关系上发挥了重要作用；蔡禾、贺霞旭（2014）提出居民的社会参与和社区公共空间供给会显著提高居民邻里关系水平；高瑞、李存祥（2015）提出应重构守望相助的邻里文化。

学者也对社会工作介入熟人社区建设展开了研究与实践。研究发现，社区居民交流沟通的场所主要是社区活动室和户外绿地等公共空间，为此，社会工作者可运用小组社会工作和社区社会工作的专业方法进行介入，在社区开展"邻里沟通互助小组""邻里节"等一系列活动。在营造良好邻里关系方面，首先，社会工作者应强化社区居民的邻里观念，使其认识到邻里关系的重要性，增进邻里交往；其次，社会工作者应联合社区居委会等社区组织为社区居民搭建邻里沟通的平台，为邻里熟识提供条件；最后，社区工作者应着力培养社区领袖，为社区的后续发展储备力量（刘远、司汉武，2015：70~71）。社会工作者与社区义工的合作有助于发动社区居民参与到邻里关系营造的过程中，进而提高居民参与社区活动的积极主动性和邻里互助水平。社会工作者在其中扮演统筹者、推动者、实施者以及评估者等角色。社区义工一方面可充当榜样示范，另一方面可配合社会工作者采取联合行动。在个案社会工作中要充分利用社会工作者的技巧、挖掘服务对象的潜能、与义工积极交流；在小组社会工作中要注重打造品牌效应，利用小组影响社区（刘春莲，2012）。

2. 生人社会的研究

相秀丽（2000）指出在现代化的世界性历史进程中，整个世界都在从彼此相熟的村落社会走向彼此不熟的制度社会；谢俊贵（2012）基于城市社会关顾状态的思考，研究生人社会的来临与社会建设的策略；杨宜音、张曙光（2012）分析了在陌生人社会背景下，大学的"同乡会"中熟人关系的影响；胡倩、袁静（2013）对从熟人社会到陌生人社会的信任模式变迁进行了研究；刘少杰（2014）指出中国社会总体上还在延续传统，依靠熟人关系的思维方式和行为方式仍支配着人们的市场交易行为，陌生人社会没有替代熟人社会；焦玉良（2015）则提出改革开放以来的中国社会已经或者至少正在快速进入生人社会，由于"陌生关系的熟悉化"存在约束力困境，因而要求一种具有普遍约束力的制度规则来维持经济生活中的交易秩序。

3. 社区发展及治理研究

我国台湾地区1990年提出"社区营造"的概念，陈涛（1997）、文军（1997）、于燕燕（2000）、徐永祥（2001）、夏学銮（2003）、马少红（2003）、李景峰和李金宝（2004）、陈伟东和舒晓虎（2010）、李东泉（2013）等研究了社区发展问题，李玉华（2009）、刘建娥（2011）、李东泉（2013）等分别介绍了欧盟、美国等西方国家的社区发展经验。唐忠新（2008）、吴志华等（2008）、刘少杰（2009）、马西恒和刘中起（2011）、郑杭生和黄家亮（2012）、夏建中（2015）等分别研究了社区建设与治理问题。

4. 社会资本与社区建设研究

孙立平（2001）、赵孟营和王思斌（2001）、杨荣（2004）、靳枫（2004）、黎熙元和童晓频（2005）、郝彦辉和刘威（2006）、王建军和叶金莲（2006）、赵廷彦（2007）、袁振龙（2007）、潘泽泉（2009）、张新文（2009）、张大维和殷妙仲（2010）、张洪英和丁惠芳（2011）、王永益

（2013）、杨雪（2014）、赵罗英和夏建中（2014）、张菊枝和夏建中（2014）、殷妙仲（2015）等研究了社会资本与社区建设的关系，指出社会资本现状对宏观社区得失和其长期发展兴衰都具有不可估量的影响，社区建设的实质核心就在于社区社会资本的培育以及社会生活共同体的营造。刘春荣（2007）提出居民之间的邻里社会资本，即社会关系网络以及信任，可增进社区的集体福利。邻里社会资本形成的过程提升了社区的合作治理能力。

综上所述，国内早期研究主要对熟人社会的概念、特点进行界定。之后，学者分别从农村乡土社会的人情与人情秩序如何使熟人社会成为可能，以及"无主体熟人社会"形成和社会重建等方面展开研究。也有学者在实践中尝试探索熟人社区建设道路，其中虽然不乏关于熟人社区建设的有价值的研究成果，但目前还未见到国内学者对中国超大城市熟人社区建设的系统研究成果。因此，中国超大城市熟人社区建设研究有待填补。

二　理论基础

（一）治理理论

1. 合作治理

治理的概念包含合作的属性，由于治理主体具有多元性和相对独立性特征，治理活动的开展必然要求参与者相互团结协作。合作治理是治理理论的发展，是众多利益相关者基于共识导向的集体决策过程，共同完成制定、执行公共政策以及管理公共事务的制度安排（Ansell and Gash，2007：543-571）。合作治理机制包括系统环境、驱动机制、动力机制和产出机制等（田玉麒，2019）。合作是具有自主性行动的主体通过谈判，制定规则，确定彼此关系结构，讨论共同话题，采取行动，彼此获益的过程（Thomson，2001）。合作治理的目的是通过多方主体参与，建设参与平台，畅通沟通渠道，发挥社会组织在服务、治理、管理中的作用。

社区合作治理是基于社区，推动多元主体的关系建构和参与治理的过程。研究中学者提出了"复合式治理""协商共治""多元共治"等理念，探索了"公益创投""三工联动""三社联动""五社联动"等合作治理计划。以上实践对推动居民良性互动、社区发展等发挥了重要作用。由于政府投入不足或规划欠科学，出现社区组织培育欠佳、多元主体分化、合作机制不足，治理出现"碎片化"（胡那苏图，2020：82～90）、居委会内卷化、业主委员会参与不足（石发勇，2010：156）、社会组织的资源困境（崔月琴等，2015：43）、外部服务行政化、治理官僚化（朱健刚、陈安娜，2013：43～64）等问题。为此，借鉴先进治理经验，提出建构制度框架、培育基层社会力量、营造合作氛围、提升居民自治组织参与能力、搭建多元主体合作平台（崔月琴、胡那苏图，2020：24～35）等建设合作治理有效机制的对策。但就社区治理总体而言，面临居委会的行政事务过多，居民自主互动、自主管理能力不足以及自治组织单一等问题。

2. 参与式治理

自 20 世纪 90 年代以来，"参与式治理"开始被学术界使用。参与式治理作为一种新型的民主治理模式，被认为是现代民主理论的深化，同时也是"参与式"方法在治理领域中的运用。参与式治理受"参与式民主"及"治理理论"的影响，是带有民主元素的治理理论。它更加强调在治理过程中的公民参与，在治理过程中彰显民主的重要作用。参与式治理指的是与政策有利害关系的个人、组织和政府等共同参与公共决策、分配资源，实现合作治理的过程（赵光勇、陈邓海，2009：96～99）。当前我国参与式治理的实践主要集中在参与式财政预算、社区参与式治理、农村参与式治理和可持续发展三个方面（陈剩勇、赵光勇，2009：75～82）。

"社区参与式治理"作为一种新型的社区治理模式，是我国推进民主的一种形式，它强调组织和个人应参与社区治理过程，通过不同参与者之间的相互合作，实现政府主导，社会、企业和公众多主体参与的管理体系。参与式治理的核心是居民参与，从广义上讲，居民参与包括居民公共利益参与、公共事务管理等（王敬尧，2006：3～12）。格里·斯托克提出了 CLEAR 模型，说明参与式治理的影响因素主要有以下方面：能够做、自愿做、使能够做、被邀请做以及作为回应去做（斯托克，2006：92～95）。公民权利是社区参与式治理的制度基础。在个人层面，应更加重视实现和表达居民的权利，以促进民主；在社区层面，参与有助于增强居民的主体意识。它是不同主体相互学习和交流的过程，是居民对社区发展和社区建设产生认同感和归属感的过程，也是居民提升自我能力的过程（周庆智，2016：38~47）。

学者在研究中将"参与式治理"路径具体化，提出在政府与社会平等合作的基础上，形成多元化的网络治理结构，促进政府的民主化，并在多层次公众参与过程中组织起来。然而，在动员参与过程中存在政府对社会的赋权不足、居民自治不足、居民行动能力有限等问题（陈剩勇、徐珣，2013：62~72）。在研究拉丁美洲参与式治理的过程中，学者提出政府等机构激励的重要作用（Andersson & Van Laerhoven，2007：1085-1111）。参与式治理可以作为激发居民参与的一种方式，他们还提出了分析社区认同、组织赋权以及骨干动员的操作性框架。社区认同是指居民参与意愿的主动性；组织赋权是指政府向社会授权、放权，培养参与社区的组织化力量；骨干动员是指引导、激励社区骨干自觉参与。这一分析框架将政府、自治组织以及居民有机结合，为参与困境的解决提供了参考方案（唐有财、王天夫，2017：73~78）。参与式治理为居民参与社区提供了重要的理论支持。

（二）社会资本理论

社会资本理论已成为学界跨学科的重要分析工具。社会资本最早出现在经济学领域（田凯，2001；卜长莉，2005；张广利，2007），早期文化人类学家也关注社会资本（高连克，2005）。20世纪70年代，社会资本理论受到政治学、社会学等学者的广泛关注，他们从不同角度对社会资本理论进行了较为深入的研究（Bourdieu，1986；科尔曼，1999；Putnam，2001；Lin et al.，2001；Ted，2003；林南，2005；达斯古普特、撒拉格尔丁，2005）。此外，国内外学者运用这一理论进行了大量的实证研究（福山，1998；李惠斌、杨雪冬，2000；曹荣湘等，2003；格鲁特尔特、贝斯特纳尔，2004；燕继荣，2006），产生了巨大的社会影响。社会资本测量也引起学者争论（隋广军、盖翊中，2002；周红云，2002；张文宏，2003，2007a；赵延东、罗家德，2005；燕继荣，2006；夏建中，2007；桂勇、黄荣贵，2008）。

主要代表人物有皮埃尔·布迪厄、詹姆斯·科尔曼、罗伯特·帕特南（又译为普特南）等。下面介绍这几位主要代表人物有关社会资本理论的论述。

1. 理论脉络

（1）理论开创者：布迪厄

社会资本是继人力资本之后对"资本"概念的又一次延伸和探讨，它比较强调人的社会属性，因此引起了学者对社会中人与人之间互动、合作、信任等无形资源的重视和研究。最早提出"社会资本"概念的是法国社会学家布迪厄，布迪厄的资本观与马克思有相似之处，但布迪厄十分重视非物质形式的资本，即社会资本。他认为社会资本是实际或潜在资源的集合体。这些资源是包含一种大家共同熟悉、得到公认的持久性的网络，而且是一种体制化关系的网络（布迪厄，1997：202）。布迪厄作为第一位对社会资本进行初步分析的学者，提供了研究社会资本具有启发性的思路。

早期布迪厄提出资本包括三类，其中经济资本与社会资本更为重要。社会资本是通过前两种资本的转换进而被创造的。社会资本是与成员资格以及关系网络相关的资源，存在于群体关系、工作关系以及组织关系中，通过制度性关系加强，具有现实性与潜在性。一个人拥有的由熟悉的人组成的持久性关系网络，就是其实际或潜在的资源。每个人的社会资本不仅取决于其可调动的网络规模，还取决于与网络相连的人所拥有的资本量（布迪厄，1997：202）。社会资本的积累过程是个体参与活动以增加收益和对社会能力建构的过程。也就是说，社会资本是个体或群体有意或无意投资策略的产物。布迪厄的社会资本概念是一种"隐喻"形式。当他运用其进行研究时，如何对概念进行操作化成为面临的难题。他的理论观点被看作对社会资本微观层面的解读，为后续研究提供了具有启发性的思路。

（2）理论扩展者：科尔曼

美国著名的社会学家科尔曼（Coleman，1990）论述了社会资本的形式、功能及影响因素，扩展了社会资本理论。他研究的出发点是理性行动，将个人水平的行动和宏观水平的社会结构相结合。他提出每个人都拥有物质资本、人力资本以及社会资本。物质资本是有形的，而社会资本是无形的，它是一种资本财产，主要存在于人际关系和结构之中，同时可扩大所拥有关系和资源，并为结构内部的个人及其行动带来利益和方便（Coleman，1988）。

科尔曼（Coleman，1990）分析了社会资本的五种形式：第一种形式是义务与期望；第二种形式是信息网络；第三种形式是规范和有效惩罚；

第四种形式是权威关系；第五种形式是有意创建的组织。他研究了人口流动对社会资本的影响：流动切断了原有的社会关系，使家庭利益受损（科尔曼，1999：357~367）。由于社会资本是影响个人行动能力及生活质量的资源，因此人们积极努力去创造。但这种行动为他人带来利益，因为很多社会资本是行动的副产品，它的出现不完全由人决定。它不易被识别，因此还未进入社会研究领域（科尔曼，1999：369~372）。

科尔曼指出社会网络的封闭性、社会结构的稳定性、意识形态等是影响社会资本创造与维持的因素。此外，经济上的富裕以及政府的资助等会降低人们彼此需要的程度，社会资本也会随之减少。如果人们缺乏持续的沟通，规范很难维持。因此，必须尽力维持社会关系（科尔曼，1999：372~376）。伴随社会发展，经济富裕增加了物质资本，但家庭或社区等组织所提供的资本在减少。在新的社会结构中，新建立的组织代替家庭或社区行使了部分职能，但不能完全取代它们。两种自组织的动机结构存在差异，前一种关注他人利益、彼此信任、遵守规范，促使社会资本的产生；后一种是行动者有目的的创建，产生的结果是鼓励坐享其成，且未创造（科尔曼，1999：758~762）。

科尔曼的理论为各学科发展提供了解释范式，但他对资源以及通过成员身份获得资源的能力并未明确区分（Portes，1998）。此外，他对社会资本的内涵及其产生的负面效应的关注明显不足（田凯，2001）。学界通常认为科尔曼从中观层面对社会资本进行了较为全面的解读。

（3）理论主导者：帕特南

美国社会学家罗伯特·D. 帕特南是真正使社会资本概念引起广泛关注的学者。从 1993 年开始，他发表了一系列论著。他运用社会资本理论，基于对意大利行政区政府的长期研究，分析社会经济政治变迁的内在原因。他对美国的公众参与、自发社群组织以及"公民精神"等进行阐述，使社会资本理论成为跨学科的热门话题。

20 世纪 70 年代后，他将社会资本理论运用到民主治理的研究中。研究发现，意大利的南部和北部在民主实践中的制度绩效迥异。他发现制度绩效高的地区，存在众多足球队、合唱团、扶轮社以及鸟类观察俱乐部等社团组织，人们关心社区公共事务，相互信任，遵纪守法，社会的参与方式是水平的。相反，在制度绩效较差地区，人们不关心公共事务，认为其与自己无关，人与人之间缺乏信任，社会按垂直等级制组织，参与动机更多是私人贪欲或个人依附，公共目的和集体目标较少，违法乱纪和腐败现象经常出现（普特南，2001：133~134）。

帕特南研究发现，拥有较多的合作社、互助会和文化团体的地区，公民参与的积极性更高（普特南，2001：188~189）。在一个拥有互惠规范和公民参与网络的共同体中，人们的自愿合作更容易出现，进而增进了公共利益（普特南，2001：195）。信任、互惠规范、公民参与网络都是生产性的社会资本，具有可累积性（普特南，2001：199、201、202）。它们之间的良性循环会带来高水准的合作以及集体福利，推动社会均衡发展（普特南，2001：169）。为此，他提出社会资本是民主运转的关键因素，解决集体困境的途径就是发展社会资本，但这并非易事，需要长时间努力（Putnam，1996）。通过研究美国公民的参与，发现美国人与其所生活社区的联系在减弱，他通过列举美国人参加国家选举投票的数量、非农业劳动人口中加入工会的人数、参加城镇或学校事务公共集会的人数、参加家长-教师协会的人数、自愿参加公民组织和互助会的人数以及参加保龄球社团的人数、参加退休人员联合会的人数等，说明了美国社会资本呈现下降趋势（Putnam，1993）。

帕特南认为社会资本是社会组织的特征，包含信任、规范以及网络等。它们能够增加合作行为以实现提高社会效率的目的（普特南，2001：195~230）。社会资本不是一个人的资源，而是全社会的资源，强调网络结构的强大力量，如果善于利用自己的关系网络，不仅可以帮助自己，还能够解决集体行动的困境。在一个社会资本丰富的社群中工作和生活更方便，公民参与网络培养了互惠惯例，提升了社会效率。信任是社会生活的润滑剂。社会联系的紧密有助于声誉的培养，这是在复杂社会建立信任的基础。成功合作易于建立信任，有利于其他工作的合作。社会资本是"公共品"，私人部门不能提供，是社会活动的产品。社会资本是有效公共政策的前提。某些社会资本会产生负面影响，为此需权衡其成本与利益（Putnam，1996）。

帕特南关于社会资本的观点主要有：一是强调关系网络以及规范对合作的重要性；二是强调民主的重要意义；三是美国的社会资本已降低（周红云，2003）。美国学者波茨指出社会资本的四个消极后果：排斥圈外人；对团体成员要求过多；限制个人自由；用规范消除差异。他认为帕特南观点中的根本问题是逻辑循环论证。避免循环论证，社会资本的分析者必须遵守特定的逻辑原则：第一，要在理论上和实证上把概念的定义与它指称的结果分开；第二，要在指向性上有所控制，这样可以在证明中使社会资本的存在先于它可能产生的结果；第三，要控制其他的、可以解释社会资本及其指称的结果的因素；第四，要全面认识到共同体的社会资本的历史来源（Portes，1998）。

2. 国内社会资本研究

社会资本理论受到国内社会科学界的欢迎。学者经常使用这一理论解释社会学、经济学、政治学等相关学科的社会现象，他们发现制度、规范、信任、网络关系以及传统文化等在经济和社会发展中具有重要作用，最早将其称为"文化力"。引入社会资本理论后，我国学者大多是从参与、互助网络、信任、社会准则以及关系等出发，提出社会资本是行动主体与社会密切联系进而获取资源的能力，是民间非正规互助网络，包括公民意识、公共精神以及民间组织等（吴海燕，2001：7）。学者梳理了经济发展与社会资本的关系、民主政治与社会资本的关系等文献（李惠斌、杨雪冬，2000：89）。之后，国内学者进行了本土化研究。基于南京的调查，学者从规范、信任与参与网络等方面分析了社会资本在公民成长以及培育中的作用（梁莹，2011：3）。学者研究了社会资本在社区治理中的作用：第一，增加社区居民接触机会；第二，推动社区居民互动；第三，减少居民"搭便车"式合作，推动高水平合作（杨晓寅，2014：8~9）。社区比国家、市场更能培育与利用人们传统上形成的共同行为的激励机制，如信任、团结、互惠、名誉、尊敬等（曹荣湘，2003：135）。

社会资本与社区发展之间存在很大关联性：社区作为一个综合性极强的概念，不仅包括居住在此地的居民，还包括其中的公共设施以及富有信任和共同价值取向的人际关系，社会资本理论恰好可以支撑上述社区发展的要素。一方面，社区社会资本存量的多寡直接影响社区治理的效率和社区凝聚力；另一方面，社区作为社会资本的载体也对社会资本的增减起决定性作用，所以社区与社会资本间呈现相辅相成、相互影响的作用效果（马文静、布仁吉日嘎拉，2012：101~102）。

3. 社区社会资本研究

国内外学者大都赞成社会资本既是个人物品又是集体物品。因此，可从个人和集体（社会）两个层次分析。个人层次关注的焦点是个人如何运用社会资本，获得嵌入网络中的资源，以获得工具性行动回报和情感性行动收益（林南，2005：25、20）。集体层次关注的焦点是集体性社会资本的发展和维持、非正式社会网络以及正式社团中民众参与程度与性质（夏建中，2007）。群体规范、密切的网络、信任以及权威等是影响集体性社会资本创造与维持的要素（张文宏，2003）。本书关注的是集体性社会资本，即社区社会资本。

（1）社区社会资本

目前我国超大城市社区社会资本出现逐步下降、弱化和缺失现象，给社区的建设和发展带来深层次的负面影响，因此探索培育社区社会资本路径成为社区建设的目标模式之一。国内学者已将社会资本理论和社区结合起来展开研究。从城市社区参与角度阐述了国内城市社区发展的现状、存在问题以及社区社会资本的特点，提出建构社区社会资本对调节社区关系以及推动社区发育具有积极作用（姜振华，2008：87~92）。以社会资本为理论视角，对"村改居"社区治理进行实证研究，将社区发展与社区社会资本联系起来，指出社区中隐藏的互助、合作以及信任等是社区社会资本的表现形式，培育以上无形资源有利于解决"村改居"社区治理中面临的困境（黄立敏，2013：27~30）。梳理社会资本理论，结合我国社区管理发展，分析单位制和社区发展的区别，提出社区管理需要重建社区社会资本，使成员具有普遍的价值观、强烈的集体认同感和归属感，成员之间相互合作、信任，以成为社区管理的有效资源和内在动力（方晴，2013：10~13）。在探索城市社区治理现代化的现实路径中分析了社会资本对社区治理的意义，认为实现社区治理需要培育社区精英、建立密集化民间社区组织、构建开放型社区合作网络，且十分看重社区党委、社区居委会和社团组织在实现社区居民合作与信任网络中的重要作用。同时，强调国家机构具有十分重要的作用，认为社区社会资本的积累不可能在完全自发的条件下进行（吕敏，2015：91~99）。社会资本的存量越多，且均衡上升，越有利于社区治理目标的实现，有助于社区建设与发展。同时强调社区文化在积累社区社会资本中的重要作用，认为社区文化建设是实现社区发育的新路径，它有利于形成社区共同感和认同感、社区共同体意识（刘莉，2015：18~22）。此外，隋广军和盖翊中（2002）、朱蓓（2010）、黄文新和沈晓辉（2012）、方亚琴等（2014）等学者进一步探讨了社区社会资本的测量方法以及如何重建社区信任、社区规范和社区网络以促进社区建设和发展。

（2）社区社会资本的测量

随着社会资本理论不断应用于社区研究中，如何测量社会资本成为研究中的关键问题，尤其是如何测量集体性的社会资本，在学术界引发了争议。很多学者对社区社会资本的测量展开研究，通过设计不同维度的指标和划分不同类型去了解社区社会资本的现状。

对于集体社会资本的测量，帕特南提出通过社团生活、读报率、投票率、支持投票率等指标测量网络关系；通过人们之间或机构之间的信任测量信任；通过政治文化测量规范和互惠。他对社会资本的测量侧重于对群体生活品质的改善。福山在帕特南研究的基础上，提出社会资本是社会成员间的信任普及程度（福山，1998：35）。1997年的研究显示，信任是经济效益的重要影响因素（格鲁特尔特、贝斯特纳尔，2004：79~80）。1999年，帕克斯顿提出两个可测量要素：人们之间的客观性活动群体以及相互关系的主观类型。关系是信任、互惠和具有积极情感。人际信任包括人与人之间的互助、信任以及公平性等指标。组织间信任包括教育体系、政府行政以及执法机构等的信任。有学者提出社会支持、参与社区组织、社会网络、社区情感联结、志愿活动参与率是测量指标（Lochner et al.，1999）。也有学者提出社会能动性、社区参与、邻里关系、信任、个人价值、安全、工作联系以及朋友与家人联系等是集体社会资本的测量指标（Onyx & Bullen，2000）。

在世界银行项目中，学者指出大多数研究包含社团成员身份、信任、社区参与、互惠、犯罪与安全、政治参与、邻里关系、家庭和朋友关系等指标（Narayan & Cassidy，2001）。信任、互惠、社会支持、社区凝聚力、参与社团组织、志愿活动、非正式社交活动、社区归属感也是社区社会资本测量的指标（Kawachi et al.，2004）。席尔瓦指出社会凝聚力、信任、社会支持、家庭参与社团、参与公共事务、社区归属感以及社会网络等是测量的主要维度（De Silva，2006）。哈芬运用网络、信任、社会支持、非正式社会控制以及互惠等测量社区社会资本（Harpham，2007）。

国内学者对社区社会资本的测量展开了大量研究。基于杭州市11个社区的研究，将城市社区社会资本划分为社区信任、社区规范、社区网络三个测度，通过系统性、可操作性、有效性和可比性四个原则将社区社会资本划分为不同的指标。将社区信任划分为社区满意度、社区信任度、社区评估三个测度；将社区规范划分为社区价值、社区关怀和社区认同三个测度；将社区网络划分为社区关系、社区参与和社区组织三个测度（朱蓓，2010：6）。通过定量分析为主、定性分析为辅的方法对社区社会资本进行研究和测量，将社区社会资本通过以下几个因素综合考察，即对社区的参与、信任和安全感、邻居间的联系、家庭的联系、社区规范、社会价值观及其他因素，并通过设计一系列的问题对每种因素进行调查（隋广军、盖翊中，2002：21~23）。社区社会资本是一种群体视角的社会资本，社区居民间的交往频率对增强社区归属感具有重要作用，只有通过增进居民间的互动交往与信任，才能在整体上提升全社区的社会资本（张荣，2006：14~17）。有学者对现有文献中的测量维度进行整理分析，发现最常见的社区社会资本测量包括8个维度，即参与地方性社团或组织、地方性社会网络、非正式社会互动、信任、互惠、志愿主义、社会支持、社区凝聚力和社区归属感，然后建构了一个多维度的测量体系，形成社区社会资本测量量表。运用量表对上海市民进行随机抽样调查，检验数据的信度和效度，更明确了社区社会资本测量的维度与指标（桂勇、黄荣贵，2008：125~130）。在测量社区社会资本时，可运用社会网络分析方法，连接不同层次社会资本进行测量。对社会网络结构进行测量的指标是群体中心性、网络密度以及结构洞等（罗家德、赵延东，2005）。社会资本的三个维度是关系维度、结构维度以及认知维度。从社会网络理论出发，对乡村社区中的人际互动网络进行测量，将结构维度加入认知维度分析，认为关系维度社会资本主要测量群体互惠及义务关系的数量与信任度的强弱；认知维度社会资本则包括共同语言、共有叙事、社群认同感等指标（罗家德、方震平，2014：114~124）。根据研究目的并借鉴国内外已有的测量工具，建构了城市社区社会资本的测量维度和指标，根据这些维度和指标设计相关问题，开展问卷调查。根据数据的信度和效度进行分析，最后得出社区社会资本的五个维度，即"社区感""非正式社会互动""互惠与支持""参与社区社会组织""社区关系网络"（方亚琴、夏建中，2014：60~66）。总结社区社会资本的测量方法，可采用社区网络、协会成员人数等，也可直接调查社区中人们之间的信任水平和参与决策制定过程的程度等（邹宜斌，2005：120~125）。研究发现，农村社会资本的"明流"呈现的是传统性、家族主义、关系主义、特殊信任、社会参与性低等特点；"暗流"呈现的是崇尚个人能力，对血亲信任基于情感，总体信任度较高（林聚任、李翠霞，2005：119~138）。社区认同感越强，村民参与度越高，越关心村庄事务；参与社团越多，选举参与度越高。社团和社区认同对村民政治参与以及自主参与起积极作用，社会信任对村民政治参与无显著影响（胡荣，2006：61~85）。在灾后重建研究中，通过参与、信任测量社区社会资本。参与包括社会参与和政治参与；信任包括制度性信任、陌生人信任、熟人信任（赵延东，2007：164~187）。

综上，由于社会资本有个人和集体两个不同层次的分析视角，相应有不同层次的测量指标。在集体层次，信任、互惠、网络、社区认同、参与、邻里关系、集体行动等是测量的主要指标，为研究社会资本与熟人社区建设的关系提供了丰富的思想资源。

三　概念界定

(一) 社区

为了与中国社会中社会管理、社区建设、社会治理的实际情况相匹配，本书主要从"地域"角度定义"社区"，指由城市社区居委会管理和服务范围定义的民众居住与生活的地域范围。

国内外学者对社区有不同的界定，最突出的要素是共同体和地域。滕尼斯提出的"社区"（也译作"共同体"）强调的是相对现代社会的理性计算，是一种基于血缘、邻里和朋友关系，通过共同习惯和传统的纽带连接起来的共同体（滕尼斯，2010）。随着芝加哥学派城市生态学研究等理论流派的发展，地域维度逐渐被引入"社区"概念中。美国社会学家桑德斯在《社区论》中，从关系角度看待社区，将社区看成一种社会互动的体系、冲突的场所、行动的场域（桑德斯，1982）。因此，有学者把网络互动等虚拟场景下的社会称作"网络社区"。由此，社区的定义变得越来越多样化。

本书主要在地域的意义上使用这一概念。在政策上，《民政部关于在全国推进城市社区建设的意见》① 对社区的定义是"社区是指聚居在一定地域范围内的人们所组成的社会生活共同体。目前城市社区的范围，一般是指经过社区体制改革后作了规模调整的居民委员会辖区"。这种定义实际融合了"地域"和"共同体"的概念。但在实际操作中，"社区"主要指的就是"居民委员会辖区"，是一个地域性、行政性的社区。

这一定义使中国的社区建设、社区治理与社区发展具有独特性，这也正是本书关心的主题。在上述文件中，社区建设被定义为"在党和政府的领导下，依靠社区力量，利用社区资源，强化社区功能，解决社区问题，促进社区政治、经济、文化、环境协调和健康发展，不断提高社区成员生活水平和生活质量的过程"。可以看出，中国的"社区"实际上是在后单位时代进行社会再组织和社会治理的一个单元，社区居委会在法律上是居民自治组织，在实际工作中，却成为行政力量的延伸，甚至是社会动员和维持社会稳定的基本力量。本书关心的是中国的"社区"在多大程度上具有"共同体"的特征，如何在同一个地域"社区"中通过多元主体的协商共治，建立具有共同习惯和传统纽带连接的滕尼斯所提出的社会生活共同体。

（二）熟人社区建设

熟人社区是社会治理创新的重要抓手。熟人社区应构建在一定的规则之上，在人与人之间陌生感越发强烈的今天，必须寻求一种大家都可以接受的规则才能保证社区的健康发展（相秀丽，2000：69~72）。当前的新熟人社会相比以血缘或单位制建立起的旧熟人社会属于整体性类型，因为它的内部不完全表现为关系远近或熟识程度，但在整体形式上是类似社会一般样式的（许娟，2010：50~54）。城市熟人社区是通过一系列有意义的社区活动，协助邻里之间建设良好的互动关系，从而使社区居民间的熟识度提高的社区。邻里熟识只是熟人社区的表面现象，其深层次含义包括在一切公共事务中，如红白喜事等，居民互助水平和自治能力的提高（尹保山，2011：6）。熟人社区的特点主要是团结稳定、地缘血缘关系强、私人关系网络较复杂等（汤雅茹、朱爱，2017：286）。熟人社区建设是在个体原子

---

① 《民政部关于在全国推进城市社区建设的意见》，央视国际新闻频道官方网站，http://www.cctv.com/news/china/20001212/366.html，最后访问日期：2022年5月3日。

化、社区碎片化和居民需求多样化的背景下，通过搭建多元主体协商共治平台，不断丰富社区服务内容，优化社区服务方式，提升社区服务水平，更好回应居民需求。熟人社区建设的目标是重构守望相助、相互信任的邻里关系，增强居民的社区归属感，增强居民的"主人翁"意识，培育居民的责任感与公共精神，将社区打造成社会生活共同体（向德平等，2020：3）。

基于以往学者的研究，本书将熟人社区建设界定为：通过搭建多元主体协商共治平台，培育社区社会资本，将原子化的居民重新凝聚，增强社区归属感与认同感，培养责任感与公共精神，将社区打造成为邻里熟识、守望相助、社区认同、自主自治的社会生活共同体。

（三）社区社会资本

社区社会资本是以社区为依托或载体而形成的集体性社会资源，就一个社区而言，社会资本决定了社区活力和凝聚力的强弱，以及社区治理的绩效。社区社会资本一般指信任、规范和网络等社区组织的特征，社区是其分析单位。在城市，社区内的组织和个人在长时间的互动中所形成的互惠、互利的交往关系就是社区社会资本（隋广军、盖翊中，2002：21～23）。一般是在长期内外互动的社区参与基础上形成社区居民和组织之间的关系网络，它是有助于社区实现自治目标的无形资源（黄文新、沈晓辉，2012：33～37）。将社区的概念和社会资本的概念相结合，社区社会资本是社区行动主体（包括单位、社团等正式组织和非正式组织与群体）经由互动合作而建立的社会关系网络，在其内部蕴含的历史文化、价值理念和行为规范等一种利于居民行动的合力（姜中华，2009：230）。

尽管学术界对社区社会资本的概念存在不同观点，但基本上认为社区社会资本是社区发展中一种潜在的资源，它的构成要素主要包括社区网络、社区规范与社区信任，以上要素是得到学者认同的指标。基于以往学者的研究和中国社区的实际情况，本书认为社区社会资本主要包括社区参与、社区网络、社区信任、社区规范。

1. 社区参与

社区参与是西方学术界非常重要的主题。滕尼斯关注的社区由以情感为基础的关系网络以及共同的规范、价值观念、身份认同等要素构成。社区成员互动和关注共同利益是形成社区的重要因素，社区居民对事务型以及非事务型活动的参与是重要环节（吴光芸、杨龙，2006：25~29）。帕特南的名著《独自打保龄球》的主题是美国的公民参与，其中的重要部分就是社区参与。他分析了美国公民的政治参与、公民参与、宗教参与、工作中的联系、非正式社会联系、志愿活动和慈善活动、小型团体、社会运动等各式各样的社会参与和社区参与。《独自打保龄球》沿袭了托克维尔《论美国的民主》的问题意识，提出民主的质量好坏或制度绩效，能从公民参与的状况得到解释。如果一个社会的民主运行遇到困难，本质上是公民在社区的公共生活走向了衰落。帕特南提出，在美国，那种热衷结社、推崇有组织的公民生活、关注社会公共话题、热心社会公益的人不见了。人们似乎越来越不愿意把闲暇时间用来和朋友、邻居喝咖啡聊天，或一起去俱乐部开展集体活动，而是越来越倾向于独自在家看电视，或去打保龄球（*Bowling Alone*）（帕特南，2001：201~202）。观察美国的现实社会，通过巨大的社会分裂、公共舆论中充斥的仇恨与排斥，仍能看到帕特南关注的这一问题将困扰美国相当长的时间。通过对社区居民的参与水平和参与过程等展开调研，发现社区项目目标与参与者目标的一致性影响居民的参与行为，比较容易达成目的的项目更能激发公众的参与（Watkins，2001：24-25）。居民参与过程缺乏一定认识，对社区参与的机制缺乏了解，因而参与不足。对此，要基于参与能力、参与意愿和参与自由这三个前提条件，增强居民参与的能力和参与社区活动的意愿，并维护社区参与的自由权，这样才能达到居民参与的目标，从而不断提升社区服务水平（Draper et al.，2010：1102-1109）。适当组织行为、效益有效获取、生活方式改变、知识较为丰富和团体归属感对公众有较强的激励作用，能够促进公众的主动参与（Cohen & Shinar，1983：15-17）。

社区参与同样是我国政府、学术界关心的重要问题。政府推动了全面的社区建设，社区自治、社区参与、社区建设等相关学术研究不断推陈出新。"社区"取代"单位"，成为全社会关注的焦点。中央城市工作会议上提出要尊重市民对城市发展决策的知情权、参与权、监督权，鼓励企业和市民通过各种方式参与城市建设、管理，真正实现城市共治共管、共建共享。[①]

---

① 《中央城市工作会议 37 年后再次召开 明确"一个尊重和五个统筹"》，搜狐官网，https://www.sohu.com/a/50028768_163161，最后访问日期：2023 年 8 月 5 日。

由此可见在城市社会与社区治理中居民参与的重要性。学者指出我国社区建设、发展和管理的实践离不开社区居民的参与，鼓励多样化的社区参与，共同促进社区自治（徐永祥，2000：226）。居民参与有利于实现最大化的居民公共利益（徐善登，2009：86~89）。社区参与作为社区发展得以实现的最主要因素，不仅是社区发展的主要推动力，同时还是社区建设的重要方式和根本目标（潘泽泉，2009：69~72）。目前城市居民普遍参与社区活动的比例低、范围小、程度低。以商品房小区为代表的新社区，缺乏像单位制时代那样充足的社会资本，要促进社区参与，应该重建社区信任、社区规范和社区网络（杨荣，2004；赵孟营、王思斌，2001）。还有学者从制度约束、利益、社区认同等角度进行了解释。

社区参与原本指小型社区中发生的社会运动，发起者是权益被剥夺的弱势团体，他们就所关心议题提出对公共事务的意见，目的是强化参与决策地位（Midgley，1986：13-14）。社区参与作为一种社区居民的集体行动，其动力来源是通过参与争取利益最大化，寻求共识，实现价值认同（李黎明、王惠，2016：47）。社区居民对社区的认同感是参与动力，居民参与大多基于互动需要，而不是理性计算（陈振华，2004：80~82）。社区参与是出于个人、组织或社区的利益诉求，社区的利益相关者积极参与社区的公共事务和公共活动，以实现社区多元主体协同发展的过程。社区参与最主要的利益相关者就是社区居民，其内容是具有公共性或准公共性的社区公共事务和公共活动（冯敏良，2014：57）。伴随社会发展，社区参与内涵发生变化，参与主体是全体社区居民，客体是社区事务，公共性参与精神是心理动机，目标是推动社区健康发展以及居民全面发展，内容包括经济、政治、文化、社会等方面（王刚、汪丽萍，1998：53~55）。

社区参与包括参与社区公共事务以及社区公共活动，社区公共事务包括社区选举、社区公共事务的商议和监督，社区公共活动包括社区文化娱乐活动、社区志愿活动（叶继红，2012：87~92）。从参与模式来看，包括义务劳动参与、表达性事务参与、文化娱乐活动参与、权益性参与（杨敏，2005：78~95），权益性参与是为保卫住房产权和住区环境而进行反抗的表达过程。从参与领域来看，包括社区的政治、经济、文化、社会等领域（王珍宝，2003：48~53）。从参与内容来看，包括政治决策参与、社区文化娱乐活动参与以及居民以志愿者身份进行的社区治安参与。从参与主动性来看，包括自主型参与和动员型参与。自主型参与的前提是自愿，要求参与主体具有明确的行为意图；而动员型参与的前提是被动，通过他人的引导、宣传和动员等产生的社区行为（苗贵安，2009：47~51）。

学者对社区参与类型做了深入研究。中国民众的社区参与类型是学术界常关注的公共事务参与，类型的丰富程度并不逊色于西方。从更宽泛、更多类型的角度来看待社区参与，有助于更全面地了解我国的社区发展情况。总的来说，不同学者研究的往往是特定类型的社区参与，如以投票选举为代表的政治参与（熊易寒，2008：180~204，2012：77~100）、以文娱活动为代表的社区休闲活动参与（李秀玫等，2014：53~62）等。学者从有无公共议题和参与过程的角度，将社区参与划分为强制性参与（福利性参与）、自主性参与（娱乐性参与）、有引导性参与（志愿性参与）、计划性参与（权益性参与）（杨敏，2005：78~95）。还有学者从社区参与行为与现有体制关系的角度，将社区参与归类为体制化社区参与、抗议型社区参与、公共型社区参与（黄荣贵、桂勇，2009：29~56）。

在促进居民社区参与的过程中，社会工作起了重要推动作用。社区参与的最终目的是实现居民的自我管理、自我教育以及自我服务。从社会工作角度考虑社区发展，根本在于拓宽居民社区参与的空间和渠道、提升参与能力、扩充参与内容、扩大参与范围（哈德凯瑟，2018：126）。社会工作介入居民参与社区治理不仅可为居民参与社区事务提供科学有效的指导，还可树立居民的"主人翁"意识，鼓舞和引导居民独立开展社区活动（罗昕颖，2020：43~47）。学者提出运用"三社联动"模式，在社会工作机构的指导下，孵化多种类型的社区志愿队伍，构建长效机制，将志愿队伍的特长与社区现实需要有机融合，积极谋划志愿服务活动，鼓励居民助人自助，促进社区各类人群的广泛参与，形成共建共治共享的良好局面（穆阳等，2019：43~44）。社会工作者应深入社区，在做好与居民相关工作的同时提高工作透明度，保证居民能够充分知晓社区工作的开展和落实情况，确保居民能切实参与到社区集体事务之中（徐延辉、兰林火，2014：131~142）。通过社区教育提高居民的理解、学习、思维等能力，在政府层面不断引导和社区社会组织帮助下，达到提高居民自身能力的目的（王志立，2019：173~174）。有学者提出社区赋权社会工作，即以社会工作者为主体，以社区及其成员整体为对象，采用地区发展模式和社会策划模式，在社区开展社会工作服务，即采取社区动员、社区教育等，以提升居民的参与意识和参与能力为目标，或采取社区诊断、社区分析等，以有效方式提供服务为目标的社区工作（姜力波，2019：10~11）。

社区参与有广义与狭义之分，广义的社区参与是指居民在社区公共事务方面的参与路径和社会行动，包括参与主体、参与行为以及参与过程（安国启、郭虹，2010：172）。狭义的社区参与是指以居民作为参与社区建设和发展的主体，通过既定的参与方式积极参与社区公共事务，进而影响社区公共事务的决策和执行，并进行必要的监督，社区成果由居民共享的过程（纪天田、苏立宁，2015：102~106）。

本书将社区参与界定为居民主动参加社区文化娱乐活动、政治活动和公共事务的行动，是居民对社区事务决策及其贯彻执行的参与，具体包括社区居民的文化参与、政治参与和社区公共事务参与等。

2. 社区网络

齐美尔较早研究了社区网络，他认为当一个人进入一个群体之中并受群体约束，在群体中建立起与他人联系时，这就是社会关系网络。两个人之间建立关系不是点与点的关系，而是网络之间的关系。关系网络首先是在群体中形成的，其次是与群体中的人产生联系且群体中存在一定的约束力，这说明规范和关系网络并存的重要性（周雪光，2003：114~115）。社区关系网络是社区居民的联结程度和通过互动产生的群体或组织的某种特性。

布朗在1940年最早提出"社会网"概念。巴恩斯将社会网作为分析问题的手段（蔡禾，2003：123~124）。每个人都生活在组织、群体、亲属关系以及朋友中，把人看成点，人与人之间或者人与群体之间的关系用线来表示，社会网络就是点与线的结构和动态变化（夏建中，2000a：1~6）。多个社会行动者以及行动者间关系的集合就是社会网络（刘军，2004a：1~12）。费舍尔在1977年提出关系网络在社区中的作用，通过共同价值观，形成关系网络。为了研究跨社区人际交往，韦尔曼、雷顿沿用了人类学的网络研究理论，作为研究居民生活的工具（夏建中，2000a：1~6）。

格兰诺维特在1985年指出网络结构制约人的行为，提出"内嵌性"概念，认为网络关系强弱影响人们的行为，不同的网络结构产生不同的内化过程，进而人们在不同情境下出现不同行为（周雪光，2003：119~

123）。"结构洞理论"是博特在1992年提出的，一个人如果成功运用网络，生活机遇就会改善。网络是社会资本，蕴含投资以及回报。人们最关注的是如何投资才能得到回报。"结构洞"是信任源，是最具效率的结构。一个人在网络中的位置决定其效率，越独立，得到信息越多，调动资源也越多（周雪光，2003：123～125）。罗斯将网络分为正规网络和非正规网络两种，非正规网络是由友情、亲族、邻里组成的面对面关联。正规网络受法规等的约束。在非正规网络与正规网络间有横向或者纵向连接。非正规网络与正规网络相比，规则和资源少，但灵活性大。在正规网络内，非正规网络有积极影响。每个人有其特定网络，在生活中又加入新网络（达斯古普特、撒拉格尔丁，2005：186～190）。网络包括联系紧密的核心家庭，同时也包括志愿组织等广泛网络。

国内学者指出社会网络是一种资源、一种资本，是可以在达到个人或共同目的时利用的资源，所以社会网络是社会资本的重要组成部分（方然，2014：58）。社区内部存在的各种关系资源对社区居民融合与社区发展有重要影响，建立完善的社区网络十分重要。社区网络是镶嵌在社区邻里、居民与社区组织之间由关系构成的复杂网络，以促进彼此间的沟通与合作（郑传贵，2007：93）。社区网络影响情感生发，也影响情感传递速度与范围。从个体认知上升到集体层面，由于个体借助网络沟通，因此没有网络，孤立个体难以形成集体认知。网络密度与广度影响信息传递、激励机制形成、保护行动者等功能，影响参与者的行动选择（曾鹏，2008：56～64）。本书中的社区网络指社区行动者的联系或者社会关系，主要指社区居民之间互动所形成的社区关系网络，通过社区居民见面打招呼、保存手机号以及登门拜访邻里等测量。

3. 社区信任

1900年，著名社会学家齐美尔提出，信任是社会中最重要的一种整合力量。如果人们之间缺乏普遍信任，结果只能是社会瓦解（西美尔，2002：178～179）。虽然齐美尔没有清楚、自觉地将信任分为人格信任和系统信任，但他通过货币媒介的理论解释了传统社会的人格信任逐渐被系统信任取代的必然性，以及在人格信任方面，货币在特殊主义信任向普遍主义信任转变过程中所发挥的作用（周治伟，2006：5、16）。齐美尔对信任的研究开启了社会学界研究信任的先河，韦伯、卢曼、吉登斯、福山等人在此基础上展开研究。

韦伯对特殊主义信任和普遍主义信任进行了详细阐释，他认为血缘、亲缘和地缘是特殊主义信任的基础，信任主体是个人、家庭、家族或者一个区域。特殊主义信任存在于熟人社会，各信任主体间相互熟悉和了解，一旦出现违背信任的事件，将会受到群体内的舆论压力甚至惩罚。而普遍主义信任来源于新教中的信徒间，是基于契约准则和法律建立的信任关系，因此需要靠契约或法律等正式性制度保证（韦伯，1995：46）。韦伯评价中国的信任结构属于特殊主义信任，他认为对于血缘、亲缘和地缘之外建立起来的关系，中国人是普遍不信任的。他对中国信任关系的论断引起学者对信任的研究兴趣。

从社会系统角度，卢曼对信任做了论述。他指出信任与熟悉密切相关。熟悉是生活事实，而信任是解除风险的方法。信任必须在熟悉的世界中获取。世界中熟悉特征会变化，将冲击人类发展信任的可能性（卢曼，2003：117、124）。从功能主义视角，卢曼强调了制度以及结构对信任产生的重要性。尤其是正式的社会制度可规范成员行为，提高成员间以及组织间的信任度。信任是社会结构以及文化规范的现象，是降低交往复杂性的"简化机制"。信任主要分为系统或制度信任、人际信任。系统信任是对货币等的信任，以人际交往规范、法律等为基础。人际信任以人与人交往中建立的情感联系为基础。人际信任与系统信任互相促进。制度镶嵌于关系网络之中，制度信任源于人际交往中建立的关系信任（Luhmann，1979：93、104）。

吉登斯认为信任是对一个人或者一个系统的依赖性所持信心，在给定的时间或后果中，信心表达了对他人爱的信念，或者是对技术性知识的正确信念。现代生活以信任为基础。信任是与现代性相关的时空延伸基础（吉登斯，2000b：30、76）。基于人格特质、货币和专家系统，他从个人和制度层面，将信任区分为系统信任以及人格信任。系统信任是对客观世界的信任；人格信任是对个人或者抽象系统给予的信任，信任产生于缺乏信息或者无知的"盲目信任"。现代社会以系统信任为主，专家系统与货币系统发挥重要作用（吉登斯，1998：272~275）。可见，信任表达的首先是关系维度，与文化规范以及社会结构等密切相关。

福山关注信任对经济发展的作用。人们在进行经济交易时，经济行为者的相互信任，不仅节省了交易时间，还节省了效果成本，提高了行为者的效率以及效益。美国、德国、日本的人际信任度高于华人社会。在中国、法国、意大利等国家，社会组织建立在基于血缘关系的家族之上，对家族之外的人缺乏信任，是低信任度的社会。信任基于文化、道德以及规范，文化通过信任对经济发挥作用。效能高的组织是有共同价值观的社团，不需要契约以及法律条文规范成员间关系，因为先天的道德共识已赋予成员信任的基础（福山，1998）。

国内学者借鉴韦伯等学者的观点，采用三分法，将信任分为普遍信任、特殊信任以及制度信任。普遍信任建立在契约基础上，以法律以及正式规章制度为保障，这种关系的确立不以情感存在为前提。特殊信任建立在血缘、亲缘以及地缘基础上，以意识形态、道德等为保证。对家庭成员、亲属、邻里的信任都是特殊信任。普遍信任中包含制度信任，是人们信任国家组织以及正式规章制度。信任法律是制度信任的具体表现形式（林聚任等，2007：149）。也有学者把信任区分为个体信任以及制度信任（郑杭生，2007：165）。有学者用13个指标对城市居民的信任进行测量，将城市社区居民的信任分为普遍信任、一般信任和特殊信任（胡荣、李静雅，2006：45、53）。

帕特南在意大利的研究发现，北部社区居民比南部社区居民拥有更高的信任度，原因在于北部社区比南部社区拥有更为密集的社会组织网络和公民共同体（非亲属关系组织）。南部社区的公民共同体极度缺乏，特别反映在只有极少数的结社。但信任度较低的社区中存在高度组织化的犯罪团体，犯罪团体内的成员歃血盟誓。在某种程度上，歃血盟誓是一种契约，组织成员对契约的遵守，使他们彼此信任（普特南，2015：94~97）。可见，社区组织网络可增加社区信任，组织内的契约或制度可提高组织成员间的信任度。

本书中的社区信任是在社区中形成的，社区成员对其他主体采取某一特定行动的主观可能性的评价。社区信任主要包括社区居民之间的信任以及社区组织的信任。

4. 社区规范

规范是被人们自觉遵守的一些行为准则，以期能够得到长期的回报。社会资本是一种能促使个人和个人或群体进行合作所形成的各种非正式规范。所以，规范既可以是朋友之间互惠互利的规范，也可以是严格遵守的信条（福山，2011）。规范是行动者在确定目标、选择行动手段、克服行动中的障碍过程中所应遵循的标准（贾春增，2000：220）。在特定环境下人们被要求如何行动、思考、体验的期待被称为规范（波普诺，2007：70）。滕尼斯提出规范是日常行为的一般规则，分为秩序、法律和道德，规定人们在何种情况下应该或不应该做的事情。规范本质上是对人的限制，具有普遍性。制定规范不在于人数，而在于人们有无建立规范的要求。向人们提出规范，只有经过同意或认可，才能成为行为准则（贾春增，2000：73~74）。韦伯认为行动者在关系中，以存在正当秩序为依据，秩序的"有效性"的意义，比社会的行为过程呈现的、风俗决定的规律性更多（韦伯，2005：45~59）。波普诺指出正式规范以法律形式固定，非正式规范不成文，但能被人们理解。规范可分为民德、习俗、约制、法律等。违反习俗，后果可能不严重，但民德必须实施。规范发挥功能在于人们遵守规范的自觉程度（波普诺，2007：70~72）。

规范是人们开展社会活动的准则，为了生活需要在互动中衍生，如习惯、风俗，或是由人们制定并共同实施的（《中国大百科全书·社会学》，1991：302）。国内学者将规范分为契约性规范、道德性规范以及行政性规范。风俗一般是自发行为规范长期遵循后形成的，通过模仿，在没有压迫的情况下会转化为习惯。风俗、习惯是最早、最普遍的规范。人们对生活中重要行为的公正、是非、善恶的评价，逐渐形成道德。道德是内化的行为准则。违反道德要受到良心谴责。法律是由国家认可的强制行为准则。规范在人们生活中调整行为，维护秩序（皮艺军，2004）。规范和法律都是制度的表现形式。规则协调人的行为，法律由专门机构执行。规范的执行机制多元，是人们认可、遵守的准则（张维迎，2006）。社会生活中还存在隐蔽的、不合法的、不成文的心理默契，又称为隐规则、潜规则等。这种规范主要在非正式场合，借助非正式网络，是自发形成的，在某一领域或行业中调节失范者利益交换的规则（朱力，2006）。

此外，国内学者阐述了社区中互惠规范形成的意义。在经济方面，由计划经济转变为市场经济后，对于社区中的弱势群体，维持温饱已是不易，如果再遭遇天灾人祸更是雪上加霜。此时就近获得邻里帮助、建立邻里互助网络就变得尤为重要。在生活方面，日常的接送小孩、看管问题，政府不能包办一切，单个家庭的力量十分有限，此时社区邻里就发挥重要补充作用（陈秀平，1995：22~23）。互惠分为均衡互惠和长久互惠。均衡互惠强调公平交换，长久互惠则强调行为的持久性（普特南，2001：201~202）。均衡互惠被看作社区规范的具体表现，因为一个有益的互惠行为应当是具备一定公约性质的你来我往的过程。互惠是协调人际关系的行为规范，所呈现的是一种你来我往的互动过程，这一行为也是居民满足他人和自我满足的过程，互惠行为的发生一般是在居民相互熟识、社区关系网络初步建立之后。在中国社区，互惠行为意味着人情的交换，一种良好互惠规范的形成对于熟人社区建设具有重要意义（卜长莉，2005：120~121）。

一般社区规范包括正式规范和非正式规范。社区居委会作为群众性自治组织，为社区发展确立基本的社区规范和公约。社区居民内部也会在互动交往过程中形成互惠的非正式规范。社区规范的形成对社区内居民间互助互惠、邻里信任以及社区关系网络的形成具有重要的影响。本书探讨的社区规范主要指的是社区公约。

第二章 熟人社区建设的
机遇与挑战

费孝通（1998）在《乡土中国 生育制度》中讲的熟悉的社会，是指在中国乡土社会中，人们往往按照亲疏、内外、生熟程度来对待人与人之间的关系。生人社会不再是原来的乡土社会，而是一种经历了长期变革的城市社会和公众社会，是建立在劳动的社会分工基础上的现代社会，是以人们之间的商品交换关系或者说是利益关系为主导关系而构建的社会。随着我国市场经济改革，城市中"单位制"逐步解体，人们的居住方式由集中固定变得更加自由灵活，以地域为基础形成的商品房小区成为主要居住场所。这一形式打破了曾经守望相助的"精神共同体"，封闭的空间和越发匆忙的脚步使社区中居民之间的关系趋于疏离，生人社会逐渐形成。在国家大力发展社区的政策指引下，加强社区治理、改善社区关系网络、构建熟人社区成为如今社区工作的重点。

一 熟人社区建设的机遇

(一) 政策保障

我国正处于社会转型期，伴随经济社会的高速发展，出现了利益分化、人情冷漠、道德失范等社会矛盾与冲突。为了解决这些社会问题，从中央到地方制定了一系列政策文件，推进社会治理创新，城乡社区治理模式转型，实现社区善治，这些政策为熟人社区建设提供了政策保障。

2011年7月，中共中央、国务院印发《关于加强和创新社会管理的意见》，提出建立健全党委领导、政府负责、社会协同、公众参与的社会管理体系。一方面，加强服务型政府建设，完善公共服务体系；另一方面，发动社会组织、基层社区等参与社会管理。社会管理体制的创新实现了从管理到治理的转变、从政府治理到协同治理的转型。党的十八大以来，社会建设成为中国特色社会主义"五位一体"总体布局的核心内容。2013年11月，党的十八届三中全会要求"紧紧围绕更好保障和改善民生、促进社会公平正义深化社会体制改革""加快形成科学有效的社会治理体制，确保社会既充满活力又和谐有序"。2014年10月，党的十八届四中全会进一步提出要"促进国家治理体系和治理能力现代化"。基层治理是国家和社会治理的关键一环，基层治理转型和治理体系的现代化，关系到整个国家治理现代化的实现程度。党的十九大报告把人民对美好生活的需要放在新时代社会主义建设的核心位置，提出要"完善公共服务体系，保障群众基本生活，不断满足人民日益增长的美好生活需要，不断促进社会公平正义，形成有效的社会治理、良好的社会秩序，使人民获得感、幸福感、安全感更加充实、更有保障、更可持续"。党的二十大报告指出完善社会治理体系，健全共建共治共享的社会治理制度，提升社会治理效能。在社会基层坚持和发展新时代"枫桥经验"，完善正确处理新形势下人民内部矛盾机制，加强和改进人民信访工作，畅通和规范群众诉求表达、利益协调、权益保障通道，完善网格化管理、精细化服务、信息化支撑的基层治理平台，健全城乡社区治理体系，及时把矛盾纠纷化解在基层、化解在萌芽状态。

社会建设和社会治理创新的根基在社区。党的十九大报告明确指出，"加强社区治理体系建设，推动社会治理重心向基层下移，发挥社会组织作用，实现政府治理和社会调节、居民自治良性互动"，并将此作为"打造共建共治共享的社会治理格局"的重要内容。社会治理在基层城乡社区的重点是"社区治理体系建设"。在社区建设过程中，社区逐渐形成了由街道党工委领导、居委会负责、各部门配合、社会力量参与的模式，多元治理成为城市社区治理的基本趋势。近年来，中央密集出台了多个政策性文件来推动城乡社区建设与社区治理。

2015年，中共中央办公厅、国务院办公厅印发《关于加强城乡社区协商的意见》，随后民政部在2016年下发《关于深入推进城乡社区协商工作的通知》，2016年10月，民政部等多部门联合印发《城乡社区服务体系建设规划（2016—2020年）》。2017年6月，中共中央、国务院下发《关于加强和完善城乡社区治理的意见》，提出要统筹发挥社会力量的协同作用，主要强调在城乡社区治理中要大力发展邻里互助、居民融入等形式的社区社会组织或其他组织，要依靠人民的力量来治理社区，实现全民参与、全民共享。同时也要坚持社区、社会组织、社会工作的"三社联动"机制，尤其提出要支持建立老年协会，为老年人参与社区治理搭建平台。还提出到 2020 年中国要基本形成基层党组织领导、基层政府主导的多方参与、共同治理的城乡社区治理体系。要将增强居民社区参与能力、提高社区服务供给能力和强化社区文化引领能力作为不断提高城乡社区治理水平的重要举措，在公共利益和重大问题的决策中提高居民的参与意识，做到真正的民主集中。同时，做好社区居民的社会服务和文化教育等公共服务事项，不断满足居民多样化的需求。2022 年 10 月 9 日，住房和城乡建设部办公厅、民政部办公厅联合印发《关于开展完整社区建设试点工作的通知》，要求建立健全党组织领导的社区协商机制，搭建沟通议事平台，推进设计师进社区，引导居民全程参与完整社区建设，增强居民对社区的认同感、归属感。[①]

（二）经济基础

1. 北京

北京是我国的首都，是政治中心、文化中心、国际交往中心、科技创新中心。北京被世界城市研究机构 GaWC 评为世界一线城市。联合国报告指出北京人类发展指数位居我国城市的第二位。2022 年末北京市常住人口为 2184.3 万人，比上年末减少 4.3 万人。其中，城镇人口 1912.8 万人，占常住人口的比重为 87.6%；常住外来人口 825.1 万人，占常住人口的比重为 37.8%。2022 年实现地区生产总值 41610.9 亿元，比上年增长 0.7%。按常住人口计算，全市人均地区生产总值为 19.0 万元。全年全市居民人均可支配收入为 77415 元，扣除价格因素，实际增长 1.4%。其中，城镇居民人均可支配收入为 84023 元；农村居民人均可支配收入为 34754 元。全年全市居民人均消费支出为 42683 元。其中，城镇居民人均消费支出为

---

① 《住房和城乡建设部办公厅 民政部办公厅关于开展完整社区建设试点工作的通知》，中华人民共和国住房和城乡建设部官方网站，https://www.mohurd.gov.cn/gongkai/zhengce/zhengcefilelib/202210/20221027_768584.html，最后访问日期：2023 年 8 月 6 日。

45617 元，农村居民人均消费支出为 23745 元。全市居民恩格尔系数为 21.6%，其中，城镇居民为 21.1%，农村居民为 27.4%。2022 年末参加企业职工基本养老、城镇职工基本医疗、失业、工伤和生育保险的人数分别为 1764.2 万人、1496.2 万人、1391.4 万人、1337.8 万人和 1086.6 万人。2022 年末参加城乡居民养老保障的人数为 187.6 万人，参加城乡居民基本医疗保险的人数为 404.4 万人，享受城市居民最低生活保障的人数为 7.0 万人，享受农村居民最低生活保障的人数为 3.7 万人。[①]

2. 深圳

深圳是全国经济中心、科技创新中心、区域金融中心、商贸物流中心，在国际上知名度、影响力不断提升。深圳作为我国最早实施改革开放、影响最大、建设最好的经济特区，是粤港澳大湾区的核心引擎。

40 多年来，深圳从一个落后农业县迅速发展成为现代化国际化大都市，经济总量迈入亚洲城市前五，是世界工业化、城市化、现代化发展的奇迹。深圳建成区面积从 3.8 平方千米增加到 1000 余平方千米，成为城市功能完备的现代化国际化超大型城市。广大特区建设者从五湖四海相聚于此，1979 年深圳人口是 31 万人。截至 2021 年末，深圳常住人口为 1768.16 万人。作为一座年轻的移民城市，深圳吸引了来自全球、全国的创新创业创意人才相聚在此工作和生活。第七次全国人口普查结果显示，深圳市民平均年龄为 32.5 岁。2021 年深圳地区生产总值经济总量突破 3 万亿元，居亚洲城市第四位。全市地方一般公共预算收入为 4258 亿元，规模以上工业总产值连续 3 年居全国城市首位，出口规模连续 29 年居内地城市首位。深圳聚力建设粤港澳大湾区高水平人才高地，率先以立法形式在全国设立人才日，设立人才荣誉和奖励制度。深圳加快产业链、创新链、人才链、教育链 "四链" 融合，大力发展战略性新兴产业和未来产业，构建面向未来的现代产业体系。与全球 57 个国家的 90 个省市地区缔结了友好关系（24 个友好城市和 66 个友好交流城市）。作为粤港澳大湾区建设的重要引擎，深圳抓住湾区建设重大机遇，促进 "硬联通" "软联通" "心联通" 取得更多实质成果。深圳政务服务事项 80% 以上 "全市域通办"、

---

① 《社会保障》，北京市人民政府官方网站，https://www.beijing.gov.cn/renwen/bjgk/rmsh/202303/t20230322_2942096.html，最后访问日期：2023 年 8 月 6 日。

90%以上"掌上办"。深圳运用法治思维和法治方式解决社会问题，并综合应用大数据、云计算、人工智能等技术，提高社会治理智能化专业化水平。作为"最互联网的城市"，深圳致力于打造国际新型智慧城市标杆和"数字中国"城市典范，成为全球数字先锋城市。深圳全面打造智慧民生保障体系，让城市更智慧、生活更美好。①

（三）治理经验

自 20 世纪 90 年代中后期开始，中国城市基层管理体制改革创新进入了新阶段。1999 年，根据中共中央关于"加强城市社区建设，充分发挥街道办事处、居民委员会作用"的要求，民政部首先选择在北京、上海、天津等城市设立了 26 个"国家级社区建设实验区"。2000 年 11 月，中共中央办公厅、国务院办公厅转发《民政部关于在全国推进城市社区建设的意见》。2001 年，社区建设在全国范围内铺开，各省份结合本地实际进行了大胆的改革和创新。2013 年，民政部出台了《关于加强全国社区管理和服务创新实验区工作的意见》，并适时开展了全国社区管理和服务创新实验区的中期评估。评估发现，围绕提高社区治理水平、增强社区自治功能、提升社区服务能力、推进城乡一体化进程等领域，全国社区建设开展了积极实践，取得了较好成效，基本形成了"因地制宜，百花齐放"的局面。

1. 北京的社区治理

鲁谷社区位于石景山区，是北京市第一家在街道层面建立了社区制的社区。社区的定位是监督专业管理，组织公共服务，指导社区建设。同时，在街道建立了"大科制"的内设机构。该社区的组织体系是"一个核心、两套工作体系、三驾马车"。作为区委派出机构的社区党工委是核心，负责社会性、社区性以及群众性工作；作为区政府派出机构的社区行政事务管理中心负责社区建设及相关事务的协调、管理、指导、监督与服务；选举产生的社区委员会指导居委会以及中介组织，负责民主自治工作。这样的组织架构被称为"三驾马车"。通过简政放权、理顺条块关系，提高

---

① 深圳市人民政府官方网站，http://www.sz.gov.cn/？dw＝zjsz，最后访问日期：2023 年 8 月 6 日。

行政效能，激活基层民主，最终实现鲁谷社区的多中心合作治理。

东城区作为全国社区治理和服务创新实验区，积极探索社区多元主体、多种协商制度和机制之间的关联方式，完善协商共治机制、培育协商共治体系、拓宽控制渠道，形成社区多元参与、协商共治的模式和途径。例如，朝阳门街道与在中国的英国王储慈善基金会开展了东四南历史文化街区保护更新。在街区改造过程中，东四南历史文化街区把社区居民、产权单位、政府、社会力量团结到一个组织平台上，促使各方共同参与。历史街区保护更新包含物质环境提升和人文环境复兴两个方面。保护更新以社区营造理念和参与式工作方法开展试点项目，探索多方协同的街区更新模式。在物质空间改造项目中贯彻公众参与理念，开展了"社区工作坊"。在收集居民意见的基础上，将史家胡同24号改造为胡同博物馆，成为北京首家根植于社区的胡同博物馆，受到社区居民的欢迎和社会大众的关注，增强了居民文化认同以及自豪感。在物质环境提升方面，以关乎公共利益的院落公共空间和街区公共服务设施为切入点，开展大杂院院落公共环境提升和南小街菜市场提升试点项目，探索社会力量与社区居民共同参与改善街区环境的实施机制。在人文环境复兴方面，持续推动社区公约、胡同口述史的编制，开展"为人民设计"展览等项目。通过运营史家胡同博物馆，尝试以文化活动凝聚社会资源，培育居民力量，为街区更新提供多元动力。

朝阳区也是全国社区治理和服务创新实验区，实验主题是加强共商共治、构建协作式社区。实验以协商民主为切入点，探索老旧小区、商品房小区、保障房小区三类社区治理服务问题的解决方案，形成社区分类治理的制度机制。朝阳区着眼于加强社区管理和服务，推行建立于网络基础上的全模式管理。2018年5月朝阳区发布了《全要素小区建设导则》，从公共活动空间、交通与泊车、功能设施、文化符号构建、绿化美化、垃圾分类、沿街建设规划、背街小巷、安全管理、长效机制等十个方面明确了建设导向。全要素小区建设是以民生需求为导向，以"微更新"为理念，汇聚升级空间、环境、人文、管理、服务、参与六项宜居资源要素，通过机理调整和功能归位，实现小区"老得优雅、旧得有味、新得精致、住得舒坦"，有效提升人居品质（胡燕等，2019：37）。

西城区以居民需求为导向，社区治理的落脚点是"服务居民，造福群众"。积极构建多元化社区协商议事制度与机制，不断强化党组织的领导地位，充分发挥居委会的主体作用，大力培育社区组织，不断加大政策资源以及技术支持力度，调动社会各方力量，激发社会活力。

以上北京市各城区探索的社区治理模式更多的是通过强化基层政府的功能，运用政府及其所控制的资源进行自上而下的社会整合。近年来，清华大学的一些社会学者积极探索通过政府下放权力，强化基层社区的功能，建立社区自治组织，通过组织动员社会参与进行社会整合的社区治理新模式。如李强教授课题组在清河街道开展的专家引导多元参与社区治理模式的"新清河实验"以及罗家德教授课题组在大栅栏开展的以微公益创投的方式孵化和培育社区自组织的社区营造实验等受到学界和社会的关注。

2. 深圳的社区治理

从 2004 年开始，深圳在全国率先实行"站居分设"的社区管理模式，将社区工作站从社区居委会中独立出来，成为街道办事处在社区的工作平台，承担政府行政职能。同时，推进居委会与股份公司分离，探索"一站多居"社区管理体制。

从 2005 年开始，深圳市掀起了新一轮的社区自治改革浪潮，六个行政区纷纷加强了社区自治改革的探讨，各自呈现具有一定城区属性的模式特点。深圳市多样化的基层社区治理形态是基于不同社区的居民结构、资源禀赋、生存环境、人文特色、政府定位等建立的，探索了"盐田模式"、"南山模式"和"宝安模式"等。

"盐田模式"主要围绕理顺政府与社区关系，从提升政府管理水平和增强社区自治功能"两条主线"目标出发，确立了"一会两站"的社区治理模式。"盐田模式"经历了居-企分离、"一会（合）两站"和"一会（分）两站"的创新发展。它主要是通过权责分明的管理制度推动行政管理体制的创新，即通过明确股份制公司、社区工作站、社区居委会和社区服务站的职责，形成社区工作站事业化、社区居委会兼职化、社区服务站职业化的新型社区建设模式（唐娟，2010：41）。同时，制定了严格的社会工作制度、政府采购制度，规范基层政府与社区的合作关系、契约关系、监管与被监管关系。

"南山模式"是"1+3+N"的"车夫驱动、三马拉动、伙伴推动"的

"三驾马车"式结构。"1"是社区综合党委，指引社区发展方向；"3"是社区居委会、社区工作站、社区服务中心，承担社区自治、管理与服务职能；"N"是各类社会组织和驻区单位，提供后勤保障、安全保卫、信息传送等服务（阮清方等，2014）。"南山模式"创新的实质是基层人民民主制度运转机制的创新。第一，社区实现党的领导方式的创新。实行社区党建"三个全覆盖"，建立"四个负责"机制，实行"党员责任区"制度，增强了社区党组织及其党员的凝聚力和渗透力。第二，社区内实现人大代表履职机制的创新。创建了街道人大代表工作室和社区人大代表联络工作站，拓宽民意反映渠道。第三，社区社会资本动员与整合方式的创新。以党的领导为核心，吸收政府、人大、政协、工青妇及各种社区组织，实现社会服务与治理的网络化（唐娟，2010：42~43）。这一模式将各种社区利益相关者共同吸纳到治理过程中，实现利益的交汇与协商，构建了多元共治的治理格局。

"宝安模式"分"居站合一"和"居站分设"两种模式。宝安区主要通过挖掘社区资源进行社区治理模式的创新。第一，明确社区工作站和居委会的职责，推行"执行+议事"的治理模式。第二，挖掘社区社会组织力量，构建多元共治模式，调动居民进行社区自治的积极性。第三，政府出台专项政策，提供专项资金，为社区社会组织的发展助力（杨浩勃，2016：153~154）。

三种模式在社区自治上取得了一定成效，但三种模式仍存在诸多问题。"盐田模式"和"南山模式"关注到政府和党组织在社区治理中的职能和作用，但忽视了居民的自治作用。"盐田模式"明确划分了政府与社区之间的职能和权限，使政府管理和社区自治的协作关系逐步明朗。但在创新过程中并没有关注社区居民与社区社会组织在社区自治中的作用，社区居民的自我管理、自我发展的能力并未发挥。"南山模式"促进了党员与基层的联系，强化了党的基层组织建设，但是群众的参与渠道较为单一，仅靠党员、人大代表联系群众是不够的，更要发挥群众的自治作用，提高群众自发组织解决问题的能力，拓宽民意表达渠道，发挥社会组织的号召力，促进更多的群众参与到建言献策、社区治理的过程中。宝安区虽挖掘了社区资源，调动了居民自治的积极性，但其行政体系权责不明，配套制度不完善。首先，绝大部分社区是几套班子一套人马，社区工作行政化严重，服务性明显弱化。其次，缺少配套的制度保障，居民的意愿与建议无法有效传递到政府的决策层，民意征集渠道阻塞。最后，社区社会组织的自主意识和生存与发展能力还相对薄弱，各社会组织发展参差不齐，缺乏完善的管理机制，服务和管理水平有待提高（杨浩勃，2016：154）。

2006 年，深圳坪山街道率先在六联社区进行"一站多居"管理体制的改革试点。首先，在坪山街道下设六联社区工作站，六联社区工作站由六联居委会改组而成，其主要职责是承接政府职能部门在社区开展的治安、卫生、人口、计生、文化、环境、科教、民政、就业等工作。其次，六联社区工作站下设八个居委会，八个居委会由原来的八个居民小组升格而成。居委会受社区工作站领导，除了发挥居民自我管理、自我教育、自我服务的作用外，还协助社区工作站开展行政性工作。但由于坪山区城镇化发展和社区管理体制改革尚未完善，"一站多居"模式在实施过程中遇到一些困难。

（四）需求驱动

随着工业化和城镇化步伐的提速，我国的社区生活发生了根本性变化，一是人口的高流动性、异质性、高密度等现状加大了社区管理的难度，社区中错综复杂的利益关系和诉求影响着社会的安定团结；二是滞后的社区发展和社区服务，难以满足人们日益多元化、多层次的需求；三是家庭结构的逐渐分化和自身服务功能的弱化，使人们对社区的依赖性增强，要求在社区形成一种相对自主的社会生活共同体（孙立平，2004：162）。以上变化给现有的基层社会秩序和社区治理模式带来了巨大挑战，如社区居委会、业主委员会、物业管理公司、社区居民之间互不信任、互不合作等，社区关系出现冷漠、疏离、撕裂，甚至对立。

社区居民生活在现代的陌生人社区，面临个人原子化、社区碎片化等问题，社区居民情感归属无依靠，家园认同缺失，公共精神难聚。熟人社区建设以社区社会资本培育为工作理念，创新社区服务形式，提升社区服务质量，组织各种类型的社区文化娱乐活动，增进社区居民与社区组织之间、社区居民彼此之间的沟通交流，构建和谐的邻里关系和社区关系，提升社区生活的品质，满足社区居民心理归属和情感归属的需求。

二 熟人社区建设的挑战

（一）个体化社会风险与社区和谐稳定存在张力

在传统社会，人们的思想和行为受风俗秩序影响。20 世纪中后期，由于社会结构的急剧转型和变迁，各种大型集体和社会组织发生了持续性的消解或重组，对社会结构和社会过程的影响力逐渐减弱，推动了集体化社会向个体化社会的转变。相对而言，当代个人面对的是一种更为个性化或个体化的社会。个体化不仅内含了自然的生物个体向社会人的转变，而且意味着一个社会人向更新的现代人的持续迈进。在社会生活高度开放、社会进步高速推进、社会流变节奏加快的条件下，个人的完整性、独立性、独特性以及自主选择和自我责任才越来越清晰地表现出来（郑杭生，2019：114～1177）。个体从传统社会形式和义务中脱离出来，拥有多元、自主的选择。但个人自由的增长过程具有辩证性，它既是力量不断增强，个人日趋完善，对自然的支配越来越得心应手的过程，同时也是孤独感和不安全感日益增加的过程（弗罗姆，2007：27～28）。在个体化社会中，个体原本依附的社会联结形式弱化，而新的组织化的诉求表达机制与公共参与机制尚不健全，个体不可避免地成为社会风险的承担主体，并由此产生非组织化的诉求表达、维权行动乃至抗议抗争等行为（葛天任、薛兰，2015：37～43）。社会流动速度加快，原有的社会关系网络及社会道德环境受到冲击，社会的不稳定性增强。社区作为个体最主要的生活空间，既是各种利益关系的交汇点、各种社会矛盾的聚集点，也是风险爆发与风险承担最集中、基础的单元。在社区治理过程中怎样化解多元复杂的社会风险，实现社会的和谐与稳定是一项巨大挑战。

（二）多样化服务需求与有效供给能力存在矛盾

对于社区居民而言，社区不仅是居住空间，还是生活场所，必须为社区居民提供满足其需求的基础设施以及多样化的服务。伴随现代社会压力的加大以及居民生活水平的日益提升，居民对社区提供的公共服务提出更高要求。在公共基础设施方面，社区内的健身娱乐器械以及无任何配套设施的居民活动中心，已越来越无法迎合不同居民的多样化需求，甚至成为公共产品供给能力不足的象征。越来越多的居民希望在社区内建设图书馆、运动场馆、音乐舞蹈排练场馆等具有实际意义的活动场所，满足其在文化、体育、娱乐等方面高品质、多层次的精神文化需求，切实提升生活品质。在公共服务方面，社区居民更加注重自身需求与服务活动的文化内涵，传统千篇一律的文艺会演逐渐失去市场，剪纸艺术、插花艺术、亲子故事会等寓教于乐，并能广泛带动社区居民参与的服务活动受到欢迎。同时，社区居民对社区养老服务、社区医疗服务等提出了更高的要求，但由于专业水平、服务水平的限制，部分社区难以提供高品质、高水准的服务。如何提升社区服务供给能力，满足居民高品质、多层次的服务需求，是社会治理必须面对和反思的重要问题。

（三）社区异质性与社区公共性存在内在的冲突

社区成员在经济地位、文化背景、生活方式等方面存在巨大差异，这种差异带来的是不可弥合的隔阂与分歧，不同观念、不同偏好、不同习惯的个体共享同一公共空间，必然产生一定的冲突，进而影响社区凝聚力及社区认同感。研究发现，社区异质性对居民邻里关系具有负面影响，但异质性对邻里关系的影响是"自然的"，是由人类"同质交往"的"本性"决定的（蔡禾、贺霞旭，2014：133~151）。因此社区成员的异质性与社区的公共性具有天然的内在冲突。在现有经济社会发展条件下，这种内在冲突不可能从本质上避免，但如何减少冲突，增强居民的社区认同感，是目前社区治理必须面对的问题。

随着新型城镇化的不断推进，社会流动速度将进一步加快，群租现象、胶囊房等新的空间异化方式不断涌现，这种居住方式导致了更多不同质的群体"共享"社区中的同一空间，这种"共享"甚至不是共同享有公共空间，而是个人空间受到严重的挤压与侵占，调和异质性与公共性之间的矛盾，将是一个持久而又重大的挑战（向德平等，2020：119）。

第三章　熟人社区建设的现状分析

熟人社区建设是指通过搭建多元主体协商共治平台，培育社区社会资本，将原子化的居民重新凝聚，增强社区归属感与认同感，培养责任感与公共精神，将社区打造成为邻里熟识、守望相助、社区认同、自主自治的社会生活共同体。本章基于对熟人社区建设的概念界定，分析北京、深圳的邻里熟识、守望相助、社区认同、自主自治的现状以及社区居民的个人属性（性别、年龄、婚姻状况、户籍、政治面貌、受教育程度、就业状况、居住时间、经济收入、社区身份、家中是否有 12 岁以下孩子等）对邻里熟识、守望相助、社区认同、自主自治的影响，呈现两个超大城市熟人社区建设的现状。

一　邻里熟识的现状

（一）邻里熟识的整体情况

邻里以地域关系为纽带，它的空间范围大致是一个小型聚落（街或巷）的级别，在这一空间范围内，户与户之间通过互动，结成较为密切的交往关系。邻里是市民生活与交往的核心。邻里是住地毗连的人们形成密切的互动关系，有着显著的认同感和感情联系，由此构成相对独立的小群体而形成的（顾朝林，2002：6）。邻里不仅指左邻右舍的几户人家，还指一个小村落或一个居民点等。总之，邻里具有地缘性，是一种居住空间，人们在其中毗邻居住；邻里又是一种关系载体，而且这种关系是基于一定聚合度条件下的居民互动关系，以群体情感为基础，形成的受风俗习惯和伦理道德制约的非正式群体。

古有置业以德为邻，昔日四合院内温馨感人的邻里之情，弄堂里透着人情味的邻里关系，无不反映出邻里在人们日常生活中所扮演的重要角色。随着城镇化进程的不断推进，城市住房条件日益改善，公共空间与私人领域已经划分得日益明晰。城市里钢筋水泥的包裹几乎使邻居成为"最熟悉的陌生人"。

1. 邻里观念

邻里关系一直是生活中的重要关系。俗话说"远亲不如近邻，近邻不如对门"，这是对依靠地缘为纽带建立关系的真实写照。邻居在日常生活中有很亲密的接触，彼此经常相互帮助（费孝通，1998：10）。感情是城市邻里的核心。目前社区已经成为人类生活的核心区域，而近邻社区对一个社区居民而言则是中心的中心，居民日常生活中最频繁、最普遍的交往都发生在此。社区居民的邻里观念对邻里交往及关系网络建构具有重要作用。

在调查中，询问了被调查居民"有人说，远亲不如近邻，您对这种说法的态度"，结果如表3-1所示。北京被调查居民比较赞同和非常赞同"远亲不如近邻"的比例（75.2%），比深圳（85.7%）低10.5个百分点。深圳被调查居民对邻里观念的认同度更高一些。不太赞同和很不赞同邻里观念的北京被调查居民的比例（4.8%），高于深圳（1.8%）3.0个百分点。可见，在两个超大城市被调查居民中，超过七成的居民对"远亲不如近邻"持赞同态度。邻里关系在两个超大城市居民心目中占有重要地位，是社区居民生活中重要的社会网络。

表3-1 居民对"远亲不如近邻"的态度

单位：人，%

选项	北京	深圳
非常赞同	194 （31.1）	205 （36.9）
比较赞同	275 （44.1）	271 （48.8）
一般	120 （19.2）	67 （12.1）
不太赞同	24 （3.8）	7 （1.3）
很不赞同	6 （1.0）	3 （0.5）
缺失	5 （0.8）	2 （0.4）
合计	624 （100.0）	555 （100.0）

2. 邻里熟识

城市邻里是一种初级社会群体。初级社会群体指的是成员间彼此熟悉、了解，并以感情为基础形成的社会群体（康少邦等，1986）。邻里熟识是邻里互助、邻里认知、社区认同的前提和基础。在调查中，询问了被调查居民"您和邻居之间的熟悉程度如何"，结果如表3-2所示。北京被调查居民和邻居之间非常熟悉和熟悉的比例（32.7%），低于深圳（51.2%）18.5个百分点。北京被调查居民和邻居之间非常不熟悉和不熟悉的比例（23.3%），高于深圳（11.5%）11.8个百分点。可见，北京被调查居民邻里之间熟悉程度明显低于深圳被调查居民。

表 3-2　邻里熟识

单位：人，%

选项	北京	深圳
非常不熟悉	21（3.4）	4（0.7）
不熟悉	124（19.9）	60（10.8）
一般	274（43.9）	207（37.3）
熟悉	149（23.9）	224（40.4）
非常熟悉	55（8.8）	60（10.8）
缺失	1（0.2）	0
合计	624（100.0）	555（100.0）

（二）个人属性与邻里熟识

1. 个人属性与邻里观念

问卷中，因变量"邻里观念"是一个从"非常赞同"、"比较赞同"、"一般"到"不太赞同"、"很不赞同"程度递减的有序变量。因此，需使用有序Logit模型进行分析。北京、深圳两地被调查对象的个人属性对邻里观念的影响如表3-3所示。

受教育程度、就业状况、近三年家庭年均收入对邻里观念产生显著的正向影响，但年龄、婚姻状况、居住时间、家中有孩子（12岁以下）、居委会成员身份对邻里观念产生显著的负向影响。

从受教育程度上看，北京和深圳的居民受教育程度越高，不赞同"远亲不如近邻"的比例越高，即邻里观念越淡漠。从就业状况上看，相较于居住在北京和深圳两地的未就业居民而言，已就业居民不赞同"远亲不如近邻"的比例更高。相对于未就业居民，已就业居民的社会关系网络更广、更复杂，可能对工作关系网络的关注影响了对邻里关系网络的关注。从近三年家庭年均收入来看，家庭收入越高的北京居民，不赞同"远亲不如近邻"的比例越高，而深圳居民的家庭收入情况对邻里观念无影响。

从年龄上看，年龄越大的居民，赞同"远亲不如近邻"的比例越高。从婚姻状况上看，相较于北京和深圳两地的未婚居民，已婚居民赞同"远亲不如近邻"的比例较高。从居住时间上看，居住时间越长的北京居民，赞同"远亲不如近邻"的比例越高；深圳居民的居住时间与邻里观念无影响关系。但家中有孩子（12岁以下）的深圳居民，赞同"远亲不如近邻"的比例较高，可能家中有孩子（12岁以下）的居民与邻里交往更频繁。而有居委会成员身份的北京居民，赞同"远亲不如近邻"的比例较高；深圳居民的居委会成员身份对邻里观念无影响。

此外，性别、政治面貌、宗教信仰、近三月个人月均收入和居民代表身份并不会对邻里观念产生影响。

表 3-3　个人属性对邻里观念的影响（有序 Logit 模型）

变量	北京	深圳
男性	0.234 （1.544）	0.182 （1.123）
年龄	-0.029[**] （-6.259）	-0.036[**] （-5.894）
已婚	-0.716[**] （-3.545）	-1.012[**] （-4.366）
中共党员	0.026 （0.142）	0.054 （0.214）
有宗教信仰	0.068 （0.282）	0.457 （1.823）
受教育程度	0.145[**] （6.142）	0.105[**] （3.824）
已就业	0.711[**] （4.635）	0.459[**] （2.734）
居住时间	-0.087[*] （-2.151）	-0.009 （-0.167）

续表

变量	北京	深圳
近三年家庭年均收入	0.014** （3.204）	−0.001 （−0.124）
近三月个人月均收入	0.000 （1.103）	0.009 （0.278）
家中有孩子（12岁以下）	−0.063 （−0.416）	−0.438* （−2.533）
居委会成员身份	−0.740* （−2.044）	0.116 （0.191）
居民代表身份	−0.557 （−1.503）	−0.029 （−0.061）

注：① $^*p<0.05$，$^{**}p<0.01$；②括号内为标准误。

2. 个人属性与邻里熟识

问卷中，因变量"邻里熟识"是一个从"非常不熟悉"、"不熟悉"、"一般"到"熟悉"、"非常熟悉"程度递增的有序变量。因此，需使用有序 Logit 模型进行分析。北京、深圳两地被调查对象的个人属性对邻里熟识的影响如表3-4所示。

年龄、婚姻状况、居住时间、家中有孩子（12岁以下）、居民代表身份对邻里熟识产生显著的正向影响，但政治面貌、受教育程度、就业状况、近三年家庭年均收入对邻里熟识产生显著的负向影响。

从年龄上看，年龄越大的北京居民，邻里熟识的比例越高。老年人空闲时间较多，有更多时间与邻里进行交往；年轻人工作繁忙，为了生活到处奔波，无暇顾及家庭之外的公共事务，因此认识和交往的邻里相对较少。从婚姻状况上看，相较于北京和深圳两地的未婚居民，已婚居民邻里熟识的比例较高。从居住时间上看，居住时间越长的北京和深圳居民，邻里熟识的比例越高。家中有孩子（12岁以下）的深圳居民，邻里熟识的比例较高；但在北京，家中有孩子（12岁以下）与邻里熟识无影响关系。从居民代表身份上看，有居民代表身份的北京居民，邻里熟识的比例较高；在深圳，居民代表身份与邻里熟识无影响关系。

从受教育程度上看，北京和深圳两地居民受教育程度越高，邻里熟识的比例越低。从就业状况上看，相较于两地未就业居民，已就业居民邻里熟悉的比例较低。拥有不同的文化程度和职业的居民可能会形成不同的交际圈。此外，已就业居民可能忙于工作，更倾向于关注工作关系网络，没有更多精力增进邻里关系。从近三年家庭年均收入来看，家庭收入越高的北京居民，邻里熟识的比例越低；而深圳居民的家庭收入情况对邻里熟识无影响。

此外，性别、宗教信仰、近三月个人月均收入和居委会成员身份并不会对邻里熟识产生影响。

表 3-4　个人属性对邻里熟识的影响（有序 Logit 模型）

变量	北京	深圳
男性	-0.183 (-1.225)	0.055 (0.353)
年龄	0.030** (6.437)	0.005 (1.518)
已婚	0.776** (3.848)	0.872** (3.905)
中共党员	-0.427* (-2.375)	-0.494* (-2.045)
有宗教信仰	-0.257 (-1.083)	-0.047 (-0.193)
受教育程度	-0.173** (-7.347)	-0.144** (-5.357)
已就业	-0.708** (-4.685)	-0.571** (-3.499)
居住时间	0.416** (9.545)	0.311** (5.684)
近三年家庭年均收入	-0.009* (-2.143)	0.005 (0.955)
近三月个人月均收入	-0.000 (-0.097)	0.027 (0.818)
家中有孩子（12 岁以下）	0.033 (0.222)	0.581** (3.448)
居委会成员身份	0.425 (1.243)	-0.353 (-0.600)
居民代表身份	1.216** (3.419)	0.158 (0.346)

注：① $^*p<0.05$，$^{**}p<0.01$；②括号内为标准误。

（三）小结

邻里及邻里关系是人类社会最基本的和最早形成的自理机制之一，在城市和乡村的历史中始终发挥着重要作用。良好的邻里关系既是一个社区甚至一个社会拥有活力、安全稳定的标志，又是保证其健康运转、增强居民凝聚力的关键因素。俗话说"远亲不如近邻"，在中华传统文化中，邻里关系具有很高的价值，这种地缘关系被看作与血缘关系同样重要，邻里间的和睦相处被视为美德。

根据以上数据分析，北京和深圳的邻里熟识现状如下。

第一，北京和深圳超过 70% 的被调查居民赞同"远亲不如近邻"，深圳被调查居民对此观念的认同度更高。两个城市被调查居民的邻里观念受年龄、婚姻状况、居住时间、家中有孩子（12 岁以下）、居委会成员身份、受教育程度、就业状况、近三年家庭年均收入等的影响。在两个城市，被调查居民的年龄越大，赞同"远亲不如近邻"的比例越高；被调查居民的受教育程度越高，不赞同"远亲不如近邻"的比例越高，即邻里观念越淡漠；已就业居民比未就业居民不赞同"远亲不如近邻"的比例更高；已婚居民比未婚居民赞同"远亲不如近邻"的比例更高。在北京，在社区居住时间越长，赞同"远亲不如近邻"的比例越高；有居委会成员身份的居民，赞同"远亲不如近邻"的比例较高；近三年家庭年均收入越高的居民，不赞同"远亲不如近邻"的比例越高。在深圳，家中有孩子（12 岁以下）的被调查居民，赞同"远亲不如近邻"的比例较高。

第二，北京和深圳被调查居民的邻里熟识度一般，深圳被调查居民的邻里熟识度更高。年龄、婚姻状况、居住时间、家中有孩子（12 岁以下）、居民代表身份、政治面貌、受教育程度、就业状况、近三年家庭年均收入对邻里熟识产生显著影响。在两个城市，被调查居民的受教育程度越高，邻里熟识度越低；在社区居住时间越长，邻里熟识度越高；已就业居民相比未就业居民，邻里熟识度较低；已婚居民相比未婚居民，邻里熟识度较高；中共党员相比其他居民，邻里熟识度较低。在北京，被调查居民的年龄越大，邻里熟识度越高；有居民代表身份的被调查居民相比没有居民代表身份的居民，邻里熟识度更高；近三年家庭年均收入越高的居民，邻里熟识度越低。在深圳，家中有孩子（12 岁以下）的居民，邻里熟识度更高。

二 守望相助的现状

(一) 守望相助的整体情况

人们对邻里和睦的期待源于邻里间的互助。日常的关心、生活琐事的排忧解难是邻里关系最普遍的表现。而这些行为又会进一步增强邻里间的信任与互助热情。正是在这一互动过程中，和谐的邻里关系得以不断延续，充满活力的社区得以保持。在日常生活领域，经济的、情感的、社会交往的需求是最基本的需求。邻里之间的互助不仅有助于缓解彼此的问题与压力，还是社区社会资本的体现，邻里功能发挥作用的关键。

1. 邻里互助认知

在调查中，询问了被调查居民"您认为本社区的居民之间相互帮助的情况如何"，结果如表3-5所示。北京和深圳被调查居民认为本社区居民之间相互帮助情况一般的比例最高，分别为42.0%和44.5%。北京被调查居民认为社区居民之间相互帮助很多和较多的比例（26.8%），低于深圳（38.7%）11.9个百分点；北京被调查居民认为社区居民之间没有相互帮助情况的比例（6.6%），高于深圳（2.2%）4.4个百分点。可见，两个超大城市社区居民认知的社区邻里互助总体情况一般。相较于北京，深圳被调查居民认为自己所生活社区的邻里互助行为较多。

表 3-5 邻里互助频率

单位：人，%

选项	北京	深圳
没有	41 (6.6)	12 (2.2)
偶尔	154 (24.7)	81 (14.6)
一般	262 (42.0)	247 (44.5)
较多	142 (22.8)	175 (31.5)
很多	25 (4.0)	40 (7.2)
合计	624 (100.0)	555 (100)

2. 邻里互助行为

在调查中，询问了被调查居民"您的邻居是否经常帮助您或您的家人"

以及"您和您的家人是否经常帮助您的邻居"，结果如表3-6所示。在北京，邻居经常帮助被调查对象或其家人的比例为12.5%，被调查对象和其家人经常帮助邻居的比例为17.9%；邻居偶尔帮助被调查对象或其家人的比例为29.2%，被调查对象和其家人偶尔帮助邻居的比例为35.9%；邻居从来没有帮助被调查对象或其家人的比例为58.3%，被调查对象和其家人从来没有帮助过邻居的比例为46.0%。在深圳，邻居经常帮助被调查对象或其家人的比例为21.3%，被调查对象和其家人经常帮助邻居的比例为22.9%；邻居偶尔帮助被调查对象或其家人的比例为42.8%，被调查对象和其家人偶尔帮助邻居的比例为49.0%；邻居从来没有帮助过被调查对象或其家人的比例为35.9%，被调查对象和其家人从来没有帮助过邻居的比例为28.1%。从两个城市被调查对象的访谈中也可看出，北京和深圳被调查社区的整体互助行为较少。相比较而言，深圳的邻里互助频率较高，邻里互助功能发挥较好。

表3-6　邻里互助情况

单位：人，%

题项	是	偶尔	从来没有
北京			
您的邻居是否经常帮助您或您的家人	78（12.5）	182（29.2）	364（58.3）
您和您的家人是否经常帮助您的邻居	112（17.9）	224（35.9）	287（46.0）
深圳			
您的邻居是否经常帮助您或您的家人	118（21.3）	237（42.8）	199（35.9）
您和您的家人是否经常帮助您的邻居	127（22.9）	272（49.0）	156（28.1）

注：未统计缺失值。

3. 邻里互助类型

根据马斯洛的需要理论，本书将邻里互助划分为五个维度：行动照顾类、物质支援类、心理慰藉类、工具支持类和信息分享类。

（1）行动照顾类

在调查中，询问了被调查居民"您是否请邻居看护过自己患病的孩子"以及"您是否请邻居帮忙照顾过患病的自己"，结果如表3-7所示。在日常生活中，被调查对象请邻居提供行动照顾的深圳被调查居民的总体情况好于北京。在深圳，被调查对象请邻居看护过自己患病的孩子的比例（28.7%）高于北京（13.9%）14.8个百分点；在深圳，被调查对象请邻居帮忙照顾过患病的自己的比例（22.0%）高于北京（9.4%）12.6个百分点；在深圳，被调查对象从来没有请邻居帮忙照顾过患病的孩子的比例（71.3%）低于北京（86.0%）14.7个百分点；在深圳，被调查对象从来没有请邻居帮忙照顾过患病的自己的比例（78.0%）低于北京（90.6%）12.6个百分点。数据表明，深圳被调查社区邻里之间的行动照顾类互助行为相对较多。但从总体上看，两个超大城市在孩子或自己生病需要帮助时，请求邻居帮助的比例较低，反映了邻里之间的依赖程度较低，邻里的亲密关系有待提升。

表 3-7　行动照顾

单位：人，%

题项	是	偶尔	从来没有
	北京		
您是否请邻居看护过自己患病的孩子	40（6.4）	47（7.5）	536（86.0）
您是否请邻居帮忙照顾过患病的自己	23（3.7）	35（5.7）	561（90.6）
	深圳		
您是否请邻居看护过自己患病的孩子	59（10.6）	100（18.1）	395（71.3）
您是否请邻居帮忙照顾过患病的自己	44（7.9）	78（14.1）	432（78.0）

注：未统计缺失值。

（2）物质支援类

物质支援类具体测量指标为邻里间互借物品、借钱应急，前者以实物的形式，后者以货币的形式。日常用品是每个人在生活中的必需品，有时忘记添置购买则会影响正常生活，互借日常用品是居民生活中的一个细节行为，这一行为不仅可真实反映邻里之间的互助情况，还可从一个侧面反映邻里之间的熟识与亲密度。

在调查中，询问了被调查居民"您能否顺利从邻居家中借到需要的日常用品（如盐、酱油等）"，结果如表3-8所示。北京和深圳被调查居民从邻居家中借到需要的日常用品（如盐、酱油等）的可能性都很高。相比较而言，深圳被调查居民能够从邻居家中借到日常用品的比例（74.8%），高于北京被调查居民的比例（58.8%）16.0个百分点。深圳被调查居民不能够从邻居家中借到日常用品的比例（1.8%），低于北京被调查居民的比例（4.2%）2.4个百分点。随着城市居民生活水平的提高、社区服务的发展以及网络购物的快捷与便利，邻里之间互借日常用品的现象在逐渐减少。两个超大城市三成左右的社区居民选择此问题不适用，北京被调查居民选择的比例（36.1%），高于深圳被调查居民选择的比例（23.4%）12.7个百分点。数据表明，深圳被调查社区邻里之间的物质支援类互助行为发生的可能性更大，也从一个侧面反映了深圳被调查社区邻里之间的依赖程度相对北京被调查社区更高一些。

表3-8　邻居借日常用品

单位：人，%

选项	北京	深圳
能够	367 (58.8)	415 (74.8)
不能够	26 (4.2)	10 (1.8)
不适用	225 (36.1)	130 (23.4)
缺失	6 (1.0)	0 (0)
合计	624 (100.0)	555 (100.0)

在调查中，询问了被调查居民"当您急需用钱（如1000元以下）时，您会找谁借"，结果如表3-9所示。北京和深圳被调查居民急需用钱（如1000元以下）时的求助方主要为亲属和朋友。有40.17%的北京被调查居民急需用钱的求助方为亲属，与深圳被调查居民的比例（39.88%）基本持平；有33.00%的北京被调查居民急需用钱的求助方为朋友，低于深圳被调查居民的比例（39.27%）6.27个百分点。虽然北京和深圳被调查居民向邻居求助的比例不高，但深圳被调查居民的比例是7.93%，排在求助对象的第三位，仅次于亲属和朋友。北京被调查居民的比例是6.92%，排在求助对象的第四位，仅次于亲属、朋友和其他。数据分析表明，在遇到急需用钱这一比较敏感的求助问题时，北京和深圳被调查居民大多会选择与自己有血缘关系的亲属和关系亲密的朋友为求助对象，但邻居也是排在其后的一个重要的选择对象。可见，邻里之间的熟识、融洽、密切关系的建立对于社区居民生活福祉提升的重要意义。

由于此题为多选题，使用卡方拟合优度检验进行分析。北京和深圳结果的拟合优度检验呈现显著性，意味着两个城市各项的选择比例具有明显差异性。亲属和朋友的响应率和普及率明显较高，说明北京和深圳被调查居民急需用钱的求助方主要为亲属和朋友。

表 3-9 居民急需用钱的求助方

单位：人，%

选项	响应		普及率（$n=617$）	响应		普及率（$n=555$）
	n	响应率		n	响应率	
亲属	325	40.17	52.67	327	39.88	58.92
朋友	267	33.00	43.27	322	39.27	58.02
邻居	56	6.92	9.08	65	7.93	11.71
社区居委会	6	0.74	0.97	4	0.49	0.72
同事	33	4.08	5.35	46	5.61	8.29
业主委员会	4	0.49	0.65	0	0.00	0.00
银行	55	6.80	8.91	—	—	—
其他	63	7.79	10.21	56	6.83	10.09
汇总	809	100	131.12	820	100	147.75

拟合优度检验（北京）：$\chi^2=1051.915$，$p=0.000$。

拟合优度检验（深圳）：$\chi^2=1058.954$，$p=0.000$。

（3）心理慰藉类

在调查中，询问了被调查居民"通常情况下，您的家庭生活纠纷首先找谁化解"，结果如表 3-10 所示。北京被调查居民有 36.8% 的人首先找亲属化解家庭生活纠纷，有 11.3% 的人找朋友化解，有 10.9% 的人找社区居委会化解，分别有 2.5% 的人找物业公司或邻居化解。深圳被调查居民有 31.4% 的人首先找亲属化解家庭生活纠纷，有 16.8% 的人找朋友化解，有 11.5% 的人找社区居委会化解，有 7.0% 的人找社区党群服务中心（社会工作机构）化解，有 4.7% 的人找物业公司化解，有 4.1% 的人找邻居化解。虽然北京和深圳被调查居民在通常情况下，当遇到家庭生活纠纷时，选择求助对象的比例有差异，但排在前三位的求助对象都是亲属、朋友和社区居委会。可见，社区居委会这一群众性自治组织在基层社区治理与建设以及社区居民心目中的地位。

表 3-10 家庭生活纠纷找谁化解

单位：人，%

选项	北京	深圳
亲属	224（36.8）	174（31.4）
朋友	69（11.3）	93（16.8）

续表

选项	北京	深圳
邻居	15（2.5）	23（4.1）
社区居委会	66（10.9）	64（11.5）
物业公司	15（2.5）	26（4.7）
业主委员会	2（0.3）	2（0.4）
社区党群服务中心	—	39（7.0）
其他	217（35.7）	134（24.1）
总计	608（100）	555（100）

（4）工具支持类

工具支持类的具体测量指标为遇到困难时帮忙、介绍工作、重大事情找邻居商量等。在中国的家庭中，红白喜事是家庭中的重大事情。对家庭的红白喜事网进行调查能够集中体现与该家庭社会交往较密切的群体。在调查中，询问了被调查居民"通常情况下，您家里的红白喜事主要找谁帮忙"，结果如表3-11所示。通常情况下，北京和深圳被调查居民家中红白喜事的帮助者主要为亲属和朋友，有49.28%的北京被调查居民家中红白喜事的帮助者为亲属，高于深圳被调查居民的比例（40.93%）8.35个百分点；有26.80%的北京被调查居民家中红白喜事的帮助者为朋友，低于深圳被调查居民（33.52%）6.72个百分点。可见，通常情况下，家中遇到红白喜事的时候，两个超大城市的居民更多求助于与自己有血缘关系的亲属以及关系密切的朋友。但仍有14.05%的深圳被调查居民家中红白喜事的帮助者是邻居，高于北京被调查居民的比例（7.57%）6.48个百分点；而求助居委会、物业公司、业主委员会、社区党群服务中心的居民极少。可见，虽然北京和深圳被调查居民在通常情况下，当家里遇到红白喜事时，选择求助对象的比例有差异，但除了其他选项之外，排在前三位的求助对象都是亲属、朋友和邻居。说明在两个超大城市，邻居在社区居民生活中扮演较为重要的角色，助推家庭功能的发挥。

由于此题为多选题，使用卡方拟合优度检验进行分析。北京和深圳结果的拟合优度检验呈现显著性，意味着两个城市各项的选择比例具有明显差异性，亲属和朋友的响应率和普及率明显较高。说明北京和深圳被调查居民家中红白喜事帮助者主要为亲属和朋友。

表 3-11　家中红白喜事帮助者

单位：人，%

选项	北京			深圳		
	响应		普及率	响应		普及率
	n	响应率	（$n=613$）	n	响应率	（$n=555$）
亲属	410	49.28	66.88	370	40.93	66.67
朋友	223	26.80	36.38	303	33.52	54.59
邻居	63	7.57	10.28	127	14.05	22.88
居委会	15	1.80	2.45	19	2.10	3.42
物业公司	10	1.20	1.63	14	1.55	2.52
业主委员会	3	0.36	0.49	2	0.22	0.36
社区党群服务中心	3	0.36	0.49	17	1.88	3.06
其他	105	12.62	17.13	52	5.75	9.37
汇总	832	100	135.73	904	100	162.88

拟合优度检验（北京）：$\chi^2=1409.981$，$p=0.000$。

拟合优度检验（深圳）：$\chi^2=1294.159$，$p=0.000$。

（5）信息分享类

进入 21 世纪，人类进入了一个崭新的时代——信息化时代。信息对于每个社区居民工作、生活的重要意义不言而喻。分享社区信息可直接为社区邻里带来福利。在调查中，询问了被调查居民"您是否愿意将社区活动信息传达给社区居民，让他们有机会享受社区服务"，结果如表 3-12 所示。北京被调查居民非常愿意和比较愿意将社区活动信息传达给社区居民的比例分别为 29.3% 和 46.5%，总计 75.8%；深圳被调查居民非常愿意和比较愿意将社区活动信息传达给社区居民的比例分别为 48.1% 和 41.3%，总计 89.4%。两个城市被调查居民不愿意或不太愿意将社区活动信息传达给社区居民的比例都很低，北京的比例是 4.5%，深圳只有 1.2%。可见，两个超大城市八成左右的社区居民愿意将社区活动信息传达给社区居民，但深圳被调查居民的分享活动、传递活动信息的意愿更强，居民邻里互动情况更好。

表 3-12　居民传递活动信息

单位：人，%

选项	北京	深圳
非常愿意	183（29.3）	267（48.1）
比较愿意	290（46.5）	229（41.3）
一般	119（19.1）	52（9.4）
不太愿意	18（2.9）	4（0.7）
不愿意	10（1.6）	3（0.5）
缺失	4（0.6）	0（0）
合计	624（100.0）	555（100.0）

（二）个人属性与守望相助

1. 个人属性与邻里互助整体情况

（1）个人属性与互助认知

问卷中，因变量"互助认知"是一个从"没有"、"偶尔"、"一般"到"较多"、"很多"程度递增的有序变量。因此，需使用有序 Logit 模型进行分析。与前文分析类似，这里考虑北京、深圳被调查对象的个人属性对互助认知的影响，结果如表 3-13 所示。

年龄、婚姻状况、居住时间、家中有孩子（12 岁以下）、居民代表身份对互助认知产生显著的正向影响，但受教育程度、就业状况对互助认知产生显著的负向影响。

从年龄上看，年龄越大的北京居民，认为社区居民之间相互帮助比例越高。从婚姻状况上看，相较于北京和深圳的未婚居民，已婚居民认为社区居民之间相互帮助比例更高。从居住时间上看，居住时间越长的北京和深圳居民，认为社区居民之间相互帮助比例越高。从家中有孩子（12 岁以下）上看，深圳居民认为社区居民之间相互帮助比例较高，可能是家中有孩子（12 岁以下）的居民与邻里交往较多；但在北京，家中有孩子（12 岁以下）与互助认知无影响关系。从居民代表身份上看，有居民代表身份的北京居民，认为社区居民之间相互帮助比例较高；在深圳，居民代表身份与互助认知无影响关系。

从受教育程度上看，北京和深圳的居民受教育程度越高，认为社区居民之间相互帮助比例越低。从就业状况上看，相较于居住在北京和深圳的未就业居民而言，已就业居民认为社区居民之间相互帮助比例较低。

此外，性别、政治面貌、宗教信仰、经济收入和居委会成员身份不会对互助认知产生影响。

表 3-13　个人属性对互助认知的影响（有序 Logit 模型）

变量	北京	深圳
男性	-0.114 (-0.767)	-0.160 (-1.016)
年龄	0.009* (2.068)	0.014* (2.502)
已婚	0.406* (2.058)	0.805** (3.594)
中共党员	-0.312 (-1.758)	-0.312 (-1.293)
有宗教信仰	-0.192 (-0.817)	0.085 (0.349)
受教育程度	-0.047* (-2.099)	-0.083** (-3.122)
已就业	-0.456** (-3.062)	-0.434** (-2.674)
居住时间	0.191** (4.703)	0.198** (3.699)
近三年家庭年均收入	-0.004 (-0.915)	-0.006 (-1.246)
近三月个人月均收入	0.000 (0.051)	0.000 (0.003)
家中有孩子（12 岁以下）	0.277 (1.871)	0.558** (3.294)
居委会成员身份	0.647 (1.885)	0.477 (0.809)
居民代表身份	1.600** (4.375)	0.681 (1.493)

注：① $p<0.05$，** $p<0.01$；②括号内为标准误。

（2）个人属性与互助行为

问卷中，因变量"互助行为"是一个从"是"、"偶尔"到"从来没有"程度递减的有序变量。因此，需使用有序 Logit 模型进行分析。与前文分析类似，这里考虑北京、深圳被调查对象的个人属性对互助行为的影响，结果如表 3-14 所示。

近三年家庭年均收入对互助行为产生显著的正向影响，但年龄、婚姻状况、宗教信仰、居住时间、家中有孩子（12 岁以下）、居委会成员身份、居民代表身份对互助行为产生显著的负向影响。

从家庭收入上看，近三年家庭年均收入越高的北京居民，自己及家人帮助邻居的比例越低。但在深圳，近三年家庭年均收入对互助行为没有影响。从年龄上看，年龄越大的深圳居民，互助行为的比例越高。从婚姻状况上看，相对于未婚的深圳居民而言，已婚居民互助行为的比例较高，而北京居民的婚姻状况与互助行为无影响关系。从宗教信仰上看，相对于无宗教信仰的北京居民，有宗教信仰居民的互助行为比例较高；而深圳居民的宗教信仰与互助行为无影响关系。从居住时间上看，对于北京和深圳居民，居住时间越长，互助行为比例越高。相对于家中无孩子（12 岁以下）的深圳居民，家中有孩子（12 岁以下）居民表示"邻居帮助自己及家人"比例较高，说明生活中深圳有小孩居民得到过邻居帮助。北京家中有孩子（12 岁以下）居民情况与互助行为无影响关系。从居委会成员身份和居民代表身份上看，相对于无居委会成员身份和居民代表身份的北京居民，有身份的居民无互助行为比例较高。在深圳，居委会成员身份和居民代表身份对互助行为没有影响。

此外，性别、政治面貌、受教育程度、就业状况和近三月个人月均收入并不会对互助行为产生影响。

表 3-14　个人属性对互助行为的影响（有序 Logit 模型）

变量	邻居帮助自己及家人		自己及家人帮助邻居	
	北京	深圳	北京	深圳
男性	-0.152 (-0.951)	0.186 (-1.175)	0.003 (0.019)	0.237 (1.478)
年龄	-0.000 (-0.003)	-0.011* (-2.028)	-0.008 (-1.655)	-0.014* (-2.442)
已婚	-0.082 (-0.383)	-0.874** (-3.787)	-0.170 (-0.832)	-0.696** (-3.068)
中共党员	-0.015 (-0.079)	0.38 (-1.539)	0.293 (1.582)	0.201 (0.819)

续表

变量	邻居帮助自己及家人		自己及家人帮助邻居	
	北京	深圳	北京	深圳
有宗教信仰	-0.613 * (-2.527)	-0.376 (-1.541)	-0.525 * (-2.201)	-0.289 (-1.169)
受教育程度	-0.022 (-0.913)	0.022 -0.815	-0.005 (-0.204)	0.037 (1.368)
已就业	-0.257 (-1.605)	-0.077 (-0.476)	0.026 (0.171)	-0.044 (-0.269)
居住时间	-0.256 ** (-5.823)	-0.205 ** (-3.780)	-0.320 ** (-7.438)	-0.292 ** (-5.267)
近三年家庭年均收入	0.005 (1.032)	-0.006 (-1.192)	0.010 * (2.006)	-0.002 (-0.316)
近三月个人月均收入	0.001 (0.348)	-0.067 (-1.506)	0.002 (0.215)	-0.068 (-1.474)
家中有孩子（12岁以下）	0.143 (0.900)	-0.457 ** (-2.687)	0.039 (0.258)	-0.322 (-1.885)
居委会成员身份	-1.057 ** (-3.039)	-0.363 (-0.613)	-1.159 ** (-3.311)	-0.700 (-1.161)
居民代表身份	-0.852 * (-2.368)	-0.517 (-1.128)	-1.257 ** (-3.462)	-0.296 (-0.638)

注：① * $p<0.05$，** $p<0.01$；②括号内为标准误。

2. 个人属性与邻里互助类型

（1）个人属性与行动照顾类互助

问卷中，因变量"行动照顾类互助"是一个从"是"、"偶尔"到"从来没有"程度递减的有序变量。因此，需使用有序 Logit 模型进行分析。北京、深圳被调查对象的个人属性对行动照顾类互助的影响如表 3-15 所示。

受教育程度、近三年家庭年均收入对行动照顾类互助产生显著的正向影响，年龄、婚姻状况、宗教信仰、居住时间、家中有孩子（12岁以下）、居委会成员身份、居民代表身份对行动照顾类互助产生显著的负向影响。

从受教育程度上看，受教育程度越高的北京和深圳居民，请邻居照顾患病自己的比例越低。从近三年家庭年均收入上看，收入越高的北京居民，请邻居照顾患病自己和请邻居看护患病孩子的比例越低。

从年龄上看，年龄越大的北京居民，请邻居照顾患病自己的比例越高。从婚姻状况上看，相对于未婚的深圳居民而言，已婚居民请邻居看护患病孩子的比例较高。从宗教信仰上看，相对于无宗教信仰的北京和深圳居民，有宗教信仰的居民请邻居看护患病孩子的比例较高。从居住时间上看，北京和深圳的居民，居住时间越长，行动照顾类互助行为的比例越高。从家中有孩子（12 岁以下）上看，相对于家中无孩子（12 岁以下）的深圳居民而言，家中有孩子（12 岁以下）的居民表示请邻居看护患病孩子的比例较高。

从居委会成员身份和居民代表身份上看，相对于无居委会成员身份和居民代表身份的北京居民，有居委会成员身份和居民代表身份的北京居民行动照顾类互助行为的比例较高。而有居委会成员身份和居民代表身份的深圳居民，请邻居照顾患病自己的比例较高。

性别、政治面貌、就业状况和近三月个人月均收入对行动照顾类互助无影响。

表 3-15　个人属性对行动照顾类互助的影响（有序 Logit 模型）

变量	请邻居看护患病孩子		请邻居照顾患病自己	
	北京	深圳	北京	深圳
男性	-0.177 (-0.754)	0.260 (1.393)	0.203 (0.711)	0.223 (1.086)
年龄	-0.002 (-0.289)	-0.001 (-0.365)	-0.020 * (-2.435)	-0.001 (-0.696)
已婚	-0.352 (-1.033)	-0.951 ** (-2.942)	0.281 (0.813)	-0.457 (-1.437)
中共党员	-0.021 (-0.075)	0.266 (0.880)	0.140 (0.402)	0.679 (1.798)
有宗教信仰	-0.701 * (-2.241)	-0.670 * (-2.564)	-0.619 (-1.651)	-0.526 (-1.849)
受教育程度	0.003 (0.096)	0.061 (1.940)	0.115 ** (2.587)	0.096 ** (2.689)
已就业	-0.312 (-1.321)	0.133 (0.705)	0.136 (0.490)	0.396 (1.920)
居住时间	-0.247 ** (-3.846)	-0.286 ** (-4.606)	-0.344 ** (-4.307)	-0.282 ** (-4.168)
近三年家庭年均收入	0.027 * (2.257)	-0.004 (-0.794)	0.147 ** (3.786)	0.002 (0.316)

变量	请邻居看护患病孩子		请邻居照顾患病自己	
	北京	深圳	北京	深圳
近三月个人月均收入	0.001 (0.210)	0.002 (0.062)	0.007 (0.079)	0.113 (0.995)
家中有孩子（12岁以下）	−0.430 (−1.808)	−0.755 ** (−3.481)	0.530 (1.875)	−0.209 (−0.944)
居委会成员身份	−1.340 ** (−3.414)	−1.137 (−1.906)	−1.266 ** (−2.858)	−1.495 * (−2.497)
居民代表身份	−1.315 ** (−3.241)	−0.866 (−1.840)	−1.715 ** (−4.065)	−1.404 ** (−3.002)

注：① * $p<0.05$，** $p<0.01$；②括号内为标准误。

（2）个人属性与物质支援类互助

①向邻居借日常用品

问卷中，因变量"向邻居借日常用品"有"能够"、"不能够"和"不适用"三个选项，本应用多分类 Logit 模型分析，但"不能够"选项的占比较低（小于5%），无法用多分类 Logit 模型分析。因此，将因变量的选项进行重新编码，"能够"编码为1，"不能够"（包含"不能够""不适用"）编码为0。这样因变量"向邻居借日常用品"就变为二元定类变量，使用二元 Logit 模型分析。北京、深圳被调查对象的个人属性对向邻居借日常用品的影响如表3-16所示。

婚姻状况、受教育程度、居住时间、家中有孩子（12岁以下）对向邻居借日常用品产生显著的正向影响，年龄、政治面貌对向邻居借日常用品产生显著的负向影响。

从婚姻状况上看，相对于深圳的未婚居民，已婚居民向邻居借日常用品的比例较高。从受教育程度上看，受教育程度越高的深圳居民，向邻居借日常用品的比例越高。而婚姻状况和受教育程度对北京居民向邻居借日常用品没有影响。但北京居民受居住时间影响，居住时间越长，向邻居借日常用品的比例越高。另外，北京和深圳居民都受家中有孩子（12岁以下）的影响，相对于家中无孩子（12岁以下）的家庭，家中有孩子（12岁以下）的家庭向邻居借日常用品的比例更高。

从年龄上看，年龄越大的北京居民，向邻居借日常用品的比例越低。从政治面貌上看，相对于非中共党员的居民，北京中共党员的居民向邻居借日常用品的比例较低，可能与中共党员严明的纪律（不拿群众一针一线）有关。而年龄和政治面貌对深圳居民向邻居借日常用品没有影响。

性别、宗教信仰、就业状况、经济收入和社区身份对向邻居借日常用品无影响。

表 3-16　个人属性对向邻居借日常用品的影响（二元 Logit 模型）

变量	北京	深圳
男性	0.099 (0.592)	-0.312 (-1.593)
年龄	-0.014** (-2.875)	0.001 (0.288)
已婚	0.201 (0.922)	0.686** (2.723)
中共党员	-0.475* (-2.421)	0.077 (0.253)
有宗教信仰	-0.038 (-0.146)	0.160 (0.515)
受教育程度	0.005 (0.190)	0.068* (2.040)
已就业	0.095 (0.575)	-0.000 (-0.001)
居住时间	0.093* (2.058)	0.132 (1.943)
近三年家庭年均收入	0.005 (0.919)	0.004 (0.534)
近三月个人月均收入	0.026 (0.453)	0.004 (0.534)
家中有孩子（12 岁以下）	0.446** (2.683)	0.736** (3.654)
居委会成员身份	-0.276 (-0.735)	-0.249 (-0.357)
居民代表身份	-0.718 (-1.834)	0.090 (0.155)

注：① * $p<0.05$，** $p<0.01$；②括号内为标准误。

②急用钱求助方

问卷中，急用钱求助方为多选题，主要包括8种，将个人属性与急用钱求助方进行交叉分析，由于篇幅有限，在此仅呈现有影响关系的选项，即亲属和朋友的交叉分析结果，如表3-17所示。

北京调查数据显示，性别、就业状况、居民代表身份与急用钱求助方呈现显著相关。从性别上看，针对亲属来讲，女性选择亲属的比例（58.50%），明显高于男性的选择比例（44.70%）；针对朋友来讲，女性选择朋友的比例（37.46%），明显低于男性的选择比例（51.14%）。从就业状况上看，在选择急用钱求助方时，未就业居民更愿意求助亲属（57.65%），明显高于已就业居民（47.87%）；已就业居民更愿意求助朋友（56.40%），明显高于未就业居民（27.40%）。从居民代表身份上看，针对朋友来讲，没有居民代表身份的居民选择朋友的比例（44.16%），明显高于有居民代表身份居民的选择比例（25.93%）。

深圳调查数据显示，性别、婚姻状况、就业状况、家中有孩子（12岁以下）、居委会成员身份与急用钱求助方呈现显著相关。从性别上看，针对亲属来讲，女性选择亲属的比例（65.86%），明显高于男性的选择比例（51.32%）；针对朋友来讲，女性选择朋友的比例（54.83%），明显低于男性的选择比例（61.51%）。从婚姻状况上看，针对亲属来讲，未婚居民选择亲属的比例（54.22%），明显低于已婚居民的选择比例（59.75%）；针对朋友来讲，未婚居民选择朋友的比例（62.65%），明显高于已婚居民的选择比例（57.20%）。从就业状况上看，针对朋友来讲，未就业居民选择朋友的比例（47.73%），明显低于已就业居民的选择比例（64.72%）。从家中有孩子（12岁以下）上看，针对亲属来讲，没有孩子居民选择亲属的比例（55.19%），明显低于有孩子居民的选择比例（60.92%）；针对朋友来讲，没有孩子居民选择朋友的比例（61.75%），明显高于有孩子居民的选择比例（56.33%）。从居委会成员身份上看，针对亲属来讲，不是居委会成员的居民选择亲属的比例（59.48%），明显高于是居委会成员的居民的选择比例（30.00%）；针对朋友来讲，不是居委会成员的居民选择朋友的比例（58.56%），明显高于是居委会成员的居民的选择比例（40.00%）。

表 3-17 居民急用钱求助方与个人属性交叉分析

单位：人，%

选项	北京			深圳		
	性别		汇总 (n=611)	性别		汇总 (n=555)
	女性 (n=347)	男性 (n=264)		女性 (n=290)	男性 (n=265)	
亲属	203 (58.50)	118 (44.70)	321 (52.54)	191 (65.86)	136 (51.32)	327 (58.92)
朋友	130 (37.46)	135 (51.14)	265 (43.37)	159 (54.83)	163 (61.51)	322 (58.02)
	$\chi^2 = 15.939$, $p = 0.026 < 0.05$			$\chi^2 = 14.821$, $p = 0.011 < 0.05$		
选项	婚姻状况		汇总	婚姻状况		汇总 (n=555)
	未婚	已婚		未婚 (n=83)	已婚 (n=472)	
亲属	—	—	—	45 (54.22)	282 (59.75)	327 (58.92)
朋友	—	—	—	52 (62.65)	270 (57.20)	322 (58.02)
				$\chi^2 = 15.388$, $p = 0.009 < 0.01$		
选项	就业状况		汇总 (n=609)	就业状况		汇总 (n=546)
	未就业 (n=281)	已就业 (n=328)		未就业 (n=220)	已就业 (n=326)	
亲属	162 (57.65)	157 (47.87)	319 (52.38)	131 (59.55)	188 (57.67)	319 (58.42)
朋友	77 (27.40)	185 (56.40)	262 (43.02)	105 (47.73)	211 (64.72)	316 (57.88)
	$\chi^2 = 68.335$, $p = 0.000 < 0.001$			$\chi^2 = 25.807$, $p = 0.000 < 0.001$		
选项	家中有孩子（12岁以下）		汇总	家中有孩子（12岁以下）		汇总 (n=554)
	没有	有		没有 (n=183)	有 (n=371)	
亲属	—	—	—	101 (55.19)	226 (60.92)	327 (59.03)
朋友	—	—	—	113 (61.75)	209 (56.33)	322 (58.12)
				$\chi^2 = 14.068$, $p = 0.015 < 0.05$		

选项	北京			深圳		
	居委会成员身份		汇总	居委会成员身份		汇总 （n = 553）
	否	是		否 （n = 543）	是 （n = 10）	
亲属	—	—	—	323 （59.48）	3 （30.00）	326 （58.95）
朋友	—	—	—	318 （58.56）	4 （40.00）	322 （58.23）
				$\chi^2 = 22.115$，$p = 0.000 < 0.001$		
选项	居民代表身份		汇总 （n = 609）	居民代表身份		汇总
	否 （n = 582）	是 （n = 27）		否	是	
亲属	306 （52.58）	13 （48.15）	319 （52.38）	—		—
朋友	257 （44.16）	7 （25.93）	264 （43.35）	—		—
	$\chi^2 = 15.666$，$p = 0.028 < 0.05$					

（3）个人属性与心理慰藉类互助

问卷中，家庭纠纷化解方主要包括8种：亲戚、朋友、邻居、居委会、物业公司、业主委员会、社区党群服务中心（北京问卷无此选项）、其他。由于家庭纠纷化解方超过两种，因此，需使用多元 Logit 模型进行分析。多元 Logit 模型需选择基准组作为比较基准，参数的正负反映的是个人对备选方案与基准组之间的相对偏好，参数为正反映居民更愿意选择备选方案而非基准组。这里将亲戚作为基准组，观察其他备选家庭纠纷化解方与之的差异。北京、深圳被调查对象的个人属性对家庭纠纷化解方的影响如表3-18所示。

从年龄上看，年龄越大的北京居民，越会选择亲戚、邻居、居委会来化解家庭纠纷。从婚姻状况上看，相较于未婚的北京居民，已婚居民会选择亲戚、居委会来化解家庭纠纷。从宗教信仰上看，相较于没有宗教信仰的北京居民，有宗教信仰的北京居民会选择邻居来化解家庭纠纷。在北京和深圳，受教育程度越高的居民，越会选择亲戚来化解家庭纠纷。从就业状况上看，已就业的北京居民更倾向于选择朋友和亲戚来化解家庭纠纷，已就业的深圳居民仅会选择亲戚来化解家庭纠纷。从居住时间上看，居住时间越久的北京居民，越会请邻居来化解家庭纠纷，而居住时间越久的深圳居民，越会请社区党群服务中心来化解家庭纠纷，这说明在深圳，社区党群服务中心已经对社区居民进行了心理慰藉类互助。

从近三年家庭年均收入上看，近三年家庭年均收入越高的北京居民，越会选择亲戚和物业公司来化解家庭纠纷；而近三年家庭年均收入越高的深圳居民，越会选择亲戚来化解家庭纠纷。同时，家中有孩子（12 岁以下）的北京居民，也会选择物业公司来化解家庭纠纷，这可能是因为北京的物业公司开展了一些邻里互助服务。从居委会成员身份和居民代表身份上看，有居委会成员身份和居民代表身份的北京居民，倾向于选择邻居和业主委员会来化解家庭纠纷；有居委会成员身份和居民代表身份的深圳居民，倾向于选择邻居、业主委员会和社区党群服务中心来化解家庭纠纷。这可能是因为有居委会成员身份和居民代表身份的居民加入业主委员会的比例更高。

表 3-18　个人属性对家庭纠纷化解方的影响（多元 Logit 模型）

变量	朋友	邻居	居委会	物业公司	业主委员会	社区党群服务中心	其他
				北京			
男性	-0.255 (-0.905)	0.296 (0.554)	0.070 (0.248)	-0.125 (-0.225)	0.163 (0.114)	—	-0.258 (-1.336)
年龄	-0.034 ** (-3.367)	0.038 * (2.278)	0.029 ** (3.273)	0.016 (0.982)	0.092 (1.680)	—	0.029 ** (4.805)
已婚	0.189 (0.526)	-1.236 * (-2.273)	0.933 * (2.030)	19.543 (0.002)	17.528 (0.002)	—	0.422 (1.650)
中共党员	0.246 (0.740)	0.058 (0.087)	-0.402 (-1.010)	0.433 (0.711)	1.444 (1.014)	—	0.388 (1.678)
有宗教信仰	-0.347 (-0.673)	1.509 * (2.549)	0.356 (0.842)	-0.437 (-0.412)	2.202 (1.538)	—	0.025 (0.080)
受教育程度	0.045 (1.021)	-0.307 ** (-3.004)	-0.268 ** (-5.358)	-0.197 * (-2.226)	0.105 (0.433)	—	-0.111 ** (-3.733)
已就业	0.899 ** (2.723)	-0.584 (-1.091)	-0.793 ** (-2.762)	-0.451 (-0.817)	18.446 (0.002)	—	-0.768 ** (-3.940)
居住时间	-0.030 (-0.381)	0.588 ** (3.270)	0.043 (0.553)	0.020 (0.133)	11.207 (0.032)	—	0.172 ** (3.253)
近三年家庭年均收入	0.003 (0.462)	-0.343 * (-2.559)	-0.012 (-1.037)	0.018 * (2.218)	-0.809 (-1.633)	—	-0.023 ** (-2.830)

续表

变量	朋友	邻居	居委会	物业公司	业主委员会	社区党群服务中心	其他
近三月个人月均收入	0.000 (0.014)	-1.882 (-1.550)	-0.025 (-0.233)	0.000 (0.021)	-2.498 (-0.902)	—	0.001 (0.347)
家中有孩子（12岁以下）	-0.038 (-0.138)	0.279 (0.500)	0.359 (1.260)	1.377* (2.088)	-0.009 (-0.006)	—	0.131 (0.679)
居委会成员身份	0.893 (1.150)	3.068** (3.946)	0.519 (0.591)	1.419 (1.230)	3.984** (2.653)	—	1.236* (2.131)
居民代表身份	1.596 (1.728)	2.895** (2.776)	1.642 (1.777)	-11.210 (-0.015)	4.687** (2.961)	—	2.227** (2.953)
深圳							
男性	0.090 (0.352)	0.156 (0.351)	-0.442 (-1.475)	0.069 (0.164)	16.157 (0.007)	0.223 (0.628)	-0.081 (-0.350)
已婚	-0.141 (-0.428)	-0.527 (-1.023)	0.118 (0.296)	0.916 (1.201)	17.184 (0.002)	-0.049 (-0.105)	0.949* (2.464)
中共党员	-0.248 (-0.615)	-0.483 (-0.625)	-0.077 (-0.176)	-0.168 (-0.258)	1.868 (1.305)	1.868 (1.305)	-0.130 (-0.372)
有宗教信仰	0.544 (1.517)	0.483 (0.806)	0.355 (0.848)	-1.178 (-1.125)	-10.490 (-0.028)	-0.128 (-0.221)	-0.460 (-1.134)
受教育程度	-0.015 (-0.361)	-0.161* (-2.023)	-0.146** (-2.851)	-0.206** (-2.613)	0.550 (1.183)	-0.103 (-1.712)	-0.116** (-2.952)
已就业	0.402 (1.389)	-0.711 (-1.558)	-1.103** (-3.612)	-0.952* (-2.192)	16.906 (0.004)	-0.057 (-0.150)	-0.695** (-2.920)
居住时间	0.062 (0.710)	-0.106 (-0.659)	-0.059 (-0.574)	-0.209 (-1.314)	0.573 (1.196)	0.402** (3.434)	0.081 (1.038)
近三年家庭年均收入	0.005 (0.733)	-0.061 (-1.648)	-0.030 (-1.760)	-0.014 (-0.662)	0.014 (0.754)	-0.047* (-2.087)	-0.007 (-0.816)
近三月个人月均收入	0.009 (0.176)	-0.212 (-0.688)	-0.155 (-0.899)	-1.352* (-2.459)	0.060 (0.657)	-0.390 (-1.351)	0.020 (0.467)
家中有孩子（12岁以下）	0.152 (0.561)	-0.100 (-0.219)	-0.031 (-0.102)	0.269 (0.594)	-0.542 (-0.381)	0.152 (0.405)	0.567* (2.224)
居委会成员身份	1.336 (1.084)	2.802* (2.248)	1.010 (0.710)	1.934 (1.352)	-14.263 (-0.001)	2.236 (1.806)	0.278 (0.196)
居民代表身份	1.053 (1.142)	2.896** (3.221)	1.020 (1.009)	-17.168 (-0.002)	4.454** (2.814)	1.969* (2.115)	0.280 (0.278)

注：①* p<0.05，** p<0.01；②括号内为标准误。

（4）个人属性与工具支持类互助

问卷中，红白喜事帮助者为多选题，主要包括 8 种，将个人属性与红白喜事帮助者进行交叉分析，在此仅呈现有影响关系的选项，即亲属和朋友的交叉分析结果，如表 3-19 所示。

从北京调查数据可看出：政治面貌、就业状况与家中红白喜事帮助者呈显著相关。非中共党员居民选择亲属的比例（70.04%），明显高于中共党员居民的选择比例（54.81%）。未就业居民选择朋友的比例（28.83%），明显低于已就业居民的选择比例（43.25%）。

从深圳数据可看出：政治面貌、居委会成员身份、居民代表身份与红白喜事帮助者呈显著相关。非中共党员居民选择朋友的比例（53.29%），明显低于中共党员居民的选择比例（64.18%）。非居委会成员居民选择亲属的比例（67.03%），明显高于居委会成员居民的选择比例（50.00%）。非居民代表选择亲属的比例（67.35%），明显高于居民代表的选择比例（47.06%）。

表 3-19　红白喜事帮助者与个人属性交叉分析

单位：人，%

选项	北京			深圳		
	政治面貌		汇总 ($n=609$)	政治面貌		汇总 ($n=553$)
	非中共党员 ($n=474$)	中共党员 ($n=135$)		非中共党员 ($n=486$)	中共党员 ($n=67$)	
亲属	332 (70.04)	74 (54.81)	406 (66.67)	323 (66.46)	45 (67.16)	368 (66.55)
朋友	177 (37.34)	45 (33.33)	222 (36.45)	259 (53.29)	43 (64.18)	302 (54.61)
	$\chi^2=25.371$，$p=0.001<0.01$			$\chi^2=18.094$，$p=0.006<0.01$		
选项	就业状况		汇总 ($n=607$)	就业状况		汇总
	未就业 ($n=281$)	已就业 ($n=326$)		未就业	已就业	
亲属	186 (66.19)	218 (66.87)	404 (66.56)	—	—	—
朋友	81 (28.83)	141 (43.25)	222 (36.57)	—	—	—
	$\chi^2=16.039$，$p=0.025<0.05$					

续表

选项	北京			深圳		
	居委会成员身份		汇总	居委会成员身份		汇总 （$n=553$）
	否	是		否 （$n=543$）	是 （$n=10$）	
亲属	—	—	—	364 （67.03）	5 （50.00）	369 （66.73）
朋友	—	—	—	297 （54.70）	5 （50.00）	302 （54.61）

$\chi^2=22.350$, $p=0.001<0.01$

选项	居民代表身份		汇总	居民代表身份		汇总 （$n=553$）
	否	是		否 （$n=536$）	是 （$n=17$）	
亲属	—	—	—	361 （67.35）	8 （47.06）	369 （66.73）
朋友	—	—	—	293 （54.66）	9 （52.94）	302 （54.61）

$\chi^2=20.810$, $p=0.002<0.01$

（5）个人属性与信息分享类互助

问卷中，因变量"信息分享类互助"是一个从"非常愿意"、"比较愿意"、"一般"到"不太愿意"、"不愿意"程度递减的有序变量。因此，需使用有序 Logit 模型进行分析。北京、深圳被调查对象的个人属性对信息分享类互助的影响如表 3-20 所示。

性别、就业状况对信息分享类互助产生显著正向影响，年龄、婚姻状况、居住时间、家中有孩子（12 岁以下）对信息分享类互助产生显著负向影响。

从性别上看，相较于居住在深圳的女性居民而言，男性居民更不愿意与邻里分享信息，女性居民与邻里分享信息的比例较高。从就业状况上看，相较于居住在北京和深圳的未就业居民而言，已就业居民更不愿意与邻里分享信息，即未就业居民与邻里分享信息的比例较高，可能是因为未就业居民有时间参与社区活动，获得的社区信息也较多。

从年龄上看，年龄越大的北京和深圳居民，与邻里分享信息的比例越高。从婚姻状况上看，相较于北京和深圳的未婚居民，已婚居民与邻里分享信息的比例较高。从居住时间上看，居住时间越长的北京居民，与邻里分享信息的比例越高，他们居住时间越长，与邻里交往越多，越有可能与邻里分享信息。家中有孩子（12 岁以下）的居民也更愿意与邻里分享信息。

表 3-20　个人属性对信息分享类互助的影响（有序 Logit 模型）

变量	北京	深圳
男性	0.177 (1.162)	0.397* (2.429)
年龄	-0.015** (-3.234)	-0.023** (-3.879)
已婚	-0.624** (-3.084)	-0.674** (-2.972)
中共党员	-0.090 (-0.494)	-0.025 (-0.099)
有宗教信仰	-0.351 (-1.438)	0.290 (1.162)
受教育程度	0.030 (1.324)	0.026 (0.976)
已就业	0.353* (2.326)	0.384* (2.273)
居住时间	-0.139** (-3.381)	0.061 (1.113)
近三年家庭年均收入	0.003 (0.591)	0.003 (0.584)
近三月个人月均收入	-0.007 (-0.135)	0.027 (0.828)
家中有孩子（12 岁以下）	-0.395** (-2.602)	-0.332 (-1.925)
居委会成员身份	-0.414 (-1.161)	0.528 (0.876)
居民代表身份	-0.579 (-1.560)	0.045 (0.096)

注：① * $p<0.05$，** $p<0.01$；②括号内为标准误。

（三）小结

工业化后，尽管社区中人与人的相互依赖随着技术水平的提高而日渐式微，但那种人类与生俱来的作为集群动物的行为本性丝毫没有减弱。今天，人们同样渴求来自周围的关心。这种对良好近邻人际关系的向往来自人类的实用主义原则和性善心理，邻里关系的式微并非真正的衰落，而是一种蜕变，在新的时代，它被赋予了新的形式。邻里互助的程度越高，居民之间交往相对越多，居民之间的联系越紧密，邻里功能也会越大程度发挥，如生产互助功能、生活服务功能、社会化功能、信息交流和情感沟通功能、社会控制与整合功能。邻里功能的发挥不仅方便了居民生活，还有利于增强居民对社区、邻里的认同感和归属感，增强社区居民的凝聚力，加快熟人社区建设的进程。

根据以上数据分析，北京和深圳社区守望相助的现状如下。

第一，北京和深圳两个超大城市社区居民认知的社区邻里互助总体情况一般。相较于北京，深圳被调查居民认为自己所生活社区的邻里互助行为较多。北京和深圳被调查社区的整体互助行为较少。相比较而言，深圳邻里互助的频率较高，邻里互助功能发挥较好。

第二，从邻里互助类型看，一是行动照顾类，在日常生活中，深圳被调查社区邻里之间行动照顾类互助行为相对北京更多。但从总体看，两个超大城市社区居民在孩子或自己生病需要帮助时，请求邻居帮助的比例较低。二是物质支援类，深圳被调查社区邻里之间物质支援类互助行为发生的可能性更大；在遇到急需用钱这一比较敏感的求助问题时，北京和深圳被调查居民大多会选择与自己有血缘关系的亲属和关系亲密的朋友为求助对象，但邻居也是排在其后的一个重要的选择对象。三是心理慰藉类，北京和深圳被调查居民在通常情况下，当遇到家庭生活纠纷时，选择求助对象的比例有差异，但排在前三位的求助对象都是亲属、朋友和社区居委会。四是工具支持类，虽然北京和深圳被调查居民在通常情况下，当家里遇到红白喜事时，选择求助对象的比例有差异，但除了其他选项之外，排在前三位的求助对象都是亲属、朋友和邻居。五是信息分享类，两个超大城市八成左右的社区居民愿意将社区活动信息传达给社区居民，但深圳被调查居民分享活动、传递活动信息的意愿更强。

第三，年龄、婚姻状况、居住时间、家中有孩子（12 岁以下）、居民代表身份、受教育程度、就业状况对互助认知产生显著影响。在两个超大城市，被调查居民的受教育程度越高，认为社区居民之间互助的比例越低；在社区居住时间越长，认为社区居民之间互助的比例越高；相比未就业居民，已就业居民认为社区居民之间互助比例较低；相比未婚居民，已婚居民认为社区居民之间互助比例更高。在北京，被调查居民的年龄越大，认为社区居民之间互助比例越高；有居民代表身份的被调查居民相比没有居民代表身份的居民，认为社区居民之间互助比例更高。在深圳，家中有孩子（12岁以下）的居民，认为社区居民之间互助的比例更高。

三 社区认同的现状

（一）社区认同的整体情况

社区最重要的属性，是居民生活的共同体，有了共同体归属感，才真正能够称得上是社区。邻里不仅是一种地域概念，还具有其心理内涵。社区邻里是社区的灵魂。社区认同主要包括社区归属感和社区自豪感。在调查中，询问了被调查居民"我住在本社区有家的感觉""作为本社区一员，我感到自豪""如果有一天我不得不搬离本社区，我会感觉依依不舍"的情况，结果如表3-21所示。

表3-21　社区认同

单位：人，%

题项	很不赞同		较不赞同		一般		比较赞同		非常赞同	
	北京	深圳	北京	深圳	北京	深圳	北京	深圳	北京	深圳
我住在本社区有家的感觉	19 (3.1)	11 (2.0)	30 (4.8)	19 (3.4)	211 (34.1)	138 (24.9)	241 (38.9)	230 (41.5)	118 (19.1)	156 (28.2)
作为本社区一员，我感到自豪	22 (3.6)	9 (1.6)	40 (6.5)	18 (3.2)	258 (41.7)	178 (32.1)	185 (29.9)	192 (34.7)	114 (18.4)	157 (28.3)
如果有一天我不得不搬离本社区，我会感觉依依不舍	35 (5.7)	9 (1.6)	41 (6.6)	27 (4.9)	211 (34.2)	154 (28.2)	206 (33.4)	195 (35.6)	124 (20.1)	162 (29.6)

1. 社区归属感

北京被调查居民比较赞同和非常赞同"我住在本社区有家的感觉"的比例（58.0%）低于深圳（69.7%）11.7个百分点；北京被调查居民很不赞同和较不赞同"我住在本社区有家的感觉"的比例（7.9%）高于深圳

（5.4%）2.5个百分点。北京被调查居民比较赞同和非常赞同"如果有一天我不得不搬离本社区，我会感觉依依不舍"的比例（53.5%）低于深圳（65.2%）11.7个百分点；北京被调查居民很不赞同和较不赞同的比例（12.3%）高于深圳（6.5%）5.8个百分点。可见，两个超大城市被调查社区六成左右的居民对社区的归属感较强，愿意居住在所生活社区。相对于北京，深圳被调查居民对社区的归属感更强。

2. 社区自豪感

北京被调查居民比较赞同和非常赞同"作为本社区一员，我感到自豪"的比例（48.3%）低于深圳（63.0%）14.7个百分点；北京被调查居民很不赞同和较不赞同的比例（10.1%）高于深圳（4.8%）5.3个百分点。可见，相对于北京被调查居民，深圳被调查居民对社区的自豪感更强。

一方面，社区自豪感与社区居民的个人属性相关；另一方面，社区邻里关系（如邻里熟识、邻里互助）、社区服务、社区环境、社区安全等社区因素也是影响社区自豪感的重要因素。关于以上因素与社区自豪感的关系，后续研究会进一步验证。

（二）个人属性与社区认同

1. 个人属性与社区归属感

问卷中，因变量"社区归属感"是一个从"很不赞同"、"较不赞同"、"一般"到"比较赞同"、"非常赞同"程度递增的有序变量。因此，需使用有序Logit模型进行分析。北京、深圳被调查对象的个人属性对社区归属感的影响如表3-22所示。

年龄、婚姻状况、居住时间、家中有孩子（12岁以下）、居委会成员身份和居民代表身份对社区归属感产生显著的正向影响，性别、宗教信仰、受教育程度、就业状况、近三月个人月均收入对社区归属感产生显著的负向影响。

从年龄上看，年龄越大的北京和深圳居民，社区归属感越强。从婚姻状况上看，相较于深圳的未婚居民，已婚居民的社区归属感更强；而北京居民的婚姻状况与社区归属感无影响关系。从居住时间上看，居住时间越长的深圳居民的社区归属感越强；而北京居民的居住时间与社区归属感无影响关系。从家中有孩子（12岁以下）上看，家中有孩子（12岁以下）

的深圳居民认为"社区有家的感觉"比例较高；而家中有孩子（12岁以下）对北京居民社区归属感无影响关系。从居委会成员身份和居民代表身份上看，有居委会成员身份和居民代表身份的北京居民的社区归属感更强；而在深圳，居委会成员身份和居民代表身份与社区归属感无影响关系。

从性别上看，相对于北京女性居民而言，北京男性居民"不舍得搬离社区"比例较低，即北京男性居民的社区归属感较弱。而性别对深圳居民的社区归属感无影响。从宗教信仰上看，相对于无宗教信仰的深圳居民而言，有宗教信仰的深圳居民的社区归属感较弱。从受教育程度上看，北京和深圳两地居民的受教育程度越高，社区归属感越弱。从就业状况上看，相较于居住在北京的未就业居民而言，已就业北京居民社区归属感较弱；而深圳居民的就业状况与社区归属感无影响关系。从近三月个人月均收入上看，深圳居民的近三月个人月均收入越高，"不舍得搬离社区"比例越低，即深圳居民近三月个人月均收入越高，社区归属感越弱；而北京居民的近三月个人月均收入与社区归属感无影响关系。此外，政治面貌、近三年家庭年均收入不会对社区归属感产生影响。

表 3-22　个人属性对社区归属感的影响（有序 Logit 模型）

变量	社区有家的感觉		不舍得搬离社区	
	北京	深圳	北京	深圳
男性	-0.113 (-0.759)	-0.133 (-0.854)	-0.346* (-2.332)	-0.184 (-1.187)
年龄	0.017** (3.691)	0.027** (4.725)	0.015** (3.352)	0.026** (4.603)
已婚	0.219 (1.103)	0.665** (3.029)	0.054 (0.275)	0.344 (1.587)
中共党员	0.243 (1.359)	0.035 (0.144)	0.034 (0.194)	-0.058 (-0.243)
有宗教信仰	-0.094 (-0.394)	-0.550* (-2.281)	-0.092 (-0.389)	-0.091 (-0.380)
受教育程度	-0.058* (-2.554)	-0.034 (-1.324)	-0.056* (-2.510)	-0.091** (-3.506)
已就业	-0.601** (-3.993)	-0.227 (-1.414)	-0.560** (-3.767)	-0.135 (-0.849)
居住时间	0.076 (1.891)	0.126* (2.377)	0.053 (1.335)	0.227** (4.253)

续表

变量	社区有家的感觉		不舍得搬离社区	
	北京	深圳	北京	深圳
近三年家庭年均收入	0.002 (0.494)	0.001 (0.196)	0.004 (0.905)	-0.006 (-1.253)
近三月个人月均收入	-0.000 (-0.695)	-0.030 (-0.949)	-0.000 (-0.526)	-0.107 ** (-2.949)
家中有孩子（12岁以下）	0.240 (1.615)	0.606 ** (3.614)	0.209 (1.422)	0.266 (1.615)
居委会成员身份	1.096 ** (3.127)	-0.358 (-0.613)	1.021 ** (2.945)	0.277 (0.474)
居民代表身份	1.296 ** (3.545)	0.442 (0.968)	1.545 ** (4.158)	0.842 (1.810)

注：① * $p<0.05$，** $p<0.01$；②括号内为标准误。

2. 个人属性与社区自豪感

问卷中，因变量"社区自豪感"是一个从"很不赞同"、"较不赞同"、"一般"到"比较赞同"、"非常赞同"程度递增的有序变量，因此，需使用有序 Logit 模型进行分析。北京、深圳被调查对象的个人属性对社区自豪感的影响如表 3-23 所示。

年龄、婚姻状况、居住时间、居委会成员身份和居民代表身份对社区自豪感产生显著的正向影响，但性别、受教育程度、就业状况对社区自豪感产生显著的负向影响。

从年龄上看，年龄越大的北京和深圳居民，社区自豪感越强。从婚姻状况上看，相较于深圳的未婚居民，深圳已婚居民的社区自豪感更强；而北京居民的婚姻状况与社区自豪感无影响关系。从居住时间上看，居住时间越长的深圳居民社区自豪感越强；而北京居民的居住时间与社区自豪感无影响关系。从居委会成员身份和居民代表身份上看，有居委会成员身份和居民代表身份的北京居民的社区自豪感更强；而在深圳，居委会成员身份和居民代表身份与社区自豪感无影响关系。

从性别上看，相对于北京女性居民而言，北京男性居民的社区自豪感较弱；而性别对深圳居民的社区自豪感无影响。从受教育程度上看，北京和深圳居民的受教育程度越高，社区自豪感越弱。从就业状况上看，相较于未就业居民，已就业北京和深圳居民的社区自豪感较弱。

此外，政治面貌、宗教信仰、经济收入、家中有孩子（12岁以下）并不会对社区自豪感产生影响。

表 3-23　个人属性对社区自豪感的影响（有序 Logit 模型）

变量	北京	深圳
男性	-0.370* (-2.464)	-0.132 (-0.852)
年龄	0.022** (4.842)	0.027** (4.755)
已婚	0.165 (0.829)	0.434* (1.987)
中共党员	0.175 (0.983)	-0.171 (-0.714)
有宗教信仰	0.035 (0.146)	-0.208 (-0.867)
受教育程度	-0.089** (-3.928)	-0.099** (-3.770)
已就业	-0.768** (-5.068)	-0.347* (-2.169)
居住时间	0.023 (0.570)	0.131* (2.496)
近三年家庭年均收入	0.002 (0.383)	-0.007 (-1.300)
近三月个人月均收入	-0.000 (-0.524)	-0.041 (-1.254)
家中有孩子（12岁以下）	0.275 (1.846)	0.283 (1.713)
居委会成员身份	0.846* (2.469)	-0.092 (-0.158)
居民代表身份	1.031** (2.893)	0.507 (1.119)

注：① *$p<0.05$，**$p<0.01$；②括号内为标准误。

（三）小结

根据以上数据分析，北京和深圳被调查居民的社区认同现状如下。

第一，两个超大城市社区的六成左右被调查居民对社区的归属感较强，愿意居住在所生活社区。相对于北京被调查居民，深圳被调查居民对社区的归属感更强。近半数北京被调查居民有社区自豪感，六成多的深圳被调查居民有社区自豪感，高于北京。

第二，年龄、婚姻状况、居住时间、家中有孩子（12 岁以下）、居委会成员身份和居民代表身份、性别、宗教信仰、受教育程度、就业状况、近三月个人月均收入对社区归属感产生显著影响。在北京和深圳，被调查居民的受教育程度越高，社区归属感越弱；被调查居民的年龄越大，社区归属感越强。在北京，已就业居民相对于未就业居民，社区归属感较弱；有居委会成员身份和居民代表身份的北京被调查居民相比没有身份的居民，社区归属感更强；相对于北京女性居民而言，北京男性居民"不舍得搬离社区"比例较低，即北京男性居民的社区归属感较差。在深圳，已婚居民相比未婚居民，"社区有家的感觉"比例更高；居住时间越长的居民的社区归属感越强；家中有孩子（12 岁以下）的居民的"社区有家的感觉"比例更高；有宗教信仰的居民相较于无宗教信仰的居民，"社区有家的感觉"比例更低；居民的近三月个人月均收入越高，"不舍得搬离社区"比例越低。

第三，年龄、婚姻状况、居住时间、居委会成员身份和居民代表身份、性别、受教育程度、就业状况等对社区自豪感产生显著影响。在北京和深圳，被调查居民的受教育程度越高，社区自豪感越弱；已就业居民相对于未就业居民，社区自豪感较弱；被调查居民的年龄越大，社区自豪感越强。在北京，有居委会成员身份和居民代表身份的被调查居民相比没有身份的居民，社区自豪感更强；相对于女性居民而言，男性居民的社区自豪感较弱。在深圳，居住时间越长的居民社区自豪感越强；已婚居民相比未婚居民，社区自豪感更强。

四　自主自治的现状

（一）自主自治的整体情况

熟人社区建设中，充分发挥作为社区主体的居民的积极主动性最为重要。主体具有为我性、能动性、创造性和自主性等特征，自主性是主体的一种基本属性，意味着自愿、自觉、自决、自动（陶富源，2003：8）。社区居民自愿策划和自觉组织社区活动，体现了社区居民自主性。社区自主自治情况包括社区居民自愿、自觉协商解决社区公共问题，反映了社区居民参与社区活动与公共事务的自主性和社区自治情况。

1. 社区居民自主性

（1）策划文娱活动

①策划意愿

在调查中，询问了被调查居民"您是否愿意策划组织社区文化娱乐活动"，结果如表 3-24 所示。北京被调查居民愿意策划文娱活动的比例（29.6%）低于深圳（46.4%）16.8 个百分点。北京被调查居民不愿意策划文娱活动的比例（49.0）高于深圳（30.0）19.0 个百分点。可见，深圳被调查居民策划社区文娱活动的意愿明显高于北京被调查居民。

表 3-24　策划文娱活动的意愿

单位：人，%

选项	北京	深圳
愿意	183（29.6）	257（46.4）
不愿意	303（49.0）	166（30.0）
无所谓	132（21.4）	131（23.6）
合计	618（100.0）	554（100.0）

②策划类型

在调查中，询问了被调查居民"您将参与策划哪方面的活动"，结果如表 3-25 所示。北京被调查居民希望策划的文娱活动类型，排在前三位的是：体育运动类（16.85%）、娱乐类（12.36%）、亲子类（10.96%）；排在后三位的是：演讲类（2.53%）、展览类（3.09%）、教育类（3.37%）。深圳被调查居民希望策划的文娱活动类型，排在前三位的是：娱乐类（14.58%）、亲子类（12.67%）、体育运动类（11.28%）；排在后三位的是：演讲类（1.22%）、展览类（1.39%）、技能培训类（4.69%）。两个城市被调查居民都更愿意参与策划娱乐类和亲子类活动。此外，北京被调查居民与深圳被调查居民愿意参与策划公益类活动的比例都超过 10%。由此可见，社区居民的公益意识在不断增强，但社区组织的公益类活动的内容和形式有待创新。

由于此题为多选题，使用卡方拟合优度检验进行分析。两个城市结果的拟合优度检验呈现显著性，意味着两个城市各项的选择比例具有明显差异。具体来看，北京居民策划文娱活动类型中，娱乐类、体育运动类、亲子类的响应率和普及率明显较高。深圳居民策划文娱活动类型中，娱乐类、亲子类响应率和普及率明显较高，郊游类和兴趣爱好类响应率和普及率持平。说明北京和深圳居民都喜欢策划娱乐类、亲子类活动，但深圳被调查居民策划娱乐活动的范围更广泛。

表 3-25 策划文娱活动的类型

单位：人，%

选项	北京			深圳		
	响应		普及率 ($n = 186$)	响应		普及率 ($n = 261$)
	n	响应率		n	响应率	
讲座类	25	7.02	13.44	38	6.60	14.56
手工类	31	8.71	16.67	61	10.59	23.37
娱乐类	44	12.36	23.66	84	14.58	32.18
技能培训类	25	7.02	13.44	27	4.69	10.34
郊游类	33	9.27	17.74	62	10.76	23.75
公益类	36	10.11	19.35	58	10.07	22.22
体育运动类	60	16.85	32.26	65	11.28	24.90
亲子类	39	10.96	20.97	73	12.67	27.97
演讲类	9	2.53	4.84	7	1.22	2.68
展览类	11	3.09	5.91	8	1.39	3.07
教育类	12	3.37	6.45	31	5.38	11.88
兴趣爱好类	31	8.71	16.67	62	10.76	23.75
汇总	356	100	191.40	576	100	220.69

拟合优度检验（北京）：$x^2 = 80.854$，$p = 0.000$。

拟合优度检验（深圳）：$x^2 = 145.458$，$p = 0.000$。

（2）组织文娱活动

在调查中，询问了被调查居民"您是以什么身份参与您最喜欢的娱乐活动的"，结果如表 3-26 所示。北京和深圳被调查居民参与最喜欢的文娱活动的身份主要是"活动参与者"。深圳被调查居民以"活动参与者"的身份参加文娱活动的比例（67.1%），高于北京（61.9%）5.2 个百分点。可见，两个城市大多数被调查居民仅参加社区活动。深圳被调查居民作为"义工"参与文娱活动的比例（12.8%）高于北京（8.2%）4.6 个百分点。两个城市被调查居民在文娱活动中都有担任"义工"，呈现一定的奉献精神，深圳居民参与"义工"的积极性更高。

深圳被调查居民以"受邀参与者"身份参与社区文娱活动的比例（8.1%），低于北京（21.6%）13.5个百分点。深圳被调查居民以"组织者"身份参与社区文娱活动的比例（10.3%），高于北京（6.7%）3.6个百分点。可见，两个城市被调查居民组织文娱活动的比例较低，深圳被调查居民主动参与和自发组织社区文娱活动的比例高于北京。

表 3-26　参与文娱活动身份

单位：人，%

选项	北京	深圳
组织者	9 (6.7)	24 (10.3)
活动参与者	83 (61.9)	157 (67.1)
受邀参与者	29 (21.6)	19 (8.1)
义工	11 (8.2)	30 (12.8)
其他	2 (1.5)	4 (1.7)
合计	134 (100.0)	234 (100.0)

2. 社区自治情况

（1）解决社区问题

①参与意愿

依据"意愿-行为"理论，意愿和行为紧密关联，意愿是人们行为的心理倾向和准备阶段。意愿包含个体的情感认知和行为意向成分，是一种内在结构和行为趋势，潜在地决定了个体的行为倾向和行为方式。在调查中，询问了被调查居民"如果有人发动居民来解决社区内的问题，您是否会参加"，结果如表 3-27 所示。如果有人发动居民来解决社区内的问题，北京和深圳被调查居民参与的意愿都很强，深圳被调查居民参与的比例（86.3%）高于北京（70.4%）15.9个百分点。

表 3-27　参与公共问题解决的意愿

单位：人，%

选项	北京	深圳
会	439 (70.4)	479 (86.3)
不会	174 (27.9)	74 (13.3)
缺失	11 (1.8)	2 (0.4)
合计	624 (100.0)	555 (100.0)

②参与行为

在调查中，询问了被调查居民"在过去一年中，您是否曾与社区其他居民一起解决过社区的公共问题"，结果如表3-28所示。北京和深圳被调查居民曾经参与解决过社区公共问题的比例都不高，深圳居民曾经参与比例（25.8%）高于北京（17.5%）8.3个百分点。可见，在过去一年中，深圳被调查社区超过1/4的居民参与过社区公共问题解决，呈现了一定的社区自治性。

表3-28　参与解决社区公共问题

单位：人，%

选项	北京	深圳
曾经参与	109（17.5）	143（25.8）
没有参与	511（81.9）	412（74.2）
缺失	4（0.6）	0（0）
合计	624（100.0）	555（100.0）

（2）社区管理者

①社区居委会主任的承担者

在调查中，询问了被调查居民"您希望社区居委会主任是谁"，结果如表3-29所示。北京和深圳被调查居民都希望社区居委会主任是本社区居民，深圳居民希望社区居委会主任是本社区居民的比例（53.0%）高于北京（50.6%）2.4个百分点。可见，北京和深圳居民普遍希望本社区居民成为社区居委会主任。同时，也有46.5%的北京居民和43.2%的深圳居民表示社区居委会主任是不是本社区居民无所谓。

表3-29　社区治理主体分析

单位：人，%

选项	北京	深圳
本社区居民	316（50.6）	294（53.0）
非本社区居民	17（2.7）	21（3.8）
无所谓	290（46.5）	240（43.2）
缺失	1（0.2）	0（0）
合计	624（100）	555（100）

②社区管理的责任人

在调查中，询问了被调查居民"您认为社区管得好不好，主要在于谁"，结果如表3-30所示。北京和深圳被调查居民认为社区管得好与不好，主要在于社区居委会和物业公司，但北京居民认为社区管得好不好，主要在于社区居委会（37.7%）高于深圳（25.8%）11.9个百分点，而深圳居民则认为社区管得好不好主要在于物业公司（40.9%）高于北京（27.7%）13.2个百分点。这可能与两个城市的定位和发展状况有关。社区居委会是群众自治性组织，与街道办事处的关系密切。物业公司是企业，反映了市场的力量。从国家-市场-社会的分析视角来看，北京居民将社区管理的责任更多归于与国家联系紧密的社区居委会，相比较而言，北京社区中国家力量要强于深圳社区。深圳居民将社区管理的责任更多归于物业公司，相比较而言，深圳社区中市场的力量要强于北京。

数据显示，北京被调查居民认为社区管得好不好，主要在于居民自己发挥力量的比例是13.3%，深圳被调查居民认为社区管得好不好，主要在于居民自己发挥力量的比例是16.4%，高于北京3.1个百分点。可见，两个超大城市的一些社区居民已经有了社区自治的意识，深圳被调查居民的比例更高。

表3-30　社区管理主体分析

单位：人，%

选项	北京	深圳
政府	81（13.0）	82（14.8）
社区居委会	235（37.7）	143（25.8）
物业公司	173（27.7）	227（40.9）
居民自己发挥力量	83（13.3）	91（16.4）
其他	46（7.4）	11（2.0）
缺失	6（1.0）	1（0.2）
合计	624（100.0）	555（100.0）

（二）个人属性与自主自治

1. 个人属性与社区居民自主性

（1）个人属性与策划文娱活动

①策划意愿

问卷中，因变量"策划意愿"是一个从"愿意"、"不愿意"到"无所谓"程度递减的有序变量。因此，需使用有序 Logit 模型进行分析。北京、深圳被调查对象的个人属性对策划意愿的影响如表 3-31 所示。

受教育程度、就业状况、近三年家庭年均收入对策划意愿产生显著的正向影响，年龄对策划意愿产生显著的负向影响。

从受教育程度上看，受教育程度越高的北京居民，策划意愿越弱；而深圳居民的受教育程度则与策划意愿无影响关系。从就业状况上看，相较于北京的未就业居民，已就业居民的策划意愿较弱，可能已就业居民的工作占用了大量时间和精力，没有时间策划社区活动；而深圳的就业状况与居民策划意愿无影响关系。从近三年家庭年均收入上看，收入越高深圳居民的策划意愿越弱，可能高收入居民的工作较忙，没有时间或精力不足，也可能是高收入居民更倾向于参加市场提供的各种活动。

从年龄上看，年龄越大的北京居民，策划意愿越强；而深圳居民的年龄与策划意愿无影响关系。

此外，婚姻状况、性别、宗教信仰、政治面貌、居住时间、近三月个人月均收入、家中有孩子（12 岁以下）、居委会成员身份、居民代表身份与策划意愿无影响关系。

表 3-31　个人属性对策划意愿的影响（有序 Logit 模型）

变量	北京	深圳
男性	0.350 （1.888）	0.272 （1.708）
年龄	-0.014* （-2.471）	0.002 （0.806）
已婚	0.391 （1.680）	-0.174 （-0.789）
中共党员	0.110 （0.498）	-0.172 （-0.700）
有宗教信仰	0.373 （1.178）	-0.054 （-0.219）
受教育程度	0.083** （2.979）	0.031 （1.162）
已就业	0.372* （2.055）	0.286 （1.744）

续表

变量	北京	深圳
居住时间	0.055 (1.109)	−0.070 (−1.301)
近三年家庭年均收入	0.008 (1.243)	0.012* (2.160)
近三月个人月均收入	0.161 (1.636)	0.037 (1.075)
家中有孩子（12岁以下）	0.319 (1.762)	−0.127 (−0.753)
居委会成员身份	0.624 (1.244)	−1.508 (−1.934)
居民代表身份	0.577 (1.146)	−0.485 (−1.007)

注：① * $p<0.05$，** $p<0.01$；②括号内为标准误。

②策划类型

问卷中，策划文娱活动类型为多选题，主要包括11种，将个人属性与策划文娱活动类型进行交叉分析，在此仅呈现有影响关系的选项，即亲属和朋友的交叉分析结果，如表3-32所示。

北京调查数据显示，从性别上看，针对娱乐类来讲，女性选择娱乐类的比例20.91%，明显低于男性的选择比例28.77%。针对体育运动类来讲，女性选择体育运动类的比例22.73%，明显低于男性的选择比例47.95%。针对亲子类来讲，女性选择亲子类的比例27.27%，明显高于男性的选择比例12.33%。

深圳调查数据显示，从性别上看，针对娱乐类来讲，女性选择娱乐类的比例34.93%，明显高于男性的选择比例28.70%。针对体育运动类来讲，女性选择体育运动类的比例18.49%，明显低于男性的选择比例33.04%。针对亲子类来讲，女性选择亲子类的比例36.99%，明显高于男性的选择比例16.52%。从婚姻状况上看，针对娱乐类来讲，未婚居民选择娱乐类的比例27.78%，明显低于已婚居民的选择比例32.89%。针对体育运动类来讲，未婚居民选择体育运动类的比例30.56%，明显高于已婚居民的选择比例24.00%。

表 3-32　策划文娱活动类型与个人属性交叉分析

单位：人，%

选项	北京			深圳		
	性别		汇总 （n=183）	性别		汇总 （n=261）
	女性 （n=110）	男性 （n=73）		女性 （n=146）	男性 （n=115）	
娱乐类	23 （20.91）	21 （28.77）	44 （24.04）	51 （34.93）	33 （28.70）	84 （32.18）
体育运动类	25 （22.73）	35 （47.95）	60 （32.79）	27 （18.49）	38 （33.04）	65 （24.90）
亲子类	30 （27.27）	9 （12.33）	39 （21.31）	54 （36.99）	19 （16.52）	73 （27.97）
	$\chi^2=30.120$，$p=0.002<0.01$			$\chi^2=39.972$，$p=0.000<0.001$		
选项	婚姻状况		汇总	婚姻状况		汇总 （n=261）
	未婚	已婚		未婚 （n=36）	已婚 （n=225）	
娱乐类	—	—	—	10 （27.78）	74 （32.89）	84 （32.18）
体育运动类	—	—	—	11 （30.56）	54 （24.00）	65 （24.90）
亲子类	—	—	—	5 （13.89）	68 （30.22）	73 （27.97）
				$\chi^2=32.187$，$p=0.001<0.01$		
选项	家中有孩子（12岁以下）		汇总	家中有孩子（12岁以下）		汇总 （n=260）
	没有	有		没有 （n=82）	有 （n=178）	
娱乐类	—	—	—	26 （31.71）	58 （32.58）	84 （32.31）
体育运动类	—	—	—	21 （25.61）	43 （24.16）	64 （24.62）
亲子类	—	—	—	15 （18.29）	58 （32.58）	73 （28.08）
				$\chi^2=23.048$，$p=0.017<0.05$		

（2）个人属性与组织文娱活动

问卷中，参与文娱活动身份主要包括 5 种：组织者、活动参与者、受邀参与者、义工、其他。由于参与文娱活动身份超过两种，因此，需使用多元 Logit 模型进行分析。多元 Logit 模型需要选择一个基准组作为比较的基准，参数的正负反映的是个人对备选方案与基准组间的相对偏好，参数为正反映居民更愿意选择备选方案而非基准组。这里将组织者作为基准组，观察其他备选参与文娱活动身份与之的差异，估计结果如表 3-33 所示。

在北京，居民的性别、年龄、婚姻状况等个人属性与参与文娱活动身份均无影响关系。为此，仅分析深圳居民个人属性对参与文娱活动身份的影响关系。

从年龄上看，年龄越大的深圳居民，越会以组织者身份参与文娱活动，可能是因为深圳社区组织发展状况较好，也可能是因为年长的居民有更多空闲时间参与和组织社区文娱活动。从近三年家庭年均收入和近三月个人月均收入看，家庭和个人收入越高的深圳居民，越会以活动参与者的身份参与到文娱活动中。

此外，在深圳，居民的性别、婚姻状况、政治面貌、宗教信仰、受教育程度、就业状况、居住时间、家庭有孩子（12 岁以下）、居委会成员身份、居民代表身份对参与文娱活动身份无影响。

表 3-33　个人属性对参与文娱活动身份的影响（多元 Logit 模型）

变量	活动参与者	受邀参与者	义工	其他
北京				
男性	0.568 (0.670)	0.300 (0.330)	1.504 (1.445)	-13.813 (-0.011)
年龄	0.025 (1.170)	-0.000 (-0.017)	0.044 (1.453)	0.131 (1.512)
已婚	0.976 (1.269)	0.651 (0.772)	1.609 (1.272)	17.477 (0.003)
中共党员	-0.088 (-0.104)	-0.316 (-0.336)	-1.050 (-0.795)	-271.987 (-0.000)
有宗教信仰	0.316 (0.286)	0.511 (0.437)	1.232 (0.974)	2.079 (1.176)
受教育程度	-0.087 (-0.736)	0.110 (0.876)	-0.113 (-0.714)	0.098 (0.392)
已就业	-0.346 (-0.488)	-0.065 (-0.084)	0.041 (0.045)	-22.242 (-0.000)

续表

变量	活动参与者	受邀参与者	义工	其他
居住时间	-0.269 (-1.188)	-0.252 (-1.047)	0.187 (0.575)	22.193 (0.000)
近三月个人月均收入	0.027 (0.096)	0.051 (0.173)	0.118 (0.389)	—
家中有孩子 (12岁以下)	0.474 (0.670)	0.716 (0.927)	-0.336 (-0.366)	-20.723 (-0.001)
居委会成员身份	0.148 (0.133)	-0.080 (-0.065)	0.575 (0.437)	-13.814 (-0.007)
居民代表身份	0.148 (0.133)	0.247 (0.208)	0.575 (0.437)	-23.164 (-0.000)
深圳				
男性	0.037 (-0.084)	-0.693 (-1.042)	-0.210 (-0.374)	0.336 (0.311)
年龄	0.003 (0.338)	-0.033 (-1.756)	-0.033* (-2.082)	0.002 (0.187)
已婚	0.153 (0.258)	0.531 (0.573)	0.000 (0.000)	-0.511 (-0.400)
中共党员	0.022 (0.033)	-0.944 (-0.788)	-1.421 (-1.195)	-21.846 (-0.000)
有宗教信仰	1.091 (1.038)	2.106 (1.836)	2.124 (1.928)	-18.762 (-0.001)
受教育程度	-0.064 (-0.879)	0.018 (0.179)	-0.155 (-1.595)	-0.164 (-0.809)
已就业	0.309 (0.702)	1.197 (1.806)	0.301 (0.547)	0.167 (0.155)
居住时间	0.091 (0.632)	0.297 (1.485)	0.248 (1.391)	-0.155 (-0.361)
近三年家庭年均收入	0.084* (2.112)	0.061 (1.326)	0.044 (0.954)	-0.029 (-0.209)
近三月个人月均收入	1.375* (2.101)	1.369 (1.869)	1.223 (1.686)	2.159* (2.493)
家中有孩子 (12岁以下)	0.120 (0.248)	-0.114 (-0.171)	-0.482 (-0.826)	0.211 (0.171)
居委会成员身份	-1.240 (-1.384)	0.258 (0.245)	-0.969 (-0.771)	-18.244 (-0.001)
居民代表身份	-0.395 (-0.485)	-0.492 (-0.389)	-0.969 (-0.771)	-10.129 (-0.039)

注：① * $p < 0.05$；②括号内为标准误。

2. 个人属性与社区自治情况

（1）个人属性与解决社区问题

①参与意愿

问卷中，因变量"参与意愿"是一个"会"或"不会"的二元定类变量，使用二元 Logit 模型分析。北京、深圳被调查对象的个人属性对参与意愿的影响如表3-34所示。

婚姻状况、受教育程度、就业状况、家中有孩子（12岁以下）对参与意愿产生显著的正向影响，但年龄对参与意愿产生显著的负向影响。

从婚姻状况上看，相对于深圳的未婚居民，已婚居民参与解决社区问题的意愿更高；从受教育程度上看，受教育程度越高的北京和深圳居民，参与解决社区问题的意愿越高；从就业况况看，相对于北京未就业居民，已就业居民参与解决社区问题的意愿更高。另外，相对于家中无孩子（12岁以下）居民，深圳家中有孩子（12岁以下）居民参与解决社区问题的意愿更高。

从年龄上看，年龄越大的北京居民，参与解决社区问题的意愿越低。

此外，性别、政治面貌、宗教信仰、居住时间、经济收入、居委会成员身份和居民代表身份不会对参与意愿产生影响。

表3-34　个人属性对参与意愿的影响（二元 Logit 模型）

变量	北京	深圳
男性	0.350 （1.888）	−0.410 （−1.627）
年龄	−0.014* （−2.471）	0.002 （0.311）
已婚	0.391 （1.680）	0.807** （2.706）
中共党员	0.110 （0.498）	−0.018 （−0.047）
有宗教信仰	0.373 （1.178）	0.301 （0.715）
受教育程度	0.083** （2.979）	0.087* （1.985）
已就业	0.372* （2.055）	0.198 （0.777）

续表

变量	北京	深圳
居住时间	0.055 (1.109)	0.175 (1.955)
近三年家庭年均收入	0.008 (1.243)	0.001 (0.092)
近三月个人月均收入	0.161 (1.636)	0.166 (1.004)
家中有孩子（12岁以下）	0.319 (1.762)	0.822** (3.250)
居委会成员身份	0.624 (1.244)	0.339 (0.320)
居民代表身份	0.577 (1.146)	-0.713 (-1.216)

注：① $p<0.05$，** $p<0.01$；②括号内为标准误。

②参与行为

问卷中，因变量"参与行为"是一个"曾经参与"或"没有参与"的二元定类变量，使用二元 Logit 模型分析。北京、深圳被调查对象的个人属性对参与行为的影响如表 3-35 所示。

年龄、宗教信仰、居住时间、居委会成员身份、居民代表身份对参与行为产生显著的正向影响，但家中有孩子（12岁以下）对参与行为产生显著的负向影响。

从年龄上看，年龄越大的北京居民，参与解决社区问题的比例越高。从宗教信仰上看，相对于无宗教信仰的北京居民，有宗教信仰的北京居民参与解决社区问题的比例较高。从居住时间上看，北京和深圳居民的参与行为都受居住时间的影响，居住时间越长，参与解决社区问题的比例越高。拥有居委会成员身份或居民代表身份的居民参与解决社区问题的比例较高。

从家中有孩子（12岁以下）的情况上看，相对于没有小孩的北京居民而言，家中有孩子（12岁以下）的北京居民参与解决社区问题的比例较低。可能是因为家庭照顾分散了居民更多的时间和精力，所以其社区参与行为较少。

此外，政治面貌、性别、受教育程度、婚姻状况、就业状况、经济收入并不会对参与行为产生影响。

表 3-35　个人属性对参与行为的影响（二元 Logit 模型）

变量	北京	深圳
男性	-0.009 （-0.042）	0.140 （0.723）
年龄	0.016* （2.520）	0.009 （1.325）
已婚	0.259 （0.856）	0.263 （0.919）
中共党员	0.149 （0.597）	0.145 （0.498）
有宗教信仰	1.113** （3.969）	0.168 （0.579）
受教育程度	-0.030 （-0.934）	0.029 （0.914）
已就业	-0.077 （-0.363）	0.260 （1.279）
居住时间	0.360** （5.864）	0.241** （3.718）
近三年家庭年均收入	-0.011 （-1.431）	-0.006 （-0.822）
近三月个人月均收入	-0.001 （-0.259）	-0.010 （-0.226）
家中有孩子（12 岁以下）	-0.449* （-2.083）	-0.117 （-0.570）
居委会成员身份	1.548** （4.038）	1.492* （2.285）
居民代表身份	1.842** （4.652）	1.465** （2.914）

注：①* $p<0.05$，** $p<0.01$；②括号内为标准误。

（2）个人属性与社区管理者

①社区居委会主任的承担者

问卷中，社区居委会主任的承担者主要包括 3 种：本社区居民、非本社区居民、无所谓。由于社区居委会主任的承担者超过两种，因此，需要使用多元 Logit 模型进行分析。多元 Logit 模型需选择基准组作为比较基准，参数的正负反映的是个人对备选方案与基准组之间的相对偏好，参数为正反映居民更愿意选择备选方案而非基准组。这里将本社区居民作为基准组，观察其他备选社区居委会主任的承担者与之的差异，估计结果如表3-36所示。

从性别上看，相对于北京女性居民而言，男性居民认为社区居委会主任的承担者无所谓是谁的比例较大；年龄越大的北京居民，认为社区居委会主任的承担者无所谓是谁的比例越大；从婚姻状况上看，已婚的深圳居民认为社区居委会主任的承担者是本社区居民的比例较大；从宗教信仰上看，有宗教信仰的深圳居民认为社区居委会主任的承担者是非本社区居民的比例较大；从居民代表身份上看，有居民代表身份的深圳居民认为社区居委会主任的承担者是非本社区居民的比例较大。

在北京和深圳，受教育程度越高的居民认为社区居委会主任的承担者是本社区居民的比例越大；家中有孩子（12岁以下）的居民认为社区居委会主任的承担者是本社区居民的比例较大。

此外，政治面貌、就业状况、居住时间、经济收入、居委会成员身份对社区居委会主任的承担者无影响。

表3-36　个人属性对社区居委会主任的承担者的影响（多元 Logit 模型）

变量	北京		深圳	
	非本社区居民	无所谓	非本社区居民	无所谓
男性	0.909 (1.794)	0.531** (3.188)	0.424 (0.929)	0.070 (0.399)
年龄	0.014 (0.922)	0.013* (2.560)	−0.011 (−0.657)	−0.001 (−0.460)
已婚	0.114 (0.175)	0.427 (1.912)	−1.127* (−2.287)	−0.052 (−0.210)
中共党员	−0.381 (−0.587)	−0.240 (−1.211)	−1.176 (−1.132)	−0.323 (−1.194)
有宗教信仰	−2.386 (−1.046)	0.039 (0.151)	1.762** (3.586)	0.306 (1.100)
受教育程度	−0.088 (−1.146)	−0.082** (−3.267)	−0.032 (−0.432)	−0.104** (−3.506)
已就业	−0.176 (−0.352)	−0.314 (−1.909)	0.479 (0.962)	−0.140 (−0.784)
居住时间	0.221 (1.589)	−0.053 (−1.198)	0.044 (0.292)	0.024 (0.402)
近三年家庭年均收入	−0.009 (−0.431)	0.006 (1.173)	−0.030 (−1.132)	−0.003 (−0.487)

续表

变量	北京		深圳	
	非本社区居民	无所谓	非本社区居民	无所谓
近三月个人月均收入	-0.001 (-0.114)	-0.073 (-1.165)	-0.051 (-0.302)	-0.042 (-0.830)
家中有孩子 （12 岁以下）	-1.217* (-2.088)	0.200 (1.216)	-1.101* (-2.400)	-0.139 (-0.746)
居委会成员身份	-20.992 (-0.001)	-0.056 (-0.148)	0.869 (0.786)	-0.505 (-0.709)
居民代表身份	-26.450 (-0.000)	0.386 (0.988)	2.123** (3.210)	-0.281 (-0.486)

注：① * $p<0.05$，** $p<0.01$；②括号内为标准误。

②社区管理的责任人

问卷中，社区管理的责任人主要包括政府、社区居委会、物业公司、居民自己发挥力量、其他。由于社区管理的责任人超过两种，因此，需要使用多元 Logit 模型进行分析。多元 Logit 模型需要选择一个基准组作为比较的基准，参数的正负反映的是个人对备选方案与基准组之间的相对偏好，参数为正反映居民更愿意选择备选方案而非基准组。这里将政府作为基准组，观察其他备选社区管理的责任人与之的差异，估计结果如表 3-37 所示。

从年龄上看，年龄越大的北京和深圳居民，认为社区管理的责任人是政府的比例越大；从居住时间上看，居住时间越长的北京和深圳居民，认为社区管理的责任人是政府的比例越大。可见，在北京和深圳，居住时间较长、年龄较大的居民，更倾向于认为社区管理的责任在政府，其社区自治意识欠缺。从婚姻状况上看，已婚的深圳居民认为社区管理的责任人是物业公司的比例较大。从受教育程度上看，北京受教育程度越高的居民，认为社区管理的责任人是物业公司的比例越大；而深圳受教育程度越高的居民，认为社区管理的责任人是社区居民自己的比例越大。可见，深圳受教育程度较高居民的社区自治意识较强。

从就业状况上看，已就业的北京居民认为社区管理的责任人是政府和物业公司的比例较大。从近三年家庭年均收入上看，近三年家庭年均收入越高的北京居民，认为社区管理的责任人是物业公司和社区居民自己的比例越大。可见，北京家庭年均收入较高的居民，有一定的社区自治意识。

从家中有孩子（12 岁以下）上看，家中有孩子（12 岁以下）的深圳居民认为社区管理的责任人是物业公司和社区居民自己的比例较大。

此外，性别、宗教信仰、政治面貌、居委会成员身份、居民代表身份对社区管理的责任人无影响。

表 3-37　个人属性对社区管理的责任人的影响（多元 Logit 模型）

变量	社区居委会	物业公司	居民自己发挥力量	其他
北京				
男性	-0.003 (-0.012)	0.232 (0.852)	0.057 (0.180)	-0.524 (-1.337)
年龄	-0.010 (-1.306)	-0.043** (-4.918)	-0.036** (-3.616)	0.003 (0.220)
已婚	-0.686 (-1.675)	-0.788 (-1.876)	-0.779 (-1.675)	0.140 (0.219)
中共党员	0.257 (0.770)	0.574 (1.684)	0.054 (0.132)	0.408 (0.900)
有宗教信仰	-0.526 (-1.367)	-0.232 (-0.593)	-0.253 (-0.550)	-0.928 (-1.376)
受教育程度	0.007 (0.161)	0.195** (4.520)	0.089 (1.826)	-0.010 (-0.170)
已就业	-0.196 (-0.756)	0.679* (2.447)	0.553 (1.720)	-0.982* (-2.475)
居住时间	-0.081 (-1.160)	-0.174* (-2.350)	-0.069 (-0.818)	0.080 (0.795)
近三年家庭 年均收入	0.015 (0.872)	0.052** (3.089)	0.042* (2.423)	0.044* (2.432)
家中有孩子 （12 岁以下）	0.001 (0.003)	0.161 (0.592)	0.192 (0.610)	0.149 (0.401)
居委会成员身份	0.501 (0.770)	0.212 (0.306)	-0.051 (-0.062)	0.141 (0.151)
居民代表身份	0.919 (1.197)	0.142 (0.168)	0.367 (0.396)	1.299 (1.465)
深圳				
男性	-0.217 (-0.780)	-0.421 (-1.628)	0.096 (0.315)	-1.127 (-1.583)
年龄	-0.021** (-2.791)	-0.002 (-0.601)	0.001 (0.224)	0.000 (0.032)

续表

变量	社区居委会	物业公司	居民自己发挥力量	其他
已婚	-0.123 (-0.338)	0.872* (2.277)	-0.554 (-1.466)	21.195 (0.001)
中共党员	0.596 (1.207)	0.718 (1.545)	0.186 (0.331)	1.545 (1.934)
有宗教信仰	0.105 (0.263)	-0.462 (-1.157)	0.160 (0.368)	-17.264 (-0.004)
受教育程度	0.025 (0.535)	0.018 (0.401)	0.123* (2.409)	-0.020 (-0.183)
已就业	0.113 (0.392)	-0.126 (-0.469)	0.148 (0.465)	-0.976 (-1.460)
居住时间	-0.030 (-0.334)	-0.287** (-3.311)	-0.290** (-2.777)	-0.349 (-1.495)
近三年家庭年均收入	-0.006 (-0.367)	0.024 (1.861)	0.019 (1.385)	-0.000 (-0.012)
近三月个人月均收入	0.208 (1.067)	0.208 (1.067)	0.292 (1.561)	-1.754 (-1.644)
家中有孩子 (12岁以下)	-0.057 (-0.201)	0.566* (2.065)	0.566* (2.065)	1.006 (1.236)
居委会成员身份	-0.154 (-0.167)	-0.620 (-0.672)	-0.800 (-0.648)	1.386 (1.092)
居民代表身份	-0.154 (-0.167)	0.506 (0.639)	-0.095 (-0.094)	1.386 (1.092)

注：① $*p<0.05$，$**p<0.01$；②括号内为标准误。

（三）小结

根据以上数据分析，北京和深圳社区居民的自主自治现状如下。

第一，在社区居民自主性方面，深圳被调查居民策划社区文娱活动的意愿明显高于北京被调查居民。两个城市被调查居民都更愿意参与策划娱乐类和亲子类活动，深圳居民策划娱乐活动的范围更广。虽然北京被调查居民参加过的社区文化娱乐活动中，公益类活动的比例较低，但他们与深圳居民一样愿意参与策划公益类活动。两个城市被调查居民组织社区文化娱乐活动的比例较低，在社区组织的文化娱乐活动中都有担任"义工"，深圳社区居民参与"义工"的积极性更高。深圳被调查居民以"组织者"

身份参与社区文化娱乐活动的比例高于北京。深圳被调查居民主动参与和自发组织社区文化娱乐活动的比例高于北京。

受教育程度、就业状况、近三年家庭年均收入、年龄对策划意愿产生显著影响。在北京，受教育程度越高的被调查居民，策划意愿越弱；相较于未就业居民，已就业居民的策划意愿较弱；年龄越大的居民，策划意愿越强。在深圳，家庭收入越高的居民策划意愿越弱。在策划文娱活动类型方面，在北京，女性选择娱乐类的比例低于男性；女性选择体育运动类的比例明显低于男性；女性选择亲子类的比例明显高于男性。在深圳，女性选择娱乐类的比例明显高于男性；女性选择体育运动类的比例明显低于男性；女性选择亲子类的比例明显高于男性；未婚居民选择娱乐类的比例明显低于已婚居民；未婚居民选择体育运动类的比例明显高于已婚居民。在深圳，年龄越大的居民，以组织者身份参与文娱活动的比例越高；家庭和个人收入越高的居民，以活动参与者的身份参与文娱活动的比例越高。

第二，在社区自治情况方面，如果有人发动居民解决社区内的问题，北京和深圳被调查居民参与的意愿都很强，但曾经参与解决过社区公共问题的比例都不高，深圳居民的参与比例高于北京；超过一半的北京和深圳居民希望本社区居民成为社区居委会主任。北京被调查居民更倾向于认为社区管得好不好主要在于社区居委会，而深圳被调查居民更倾向于认为社区管得好不好主要在于物业公司。两个超大城市的一些社区居民已经有了社区自治意识，深圳被调查居民具有社区自治意识的比例更高。

婚姻状况、受教育程度、就业状况、家中有孩子（12岁以下）、年龄对参与意愿产生显著影响。受教育程度越高的居民，参与解决社区问题的意愿越强。在深圳，相对于未婚居民，已婚居民参与解决社区问题意愿更强；家中有孩子（12岁以下）居民参与解决社区问题意愿更强。在北京，已就业居民参与解决社区问题的意愿更强；年龄越大的居民，参与解决社区问题的意愿越低。

年龄、宗教信仰、居住时间、居委会成员身份、居民代表身份、家中有孩子（12岁以下）对参与行为产生显著影响。北京和深圳居民的参与行为都受居住时间的影响，居住时间越长，参与解决社区问题的比例越高；拥有居委会成员身份或居民代表身份的居民参与解决社区问题的比例较高。在北京，年龄越大的居民，参与解决社区问题的比例越高；有宗教信仰的居民参与解决社区问题的比例更高；家中有孩子（12岁以下）的居民参与解决社区问题的比例较低。

受教育程度越高的北京和深圳居民认为社区居委会主任的承担者是本社区居民的比例越大；家中有孩子（12岁以下）的居民认为社区居委会主任的承担者是本社区居民的比例较大。在北京，相对于女性，男性居民认为社区居委会主任的承担者无所谓是谁的比例较大；年龄越大的居民认为社区居委会主任的承担者无所谓是谁的比例越大。在深圳，已婚居民认为社区居委会主任的承担者是本社区居民的比例较大；有宗教信仰居民认为社区居委会主任的承担者是非本社区居民的比例较大；有居民代表身份的居民认为社区居委会主任的承担者是非本社区居民的比例较大。

年龄越大的北京和深圳居民，认为社区管理的责任人是政府的比例越大；居住时间越长的北京和深圳居民，认为社区管理的责任人是政府的比例越大。在深圳，已婚居民认为社区管理的责任人是政府的比例较大；受教育程度越高的居民，认为社区管理的责任人是社区居民自己的比例越大；家中有孩子（12岁以下）的居民认为社区管理的责任人是物业公司和社区居民自己的比例较大。在北京，受教育程度越高的居民，认为社区管理的责任人是物业公司的比例越大；已就业的居民认为社区管理的责任人是政府和物业公司的比例较大；近三年家庭年均收入越高的居民，认为社区管理的责任人是物业公司和社区居民自己的比例越大。

北京被调查居民认为社区管得好不好，主要在于居民自己发挥力量的比例是13.3%；深圳被调查居民认为社区管得好不好，主要在于居民自己发挥力量的比例是16.4%，高于北京3.1个百分点。可见，北京和深圳的部分居民已经有了社区自治的意识，相较于北京，深圳居民的自治意识更强。

第四章　熟人社区建设的影响因素分析

熟悉不是与生俱来的，是一个需要各方努力搭建平台的过程，社会资本应成为推动社区共同体成立的基础，只有具备了以上条件，熟人社区建设才能够顺利进行（姜振华，2008：87~92）。第三章主要分析了北京和深圳所调查社区的居民个体因素对熟人社区建设的影响，但社区居民的个体因素更多呈现的是被调查社区的现状及进一步建设可依托的资源。而基于现有居民结构的社区因素是社会工作者以及政府、社会组织等相关部门可以干预的因素。为此，本章将对社区社会资本、社区服务、社区环境、社区安全等社区因素对熟人社区建设的影响进行分析，试图为社会工作者基于社区的实务介入以及超大城市熟人社区建设的整体路径选择提供实证支撑。

一　社区社会资本与熟人社区建设的关系

（一）社区社会资本的现状

1. 社区参与的现状[①]

在经典社会学家的著作中，社区是在一定空间范围内具有共同生活方式、情感和传统的生活共同体。社会转型期、制度改变以及结构变迁为社区居民参与的实现提供了更大空间。伴随现代化进程的不断推进、社会分工的细化以及开放程度的加深，居民对美好生活的向往和不断增长的多元需求，对社区组织提出了更高要求。伴随互联网的快速发展，社区居民的生活重心部分转移到了社区外，进而导致居民对社区公共生活不关心，社

---

① 此部分数据由中华女子学院科研课题"社区治理背景下城市居民社区参与研究"（KY2019-0201）调查所得。

区参与减少。大量研究表明，居民参与公共活动是培育共同体最为核心的内容。从广义上说，社区参与包括政府、非政府组织、社区居民以及辖区单位等多元主体；从狭义上说，社区参与更为强调居民主体性的发挥。下面将以社区居民为主体，从社区文化参与、社区政治参与和社区公共参与三个方面进行分析，呈现北京和深圳两个超大城市居民社区参与的现状。

（1）社区文化参与

每个社区共同具有的独特历史文化背景，使居住在此的居民更易形成紧密的联结，形成公民的参与网络。为此，分析社区居民参加社区文化娱乐活动的类型、最喜爱参加的文化娱乐活动、参加文化娱乐活动的身份以及文化娱乐活动的组织方等的基本情况，通过在社区开展文化娱乐活动，助推社区网络的构建。

①参加文化娱乐活动情况

在调查中，询问了被调查居民"您是否参加过社区内的文化娱乐活动"，北京和深圳被调查居民参加文化娱乐活动的比例都较低，如表4-1所示，两个城市社区居民参加文化娱乐活动的比例不到被调查居民的半数。深圳社区居民参加文化娱乐活动的比例（39.6%）高于北京（21.0%）18.6个百分点。可见，深圳社区居民参加文化娱乐活动的积极性更高。

表 4-1 参加文化娱乐活动

单位：人，%

选项	北京	深圳
是	131（21.0）	220（39.6）
否	487（78.0）	335（60.4）
缺失	6（1.0）	0（0）
合计	624（100）	555（100）

②参加文化娱乐活动类型

在调查中，询问了被调查居民"您本人参加过社区哪些方面的文化娱乐活动"，结果如表4-2所示。北京被调查居民参加过的文化娱乐活动类型，排在前三位的是：体育运动类（20.6%）、娱乐类（15.4%）、讲座类和手工类（均为11.3%）；排在后三位的是：演讲类（1.6%）、技能培训类和教育类（均为3.2%）、展览类（4.0%）。深圳被调查居民参加过的文化娱乐活动类型，排在前三位的是：娱乐类（17.0%）、手工类（13.3%）、讲座类（12.3%）；排在后三位的是：演讲类（0.4%）、展览类（1.2%）、教育类（3.7%）。

两个城市社区居民参加娱乐类、讲座类和手工类活动的比例都较高，参加演讲类、技能培训类、教育类和展览类活动的比例较低。由此也可从一个侧面看出两个城市社区组织不同类型活动的多少以及社区居民的兴趣取向。相比较而言，北京居民参加体育运动类活动的比例（20.6%）高于深圳居民（6.2%）14.4个百分点。深圳居民参加郊游类活动的比例（9.9%）高于北京居民（6.5%）3.4个百分点。深圳居民参加公益类活动的比例（9.9%）高于北京居民（7.3%）2.6个百分点。

表4-2 参加文化娱乐活动类型

单位：人，%

类型	北京	深圳
讲座类	28（11.3）	60（12.3）
手工类	28（11.3）	65（13.3）
娱乐类	38（15.4）	83（17.0）
技能培训类	8（3.2）	22（4.5）
郊游类	16（6.5）	48（9.9）
公益类	18（7.3）	48（9.9）
体育运动类	51（20.6）	30（6.2）
亲子类	25（10.1）	53（10.9）
演讲类	4（1.6）	2（0.4）
展览类	10（4.0）	6（1.2）
教育类	8（3.2）	18（3.7）
兴趣爱好类	13（5.3）	52（10.7）
总计	247（100.0）	487（100.0）

③最喜欢的文化娱乐活动

在调查中，询问了被调查居民"您参加过的社区文化娱乐活动中，最喜欢的是"，结果如表4-3所示。北京被调查居民最喜欢的文化娱乐活动，排在前三位的是体育运动类（26.7%）、娱乐类（16.8%）和手工类（11.5%）；排在后三位的是：教育类和展览类（1.5%）、演讲类和技能培训类（2.3%）、兴趣爱好类（3.8%）。而深圳被调查居民最喜欢的文化娱乐活动，排在前三位的是娱乐类（21.4%）、兴趣爱好类（15.9%）和手工类（11.4%）；排在后三位的是：演讲类（0）、展览类（0.9%）、教育类和技能培训类（2.7%）。

北京和深圳社区居民参加过的社区文化娱乐活动中，最喜欢娱乐类、手工类、亲子类、郊游类活动的比例都较高，最喜欢演讲类、展览类、技能培训类和教育类活动的比例较低，深圳被调查居民没有人喜欢演讲类活动。相比较而言，北京居民最喜欢体育运动类活动的比例（26.7%）高于深圳居民（7.7%）19.0个百分点。而深圳居民最喜欢公益类活动的比例（10.0%）高于北京居民（4.6%）5.4个百分点。可见，两个城市社区在组织过的文化娱乐活动中，较能满足社区居民需求的是娱乐类、手工类、亲子类和郊游类活动。社区活动的组织者可针对两个城市社区居民喜欢的文化娱乐活动类型设计活动。同时，也可进一步反思演讲类、展览类、技能培训类和教育类等社区文化娱乐活动得不到社区居民喜欢的原因，进一步创新活动的内容与形式。

表 4-3　最喜欢的文化娱乐活动

单位：人，%

类型	北京	深圳
讲座类	9（6.9）	17（7.7）
手工类	15（11.5）	25（11.4）
娱乐类	22（16.8）	47（21.4）
技能培训类	3（2.3）	6（2.7）
郊游类	13（9.9）	21（9.5）
公益类	6（4.6）	22（10.0）
体育运动类	35（26.7）	17（7.7）
亲子类	13（9.9）	22（10.0）
演讲类	3（2.3）	0（0）
展览类	2（1.5）	2（0.9）
教育类	2（1.5）	6（2.7）
兴趣爱好类	5（3.8）	35（15.9）
缺失	3（2.3）	0（0）
合计	131（100.0）	220（100.0）

④不参与原因

在调查中，询问了被调查居民"您不参与社区文化娱乐活动的最主要原因"，结果如表4-4所示。北京和深圳被调查居民不参与社区文化娱乐活动的最主要原因是"没时间"。深圳被调查居民的比例（57.3%）高于北京居民（48.7%）8.6个百分点。现代社会，社区居民更多受到社区外组织的吸引，导致对社区的依赖减弱，但社区归属感是仍需关注的心理动力。

除了"没时间"这一因素外，对社区文化娱乐活动不感兴趣的被调查居民，北京的比例（12.8%）高于深圳（9.4%）3.4个百分点。因此，社区活动的组织方要设计符合社区居民需求的文化娱乐活动，才能吸引更多居民参与其中，发挥文化娱乐活动的作用。此外，两个城市有1/4左右的被调查居民是由于"不知道活动信息"而不参加文化娱乐活动，北京的比例（24.7%）低于深圳（28.8%）4.1个百分点。可见，拓宽社区文化娱乐活动的宣传渠道，充分利用互联网平台传递文化娱乐活动信息十分必要。

表4-4 不参与活动的原因

单位：人，%

选项	北京	深圳
没时间	304（48.7）	318（57.3）
不感兴趣	80（12.8）	52（9.4）
收费贵	3（0.5）	2（0.4）
不知道活动信息	154（24.7）	160（28.8）
其他	35（5.6）	20（3.6）
缺失	48（7.7）	3（0.5）
合计	624（100）	555（100）

（2）社区政治参与

从目前社区政治参与状况看，与社区居民实际利益相关度最高的是社区两委换届选举。居民与社区的利益关联越强，其对社区的关注度越高，参与的意愿越强。社区两委换届选举是社区居民最重要的社区参与形式之一，也是城市社区居民最主要的政治参与方式。

在调查中，询问了被调查居民"您是否关注社区两委（居委会和支委会）换届选举"，结果如表4-5所示。两个城市居民对社区两委换届选举比较关注和非常关注的比例分别为12.8%、24.0%，关注度普遍不高。但深圳被调查居民对社区两委换届选举的关注度高于北京被调查居民11.2个百分点。深圳被调查居民对社区两委换届选举一点儿不关注的比例（9.0%）低于北京被调查居民（28.4%）19.4个百分点。可见，深圳被调查居民对社区两委换届选举的关注度明显高于北京被调查居民。伴随城市社会的不断发展，居民与社区居委会的联结不够紧密。社区居委会的管理方式仍以行政化手段为主，社区服务的类型较为单一，很多居民只有在涉及行政性服务时才会想到社区居委会。因此，居民对社区两委换届选举的关注度普遍不高。

表4-5　对社区两委换届选举的关注情况

单位：人，%

选项	北京	深圳
一点儿不关注	177（28.4）	50（9.0）
不太关注	249（39.9）	218（39.3）
一般	114（18.3）	154（27.7）
比较关注	55（8.8）	108（19.5）
非常关注	25（4.0）	25（4.5）
缺失	4（0.6）	0（0）
合计	624（100.0）	555（100.0）

（3）社区公共参与

①参与社区志愿服务意愿

在调查中，询问了被调查居民"您是否愿意参加更多的社区志愿活动"，结果如表4-6所示。北京和深圳超过50%的被调查居民非常愿意和比较愿意参与社区志愿服务，深圳居民参与社区志愿服务的意愿比例（69.0%）高于北京居民（51.6%）17.4个百分点。北京居民不愿意参与社区志愿服务的比例（5.3%）高于深圳居民（1.8%）3.5个百分点。可见，深圳居民参与社区志愿服务的意识与意愿更强。

表4-6　参与社区志愿服务意愿

单位：人，%

选项	北京	深圳
非常愿意	91（14.6）	164（29.5）
比较愿意	231（37.0）	219（39.5）

续表

选项	北京	深圳
一般	172（27.6）	124（22.3）
不太愿意	93（14.9）	38（6.8）
不愿意	33（5.3）	10（1.8）
缺失	4（0.6）	0（0）
合计	624（100.0）	555（100.0）

②成为社区组织成员意愿

在调查中，询问了被调查居民"您是否愿意成为社区以下成员之一"，结果如表4-7所示。在所有社区组织成员中，北京和深圳被调查居民愿意成为社区义工的比例最高，深圳被调查居民愿意成为社区义工的比例（42.5%）高于北京（27.2%）15.3个百分点。深圳被调查居民愿意成为文化娱乐活动组织人的比例（15.3%）高于北京居民（11.6%）3.7个百分点。深圳被调查居民愿意成为业主委员会成员的比例（7.0%）和议事委员会成员的比例（6.4%）均高于北京被调查居民的比例。但北京被调查居民愿意成为楼门长的比例（5.1%）高于深圳居民（3.6%）。北京被调查居民不愿意成为任何社区组织成员的比例（43.8%）高于深圳居民（22.0%）21.8个百分点。总之，深圳被调查居民的志愿精神和社区服务意识更强，他们希望成为社区义工、业主委员会成员、议事委员会成员以及文化娱乐活动组织人的意愿均强于北京被调查居民。

表4-7　成为社区组织成员意愿

单位：人，%

选项	北京	深圳
社区义工	191（27.2）	299（42.5）
议事委员会成员	27（3.9）	45（6.4）
业主委员会成员	33（4.7）	49（7.0）
楼门长	36（5.1）	25（3.6）
文化娱乐活动组织人	81（11.6）	108（15.3）
其他	26（3.7）	23（3.3）
都不愿意	307（43.8）	155（22.0）
总计	701（100.0）	704（100.0）

③为社区发展贡献力量意愿

在调查中，询问了被调查居民"如果社区需要您贡献自己更多的力量，您是否愿意"，结果如表4-8所示。北京和深圳被调查居民为社区发展贡献力量意愿都很强，比较愿意和非常愿意为社区发展贡献自己更多力量的北京居民的比例（71.8%），低于深圳居民（84.4%）12.6个百分点。不太愿意和非常不愿意为社区发展贡献自己更多力量的北京被调查居民的比例（10.2%），高于深圳居民（2.0%）8.2个百分点。对为社区发展贡献自己更多力量持无所谓态度的北京被调查居民的比例（17.1%），高于深圳居民（13.5%）3.6个百分点。

可见，两个城市七成以上的社区居民愿意为社区发展贡献自己更多的力量。为此，社区或社会工作者应搭建更多平台、创造更多机会，为社区居民参与社区治理、促进社区发展提供条件，助推社区自治。相比较而言，北京被调查居民关心社区发展，愿意为社区发展贡献力量的意愿稍低，需要社区或社会工作者激发社区居民参与社区公共事务的积极性和主动性，培育更多社区精英与骨干力量带动社区居民参与。

表4-8　为社区发展贡献力量意愿

单位：人，%

选项	北京	深圳
非常愿意	137（22.0）	184（33.2）
比较愿意	311（49.8）	284（51.2）
无所谓	107（17.1）	75（13.5）
不太愿意	57（9.1）	11（2.0）
非常不愿意	7（1.1）	0（0）
缺失	5（0.8）	1（0.2）
合计	624（100.0）	555（100.0）

④支持社区事务提议

在调查中，询问了被调查居民"您是否支持居民代表/楼门长对社区事务的提议"，结果如表4-9所示。六成以上的北京和深圳被调查居民支持居民代表/楼门长对社区事务的提议，深圳的支持比例（68.8%），高于北京（62.8%）6.0个百分点。北京被调查居民选择"视情况而定，不能损害自己的利益"的比例（34.0%）高于深圳（30.5%）3.5个百分点。

相比较而言，北京被调查居民对个人利益更为关注。北京被调查居民不支持居民代表/楼门长对社区事务的提议的比例（2.2%）高于深圳（0.4%）1.8个百分点。可见，北京和深圳社区居民代表/楼门长在社区治理与社区服务中所提议事情获得的支持率都较高，深圳的支持率高于北京。社区居民代表/楼门长在熟人社区建设中发挥重要作用，他们是社区或社会工作者打造社会生活共同体可以依靠的力量。

表4-9　支持居民代表/楼门长对社区事务的提议

单位：人，%

选项	北京	深圳
支持	392（62.8）	382（68.8）
视情况而定，不能损害自己的利益	212（34.0）	169（30.5）
不支持	14（2.2）	2（0.4）
缺失	6（1.0）	2（0.4）
合计	624（100.0）	55（100.0）

⑤社区意见反馈对象

在调查中，询问了被调查居民"通常情况下，您对社区的建设和发展有意见或建议找谁"，结果如表4-10所示。社区居委会和物业公司是两个城市被调查居民对社区的建设和发展有意见或建议的主要反馈对象。北京被调查居民更倾向于将意见或建议反馈给社区居委会，比例（42.8%）高于深圳（32.6%）10.2个百分点。深圳被调查居民更倾向于将意见或建议反馈给物业公司，比例（44.0%）高于北京（24.5%）19.5个百分点。可见，在两个城市的社区治理与发展中，社区居委会和物业公司发挥的作用存在一定差异。此外，两个城市的被调查居民对社区居委会和物业公司在社区治理与发展中应承担责任的期待也不同。

北京和深圳所调查社区中超过50%的社区有业主委员会，但两个城市被调查社区中仅有3%左右的被调查居民对社区建设和发展有意见或建议会反馈给业主委员会。北京所调查的大屯街道下辖各社区都设有社区议事厅，但仅有不到三成的被调查居民会向议事委员会反馈他们对社区建设与发展的意见或建议。街道是中国的基层政府，两个城市仅有3%左右被调查居民对社区建设与发展的意见或建议会反馈给街道。这也从一个侧面反映了两个城市的被调查居民更希望在社区内部解决问题，而不是向政府反

馈。北京被调查居民对社区建设和发展有意见或建议反馈给楼门长的比例
（2.6%）高于深圳（1.6%）1.0个百分点。可见，在北京所调查社区中，
楼门长在社区治理与社会发展中发挥的作用要优于深圳所调查社区。这也
回应了前面数据分析中所显示的北京被调查居民愿意成为楼门长的比例
（5.1%）高于深圳被调查居民的比例（3.6%）。

此外，17.8%的北京被调查居民对社区建设和发展有意见或建议时谁
都不找，高于深圳被调查居民（7.9%）9.9个百分点。可见，相较于北
京，深圳被调查居民更愿意向社区的相关组织反馈他们对社区建设与发展
的意见或建议，他们的社区参与意愿更强，与社区的联结更紧密。

表 4-10　社区意见反馈对象

单位：人，%

选项	北京	深圳
社区居委会	267（42.8）	181（32.6）
议事委员会	11（1.8）	10（1.8）
物业公司	153（24.5）	244（44.0）
业主委员会	15（2.4）	21（3.8）
楼门长	16（2.6）	9（1.6）
街道	11（1.8）	18（3.2）
谁都不找	111（17.8）	44（7.9）
其他	32（5.1）	5（0.9）
缺失	8（1.3）	23（4.1）
合计	624（100.0）	555（100.0）

2. 社区信任的现状

社区信任是实现社区治理目标的基础和核心要素。社区治理需要社区
居民形成互为信任的关系，因为信任是建立合作互惠规范、居民参与网络
的前提。社区关系网络的形成在很大程度上基于彼此信任，良好的社区信
任关系能够降低合作成本，有利于熟人社区的构建。社区信任包括居民之
间和居民对社区组织的信任，它在交往互动中产生，既被看作人类的情感
诉求，又被理解为人类行为的方式（福山，2001：33~34）。

在调查中，询问了被调查居民"对邻居、社区其他居民、保安人员、
居委会工作人员、业主委员会成员、物业公司人员、社区服务站工作人员

的信任状况", 结果如表 4-11 所示。

表 4-11　居民对社区内人员的信任状况

单位: 人, %

选项	十分信任		比较信任		一般		不太信任		不信任	
	北京	深圳	北京	深圳	北京	深圳	北京	深圳	北京	深圳
邻居	90 (14.4)	82 (14.8)	277 (44.4)	292 (52.6)	235 (37.7)	164 (29.5)	17 (2.7)	13 (2.3)	5 (0.8)	3 (0.5)
社区其他居民	43 (6.9)	46 (8.3)	177 (28.4)	204 (36.8)	318 (51.0)	245 (44.1)	58 (9.3)	47 (8.5)	20 (3.2)	10 (1.8)
保安人员	52 (8.3)	44 (7.9)	247 (39.6)	209 (37.7)	240 (38.5)	142 (25.6)	36 (5.8)	9 (1.6)	23 (3.7)	0 (0)
居委会工作人员	63 (10.1)	41 (7.4)	252 (40.4)	176 (31.7)	239 (38.3)	127 (22.9)	25 (4.0)	7 (1.3)	18 (2.9)	1 (0.2)
业主委员会成员	47 (7.5)	31 (5.6)	161 (25.8)	93 (16.8)	252 (40.4)	73 (13.2)	32 (5.1)	4 (0.7)	16 (2.6)	1 (0.2)
物业公司人员	64 (10.3)	35 (6.3)	222 (35.6)	193 (34.8)	239 (38.3)	144 (25.9)	27 (4.3)	21 (3.8)	30 (4.8)	8 (1.4)
社区服务站工作人员	61 (9.8)	70 (12.6)	198 (31.7)	208 (37.5)	261 (41.8)	106 (19.1)	25 (4.0)	1 (0.2)	19 (3.0)	0 (0)

注: 未统计缺失值。

（1）居民间的信任

①对邻居的信任

北京和深圳的被调查居民对邻居的信任比例都很高。北京被调查居民十分信任和比较信任的比例分别为 14.4% 和 44.4%, 不信任和不太信任的比例分别为 0.8% 和 2.7%。深圳被调查居民十分信任和比较信任的比例分别为 14.8% 和 52.6%, 不信任和不太信任的比例分别为 0.5% 和 2.3%。相比较而言, 深圳被调查居民对邻居的信任度更高, 不信任的比例更低。

虽然北京和深圳被调查居民信任邻居, 但在对社区网络的分析中社区邻里之间登门拜访较少, 当家里急需用钱时, 也很少找邻居帮忙。说明很多社区居民愿意信任邻居, 但行为上表现出一定的疏离。由于信任与不信任在转化上存在不平衡性, 表现在从不信任转向信任难于从信任转向不信任, 因此, 提高社区居民之间的信任度需形成公正和信任的社会道德风尚以及建立公平有效的制度约束规范（尧平清, 2010: 132~134）。

②对社区其他居民的信任

对社区其他居民，北京和深圳的被调查居民选择一般的比例最高。北京被调查居民的比例（51.0%）高于深圳（44.1%）6.9个百分点。北京被调查居民选择十分信任和比较信任的比例分别为6.9%和28.4%，选择不信任和不太信任的比例分别为3.2%和9.3%。深圳被调查居民选择十分信任和比较信任的比例分别为8.3%和36.8%，选择不信任和不太信任的比例分别为1.8%和8.5%。深圳被调查居民对社区其他居民持信任态度的比例（45.1%），高于北京（35.3%）9.8个百分点。

信任本质上是一种社会关系的外在表现，源于社会制度和社会结构，并随社会结构的变化而变化。一般认为，信任是相互的，它不属于个人行为，而是个体与个体或个体与群体之间在社会互动中形成社会关系网络以及成员合作的基础。在其他条件不变的情况下，城市社区没有本地户籍居民的一般信任、普遍信任和政治信任水平低于拥有本地户籍的居民（汪汇等，2009：81）。人际密切程度与信任程度存在正相关关系，封闭式住宅阻碍交流和社区居委会工作不到位导致居民的信任度不高（余新蕾、朱海伦，2017：255）。

（2）社区组织的信任

熟人社区建设需要社区内多元主体的参与，进而实现共治共享。社区中各类组织、群体和个人都发挥重要作用，社区工作人员是社区信任建构的主体（朱伟，2011：42），是保证社区正常运行的主要力量，是社区和谐、良好运行的重要一环。在日常的社区生活中，居民与社区工作人员的沟通机会较多，对社区工作人员的信任状况，直接反映居民对社区组织的信任状况。

居委会、物业公司、业主委员会是拉动社区发展的三驾马车，它们是社区最重要的组织。增进居民对社区组织的信任是形成社区内部一致认同或者共同制定公约的前提，它不仅能够增强社区归属感，同时还使社区居民更加愿意参与社区公共事务。下面分析被调查居民对居委会工作人员和社区服务站工作人员、物业公司人员和保安人员、业主委员会成员的信任状况。

①对居委会工作人员和社区服务站工作人员的信任

在被调查社区，居委会工作人员和社区服务站工作人员的办公地点基本在一起。虽然工作职责不同，但在为社区居民提供服务或在社区面临重大事件/问题需要处理时，经常是一起工作的。

居委会具备其他社区组织所不具备的资源，因此居委会工作人员角色和行为的转变有助于社区信任构建。社区形象和社区服务质量促进社区公众形成信任（易婧，2016：186）。超过一半的北京被调查居民对居委会工作人员持信任态度，北京被调查居民十分信任的比例为10.1%，深圳的比例为7.4%；北京被调查居民比较信任的比例是40.4%，深圳的比例是31.7%。两个城市被调查居民对居委会工作人员持不信任态度的比例都很低，北京是2.9%，深圳只有0.2%。

对社区服务站工作人员，北京和深圳被调查居民的信任度也较高，北京被调查居民十分信任的比例是9.8%，深圳的比例是12.6%；北京被调查居民比较信任的比例是31.7%，深圳的比例是37.5%。两个城市被调查居民对社区服务站工作人员持不信任态度的比例都很低，北京的比例是3.0%，深圳是0。

②对物业公司人员和保安人员的信任

保安人员是由物业公司负责管理的，为此对物业公司人员和保安人员的信任程度，反映了社区居民对物业公司的信任程度。

调查数据显示，北京和深圳的被调查居民对物业公司人员的信任程度较高，北京被调查居民十分信任的比例是10.3%，深圳的比例是6.3%；北京被调查居民比较信任的比例是35.6%，深圳的比例是34.8%。两个城市被调查居民对物业公司人员持不信任态度的比例都很低，北京的比例是4.8%，深圳只有1.4%。深圳对物业公司人员的信任度低于北京被调查居民4.8个百分点。

对保安人员，北京和深圳的被调查居民的信任程度很高，北京被调查居民十分信任的比例是8.3%，深圳的比例是7.9%；北京被调查居民比较信任的比例是39.6%，深圳的比例是37.7%。两个城市被调查居民对保安人员持不信任态度的比例都很低，北京的比例是3.7%，深圳是0。深圳被调查居民对保安人员的信任度低于北京2.3个百分点。

综合两个城市被调查居民对物业公司人员和保安人员的信任状况，深圳被调查居民对物业公司的信任程度低于北京。

③对业主委员会成员的信任

业主委员会是由业主选举产生的，代表业主维护自身权益，反映意见与建议，是业主行使共同管理权的一种组织形式，是居民自治组织。调查数据显示，相对于北京和深圳被调查居民对居委会工作人员和社区服务站工作人员以及物业公司人员和保安人员的信任，对业主委员会成员的信任度偏低。北京被调查居民十分信任业主委员会成员的比例是 7.5%，深圳的比例是 5.6%；北京被调查居民比较信任的比例是 25.8%，深圳的比例是 16.8%。两个城市被调查居民对业主委员会成员持不信任态度的比例都很低，北京的比例是 2.6%，深圳只有 0.2%。深圳被调查居民对业主委员会成员的信任度低于北京 10.9 个百分点。

课题组进入两个城市开展调查时，通过访谈和实地观察发现，业主委员会在深圳被调查社区治理中发挥的作用明显高于北京被调查社区。在北京被调查居民对业主委员会的评价中 25.3% 是不适用。可见，北京被调查社区中有个别小区没有业主委员会。在有业主委员会的社区中，被调查居民对其信任的比例（33.3%）高于深圳（22.4%）10.9 个百分点，但选择一般的比例很高，为 42.5%。课题组进入深圳社区开展调查期间，有一个小区正处于业主委员会的换届阶段，这在一定程度上影响了社区居民对其信任度的选择。

综上，对比北京和深圳的数据可知，在对社区组织工作人员的信任方面，深圳被调查社区的信任度普遍低于北京，在十分信任、比较信任以及一般维度中，深圳的比例绝大多数低于北京；可见，北京被调查居民对社区组织工作人员的信任度高于深圳。在两个城市社区中被调查居民对邻居的信任度最高，对社区组织工作人员的信任度相对较低。说明社区居民对生活或工作在本社区的人员总体是比较信任的。在中国社会，人们对生活圈子的信任更为关注。在一个社区中，如果社区居民之间彼此信任，那么便会互帮互助，没有嫌隙和抱怨，邻里关系会更加融洽。

3. 社区网络的现状

在单位体制瓦解后，处于街道-社区居委会体制中的邻里实际上已经构成了城市基层最主要的单元。在邻里这一空间中可以观测到宏观的整体性变迁与微观的个体需求的共同交织（朱健刚，2002：4）。随着城镇化进程的不断推进，人们的居住方式及生活方式发生了不同程度的转变，传统的邻里关系纽带断裂，邻里关系呈淡漠化趋势，邻里功能逐渐弱化，甚至消失。重建社区归属感、认同感和良好的邻里关系是城市现代化的一个挑战。

　　邻里关系是以物质空间为载体的居民间各种互动关系的总称，包含于社会关系之中。邻里之间由于生活在同一区域，共享公共设施，相互交流，成为彼此生活的一部分，是居民在社区中的重要支持网络。邻里交往不仅是一种人际交往，还是一种情感交换。邻里在互动中，逐渐由陌生到熟悉，产生一定的感情与信任，促进邻里的进一步交往。在邻里交往中，社区居民之间建立起熟识、互助、认知，进而产生认同，逐渐培养信任和关切的情感依赖，形成无形的社会资本，从而构建一种和谐而稳定的熟人社会秩序。下面主要从见面打招呼、保存手机号以及登门去拜访三个维度对社区网络进行测量。

　　（1）见面打招呼

　　在调查中，询问了被调查居民"在社区中，与您见面时会打招呼的邻居有多少人"，结果如表4-12所示。北京被调查居民和邻居见面打招呼人数在"10人及以下"的比例最高（43.3%），深圳被调查居民和邻居见面打招呼人数在"11~20人"的比例最高（31.9%）。23.1%的北京被调查居民和邻居见面打招呼的人数在"11~20人"，低于深圳（31.9%）8.8个百分点；11.5%的北京被调查居民和邻居见面打招呼的人数在"21~40人"，低于深圳（24.1%）12.6个百分点。可见，深圳被调查居民和邻居见面打招呼的人数多于北京，深圳居民的邻里互动频率更高，邻里交往更加频繁。

表4-12　见面打招呼人数

单位：人，%

人数	北京	深圳
0人	40（6.4）	6（1.1）
10人及以下	270（43.3）	113（20.4）
11~20人	144（23.1）	177（31.9）
21~40人	72（11.5）	134（24.1）
41~60人	28（4.5）	49（8.8）
61人及以上	67（10.7）	76（13.7）
缺失	3（0.5）	0（0）
合计	624（100.0）	555（100.0）

　　（2）保存手机号

　　在网络时代，手机是人与人之间沟通非常重要的通信工具。与邻里见面打招呼相比，保存手机号是更进一步的交往。保存邻居手机号码的多少，直接反映居民社区交往网络的大小。在调查中，询问了被调查居民"您手机中存有手机号码的邻居有多少人"，结果如表4-13所示。北京和深圳被调查居民保存邻居手机号码人数在"5人及以下"的比例最高，分别为36.5%和28.6%。北京被调查居民没有保存邻居手机号码的比例（34.0%），高于深圳（18.2%）15.8个百分点；深圳被调查居民保存手机号码人数在"31人及以上"的比例（9.2%），高于北京（4.2%）5.0个百分点。深圳被调查居民保存邻居手机号码人数在"21~30人"的比例（7.7%），高于北京（2.6%）5.1个百分点。北京七成多的被调查居民保存邻居手机号码的人数在5人及以下，其中三成多没有保存邻居手机号码。深圳接近一半的被调查居民保存邻居手机号码的人数在5人及以下，其中近两成没有保存邻居手机号码。可见，两个超大城市的社区居民在社区的交往网络并不广泛。相比较而言，深圳居民与邻居交往范围更大。

表4-13　保存邻居手机号码人数

单位：人，%

人数	北京	深圳
0人	212（34.0）	101（18.2）
5人及以下	228（36.5）	159（28.6）
6~10人	93（14.9）	112（20.2）
11~20人	43（6.9）	89（16.0）
21~30人	16（2.6）	43（7.7）
31人及以上	26（4.2）	51（9.2）
缺失	6（1.0）	0（0）
合计	624（100.0）	555（100.0）

（3）登门去拜访

在调查中，询问了被调查居民"邻居中可以与您登门拜访或者串门的有多少人"，结果如表4-14所示。相较于见面打招呼和保存手机号，登门拜访或者串门是更深层次的交往。北京和深圳被调查居民可以登门拜访的邻居数为"5人及以下"的比例最高，分别为46.0%和44.1%。北京被调查居民没有可登门拜访的邻居的比例（35.4%）高于深圳（13.5%）21.9个百分点；深圳被调查居民可以登门拜访的邻居数在"6~10人"的比例

（25.8%），高于北京（11.1%）14.7 个百分点；深圳被调查居民可以登门拜访的邻居数在"11~20 人"的比例（10.3%），高于北京（3.7%）6.6 个百分点；深圳被调查居民可以登门拜访的邻居数在"31 人及以上"的比例（4.5%），高于北京（1.4%）3.1 个百分点。北京八成多的被调查居民可以登门拜访的邻居数为"5 人及以下"，其中三成多没有可登门拜访的邻居。深圳近六成的被调查居民可以登门拜访的邻居数为"5 人及以下"，其中一成多没有可登门拜访的邻居。可见，两个超大城市邻里间互动大多停留在表面，深层次的交往较少，显现了社区邻里关系的淡漠化趋势。相比较而言，深圳居民的社区交往程度较深。

表 4-14　登门拜访邻居数

单位：人，%

人数	北京	深圳
0 人	221（35.4）	75（13.5）
5 人及以下	287（46.0）	245（44.1）
6~10 人	69（11.1）	143（25.8）
11~20 人	23（3.7）	57（10.3）
21~30 人	14（2.2）	10（1.8）
31 人及以上	9（1.4）	25（4.5）
缺失	1（0.2）	0（0）
合计	624（100.0）	555（100.0）

4. 社区规范的现状

社区规范主要指社区内存在的各种正式和非正式规范的总和，是人们参与社区生活的行为准则。正式规范一般具有强制性，包括法律以及具体管理体制等。非正式规范是居民约定俗成的行为规范，是不成文的行为准则。社区公约是社区规范维度的重要指标，是社区内自发形成或制定的一种规范，一般是成文的。社区公约是社区治理的重要载体，作为一种观念、制度与方式，是社区运行中得以建立、吸收并广泛应用的契约。依托社区公约，可凝聚社会力量、协调矛盾、重塑共同体，约束多元主体，对建设和谐社区发挥重要作用。

在调查中，询问了被调查居民"您认为是否需要建立社区公约"，结果如表 4-15 所示。北京和深圳被调查居民认为需要建立社区公约的比例都很高，北京的比例是 72.8%，深圳的比例是 80.5%。北京有 4.0%的被调查居民认为不需要建立社区公约，深圳有 2.7% 的被调查居民认为不需要建立社区公约。此外，北京有 23.2% 的被调查居民对是否建立社区公约持无所谓的态度，深圳有 16.6% 的被调查居民对是否建立社区公约持无所谓的态度。对比深圳和北京的数据可知，深圳被调查居民认为应该建立社区公约的比例比北京高 7.7 个百分点，北京被调查居民认为无所谓的比例比深圳高 6.6 个百分点，北京被调查居民对建立社区约的观念远不如深圳被调查居民。

可见，绝大多数的社区居民希望社区能够形成较为统一的规范。对建立社区公约持无所谓态度的居民一方面可能是对社区规范根本不关心，另一方面可能是对社区公约不太了解。"没有规矩不成方圆"，只有社区居民共同订立公约，并共同遵守，这样的社区才是有序的、制度化的，才更有利于熟人社区建设。

表 4-15　社区公约建立的必要性

单位：人，%

选项	北京	深圳
是	454（72.8）	447（80.5）
无所谓	145（23.2）	92（16.6）
否	25（4.0）	15（2.7）
缺失	0（0）	1（0.2）
合计	624（100.0）	555（100.0）

（二）社区社会资本对熟人社区建设的影响分析

1. 社区参与对熟人社区建设的影响分析

（1）社区参与对邻里熟识的影响

①社区参与与邻里观念

问卷中，因变量"邻里观念"是一个从"非常赞同"、"比较赞同"、"一般"到"不太赞同"、"很不赞同"程度递减的有序变量。因此，需使用有序 Logit 模型进行分析。北京、深圳被调查居民的社区参与对邻里观念的影响如表 4-16 所示。

在社区文化参与层面，参与文化娱乐活动对邻里观念产生显著的负向影响。北京、深圳居民参与文化娱乐活动越多，赞同邻里观念的比例越高。

在社区政治参与层面，关注社区两委换届选举对邻里观念产生显著的负向影响。北京、深圳居民关注社区两委换届选举越多，赞同邻里观念的比例越高。

在社区公共参与层面，参与社区志愿服务意愿、为社区发展贡献力量意愿、支持社区事务提议对邻里观念产生显著的正向影响；社区意见反馈对象对邻里观念产生显著的负向影响。从参与社区志愿服务意愿上看，北京、深圳居民的参与社区志愿服务意愿越低，不赞同邻里观念的比例越高；反之，北京、深圳居民的参与社区志愿服务意愿越高，赞同邻里观念的比例越高。从为社区发展贡献力量意愿上看，北京、深圳居民的为社区发展贡献力量意愿越低，不赞同邻里观念的比例越高；反之，北京、深圳居民的为社区发展贡献力量意愿越高，赞同邻里观念的比例越高。从支持社区事务提议上看，北京、深圳居民支持社区事务提议越少，不赞同邻里观念的比例越高；反之，北京、深圳居民支持社区事务提议越多，赞同邻里观念的比例越高。从社区意见反馈对象上看，社区意见反馈对象为社区组织的北京居民，赞同邻里观念的比例较高。

由此可知，居民的社区文化参与、社区政治参与、社区公共参与比例越高，赞同邻里观念比例越高。可见，社区参与有助于邻里观念的形成。

表4-16　社区参与对邻里观念的影响（有序 Logit 模型）

社区参与	北京	深圳
文化-参与文化娱乐活动	-0.628** (-3.372)	-0.505** (-3.024)
政治-关注社区两委换届选举	-0.231** (-3.245)	-0.378** (-4.607)
公共-参与社区志愿服务意愿	0.160** (3.363)	0.466** (5.408)
公共-为社区发展贡献力量意愿	0.481** (5.723)	0.841** (7.087)
公共-支持社区事务提议	1.115** (7.549)	1.012** (5.660)
公共-社区意见反馈对象	-0.440* (-2.270)	-0.455 (-1.590)

注：① * $p<0.05$，** $p<0.01$；②括号内为标准误。

②社区参与与邻里熟识

问卷中，因变量"邻里熟识"是一个从"非常不熟悉"、"不熟悉"、"一般"到"熟悉"、"非常熟悉"程度递增的有序变量。因此，需使用有序 Logit 模型进行分析。北京、深圳被调查居民的社区参与对邻里熟识的影响如表 4-17 所示。

在社区文化参与层面，参与文化娱乐活动对邻里熟识产生显著的正向影响。北京、深圳居民参与文化娱乐活动越多，邻里熟识的比例越高。

在社区政治参与层面，关注社区两委换届选举对邻里熟识产生显著的正向影响。北京、深圳居民关注社区两委换届选举越多，邻里熟识的比例越高。

在社区公共参与层面，参与社区志愿服务意愿、为社区发展贡献力量意愿、支持社区事务提议对邻里熟识产生显著的负向影响。从参与社区志愿服务意愿上看，北京、深圳居民的参与社区志愿服务意愿越低，邻里熟识的比例越低；反之，北京、深圳居民的参与社区志愿服务意愿越高，邻里熟识的比例越高。从为社区发展贡献力量意愿上看，北京、深圳居民的为社区发展贡献力量意愿越低，邻里熟识的比例越低；反之，北京、深圳居民的为社区发展贡献力量意愿越高，邻里熟识的比例越高。从支持社区事务提议上看，北京、深圳居民支持社区事务提议越少，邻里熟识的比例越低；反之，北京、深圳居民支持社区事务提议越多，邻里熟识的比例越高。

由此可知，居民的社区文化参与、社区政治参与、社区公共参与比例越高，邻里熟识的比例越高。可见，社区参与有助于促进邻里熟识。

表 4-17 社区参与对邻里熟识的影响（有序 Logit 模型）

社区参与	北京	深圳
文化-参与文化娱乐活动	0.981** (5.332)	0.668** (4.094)
政治-关注社区两委换届选举	0.166* (2.499)	0.383** (4.864)
公共-参与社区志愿服务意愿	-0.192** (-3.202)	-0.408** (-4.928)
公共-为社区发展贡献力量意愿	-0.256** (-3.143)	-0.718** (-6.332)

续表

社区参与	北京	深圳
公共-支持社区事务提议	-0.413 ** (-2.948)	-0.708 ** (-4.182)
公共-社区意见反馈对象	0.312 (1.620)	-0.163 (-0.587)

注：①* $p<0.05$，** $p<0.01$；②括号内为标准误。

（2）社区参与对守望相助的影响

①社区参与与互助认知

问卷中，因变量"互助认知"是一个从"没有"、"偶尔"、"一般"到"较多"、"很多"程度递增的有序变量。因此，需使用有序 Logit 模型进行分析。北京、深圳被调查居民的社区参与对互助认知的影响如表 4-18 所示。

在社区文化参与层面，参与文化娱乐活动对互助认知产生显著的正向影响。北京、深圳居民参与文化娱乐活动越多，认为社区居民之间互助比例越高。

在社区政治参与层面，关注社区两委换届选举对互助认知产生显著的正向影响。北京、深圳居民关注社区两委换届选举越多，认为社区居民之间相互帮助比例越高。

在社区公共参与层面，参与社区志愿服务意愿、为社区发展贡献力量意愿、支持社区事务提议对互助认知产生显著的负向影响；社区意见反馈对象对互助认知产生显著的正向影响。从参与社区志愿服务意愿上看，北京、深圳居民的参与社区志愿服务意愿越低，互助认知的比例越低；反之，北京、深圳居民的参与社区志愿服务意愿越高，互助认知的比例越高。从为社区发展贡献力量意愿上看，北京、深圳居民的为社区发展贡献力量意愿越低，互助认知的比例越低；反之，北京、深圳居民的为社区发展贡献力量意愿越高，互助认知的比例越高。从支持社区事务提议上看，深圳居民支持社区事务提议越少，互助认知的比例越低；反之，深圳居民支持社区事务提议越多，互助认知的比例越高。从社区意见反馈对象上看，社区意见反馈对象为社区组织的北京居民，互助认知的比例较高。

由此可知，居民的社区文化参与、社区政治参与、社区公共参与比例越高，互助认知的比例越高，可见社区参与有助于促进互助认知。

表 4-18　社区参与对互助认知的影响（有序 Logit 模型）

社区参与	北京	深圳
文化-参与文化娱乐活动	0.878 ** （4.778）	0.963 ** （5.806）
政治-关注社区两委换届选举	0.134 * （2.480）	0.230 ** （2.964）
公共-参与社区志愿服务意愿	-0.164 ** （-2.790）	-0.381 ** （-4.607）
公共-为社区发展贡献 力量意愿	-0.246 ** （-3.037）	-0.571 ** （-5.113）
公共-支持社区事务提议	-0.182 （-1.315）	-0.521 ** （-3.086）
公共-社区意见反馈对象	0.522 ** （2.721）	-0.140 （-0.504）

注：① * $p<0.05$，** $p<0.01$；②括号内为标准误。

②社区参与与互助行为

问卷中，因变量"互助行为"是一个从"是"、"偶尔"到"从来没有"程度递减的有序变量。因此，需使用有序 Logit 模型进行分析。北京、深圳被调查居民的社区参与对互助行为的影响如表 4-19 所示。

在社区文化参与层面，参与文化娱乐活动对互助行为产生显著的负向影响。北京、深圳居民参与文化娱乐活动越多，互助行为的比例越高。

在社区政治参与层面，关注社区两委换届选举对互助行为产生显著的负向影响。北京居民关注社区两委换届选举越多，自己及家人帮助邻居的比例越高。

在社区公共参与层面，参与社区志愿服务意愿、为社区发展贡献力量意愿、支持社区事务提议对互助行为产生显著的正向影响。从参与社区志愿服务意愿上看，深圳居民的志愿服务意愿越低，互助行为的比例越低；反之，深圳居民的参与社区志愿服务意愿越高，互助行为的比例越高。北京居民的参与社区志愿服务意愿越低，自己及家人帮助邻居的比例越低；反之，北京居民的参与社区志愿服务意愿越高，自己及家人帮助邻居的比例越高。从为社区发展贡献力量意愿上看，北京、深圳居民的为社区发展贡献力量意愿越低，互助行为的比例越低；反之，北京、深圳居民的为社区发展贡献力量意愿越高，互助行为的比例越高。从支持社区事务提议上看，深圳居民支持社区事务提议越少，互助行为的比例越低；反之，深圳居民支持社区事务提议越多，互助行为的比例越高。

由此可知，居民的社区文化参与、社区政治参与、社区公共参与比例越高，互助行为的比例越高。可见，社区参与有助于增加居民的互助行为。

表 4-19　社区参与对互助行为的影响（有序 Logit 模型）

社区参与	邻居帮助自己及家人		自己及家人帮助邻居	
	北京	深圳	北京	深圳
文化-参与文化娱乐活动	-0.455* (-2.407)	-0.475** (-2.919)	-0.835** (-4.518)	-0.636** (-3.832)
政治-关注社区两委 换届选举	-0.118 (-1.928)	-0.105 (-1.351)	-0.225** (-3.181)	-0.139 (-1.773)
公共-参与社区志愿服务意愿	0.112 (1.597)	0.364** (4.325)	0.261** (3.629)	0.372** (4.405)
公共-为社区发展贡献 力量意愿	0.218* (2.440)	0.516** (4.544)	0.455** (5.156)	0.511** (4.495)
公共-支持社区事务提议	-0.060 (-0.404)	0.605** (3.534)	0.050 (0.351)	0.589** (3.424)
公共-社区意见反馈对象	-0.257 (-1.221)	-0.253 (-0.899)	-0.063 (-0.319)	-0.264 (-0.937)

注：①* $p<0.05$，** $p<0.01$；②括号内为标准误。

③社区参与与邻里互助类型

A. 社区参与与行动照顾类互助

问卷中，因变量"行动照顾类互助"是一个从"是"、"偶尔"到"从来没有"程度递减的有序变量。因此，需使用有序 Logit 模型进行分析。北京、深圳被调查居民的社区参与对行动照顾类互助的影响如表 4-20 所示。

在社区文化参与层面，参与文化娱乐活动对行动照顾类互助产生显著的负向影响。北京、深圳居民参与文化娱乐活动越多，行动照顾类互助行为的比例越高。

在社区政治参与层面，关注社区两委换届选举对行动照顾类互助产生显著的负向影响。深圳居民关注社区两委换届选举越多，请邻居照顾患病自己的比例越高。而北京居民关注社区两委换届选举与行动照顾类互助无影响关系。

在社区公共参与层面，参与社区志愿服务意愿、为社区发展贡献力量意愿、支持社区事务提议对行动照顾类互助产生显著的正向影响。从参与社区志愿服务意愿上看，北京居民的参与社区志愿服务意愿越低，行动照顾类互助的比例越低；反之，北京居民的参与社区志愿服务意愿越高，行动照顾类互助的比例越高。深圳居民的参与社区志愿服务意愿越低，请邻居照顾患病自己的比例越低；反之，深圳居民的参与社区志愿服务意愿越高，请邻居照顾患病自己的比例越高。从为社区发展贡献力量意愿上看，北京居民的为社区发展贡献力量意愿越低，行动照顾类互助的比例越低；反之，北京居民的为社区发展贡献力量意愿越高，行动照顾类互助的比例越高。深圳居民的为社区发展贡献力量意愿越低，请邻居照顾患病自己的比例越低；反之，深圳居民的为社区发展贡献力量意愿越高，请邻居照顾患病自己的比例越高。从支持社区事务提议上看，深圳居民支持社区事务提议越少，请邻居看护患病孩子的比例越低；反之，深圳居民支持社区事务提议越多，请邻居看护患病孩子的比例越高。

由此可知，居民的社区文化参与、社区政治参与、社区公共参与的比例越高，居民行动照顾类互助的比例越高。可见，社区参与有助于增加居民行动照顾类互助行为。

表4-20　社区参与对行动照顾类互助的影响（有序 Logit 模型）

社区参与	请邻居看护患病孩子		请邻居照顾患病自己	
	北京	深圳	北京	深圳
文化-参与文化娱乐活动	−0.891 ** (−3.552)	−0.587 ** (−3.130)	−1.175 ** (−4.120)	−0.629 ** (−3.063)
政治-关注社区两委 换届选举	−0.071 (−1.656)	−0.097 (−1.078)	−0.036 (−0.775)	−0.212 * (−2.155)
公共-参与社区志愿服务意愿	0.449 ** (3.730)	0.216 * (2.159)	−0.049 (−0.807)	0.382 ** (3.287)
公共-为社区发展贡献 力量意愿	0.475 ** (3.255)	0.285 * (2.139)	0.290 (1.755)	0.375 * (2.512)
公共-支持社区事务提议	0.269 (1.171)	0.495 * (2.359)	−0.079 (−0.311)	0.326 (1.440)
公共-社区意见反馈对象	−0.457 (−1.346)	−0.355 (−0.996)	−0.344 (−0.864)	−0.297 (−0.754)

注：① * $p<0.05$，** $p<0.01$；②括号内为标准误。

B. 社区参与与物质支援类互助

问卷中，因变量"向邻居借日常用品"的选项有"能够"、"不能够"和"不适用"三个选项。本应用多元 Logit 模型分析，但"不能够"选项的占比较低（小于 5%），无法用多元 Logit 模型分析。因此，将因变量的选项进行重新编码，"能够"编码为 1，"不能够"（包含"不能够""不适用"）编码为 0。这样因变量"向邻居借日常用品"就变为二元定类变量，使用二元 Logit 模型分析。北京、深圳被调查对象的社区参与对物质支援类互助（向邻居借日常用品）的影响如表 4-21 所示。

在社区文化参与层面，参与文化娱乐活动对深圳居民向邻居借日常用品产生显著的正向影响。深圳居民参与文化娱乐活动越多，向邻居借日常用品的比例越高。

在社区公共参与层面，为社区发展贡献力量意愿、支持社区事务提议对深圳居民向邻居借日常用品产生显著的负向影响；社区意见反馈对象对北京居民向邻居借日常用品产生显著的正向影响。

从为社区发展贡献力量意愿上看，深圳居民的为社区发展贡献力量意愿越低，向邻居借日常用品的比例越低；反之，深圳居民的为社区发展贡献力量意愿越高，向邻居借日常用品的比例越高。从支持社区事务提议上看，深圳居民支持社区事务提议越少，向邻居借日常用品的比例越低；反之，深圳居民支持社区事务提议越多，向邻居借日常用品的比例越高。而北京居民的为社区发展贡献力量意愿、支持社区事务提议与向邻居借日常用品无影响关系。

表 4-21　社区参与对物质支援类互助（向邻居借日常用品）的影响
（二元 Logit 模型）

社区参与	北京	深圳
文化-参与文化娱乐活动	0.050 （0.247）	0.695 ** （3.263）
政治-关注社区两委换届选举	0.016 （0.359）	0.126 （1.302）
公共-参与社区志愿服务意愿	−0.055 （−1.002）	−0.192 （−1.942）
公共-为社区发展贡献力量意愿	−0.050 （−0.559）	−0.305 * （−2.285）
公共-支持社区事务提议	−0.286 （−1.860）	−0.901 ** （−4.521）
公共-社区意见反馈对象	0.432 * （2.054）	0.612 （1.917）

注：① * $p<0.05$，** $p<0.01$；②括号内为标准误。

C. 社区参与与心理慰藉类互助

问卷中，家庭纠纷化解方主要包括亲戚、朋友、邻居、居委会、物业公司、业委会、社区党群服务中心（北京问卷无此选项）、其他。由于家庭纠纷化解方超过两种，因此，需要使用多元 Logit 模型进行分析。多元 Logit 模型需要选择一个基准组作为比较的基准，参数的正负反映的是个人对备选方案与基准组之间的相对偏好，参数为正反映居民更愿意选择备选方案而非基准组。这里将亲戚作为基准组，观察其他备选家庭纠纷化解方与之的差异。北京、深圳两地被调查对象的社区参与对心理慰藉类互助（家庭纠纷化解方）的影响如表 4-22 所示。

在社区文化参与层面，参与文化娱乐活动越多的北京居民，越会选择邻居、居委会来化解家庭纠纷。参与文化娱乐活动越多的深圳居民，越会选择朋友、居委会、社区党群服务中心来化解家庭纠纷。

在社区政治参与层面，关注社区两委换届选举越多的深圳居民，越会选择社区党群服务中心来化解家庭纠纷。

在社区公共参与层面，为社区发展贡献力量意愿越低的深圳居民，越会选择亲戚来化解家庭纠纷；反之，为社区发展贡献力量意愿越高的深圳居民，越会选择社区党群服务中心来化解家庭纠纷。支持社区事务提议越少的深圳居民，越会选择亲戚来化解家庭纠纷；反之，支持社区事务提议越多的深圳居民，越会选择社区党群服务中心来化解家庭纠纷。

可见，与北京居民相比，深圳居民社区参与越多，越会选择社区党群服务中心来化解家庭纠纷。

表 4-22　社区参与对心理慰藉类互助（家庭纠纷化解方）的影响（多元 Logit 模型）

社区参与	朋友	邻居	居委会	物业公司	业委会	社区党群服务中心	其他
北京							
文化-参与文化娱乐活动	-0.192 (-0.477)	1.838** (3.342)	0.965** (2.977)	0.318 (0.474)	-17.007 (-0.002)	—	0.575* (2.354)
政治-关注社区两委换届选举	-0.228 (-1.657)	0.080 (0.798)	0.085 (1.136)	0.094 (1.048)	0.118 (0.966)	—	0.036 (0.511)
公共-参与社区志愿服务意愿	0.138 (1.565)	-0.364 (-1.323)	-0.242 (-1.759)	-0.364 (-1.323)	-0.070 (-0.103)	—	0.094 (1.195)

社区参与	朋友	邻居	居委会	物业公司	业委会	社区党群服务中心	其他
公共-为社区发展贡献力量意愿	0.024 (0.165)	-0.355 (-1.130)	-0.292 (-1.832)	-0.355 (-1.130)	-0.355 (-0.422)	—	-0.266* (-2.503)
公共-支持社区事务提议	-0.066 (-0.264)	-0.431 (-0.818)	-0.206 (-0.788)	-0.717 (-1.255)	1.463 (1.302)	—	-0.500** (-2.714)
公共-社区意见反馈对象	-0.400 (-1.160)	0.958 (0.911)	0.570 (1.221)	0.958 (0.911)	18.280 (0.001)	—	-0.526* (-2.164)
深圳							
文化-参与文化娱乐活动	0.599* (2.238)	0.618 (1.366)	0.880** (2.931)	0.726 (1.700)	0.880 (0.618)	2.400** (5.342)	0.096 (0.385)
政治-关注社区两委换届选举	0.112 (0.882)	0.221 (1.031)	-0.108 (-0.730)	0.164 (0.799)	-0.141 (-0.193)	0.363* (2.129)	0.091 (0.803)
公共-参与社区志愿服务意愿	0.006 (0.045)	0.271 (1.246)	0.098 (0.651)	-0.047 (-0.210)	0.814 (1.295)	-0.286 (-1.406)	0.136 (1.149)
公共-为社区发展贡献力量意愿	-0.141 (-0.785)	0.218 (0.742)	-0.257 (-1.227)	0.076 (0.261)	0.218 (0.233)	-0.557* (-2.063)	0.016 (0.104)
公共-支持社区事务提议	-0.171 (-0.648)	-0.245 (-0.537)	-0.255 (-0.835)	-0.208 (-0.482)	-2.333 (-0.711)	-0.908* (-2.150)	-0.737** (-2.875)
公共-社区意见反馈对象	0.846 (1.480)	-0.313 (-0.467)	-0.562 (-1.307)	0.968 (0.920)	14.700 (0.004)	0.708 (0.919)	-0.013 (-0.033)

注：① * $p<0.05$, ** $p<0.01$；②括号内为标准误。

D. 社区参与与工具支持类互助

问卷中，红白喜事帮助者为多选题，包括亲属、朋友、邻居、居委会、物业公司、业委会、社区服务站、其他。红白喜事帮助者与参与文化娱乐活动进行交叉分析，结果如表4-23所示。

北京居民参与文化娱乐活动对家中红白喜事帮助者产生显著影响。不参与文化娱乐活动的居民选择亲属的比例（68.89%），明显高于参与文化娱乐活动的居民选择亲属的比例（58.91%）。不参与文化娱乐活动的居民选择朋友的比例（34.24%），明显低于参与文化娱乐活动的居民选择朋友的比例（42.64%）。不参与文化娱乐活动的居民选择邻居的比例（8.35%），明显低于参与文化娱乐活动的居民选择邻居的比例（17.05%）。可见，不参与文化娱乐活动的北京居民，家中红白喜事帮助者为亲属的比例较大，而参与文化娱乐活动的北京居民，家中红白喜事帮助者为朋友、邻居的比例较大。

表4-23　红白喜事帮助者与参与文化娱乐活动交叉分析（北京）

单位：人，%

选项	参与文化娱乐活动		汇总（$n=608$）
	否（$n=479$）	是（$n=129$）	
亲属	330 （68.89）	76 （58.91）	406 （66.78）
朋友	164 （34.24）	55 （42.64）	219 （36.02）
邻居	40 （8.35）	22 （17.05）	62 （10.20）
居委会	9 （1.88）	5 （3.88）	14 （2.30）
物业公司	6 （1.25）	4 （3.10）	10 （1.64）
业委会	2 （0.42）	1 （0.78）	3 （0.49）
社区服务站	1 （0.21）	2 （1.55）	3 （0.49）
其他	86 （17.95）	19 （14.73）	105 （17.27）

卡方检验：$\chi^2=18.125$，$p=0.011$。

问卷中，红白喜事帮助者为多选题，包括亲属、朋友、邻居、居委会、物业公司、业委会、社区服务站、其他。红白喜事帮助者与关注社区两委换届选举进行交叉分析，结果如表4-24所示。

北京居民关注社区两委换届选举对家中红白喜事帮助者产生显著影响。对社区两委换届选举关注度为"一般"的北京居民选择亲属的比例（72.57%），明显高于平均水平（66.72%）。对社区两委换届选举关注度为"非常关注"的北京居民选择邻居的比例（28.00%），明显高于平均水平（10.33%）。对社区两委换届选举关注度为"比较关注"的北京居民选择邻居的比例（18.52%），明显高于平均水平（10.33%）。可见，对社区两委换届选举关注度一般的北京居民，家中红白喜事帮助者为亲属的比例较大；对社区两委换届选举关注度较高的北京居民，家中红白喜事帮助者为邻居的比例较大。

表4-24 红白喜事帮助者与关注社区两委换届选举交叉分析（北京）

单位：人，%

选项	关注社区两委换届选举					汇总 （$n=610$）
	一点儿不关注（$n=173$）	不太关注（$n=245$）	一般（$n=113$）	比较关注（$n=54$）	非常关注（$n=25$）	
亲属	99 （57.23）	176 （71.84）	82 （72.57）	36 （66.67）	14 （56.00）	407 （66.72）
朋友	63 （36.42）	93 （37.96）	41 （36.28）	16 （29.63）	8 （32.00）	221 （36.23）
邻居	17 （9.83）	17 （6.94）	12 （10.62）	10 （18.52）	7 （28.00）	63 （10.33）
居委会	5 （2.89）	4 （1.63）	0 （0）	4 （7.40）	2 （8.00）	15 （2.46）
物业公司	3 （1.73）	5 （2.04）	1 （0.88）	0 （0）	1 （4.00）	10 （1.64）
业委会	1 （0.58）	1 （0.41）	0 （0）	0 （0）	1 （4.00）	3 （0.49）
社区服务站	0 （0）	2 （0.82）	0 （0）	1 （1.85）	0 （0）	3 （0.49）
其他	49 （28.32）	28 （11.43）	16 （14.16）	8 （14.81）	4 （16.00）	105 （17.21）

卡方检验：$\chi^2=61.823$，$p=0.003$。

问卷中，红白喜事帮助者为多选题，包括亲属、朋友、邻居、居委会、物业公司、业委会、社区服务站、其他。红白喜事帮助者与参与社区志愿服务意愿进行交叉分析，结果如表4-25所示。

北京居民参与社区志愿服务意愿对家中红白喜事帮助者产生显著影响。参与社区志愿服务意愿为"一般"的北京居民选择亲属的比例（75.15%），明显高于平均水平（66.94%）。参与社区志愿服务意愿为"非常愿意"的北京居民选择邻居的比例（20.22%），明显高于平均水平（10.31%）。可见，参与社区志愿服务意愿一般的北京居民，家中红白喜事帮助者为亲属的比例较大；参与社区志愿服务意愿较高的北京居民，家中红白喜事帮助者为邻居的比例较大。

表 4-25　红白喜事帮助者与参与社区志愿服务意愿交叉分析（北京）

单位：人，%

选项	参与社区志愿服务意愿					汇总 （$n=611$）
	非常愿意 （$n=89$）	比较愿意 （$n=228$）	一般 （$n=169$）	不太愿意 （$n=92$）	不愿意 （$n=33$）	
亲属	58（65.17）	152 （66.67）	127 （75.15）	51 （55.43）	21 （63.64）	409 （66.94）
朋友	35（39.33）	91 （39.91）	58 （34.32）	28 （30.43）	11 （33.33）	223 （36.50）
邻居	18（20.22）	21 （9.21）	15 （8.88）	6 （6.52）	3 （9.09）	63 （10.31）
居委会	4 （4.49）	8 （3.51）	1 （0.59）	2 （2.17）	0 （0）	15 （2.45）
物业公司	3 （3.37）	5 （2.19）	2 （1.18）	0 （0）	0 （0）	10 （1.64）
业委会	1 （1.12）	2 （0.88）	0 （0）	0 （0）	0 （0）	3 （0.49）
社区服务站	0 （0）	3 （1.32）	0 （0）	0 （0）	0 （0）	3 （0.49）
其他	15（16.85）	33 （14.47）	20 （11.83）	28 （30.43）	8 （24.24）	104 （17.02）

卡方检验：$\chi^2=53.991$，$p=0.021$。

E. 社区参与与信息分享类互助

问卷中，因变量"信息分享类互助"是一个从"非常愿意"、"比较愿意"、"一般"到"不太愿意"、"不愿意"程度递减的有序变量。因此，需使用有序 Logit 模型进行分析。北京、深圳被调查居民的社区参与对信息分享类互助（传递活动信息）的影响如表 4-26 所示。

在社区文化参与层面，参与文化娱乐活动对信息分享类互助产生显著的负向影响。北京居民参与文化娱乐活动越多，信息分享类互助的比例越高。而深圳居民参与文化娱乐活动与信息分享类互助无影响关系。

在社区政治参与层面，关注社区两委换届选举对信息分享类互助产生显著的负向影响。深圳居民关注社区两委换届选举越多，信息分享类互助的比例越高。而北京居民关注社区两委换届选举与信息分享类互助无影响关系。

在社区公共参与层面，参与社区志愿服务意愿、为社区发展贡献力量意愿、支持社区事务提议对信息分享类互助产生显著的正向影响；社区意见反馈对象对信息分享类互助产生显著的负向影响。从参与社区志愿服务意愿上看，北京、深圳居民的参与社区志愿服务意愿越低，信息分享类互助的比例越低；反之，北京、深圳居民的参与社区志愿服务意愿越高，信息分享类互助的比例越高。从为社区发展贡献力量意愿上看，北京、深圳居民的为社区发展贡献力量意愿越低，信息分享类互助的比例越低；反之，北京、深圳居民的为社区发展贡献力量意愿越高，信息分享类互助的比例越高。从支持社区事务提议上看，北京、深圳居民支持社区事务提议越少，信息分享类互助的比例越低；反之，北京、深圳居民支持社区事务提议越多，信息分享类互助的比例越高。从社区意见反馈对象上看，社区意见反馈对象为社区组织的北京、深圳居民，信息分享类互助的比例更高。

由此可知，居民的社区文化参与、社区政治参与、社区公共参与的比例越高，居民信息分享类互助的比例越高。可见，社区参与有助于增加居民的信息分享类互助行为。

表 4-26　社区参与对信息分享类互助（传递活动信息）的影响（有序 Logit 模型）

社区参与	北京	深圳
文化-参与文化娱乐活动	−0.818 ** (−4.336)	−0.311 (−1.860)
政治-关注社区两委换届选举	−0.081 (−1.447)	−0.284 ** (−3.484)
公共-参与社区志愿服务意愿	0.498 ** (6.813)	0.849 ** (9.153)
公共-为社区发展贡献力量意愿	0.870 ** (9.702)	1.335 ** (10.251)
公共-支持社区事务提议	0.562 ** (3.939)	0.987 ** (5.603)
公共-社区意见反馈对象	−0.540 ** (−2.757)	−0.769 ** (−2.703)

注：① ** $p<0.01$；②括号内为标准误。

（3）社区参与对社区认同的影响

①社区参与与社区归属感

问卷中，因变量"社区归属感"是一个从"很不赞同"、"较不赞同"、"一般"到"比较赞同"、"非常赞同"程度递增的有序变量。因此，需使用有序 Logit 模型进行分析。北京、深圳被调查居民的社区参与对社区归属感的影响如表 4-27 所示。

在社区文化参与层面，参与文化娱乐活动对社区归属感产生显著的正向影响。北京、深圳居民参与文化娱乐活动越多，社区归属感越强。

在社区政治参与层面，关注社区两委换届选举对社区归属感产生显著的正向影响。深圳居民关注社区两委换届选举越多，社区归属感越强。而北京居民关注社区两委换届选举越多，越不舍得搬离社区；北京居民关注社区两委换届选举与"社区有家的感觉"无影响关系。

在社区公共参与层面，参与社区志愿服务意愿、为社区发展贡献力量意愿、支持社区事务提议对社区归属感产生显著的负向影响。北京居民的社区意见反馈对象对社区归属感产生显著的正向影响。北京、深圳居民的参与社区志愿服务意愿越低，社区归属感越弱；反之，北京、深圳居民的参与社区志愿服务意愿越高，社区归属感越强。北京、深圳居民的为社区发展贡献力量意愿越低，社区归属感越弱；反之，北京、深圳居民的为社区发展贡献力量意愿越高，社区归属感越强。北京、深圳居民支持社区事务提议越少，社区归属感越弱；反之，北京、深圳居民支持社区事务提议越多，社区归属感越强。从社区意见反馈对象上看，社区意见反馈对象为社区组织的北京居民，社区归属感更强。

由此可知，居民的社区文化参与、社区政治参与、社区公共参与的比例越高，居民的社区归属感越强。可见，社区参与有助于增强居民的社区归属感。

表 4-27　社区参与对社区归属感的影响（有序 Logit 模型）

社区参与	社区有家的感觉		不舍得搬离社区	
	北京	深圳	北京	深圳
文化-参与文化娱乐活动	0.935** (5.054)	0.600** (3.703)	0.761** (4.194)	0.824** (5.070)

社区参与	社区有家的感觉		不舍得搬离社区	
	北京	深圳	北京	深圳
政治-关注社区两委换届选举	0.089 （1.682）	0.250 ** （3.231）	0.128 * （1.997）	0.226 ** （2.958）
公共-参与社区志愿服务意愿	-0.135 ** （-2.772）	-0.648 ** （-7.587）	-0.179 ** （-2.946）	-0.598 ** （-7.111）
公共-为社区发展贡献力量意愿	-0.376 ** （-4.560）	-0.770 ** （-6.800）	-0.432 ** （-5.275）	-0.638 ** （-5.759）
公共-支持社区事务提议	-0.557 ** （-3.960）	-0.567 ** （-3.397）	-0.345 * （-2.499）	-0.372 * （-2.261）
公共-社区意见反馈对象	0.674 ** （3.478）	0.484 （1.758）	0.616 ** （3.211）	0.176 （0.639）

注：① * $p<0.05$，** $p<0.01$；②括号内为标准误。

②社区参与与社区自豪感

问卷中，因变量"社区自豪感"是一个从"很不赞同"、"较不赞同"、"一般"到"比较赞同"、"非常赞同"程度递增的有序变量。因此，需使用有序 Logit 模型进行分析。北京、深圳被调查居民的社区参与对社区自豪感的影响如表4-28所示。

在社区文化参与层面，参与文化娱乐活动对社区自豪感产生显著的正向影响。北京、深圳居民参与文化娱乐活动越多，社区自豪感越强。

在社区政治参与层面，深圳居民关注社区两委换届选举对社区自豪感产生显著的正向影响。深圳居民关注社区两委换届选举越多，社区自豪感越强。北京居民关注社区两委换届选举与社区自豪感无影响关系。

在社区公共参与层面，参与社区志愿服务意愿、为社区发展贡献力量意愿、支持社区事务提议对社区自豪感产生显著的负向影响。北京居民的社区意见反馈对象对社区自豪感产生显著的正向影响。从参与社区志愿服务意愿上看，北京、深圳居民的参与社区志愿服务意愿越低，社区自豪感越弱；反之，北京、深圳居民的参与社区志愿服务意愿越高，社区自豪感越强。从为社区发展贡献力量意愿上看，北京、深圳居民的为社区发展贡献力量意愿越低，社区自豪感越弱；反之，北京、深圳居民的为社区发展贡献力量意愿越高，社区自豪感越强。从支持社区事务提议上看，北京、深圳居民支持社区事务提议越少，社区自豪感越弱；反之，北京、深圳居民支持社区事务提议越多，社区自豪感越强。从社区意见反馈对象上看，社区意见反馈对象为社区组织的北京居民，社区自豪感更强。

由此可知，居民的社区文化参与、社区政治参与、社区公共参与的比例越高，居民的社区自豪感越强。可见，社区参与有助于增强居民的社区自豪感。

表 4-28　社区参与对社区自豪感的影响（有序 Logit 模型）

社区参与	北京	深圳
文化-参与文化娱乐活动	0.873 ** （4.784）	0.976 ** （5.961）
政治-关注社区两委换届选举	0.101 （1.775）	0.290 ** （3.758）
公共-参与社区志愿服务意愿	−0.193 ** （−3.158）	−0.660 ** （−7.693）
公共-为社区发展贡献力量意愿	−0.397 ** （−4.793）	−0.830 ** （−7.263）
公共-支持社区事务提议	−0.447 ** （−3.177）	−0.423 * （−2.555）
公共-社区意见反馈对象	0.561 ** （2.872）	0.419 （1.523）

注：① $* p < 0.05$，$** p < 0.01$；②括号内为标准误。

（4）社区参与对自主自治的影响

①社区参与与社区居民自主性

A. 社区参与与策划意愿

问卷中，因变量"策划意愿"是一个从"愿意"、"不愿意"到"无所谓"程度递减的有序变量。因此，需使用有序 Logit 模型进行分析。北京、深圳被调查居民的社区参与对策划意愿的影响如表 4-29 所示。

在社区文化参与层面，参与文化娱乐活动对策划意愿产生显著的负向影响。北京、深圳居民参与文化娱乐活动越多，策划意愿越强。

在社区政治参与层面，深圳居民关注社区两委换届选举对策划意愿产生显著的负向影响。深圳居民关注社区两委换届选举越多，策划意愿越强。北京居民关注社区两委换届选举与策划意愿无影响关系。

在社区公共参与层面，参与社区志愿服务意愿、为社区发展贡献力量意愿、支持社区事务提议对社区归属感产生显著的正向影响。从参与社区志愿服务意愿上看，北京、深圳居民的参与社区志愿服务意愿越低，策划意愿越弱；反之，北京、深圳居民的参与社区志愿服务意愿越高，策划意愿越强。从为社区发展贡献力量意愿上看，北京、深圳居民的为社区发展贡献力量意愿越低，策划意愿越弱；反之，北京、深圳居民的为社区发展贡献力量意愿越高，策划意愿越强。从支持社区事务提议上看，北京、深圳居民支持社区事务提议越少，策划意愿越弱；反之，北京、深圳居民支持社区事务提议越多，策划意愿越强。

由此可知，居民的社区文化参与、社区政治参与、社区公共参与的比例越高，居民的策划意愿越强。可见，社区参与有助于增强居民的策划意愿。

表 4-29　社区参与对策划意愿的影响（有序 Logit 模型）

社区参与	北京	深圳
文化-参与文化娱乐活动	-0.877** (-4.611)	-0.986** (-5.787)
政治-关注社区两委换届选举	-0.051 (-1.163)	-0.283** (-3.553)
公共-参与社区志愿服务意愿	0.227** (3.217)	0.447** (5.310)
公共-为社区发展贡献力量意愿	0.326** (3.865)	0.549** (4.867)
公共-支持社区事务提议	0.498** (3.453)	0.641** (3.798)
公共-社区意见反馈对象	-0.286 (-1.451)	-0.490 (-1.773)

注：① ** $p<0.01$；②括号内为标准误。

B. 社区参与与组织文娱活动

问卷中，参与文娱活动身份主要包括组织者、活动参与者、受邀参与者、义工、其他。由于参与文娱活动身份超过两种，因此，需要使用多元 Logit 模型进行分析。多元 Logit 模型需选择基准组作为比较基准，参数的正负反映的是个人对备选方案与基准组之间的相对偏好，参数为正反映居民更愿意选择备选方案而非基准组。这里将组织者作为基准组，观察其他备选参与文娱活动身份与之的差异。北京、深圳两地被调查对象社区参与对参与文娱活动身份的影响如表 4-30 所示。

在社区公共参与层面，参与社区志愿服务意愿越低的深圳居民，越以组织者的身份参与到文娱活动中；反之，参与社区志愿服务意愿越高的深圳居民，越以受邀参与者的身份参与到文娱活动中。这可能是因为参与社区志愿服务意愿高的居民，在志愿活动中是参与者，参与意愿更强，而组织活动的意愿不强。

表 4-30　社区参与对参与文娱活动身份的影响（多元 Logit 模型）

社区参与	活动参与者	受邀参与者	义工	其他
北京				
政治-关注社区两委换届选举	-0.049 (-0.170)	-0.264 (-0.825)	0.229 (0.629)	0.397 (0.949)
公共-参与社区志愿服务意愿	-0.072 (-0.203)	0.154 (0.413)	-0.332 (-0.687)	-0.121 (-0.152)
公共-为社区发展贡献力量意愿	-0.186 (-0.483)	-0.174 (-0.413)	-0.930 (-1.518)	0.000 (0.000)
公共-支持社区事务提议	1.212 (1.155)	1.474 (1.365)	0.527 (0.417)	1.714 (1.112)
公共-社区意见反馈对象	-12.607 (-0.023)	-13.475 (-0.024)	4.558 (0.001)	2.853 (0.001)
深圳				
文化-参与文化娱乐活动	-0.211 (-0.195)	14.109 (0.011)	-0.938 (-0.789)	-4.234** (-2.746)
政治-关注社区两委换届选举	0.032 (0.156)	-0.097 (-0.332)	0.239 (0.931)	-0.037 (-0.073)
公共-参与社区志愿服务意愿	-0.279 (-1.085)	-0.996* (-2.279)	-0.465 (-1.372)	0.783 (1.412)
公共-为社区发展贡献力量意愿	0.271 (0.756)	-0.158 (-0.308)	-0.138 (-0.304)	1.596 (1.860)
公共-支持社区事务提议	-0.302 (-0.658)	-0.076 (-0.119)	-0.479 (-0.798)	1.510 (1.449)
公共-社区意见反馈对象	-0.855 (-0.807)	16.142 (0.005)	-0.938 (-0.789)	14.296 (0.004)

注：① *$p<0.05$，**$p<0.01$；②括号内为标准误。

②社区参与与社区自治情况

A. 社区参与与解决社区问题

a. 参与意愿

问卷中，因变量"参与意愿"是一个"会"或"不会"的二元定类变量。因此，需要使用二元 Logit 模型进行分析。北京、深圳两地被调查对象的社区参与对参与意愿的影响如表 4-31 所示。

在社区文化参与层面，北京、深圳被调查居民参与文化娱乐活动对参与意愿产生显著的正向影响。北京、深圳居民参与文化娱乐活动越多，参与解决社区问题意愿越强。

在社区政治参与层面，北京、深圳居民关注社区两委换届选举对参与意愿产生显著的正向影响。北京、深圳居民关注社区两委换届选举越多，参与解决社区问题意愿越强。

在社区公共参与层面，参与社区志愿服务意愿、为社区发展贡献力量意愿、支持社区事务提议对参与意愿产生显著的负向影响；社区意见反馈对象对参与意愿产生显著的正向影响。北京、深圳居民的参与社区志愿服务意愿越低，参与解决社区问题意愿越弱；反之，北京、深圳居民的参与社区志愿服务意愿越高，参与解决社区问题意愿越强。北京、深圳居民的为社区发展贡献力量意愿越低，参与解决社区问题意愿越弱；反之，北京、深圳居民的为社区发展贡献力量意愿越高，参与解决社区问题意愿越强。北京、深圳居民支持社区事务提议越少，参与解决社区问题意愿越弱；反之，北京、深圳居民支持社区事务提议越多，参与解决社区问题意愿越强。从社区意见反馈对象上看，社区意见反馈对象为社区组织的北京、深圳居民，参与解决社区问题意愿更强。

由此可知，居民的社区文化参与、社区政治参与、社区公共参与的比例越高，居民参与解决社区问题意愿越强。

表 4-31 社区参与对参与意愿的影响（二元 Logit 模型）

社区参与	北京	深圳
文化-参与文化娱乐活动	1.039 ** (3.528)	0.576 * (2.101)
政治-关注社区两委换届选举	0.374 ** (3.922)	0.592 ** (4.176)
公共-参与社区志愿服务意愿	-0.462 ** (-5.392)	-0.726 ** (-5.708)
公共-为社区发展贡献力量意愿	-0.536 ** (-4.240)	-0.928 ** (-5.402)

续表

社区参与	北京	深圳
公共-支持社区事务提议	-0.371* (-2.248)	-1.008** (-4.090)
公共-社区意见反馈对象	0.702** (3.196)	1.479** (4.298)

注：①* $p<0.05$，** $p<0.01$；②括号内为标准误。

b. 参与行为

问卷中，因变量"参与行为"是一个"曾经参与"或"没有参与"的二元定类变量。因此，需要使用二元 Logit 模型进行分析。北京、深圳被调查对象的社区参与对参与行为的影响如表 4-32 所示。

在社区文化参与层面，参与文化娱乐活动对参与行为产生显著的正向影响。北京、深圳居民参与文化娱乐活动越多，参与解决社区问题比例越大。

在社区政治参与层面，北京、深圳居民关注社区两委换届选举对参与行为产生显著的正向影响。北京、深圳居民关注社区两委换届选举越多，参与解决社区问题比例越大。

在社区公共参与层面，参与社区志愿服务意愿、为社区发展贡献力量意愿对参与行为产生显著的负向影响。北京社区意见反馈对象对参与行为产生显著的正向影响。从参与社区志愿服务意愿上看，北京、深圳居民的参与社区志愿服务意愿越低，参与解决社区问题比例越小；反之，北京、深圳居民的参与社区志愿服务意愿越高，参与解决社区问题比例越大。从为社区发展贡献力量意愿上看，北京、深圳居民的为社区发展贡献力量意愿越低，参与解决社区问题比例越小；反之，北京、深圳居民的为社区发展贡献力量意愿越高，参与解决社区问题比例越大。从社区意见反馈对象上看，社区意见反馈对象为社区组织的北京居民，参与解决社区问题比例更大。

由此可知，居民的社区文化参与、社区政治参与、社区公共参与的比例越大，居民实际参与解决社区问题的比例越大。

表 4-32　社区参与对参与行为的影响（二元 Logit 模型）

社区参与	北京	深圳
文化-参与文化娱乐活动	1.454** (6.346)	1.141** (5.689)

续表

社区参与	北京	深圳
政治-关注社区两委换届选举	0.629 ** (6.473)	0.472 ** (4.854)
公共-参与社区志愿服务意愿	-0.270 ** (-2.581)	-0.957 ** (-7.057)
公共-为社区发展贡献力量意愿	-0.863 ** (-5.647)	-1.126 ** (-6.697)
公共-支持社区事务提议	-0.416 (-1.929)	-0.342 (-1.589)
公共-社区意见反馈对象	0.801 * (2.377)	0.673 (1.585)

注：① * p<0.05, ** p<0.01；②括号内为标准误。

B. 社区参与与社区管理者

a. 社区居委会主任的承担者

问卷中，社区居委会主任的承担者主要包括本社区居民、非本社区居民、无所谓。由于社区居委会主任的承担者超过两种，因此，需要使用多元 Logit 模型进行分析。多元 Logit 模型需要选择一个基准组作为比较的基准，参数的正负反映的是个人对备选方案与基准组之间的相对偏好，参数为正反映居民更愿意选择备选方案而非基准组。这里将本社区居民作为基准组，观察其他备选社区居委会主任的承担者与之的差异。北京、深圳被调查对象的社区参与对社区居委会主任的承担者的影响如表4-33所示。

在社区政治参与层面，关注社区两委换届选举越多的深圳居民，越会选择本社区居民作为社区居委会主任的承担者。在社区公共参与层面，参与社区志愿服务意愿越低的深圳居民，认为社区居委会主任的承担者无所谓是谁的比例越大。支持社区事务提议越少的北京居民，认为社区居委会主任的承担者无所谓是谁的比例越大。支持社区事务提议越少的深圳居民，认为社区居委会主任的承担者是非本社区居民和无所谓的比例越大。社区意见反馈对象是社区组织的深圳居民，更会选择本社区居民作为社区居委会主任的承担者。

表 4-33　社区参与对社区居委会主任的承担者的影响（多元 Logit 模型）

社区参与	北京		深圳	
	非本社区居民	无所谓	非本社区居民	无所谓
文化-参与文化娱乐活动	0.133 (0.226)	-0.007 (-0.034)	0.056 (0.122)	-0.185 (-1.037)
政治-关注社区两委 换届选举	0.068 (1.114)	0.015 (0.330)	-0.084 (-0.379)	-0.423 ** (-4.679)
公共-参与社区志愿服务意愿	-0.156 (-0.657)	0.019 (0.373)	-0.047 (-0.193)	0.196 * (2.170)
公共-为社区发展贡献 力量意愿	-0.412 (-1.322)	-0.017 (-0.195)	0.107 (0.343)	0.172 (1.422)
公共-支持社区事务提议	0.822 (1.939)	0.356 * (2.282)	1.467 ** (3.319)	0.822 ** (4.315)
公共-社区意见反馈对象	0.451 (0.588)	-0.125 (-0.588)	-0.103 (-0.096)	-1.224 ** (-3.473)

注：① * $p<0.05$，** $p<0.01$；②括号内为标准误。

b. 社区管理的责任人

问卷中，社区管理的责任人主要包括政府、居委会、物业公司、居民自己发挥力量、其他。由于社区管理的责任人超过两种，因此，需要使用多元 Logit 模型进行分析。多元 Logit 模型需要选择一个基准组作为比较的基准，参数的正负反映的是个人对备选方案与基准组之间的相对偏好，参数为正反映居民更愿意选择备选方案而非基准组。这里将政府作为基准组，观察其他备选社区管理的责任人与之的差异。北京、深圳两地被调查对象的社区参与对社区管理的责任人的影响如表 4-34 所示。

在社区公共参与层面，社区意见反馈对象是社区组织的北京居民，认为社区管理的责任人是物业公司的比例更大。支持社区事务提议越少的深圳居民，认为社区管理需要居民自己发挥力量的比例越大。

表 4-34　社区参与对社区管理的责任人的影响（多元 Logit 模型）

社区参与	居委会	物业公司	居民自己发挥力量	其他
北京				
文化-参与文化娱乐活动	0.256 (0.820)	-0.543 (-1.537)	0.042 (0.109)	0.394 (0.925)
政治-关注社区两委 换届选举	-0.043 (-0.504)	-0.192 (-1.815)	0.049 (0.685)	0.027 (0.320)

续表

社区参与	居委会	物业公司	居民自己发挥力量	其他
公共-参与社区志愿服务意愿	0.105 （0.897）	0.159 （1.341）	0.016 （0.110）	0.001 （0.007）
公共-为社区发展贡献 力量意愿	0.081 （0.559）	0.265 （1.770）	−0.067 （−0.371）	−0.165 （−0.749）
公共-支持社区事务提议	−0.009 （−0.036）	0.342 （1.320）	0.208 （0.692）	0.245 （0.700）
公共-社区意见反馈对象	0.552 （1.759）	0.920** （2.623）	−0.033 （−0.090）	−0.353 （−0.853）
深圳				
文化-参与文化娱乐活动	0.147 （0.528）	−0.422 （−1.603）	−0.319 （−1.023）	0.427 （0.663）
政治-关注社区两委 换届选举	0.073 （0.542）	−0.120 （−0.956）	−0.126 （−0.844）	−0.219 （−0.675）
公共-参与社区志愿服务意愿	−0.048 （−0.331）	0.069 （0.514）	0.129 （0.828）	0.006 （0.018）
公共-为社区发展贡献 力量意愿	−0.125 （−0.636）	0.138 （0.770）	0.160 （0.760）	0.002 （0.005）
公共-支持社区事务提议	0.188 （0.617）	−0.031 （−0.106）	0.981** （3.070）	−0.493 （−0.604）
公共-社区意见反馈对象	−0.001 （−0.002）	0.257 （0.543）	−0.024 （−0.044）	15.457 （0.006）

注：① ** $p<0.01$；②括号内为标准误。

2. 社区信任对熟人社区建设的影响分析

（1）社区信任对邻里熟识的影响

①社区信任与邻里观念

问卷中，因变量"邻里观念"是一个从"非常赞同"、"比较赞同"、"一般"到"不太赞同"、"很不赞同"程度递减的有序变量。因此，需使用有序 Logit 模型进行分析。北京、深圳被调查居民的社区信任对邻里观念的影响如表 4-35 所示。

在居民间的信任层面，对邻居和社区其他居民的信任程度与邻里观念存在显著的正向影响关系。从对邻居信任状况上看，北京、深圳居民信任邻居程度越低，不赞同邻里观念的比例越高；反之，北京、深圳居民信任邻居程度越高，赞同邻里观念的比例越高。从对社区其他居民信任状况上看，深圳居民信任社区其他居民程度越低，不赞同邻里观念的比例越高；反之，深圳居民信任社区其他居民程度越高，赞同邻里观念的比例越高。可以看出，居民间的信任程度越高，赞同邻里观念比例越高。

在社区组织的信任层面，对保安人员的信任状况与邻里观念存在显著的负向影响关系。北京居民信任保安人员程度越低，赞同邻里观念的比例越高。

表 4-35　社区信任对邻里观念的影响（有序 Logit 模型）

社区信任		北京	深圳
居民间的信任	邻居	0.725** (7.195)	0.671** (5.841)
	社区其他居民	-0.008 (-0.725)	0.523** (5.150)
社区组织的信任	居委会工作人员	-0.005 (-1.077)	—
	社区服务站工作人员	0.002 (0.759)	—
	物业公司人员	-0.000 (-0.033)	—
	保安人员	-0.012* (-2.204)	—
	业主委员会成员	-0.000 (-0.005)	—

注：① $*p<0.05$，$**p<0.01$；②括号内为标准误。

②社区信任与邻里熟识

问卷中，因变量"邻里熟识"是一个从"非常不熟悉"、"不熟悉"、"一般"到"熟悉"、"非常熟悉"程度递增的有序变量。因此，需使用有序 Logit 模型进行分析。北京、深圳被调查居民的社区信任对邻里熟识的影响如表 4-36 所示。

在居民间的信任层面，对邻居和社区其他居民的信任程度与邻里熟识存在显著的负向影响关系。从对邻居信任状况上看，北京、深圳居民信任邻居程度越低，邻里熟识的比例越低；反之，北京、深圳居民信任邻居程度越高，邻里熟识的比例越高。从对社区其他居民信任状况上看，深圳居民信任社区其他居民程度越低，邻里熟识的比例越低；反之，深圳居民信任社区其他居民程度越高，邻里熟识的比例越高。可见，居民间的信任程度越高，邻里熟识的比例越高。

在社区组织的信任层面，深圳居民对社区组织的信任状况与邻里熟识存在显著的负向影响关系，即深圳居民对社区组织的信任程度越低，邻里熟识的比例越低；反之，深圳居民对社区组织的信任程度越高，邻里熟识的比例越高。北京居民对业主委员会成员的信任状况与邻里熟识存在显著的正向影响关系。北京居民信任业主委员会成员的程度越低，邻里熟识的比例越高，这可能是因为北京业主委员会成员缺乏群众基础。

表 4-36　社区信任对邻里熟识的影响（有序 Logit 模型）

社区信任		北京	深圳
居民间的信任	邻居	-0.810 ** (-8.084)	-1.155 ** (-9.700)
	社区其他居民	-0.007 (-0.627)	-0.833 ** (-8.158)
社区组织的信任	居委会工作人员	-0.007 (-1.614)	-0.762 ** (-5.173)
	社区服务站工作人员	-0.001 (-0.262)	-0.745 ** (-5.110)
	物业公司人员	0.003 (0.720)	-0.403 ** (-3.436)
	保安人员	0.010 (1.891)	-0.608 ** (-4.375)
	业主委员会成员	0.006 ** (2.625)	-0.762 ** (-4.253)

注：① ** $p<0.01$；②括号内为标准误。

（2）社区信任对守望相助的影响

①社区信任与互助认知

问卷中，因变量"互助认知"是一个从"没有"、"偶尔"、"一般"到"较多"、"很多"程度递增的有序变量。因此，需使用有序 Logit 模型进行分析。北京、深圳被调查居民的社区信任对互助认知的影响如表4-37所示。

在居民间的信任层面，对邻居和社区其他居民的信任程度与互助认知存在显著的负向影响关系。从对邻居信任状况上看，北京、深圳居民信任邻居程度越低，互助认知的比例越低；反之，北京、深圳居民信任邻居程度越高，互助认知的比例越高。从对社区其他居民信任状况上看，北京居民信任社区其他居民程度越低，互助认知的比例越低；反之，北京居民信任社区其他居民程度越高，互助认知的比例越高。可见，居民间的信任程度越高，互助认知的比例越高。

在社区组织的信任层面，深圳居民对物业公司人员的信任状况与互助认知存在显著的负向影响关系，即深圳居民对物业公司人员的信任程度越低，互助认知的比例越低；反之，深圳居民对物业公司人员的信任程度越高，互助认知的比例越高。而北京居民对保安人员的信任状况与互助认知存在显著的正向影响关系。北京居民信任保安人员程度越低，互助认知的比例越高。

表 4-37　社区信任对互助认知的影响（有序 Logit 模型）

社区信任		北京	深圳
居民间的信任	邻居	-0.503** (-5.221)	-0.862** (-3.170)
	社区其他居民	-0.025* (-2.180)	-0.254 (-0.965)
社区组织的信任	居委会工作人员	-0.007 (-1.567)	-0.224 (-0.707)
	社区服务站工作人员	-0.004 (-1.291)	-0.162 (-0.579)
	物业公司人员	-0.000 (-0.043)	-0.888** (-3.106)
	保安人员	0.012* (2.282)	0.230 (0.745)
	业主委员会成员	-0.001 (-0.307)	0.202 (0.614)

注：① * $p<0.05$，** $p<0.01$；②括号内为标准误。

②社区信任与互助行为

问卷中，因变量"互助行为"是一个从"是"、"偶尔"到"从来没有"程度递减的有序变量。因此，需使用有序 Logit 模型进行分析。北京、深圳被调查居民的社区信任对互助行为的影响如表 4-38 所示。

在居民间的信任层面，对邻居信任程度与互助行为存在显著的正向影响关系。北京、深圳居民信任邻居程度越低，互助行为的比例越低；反之，北京、深圳居民信任邻居程度越高，互助行为的比例越高。从对社区其他居民信任状况上看，深圳居民信任社区其他居民程度越低，互助行为的比例越低；反之，深圳居民信任社区其他居民程度越高，互助行为的比例越高。可见，居民间的信任程度越高，互助行为比例越高。

在社区组织的信任层面，深圳居民对社区组织的信任程度与"邻居帮助自己及家人"存在显著的正向影响关系。深圳居民信任社区组织的程度越低，"邻居帮助自己及家人"的比例越低；反之，深圳居民信任社区组织的程度越高，"邻居帮助自己及家人"的比例越高。深圳居民对居委会工作人员、社区服务站工作人员、保安人员和业主委员会成员的信任程度与"自己及家人帮助邻居"存在显著的正向影响关系，深圳居民信任居委会工作人员、社区服务站工作人员、保安人员和业主委员会成员的程度越高，"自己及家人帮助邻居"的比例越高。

北京居民对居委会工作人员的信任程度与"邻居帮助自己及家人"存在显著的正向影响关系。北京居民信任居委会工作人员的程度越低，邻居帮助自己及家人的比例越低；反之，北京居民信任居委会工作人员的程度越高，邻居帮助自己及家人的比例越高。而北京居民对保安人员、业主委员会成员的信任程度与"自己及家人帮助邻居"存在显著的负向影响关系。北京居民信任保安人员、业主委员会成员的程度越低，自己及家人帮助邻居的比例越高。

表 4-38 社区信任对互助行为的影响（有序 Logit 模型）

社区信任		邻居帮助自己及家人		自己及家人帮助邻居	
		北京	深圳	北京	深圳
居民间的信任	邻居	0.805 ** (7.213)	1.091 ** (8.810)	0.720 ** (6.885)	1.018 ** (8.396)
	社区其他居民	0.002 (0.184)	0.636 ** (6.250)	0.007 (0.591)	0.521 ** (5.212)
社区组织的信任	居委会工作人员	0.015 * (2.186)	0.584 ** (4.022)	0.003 (0.542)	0.459 ** (3.191)
	社区服务站工作人员	0.002 (0.468)	0.433 ** (3.054)	-0.001 (-0.443)	0.404 ** (2.840)
	物业公司人员	0.000 (0.108)	0.260 * (2.222)	-0.000 (-0.064)	0.213 (1.825)
	保安人员	-0.002 (-0.437)	0.469 ** (3.400)	-0.012 * (-2.327)	0.467 ** (3.377)
	业主委员会成员	-0.000 (-0.053)	0.515 ** (2.892)	-0.007 ** (-2.949)	0.403 * (2.276)

注：① * $p<0.05$，** $p<0.01$；②括号内为标准误。

③社区信任与邻里互助类型

A. 社区信任与行动照顾类互助

问卷中，因变量"行动照顾类互助"是一个从"是"、"偶尔"到"从来没有"程度递减的有序变量。因此，需使用有序 Logit 模型进行分析。北京、深圳被调查居民的社区信任对行动照顾类互助的影响如表 4-39 所示。

在居民间的信任层面，对邻居信任程度与行动照顾类互助存在显著的正向影响关系。北京、深圳居民信任邻居程度越低，行动照顾类互助的比例越低；反之，北京、深圳居民信任邻居程度越高，行动照顾类互助的比例越高。从对社区其他居民信任状况上看，深圳居民信任社区其他居民程度越低，行动照顾类互助的比例越低；反之，深圳居民信任社区其他居民程度越高，行动照顾类互助的比例越高。可见，居民间的信任程度越高，行动照顾类互助比例越高。

在社区组织的信任层面，深圳居民对居委会工作人员的信任程度与行动照顾类互助存在显著的正向影响关系。深圳居民信任居委会工作人员的程度越低，行动照顾类互助的比例越低；反之，深圳居民信任居委会工作人员的程度越高，行动照顾类互助的比例越高。深圳居民信任社区服务站工作人员和物业公司人员的程度越低，请邻居照顾患病自己的比例越低；反之，深圳居民信任社区服务站工作人员和物业公司人员的程度越高，请邻居照顾患病自己的比例越高。可见，社区信任程度越高，行动照顾类互助比例越高。

表 4-39　社区信任对行动照顾类互助的影响（有序 Logit 模型）

社区信任		请邻居看护患病孩子		请邻居照顾患病自己	
		北京	深圳	北京	深圳
居民间的信任	邻居	0.651 ** (4.135)	0.813 ** (5.757)	0.658 ** (3.505)	0.780 ** (5.072)
	社区其他居民	0.225 (1.609)	0.455 ** (3.873)	0.047 (0.394)	0.563 ** (4.286)
社区组织的信任	居委会工作人员	0.012 (1.056)	0.375 * (2.209)	0.007 (0.613)	0.623 ** (3.156)
	社区服务站工作人员	0.006 (1.071)	0.289 (1.743)	0.001 (0.126)	0.378 * (2.044)

续表

社区信任		请邻居看护患病孩子		请邻居照顾患病自己	
		北京	深圳	北京	深圳
社区组织的信任	物业公司人员	0.000 (0.001)	0.217 (1.538)	-0.001 (-0.131)	0.336* (2.081)
	保安人员	-0.000 (-0.052)	0.152 (0.943)	0.003 (0.241)	0.283 (1.576)
	业主委员会成员	-0.000 (-0.013)	-0.012 (-0.061)	0.009 (1.511)	0.143 (0.693)

注：① * $p<0.05$，** $p<0.01$；②括号内为标准误。

B. 社区信任与物质支援类互助

a. 向邻居借日常用品

问卷中，因变量"向邻居借日常用品"的选项有"能够"、"不能够"和"不适用"三个选项。本应该用多元 Logit 模型分析，但是"不能够"选项的占比较低（小于5%），无法用多元 Logit 模型分析。因此，将因变量的选项进行重新编码，"能够"编码为1，"不能够"（包含"不能够""不适用"）编码为0。这样因变量"向邻居借日常用品"就变为二元定类变量，使用二元 Logit 模型进行分析。北京、深圳两地被调查对象的社区信任对物质支援类互助（向邻居借日常用品）的影响如表4-40所示。

在居民间的信任层面，北京、深圳居民信任邻居的程度越低，向邻居借日常用品的比例越低；反之，北京、深圳居民信任邻居的程度越高，向邻居借日常用品的比例越高。深圳居民信任社区其他居民的程度越低，向邻居借日常用品的比例越低；反之，深圳居民信任社区其他居民的程度越高，向邻居借日常用品的比例越高。可见，居民间的信任程度越高，物质支援类互助比例越高。

表4-40　社区信任对物质支援类互助（向邻居借日常用品）的影响
（二元 Logit 模型）

社区信任		北京	深圳
居民间的信任	邻居	-0.483** (-4.387)	-0.509** (-3.747)
	社区其他居民	0.000 (0.004)	-0.270* (-2.268)

续表

社区信任		北京	深圳
社区组织的信任	居委会工作人员	-0.003 (-0.597)	0.027 (0.150)
	社区服务站工作人员	0.003 (0.886)	-0.156 (-0.900)
	物业公司人员	0.007 (1.570)	-0.067 (-0.468)
	保安人员	0.002 (0.309)	0.028 (0.168)
	业主委员会成员	0.005 (1.845)	0.075 (0.350)

注：① $^*p<0.05$，$^{**}p<0.01$；②括号内为标准误。

b. 急用钱求助方

问卷中，因变量"急用钱求助方"为多选题，主要包括亲属、朋友、邻居、居委会、同事、业委会、其他。将信任社区其他居民与急用钱求助方进行交叉分析，结果如表4-41所示。

对社区其他居民持"不信任"态度的深圳居民，急用钱求助方选择朋友的比例（90.00%），明显高于平均水平（58.33%）。对社区其他居民持"不太信任"态度的深圳居民，急用钱求助方选择选择朋友的比例（68.09%），明显高于平均水平（58.33%）。可见，对社区其他居民持不信任态度的深圳居民，急用钱求助方选择朋友的比例更大。

表4-41　信任社区其他居民对物质支援类互助（急用钱求助方）的影响

单位：人，%

选项	社区其他居民（深圳）					汇总 ($n=552$)
	十分信任 ($n=46$)	比较信任 ($n=204$)	一般 ($n=245$)	不太信任 ($n=47$)	不信任 ($n=10$)	
亲属	24 (52.17)	122 (59.80)	147 (60.00)	29 (61.70)	2 (20.00)	324 (58.70)
朋友	26 (56.52)	104 (50.98)	151 (61.63)	32 (68.09)	9 (90.00)	322 (58.33)
邻居	7 (15.22)	24 (11.76)	25 (10.20)	8 (17.02)	1 (10.00)	65 (11.78)

选项	社区其他居民（深圳）					汇总 （$n=552$）
	十分信任 （$n=46$）	比较信任 （$n=204$）	一般 （$n=245$）	不太信任 （$n=47$）	不信任 （$n=10$）	
居委会	0 （0）	2 （0.98）	2 （0.82）	0 （0）	0 （0）	4 （0.72）
同事	1 （2.17）	10 （4.90）	29 （11.84）	4 （8.51）	2 （20.00）	46 （8.33）
业委会	0 （0）	0 （0）	0 （0）	0 （0）	0 （0）	0 （0）
其他	11 （23.91）	24 （11.76）	20 （8.16）	0 （0）	1 （10.00）	56 （10.14）

卡方检验：$\chi^2=34.207$，$p=0.025$。

C. 社区信任与心理慰藉类互助

问卷中，家庭纠纷化解方主要包括亲戚、朋友、邻居、居委会、物业公司、业委会、社区党群服务中心（北京问卷无此选项）、其他。由于家庭纠纷化解方超过两种，因此，需要使用多元 Logit 模型进行分析。多元 Logit 模型需要选择一个基准组作为比较的基准，参数的正负反映的是个人对备选方案与基准组之间的相对偏好，参数为正反映居民更愿意选择备选方案而非基准组。这里将亲戚作为基准组，观察其他备选家庭纠纷化解方与之的差异。北京、深圳两地被调查对象的社区信任对心理慰藉类互助（家庭纠纷化解方）的影响如表 4-42 所示。

在居民间的信任层面，北京、深圳居民对社区其他居民信任程度越低，越会选择亲戚来化解家庭纠纷。在社区组织的信任层面，北京居民对社区服务站工作人员信任程度越低，越会选择朋友来化解家庭纠纷。北京居民对保安人员信任程度越低，越会选择亲戚来化解家庭纠纷。可见，居民的社区信任程度越低，选择亲戚和朋友化解家庭纠纷的比例越高。

表 4-42　社区信任对心理慰藉类互助（家庭纠纷化解方）的影响（多元 Logit 模型）

选项	朋友	邻居	居委会	物业公司	业委会	社区党群 服务中心	其他
北京							
邻居	-0.025 （-0.139）	-0.479 （-1.355）	-0.358 （-1.943）	-0.136 （-0.393）	0.964 （1.205）	—	-0.050 （-0.409）

续表

选项	朋友	邻居	居委会	物业公司	业委会	社区党群服务中心	其他
社区其他居民	-0.177 (-1.134)	-0.030 (-0.261)	-0.443** (-2.737)	-0.448 (-1.401)	-0.013 (-0.087)	—	-0.005 (-0.368)
居委会工作人员	-0.002 (-0.204)	-0.020 (-0.381)	-0.005 (-0.399)	0.014 (1.105)	-0.036 (-0.127)	—	0.012* (1.992)
社区服务站工作人员	0.012* (2.381)	-0.027 (-0.586)	0.007 (1.283)	0.004 (0.319)	-0.024 (-0.228)	—	0.008 (1.951)
物业公司人员	0.007 (1.285)	0.015 (1.697)	-0.013 (-1.113)	-0.453 (-1.452)	-0.006 (-0.126)	—	0.002 (0.408)
保安人员	0.010 (1.176)	0.015 (1.298)	0.005 (0.542)	-0.867* (-2.439)	-0.006 (-0.081)	—	0.001 (0.184)
业主委员会成员	0.006 (1.384)	0.011 (1.464)	-0.001 (-0.207)	0.003 (0.356)	-13.684 (-0.039)	—	0.009** (2.970)
深圳							
邻居	0.239 (1.371)	0.007 (0.022)	-0.050 (-0.248)	-0.421 (-1.399)	-0.421 (-0.413)	0.354 (1.502)	-0.196 (-1.224)
社区其他居民	0.165 (1.061)	-0.015 (-0.054)	0.102 (0.574)	-0.604* (-2.243)	-0.179 (-0.203)	0.183 (0.857)	-0.320* (-2.214)

注：① * $p<0.05$，** $p<0.01$；②括号内为标准误。

D. 社区信任与工具支持类互助

问卷中，红白喜事帮助者为多选题，包括亲属、朋友、邻居、居委会、物业公司、业主委员会、社区服务站、其他。将社区信任与红白喜事帮助者进行交叉分析，在此仅呈现有影响关系的选项，即亲属和朋友的交叉分析结果，如表4-43所示。

对邻居持"一般"信任态度的北京居民，家中红白喜事帮助者为朋友的比例（41.48%），明显高于平均水平（36.38%）。对业主委员会成员持"不信任"态度的深圳居民，家中红白喜事帮助者为亲属的比例（100.00%），明显高于平均水平（69.80%）。对业主委员会成员持"不信任"态度的深圳居民，家中红白喜事帮助者为朋友的比例（100.00%），明显高于平均水平（56.44%）。

表4-43 社区信任对工具支持类互助（红白喜事帮助者）的影响

单位：人，%

选项	邻居（北京）					汇总 (n=613)
	十分信任 (n=89)	比较信任 (n=273)	一般 (n=229)	不太信任 (n=17)	不信任 (n=5)	
亲属	58 (65.17)	183 (67.03)	156 (68.12)	12 (70.59)	1 (20.00)	410 (66.88)
朋友	28 (31.46)	92 (33.70)	95 (41.48)	7 (41.18)	1 (20.00)	223 (36.38)

卡方检验：$\chi^2 = 43.711$，$p = 0.030$

选项	业主委员会成员（深圳）					汇总 (n=202)
	十分信任 (n=31)	比较信任 (n=93)	一般 (n=73)	不太信任 (n=4)	不信任 (n=1)	
亲属	22 (70.97)	71 (76.34)	46 (63.01)	1 (25.00)	1 (100.00)	141 (69.80)
朋友	10 (32.26)	57 (61.29)	44 (60.27)	2 (50.00)	1 (100.00)	114 (56.44)

卡方检验：$\chi^2 = 49.569$，$p = 0.007$

E. 社区信任与信息分享类互助

问卷中，因变量"信息分享类互助"是一个从"非常愿意"、"比较愿意"、"一般"到"不太愿意"、"不愿意"程度递减的有序变量。因此，需使用有序Logit模型进行分析。北京、深圳被调查居民的社区信任对信息分享类互助（传递活动信息）的影响如表4-44所示。

在居民间的信任层面，对邻居信任程度与信息分享类互助存在显著的正向影响关系。北京、深圳居民信任邻居程度越低，信息分享类互助的比例越低；反之，北京、深圳居民信任邻居程度越高，信息分享类互助的比例越高。从对社区其他居民信任状况上看，深圳居民信任社区其他居民程度越低，信息分享类互助的比例越低；反之，深圳居民信任社区其他居民程度越高，信息分享类互助的比例越高。可见，居民间的信任程度越高，信息分享类互助比例越高。

在社区组织的信任层面，深圳居民对业主委员会成员的信任程度与信息分享类互助存在显著的正向影响关系。深圳居民信任业主委员会成员的程度越低，信息分享类互助的比例越低；反之，深圳居民信任业主委员会成员的程度越高，信息分享类互助的比例越高。而北京居民对社区组织的信任对信息分享类互助无影响。

表 4-44　社区信任对信息分享类互助（传递活动信息）的影响（有序 Logit 模型）

社区信息		北京	深圳
居民间的信任	邻居	0.553 ** (5.588)	0.805 ** (6.802)
	社区其他居民	0.007 (0.642)	0.788 ** (7.352)
社区组织的信任	居委会工作人员	−0.005 (−1.167)	—
	社区服务站工作人员	−0.006 (−1.816)	—
	物业公司人员	−0.003 (−0.820)	—
	保安人员	−0.007 (−1.311)	—
	业主委员会成员	−0.004 (−1.574)	0.729 ** (3.681)

注：① ** $p < 0.01$；②括号内为标准误。

④社区信任对社区认同的影响

A. 社区信任与社区归属感

问卷中，因变量"社区归属感"是一个从"很不赞同"、"较不赞同"、"一般"到"比较赞同"、"非常赞同"程度递增的有序变量。因此，需使用有序 Logit 模型进行分析。北京、深圳被调查居民的社区信任对社区归属感的影响如表 4-45 所示。

在居民间的信任层面，对邻居信任程度与社区归属感存在显著的负向影响关系。从对邻居信任状况上看，北京、深圳居民信任邻居程度越低，社区有家的感觉越弱，越舍得搬离社区；反之，北京、深圳居民信任邻居程度越高，社区有家的感觉越强，越不舍得搬离社区。从对社区其他居民信任状况上看，深圳居民信任社区其他居民程度越低，社区有家的感觉越弱，越舍得搬离社区；反之，深圳居民信任社区其他居民程度越高，社区有家的感觉越强，越不舍得搬离社区。可见，居民间的信任程度越高，社区归属感越强。

在社区组织的信任层面，深圳居民对社区组织的信任状况与社区归属感存在显著的负向影响关系，即深圳居民对社区组织的信任程度越低，社区有家的感觉越弱，越舍得搬离社区；反之，深圳居民对社区组织的信任程度越高，社区有家的感觉越强，越不舍得搬离社区。而北京居民对社区服务站工作人员、物业公司人员、业主委员会成员的信任状况与社区归属感存在显著的负向影响关系，即北京居民对社区服务站工作人员、物业公司人员的信任程度越高，社区有家的感觉越强，对业主委员会成员的信任程度越高，社区归属感越强。

表 4-45　社区信任对社区归属感的影响（有序 Logit 模型）

社区信任		社区有家的感觉		不舍得搬离社区	
		北京	深圳	北京	深圳
居民间的信任	邻居	-0.353 ** (-3.675)	-0.682 ** (-6.176)	-0.506 ** (-5.263)	-0.588 ** (-5.413)
	社区其他居民	-0.004 (-0.397)	-0.716 ** (-7.167)	-0.009 (-0.785)	-0.605 ** (-6.188)
社区组织的信任	居委会工作人员	-0.007 (-1.597)	-1.131 ** (-7.198)	-0.005 (-1.211)	-1.062 ** (-6.966)
	社区服务站工作人员	-0.008 * (-2.513)	-0.972 ** (-6.423)	-0.004 (-1.198)	-1.059 ** (-7.005)
	物业公司人员	-0.010 ** (-2.685)	-0.861 ** (-6.828)	-0.004 (-1.142)	-0.752 ** (-6.166)
	保安人员	-0.010 (-1.924)	-0.884 ** (-6.104)	0.002 (0.342)	-0.794 ** (-5.633)
	业主委员会成员	-0.006 * (-2.539)	—	-0.005 * (-2.184)	-0.984 ** (-5.192)

注：① * $p < 0.05$，** $p < 0.01$；②括号内为标准误。

B. 社区信任与社区自豪感

问卷中，因变量"社区自豪感"是一个从"很不赞同"、"较不赞同"、"一般"到"比较赞同"、"非常赞同"程度递增的有序变量。因此，需使用有序 Logit 模型进行分析。北京、深圳被调查居民的社区信任对社区自豪感的影响如表 4-46 所示。

在居民间的信任层面，对邻居信任程度与社区自豪感存在显著的负向影响关系。从对邻居信任状况上看，北京、深圳居民信任邻居程度越低，社区自豪感越弱；反之，北京、深圳居民信任邻居程度越高，社区自豪感越强。

在社区组织的信任层面，北京、深圳居民对社区组织的信任状况与社区自豪感存在显著的负向影响关系，即北京、深圳居民对社区组织的信任程度越低，社区自豪感越弱；反之，北京、深圳居民对社区组织的信任程度越高，社区自豪感越强。

表 4-46　社区信任对社区自豪感的影响（有序 Logit 模型）

社区信任		北京	深圳
居民间的信任	邻居	-0.413 ** （-4.283）	-0.925 * （-2.308）
	社区其他居民	-0.007 （-0.609）	-0.357 （-0.901）
社区组织的信任	居委会工作人员	-0.003 （-0.756）	-1.279 ** （-2.719）
	社区服务站工作人员	-0.008 ** （-2.603）	-1.164 ** （-7.571）
	物业公司人员	-0.010 ** （-2.734）	-0.892 ** （-7.050）
	保安人员	-0.015 ** （-2.720）	-0.788 * （-2.066）
	业主委员会成员	-0.006 * （-2.401）	—

注：① * $p<0.05$，** $p<0.01$；②括号内为标准误。

⑤社区信任对自主自治的影响

A. 社区信任与居民自主性

a. 社区信任与策划意愿

问卷中，因变量"策划意愿"是一个从"愿意"、"不愿意"到"无所谓"程度递减的有序变量。因此，需使用有序 Logit 模型进行分析。北京、深圳被调查居民的社区信任对策划意愿的影响如表 4-47 所示。

在居民间的信任层面，对邻居信任程度与策划意愿存在显著的正向影响关系。北京、深圳居民信任邻居程度越低，策划意愿越低；反之，北京、深圳居民信任邻居程度越高，策划意愿越高。

在社区组织的信任层面，深圳居民对居委会工作人员、社区服务站工作人员的信任程度与策划意愿存在显著的正向影响关系。深圳居民信任居委会工作人员、社区服务站工作人员的程度越低，策划意愿越低；反之，深圳居民信任居委会工作人员、社区服务站工作人员的程度越高，策划意愿越高。

表 4-47　社区信任对策划意愿的影响（有序 Logit 模型）

社区信任		北京	深圳
居民间的信任	邻居	0.252** (2.580)	0.236* (2.181)
	社区其他居民	0.004 (0.307)	0.098 (1.023)
社区组织的信任	居委会工作人员	0.001 (0.315)	0.279* (1.960)
	社区服务站工作人员	0.004 (1.462)	0.428** (2.984)
	物业公司人员	0.007 (1.916)	0.019 (0.166)
	保安人员	−0.002 (−0.323)	0.217 (1.587)
	业主委员会成员	0.001 (0.415)	0.193 (1.088)

注：① *$p<0.05$, **$p<0.01$；②括号内为标准误。

b. 社区信任与参与文娱活动身份

问卷中，参与文娱活动身份主要包括组织者、活动参与者、受邀参与者、义工、其他。由于参与文娱活动身份超过两种，因此，需要使用多元Logit 模型进行分析。多元 Logit 模型需要选择一个基准组作为比较的基准，参数的正负反映的是个人对备选方案与基准组之间的相对偏好，参数为正反映居民更愿意选择备选方案而非基准组。这里将组织者作为基准组，观察其他备选参与文娱活动身份与之的差异。北京、深圳被调查对象社区信任对参与文娱活动身份的影响如表 4-48 所示。

北京居民的社区信任对参与文娱活动身份无影响，下面分析深圳的情况。在居民间的信任层面，对社区其他居民信任程度越低的深圳居民，越会以组织者的身份参与到文娱活动中；反之，对社区其他居民信任程度越高的深圳居民，越会以活动参与者的身份参与到文娱活动中。

在社区组织的信任层面，对物业公司人员信任程度越低的深圳居民，越会以组织者的身份参与到文娱活动中；反之，对物业公司人员信任程度越高的深圳居民，越会以活动参与者的身份参与到文娱活动中。这可能是因为对社区其他居民和物业公司人员信任程度低的居民，更相信自己的能力，更愿意自己组织文化娱乐活动。

表 4-48　社区信任对参与文娱活动身份的影响（多元 Logit 模型）

社区信任		活动参与者	受邀参与者	义工	其他
北京					
居民间的信任	邻居	0.417 (0.952)	0.322 (0.680)	−0.112 (−0.198)	0.169 (0.176)
	社区其他居民	−0.235 (−0.595)	−0.303 (−0.701)	−0.388 (−0.760)	−0.885 (−0.947)
社区组织的信任	居委会工作人员	0.016 (0.230)	0.037 (0.518)	−0.455 (−1.082)	0.002 (0.015)
	社区服务站 工作人员	0.037 (0.479)	0.031 (0.404)	0.041 (0.533)	−1.293 (−1.188)
	物业公司人员	0.293 (0.816)	0.262 (0.727)	0.299 (0.832)	0.240 (0.501)
深圳					
居民间的信任	邻居	−0.096 (−0.312)	0.065 (0.151)	0.415 (1.068)	0.248 (0.325)
	社区其他居民	−0.564[*] (−2.152)	−0.625 (−1.709)	0.080 (0.249)	−0.515 (−0.809)
社区组织的信任	居委会工作人员	−0.030 (−0.070)	0.759 (1.175)	0.137 (0.244)	0.759 (0.707)
	社区服务站 工作人员	0.590 (1.270)	0.944 (1.426)	0.397 (0.665)	2.223 (1.899)
	物业公司人员	−0.898[*] (−2.238)	−0.400 (−0.686)	−0.325 (−0.614)	−0.130 (−0.161)
	保安人员	−0.001 (−0.003)	0.530 (0.855)	0.607 (1.089)	0.454 (0.520)
	业主委员会成员	−0.413 (−0.806)	0.632 (0.868)	−0.103 (−0.160)	1.246 (1.103)

注：① [*] $p<0.05$；②括号内为标准误。

B. 社区信任与社区自治

a. 社区信任与解决社区问题

问卷中，因变量"参与意愿"是一个"会"或"不会"的二元定类变量。因此，需要使用二元 Logit 模型进行分析。北京、深圳被调查对象的社区信任对参与意愿的影响如表 4-49 所示。

在居民间的信任层面，对邻居信任程度与参与意愿存在显著的负向影响关系。北京、深圳居民信任邻居程度越低，参与解决社区问题意愿越低；反之，北京、深圳居民信任邻居程度越高，参与解决社区问题意愿越高。深圳居民对社区其他居民信任程度越低，参与解决社区问题意愿越低；反之，深圳居民对社区其他居民信任程度越高，参与解决社区问题意愿越高。

在社区组织的信任层面，深圳居民对社区服务站工作人员和物业公司人员的信任程度与参与意愿存在显著的负向影响关系。深圳居民信任社区服务站工作人员和物业公司人员程度越低，参与解决社区问题意愿越低；反之，深圳居民信任社区服务站工作人员和物业公司人员程度越高，参与解决社区问题意愿越高。可见，居民间的信任和社区组织的信任程度越高，参与解决社区问题意愿越高。

表 4-49　社区信任对参与意愿的影响（二元 Logit 模型）

社区信任		北京	深圳
居民间的信任	邻居	-0.235^{*} (-2.033)	-0.639^{**} (-3.759)
	社区其他居民	0.137 (1.272)	-0.644^{**} (-4.183)
社区组织的信任	居委会工作人员	0.007 (1.027)	-0.256 (-0.972)
	社区服务站工作人员	0.007 (1.564)	-0.767^{**} (-2.733)
	物业公司人员	0.010 (1.699)	-0.396^{*} (-1.986)
	保安人员	0.009 (1.100)	-0.483 (-1.920)
	业主委员会成员	0.003 (1.115)	-0.287 (-0.729)

注：① $^{*} p<0.05$，$^{**} p<0.01$；②括号内为标准误。

问卷中，因变量"参与行为"是一个"曾经参与"或"没有参与"的二元定类变量。因此，需要使用二元 Logit 模型进行分析。北京、深圳两地被调查对象的社区信任对参与行为的影响如表 4-50 所示。

在居民间的信任层面，北京居民对邻居信任程度与参与行为存在显著的负向影响关系。北京居民信任邻居程度越低，参与解决社区问题的比例越低；反之，北京居民信任邻居程度越高，参与解决社区问题的比例越高。深圳居民对社区其他居民信任程度与参与行为存在显著的负向影响关系。深圳居民对社区其他居民信任程度越低，参与解决社区问题的比例越低；反之，深圳居民对社区其他居民信任程度越高，参与解决社区问题的比例越高。

在社区组织的信任层面，深圳居民对居委会工作人员、社区服务站工作人员、业主委员会成员的信任程度与参与行为存在显著的负向影响关系。深圳居民信任居委会工作人员、社区服务站工作人员和业主委员会成员程度越低，参与解决社区问题的比例越低；反之，深圳居民信任居委会工作人员、社区服务站工作人员和业主委员会成员程度越高，参与解决社区问题的比例越高。可见，居民间的信任和社区组织的信任程度越高，参与解决社区问题的比例越高。

表 4-50　社区信任对参与行为的影响（二元 Logit 模型）

社区信任		北京	深圳
居民间的信任	邻居	-0.574** (-4.005)	-0.252 (-1.867)
	社区其他居民	0.007 (0.514)	-0.290* (-2.409)
社区组织的信任	居委会工作人员	-0.017 (-1.383)	-0.383* (-2.128)
	社区服务站工作人员	-0.009 (-1.605)	-0.412* (-2.348)
	物业公司人员	-0.000 (-0.059)	-0.233 (-1.553)
	保安人员	0.008 (1.292)	-0.242 (-1.423)
	业主委员会成员	-0.006 (-1.496)	-0.585** (-2.682)

注：① * $p<0.05$，** $p<0.01$；②括号内为标准误。

b. 社区信任与社区管理者

问卷中，社区居委会主任的承担者主要包括本社区居民、非本社区居民、无所谓。由于社区居委会主任的承担者超过两种，因此，需要使用多元 Logit 模型进行分析。多元 Logit 模型需选择基准组作为比较基准，参数的正负反映的是个人对备选方案与基准组的相对偏好，参数为正反映居民更愿意选择备选方案而非基准组。这里将本社区居民作为基准组，观察其他备选社区居委会主任的承担者与之的差异。北京、深圳两地被调查对象的社区信任对社区居委会主任的承担者的影响如表 4-51 所示。

北京居民间的信任和社区组织的信任对社区居委会主任的承担者无影响。为此，分析深圳的情况。在居民间的信任层面，居民间的信任程度越低的深圳居民，认为社区居委会主任的承担者是非本社区居民和无所谓的比例越大，即居民间的信任程度低的社区居民，并不希望社区居委会主任的承担者是本社区居民。可见，居民间的信任状况会影响社区自治的状况。

表 4-51　社区信任对社区居委会主任的承担者的影响（多元 Logit 模型）

社区信任		北京		深圳	
		非本社区居民	无所谓	非本社区居民	无所谓
居民间的信任	邻居	0.063 (0.197)	0.187 (1.775)	0.719 * (2.446)	0.319 ** (2.633)
	社区其他居民	−0.040 (−0.183)	0.011 (0.822)	0.638 * (2.407)	0.221 * (2.067)
社区组织的信任	居委会工作人员	−0.020 (−0.490)	0.005 (0.910)	0.134 (0.162)	0.124 (0.803)
	社区服务站工作人员	−0.036 (−0.760)	−0.002 (−0.562)	0.524 (0.589)	−0.017 (−0.112)
	物业公司人员	0.009 (1.116)	−0.007 (−1.669)	0.333 (0.500)	0.005 (0.041)
	保安人员	0.008 (0.685)	−0.012 (−1.686)	0.077 (0.090)	−0.058 (−0.388)
	业主委员会成员	−0.008 (−0.760)	0.001 (0.270)	—	−0.091 (−0.467)

注：① * $p<0.05$, ** $p<0.01$；②括号内为标准误。

问卷中，社区管理的责任人主要包括政府、居委会、物业公司、居民自己发挥力量、其他。由于社区管理的责任人超过两种，因此，需要使用多元 Logit 模型进行分析。多元 Logit 模型需选择基准组作为比较基准，参数的正负反映的是个人对备选方案与基准组的相对偏好，参数为正反映居民更愿意选择备选方案而非基准组。这里将政府作为基准组，观察其他备选社区管理的责任人与之的差异。北京、深圳两地被调查对象的社区信任对社区管理的责任人的影响如表 4-52 所示。

在居民间的信任层面，对社区其他居民信任程度越低的北京居民，认为社区管理的责任人是政府的比例越大。对邻居信任程度越高的深圳居民，认为社区管理的责任人是居委会和居民自己的比例越大。对社区其他居民信任程度越高的深圳居民，认为社区管理的责任人是居委会的比例越大。可见，提升居民间的信任水平，有利于增强居民社区自治意愿。

表 4-52　社区信任对社区管理的责任人的影响（多元 Logit 模型）

社区信任		居委会	物业公司	居民自己发挥力量	其他
北京					
居民间的信任	邻居	-0.264 (-1.570)	0.159 (0.910)	0.108 (0.534)	0.260 (1.096)
	社区其他居民	-0.249* (-2.029)	0.048 (0.553)	-0.048 (-0.304)	0.055 (0.631)
社区组织的信任	居委会工作人员	-0.012 (-1.568)	-0.000 (-0.069)	-0.008 (-0.835)	-0.010 (-0.787)
	社区服务站人员	0.007 (1.044)	0.012 (1.742)	0.006 (0.710)	0.010 (1.184)
	物业公司人员	0.015 (1.392)	0.016 (1.462)	0.017 (1.473)	0.014 (1.056)
	保安人员	0.010 (0.937)	0.003 (0.207)	0.001 (0.045)	0.006 (0.386)
	业主委员会成员	-0.001 (-0.342)	0.004 (0.992)	0.001 (0.147)	0.011* (2.121)
深圳					
居民间的信任	邻居	0.503** (2.587)	0.026 (0.143)	0.482* (2.271)	-0.198 (-0.430)
	社区其他居民	0.415* (2.418)	-0.042 (-0.266)	0.354 (1.891)	-0.136 (-0.325)

续表

社区信任		居委会	物业公司	居民自己发挥力量	其他
社区组织的信任	居委会工作人员	−0.015 (−0.054)	−0.020 (−0.085)	0.286 (0.931)	0.102 (0.198)
	社区服务站 工作人员	0.125 (0.449)	0.127 (0.531)	0.208 (0.717)	0.105 (0.213)
	物业公司人员	0.097 (0.411)	0.080 (0.391)	0.206 (0.847)	−0.185 (−0.421)
	保安人员	−0.069 (−0.254)	0.045 (0.193)	0.103 (0.363)	−0.822 (−1.638)
	业主委员会成员	0.210 (0.637)	0.037 (0.128)	0.595 (1.585)	0.027 (0.041)

注：① $^*p<0.05$，$^{**}p<0.01$；②括号内为标准误。

3. 社区网络对熟人社区建设的影响分析

（1）社区网络对邻里熟识的影响

①社区网络与邻里观念

问卷中，因变量"邻里观念"是一个从"非常赞同"、"比较赞同"、"一般"到"不太赞同"、"很不赞同"程度递减的有序变量。因此，需使用有序 Logit 模型进行分析。北京、深圳被调查对象的社区网络对邻里观念的影响如表 4-53 所示。

在北京和深圳，居民的社区网络状况大多数对邻里观念产生显著的负向影响。从居民见面打招呼情况来看，北京和深圳居民与邻居见面打招呼的比例越高，赞同邻里观念的比例越高。从居民保存手机号的情况来看，北京和深圳居民保存邻居手机号的比例越高，赞同邻里观念的比例越高。从登门去拜访的情况来看，深圳居民登门拜访邻居的比例越高，赞同邻里观念的比例越高。可见，社区网络状况越好，赞同邻里观念的比例越高。

表 4-53 社区网络对邻里观念的影响（有序 Logit 模型）

社区网络	北京	深圳
见面打招呼	−0.338** (−6.007)	−0.336** (−5.201)
保存手机号	−0.167** (−2.831)	−0.213** (−3.914)

续表

社区网络	北京	深圳
登门去拜访	-0.081 （-1.103）	-0.262** （-3.633）

注：① ** $p<0.01$；②括号内为标准误。

②社区网络与邻里熟识

问卷中，因变量"邻里熟识"是一个从"非常不熟悉"、"不熟悉"、"一般"到"熟悉"、"非常熟悉"程度递增的有序变量，因此，需使用有序 Logit 模型进行分析。北京、深圳被调查对象的社区网络对邻里熟识的影响如表4-54所示。

在北京和深圳，居民的社区网络状况均对邻里熟识产生显著的正向影响。北京和深圳居民与邻居见面打招呼的比例越高，邻里熟识的比例越高。北京和深圳居民保存邻居手机号的比例越高，邻里熟识的比例越高。北京和深圳居民登门拜访邻居的比例越高，邻里熟识的比例越高。可见，社区网络状况越好，邻里熟识度越高。

表 4-54　社区网络对邻里熟识的影响（有序 Logit 模型）

社区网络	北京	深圳
见面打招呼	0.970** （14.346）	1.211** （14.387）
保存手机号	0.610** （9.695）	0.598** （10.179）
登门去拜访	0.699** （8.959）	0.798** （10.313）

注：① ** $p<0.01$；②括号内为标准误。

（2）社区网络对守望相助的影响

①社区网络与互助认知

问卷中，因变量"互助认知"是一个从"没有"、"偶尔"、"一般"到"较多"、"很多"程度递增的有序变量。因此，需使用有序 Logit 模型进行分析。北京、深圳两地被调查居民的社区网络对互助认知的影响如表4-55所示。

在北京和深圳，居民的社区网络状况均对互助认知产生显著的正向影响。北京和深圳居民与邻居见面打招呼的比例越高，互助认知的比例越高。北京和深圳居民保存邻居手机号的比例越高，互助认知的比例越高。北京和深圳居民登门拜访邻居的比例越高，互助认知的比例越高。由此可知，社区网络状况越好，认为本社区的居民之间相互帮助的比例越高。

表 4-55　社区网络对互助认知的影响（有序 Logit 模型）

社区网络	北京	深圳
见面打招呼	0.554 ** (9.617)	0.803 ** (11.363)
保存手机号	0.488 ** (7.960)	0.623 ** (10.556)
登门去拜访	0.690 ** (8.836)	0.889 ** (11.247)

注：① ** $p < 0.01$；②括号内为标准误。

②社区网络与互助行为

问卷中，因变量"互助行为"是一个从"是"、"偶尔"到"从来没有"程度递减的有序变量。因此，需使用有序 Logit 模型进行分析。北京、深圳被调查居民的社区网络对互助行为的影响如表 4-56 所示。

在北京和深圳，居民的社区网络状况均对互助行为产生显著的负向影响。北京和深圳居民与邻居见面打招呼的比例越高，互助行为的比例越高。北京和深圳居民保存邻居手机号的比例越高，互助行为的比例越高。北京和深圳居民登门拜访邻居的比例越高，互助行为的比例越高。可见，良好的社区网络状况，有助于促进邻里互助。

表 4-56　社区网络对互助行为的影响（有序 Logit 模型）

社区网络	邻居帮助自己及家人		自己及家人帮助邻居	
	北京	深圳	北京	深圳
见面打招呼	−0.191 ** (−3.428)	−0.469 ** (−7.297)	−0.294 ** (−5.370)	−0.498 ** (−7.605)
保存手机号	−0.437 ** (−7.008)	−0.411 ** (−7.428)	−0.451 ** (−7.293)	−0.460 ** (−8.093)
登门去拜访	−0.595 ** (−7.485)	−0.690 ** (−8.923)	−0.706 ** (−8.561)	−0.664 ** (−8.575)

注：① ** $p < 0.01$；②括号内为标准误。

③社区网络与邻里互助类型

A. 社区网络与行动照顾类互助

问卷中，因变量"行动照顾类互助"是一个从"是"、"偶尔"到"从来没有"程度递减的有序变量，因此，需使用有序 Logit 模型进行分析。北京、深圳两地被调查居民的社区网络对行动照顾类互助的影响如表 4-57 所示。

在北京和深圳，居民的社区网络状况均对行动照顾类互助产生显著的负向影响。居民与邻居见面打招呼的比例越高，行动照顾类互助的比例越高。居民保存邻居手机号的比例越高，行动照顾类互助的比例越高。居民登门拜访邻居的比例越高，行动照顾类互助的比例越高。

表 4-57　社区网络对行动照顾类互助的影响（有序 Logit 模型）

社区网络	请邻居看护患病孩子		请邻居照顾患病自己	
	北京	深圳	北京	深圳
见面打招呼	-0.173 * (-2.242)	-0.286 ** (-4.067)	-0.284 ** (-3.208)	-0.349 ** (-4.536)
保存手机号	-0.436 ** (-5.600)	-0.261 ** (-4.338)	-0.388 ** (-4.312)	-0.282 ** (-4.297)
登门去拜访	-0.536 ** (-5.667)	-0.344 ** (-4.549)	-0.509 ** (-4.791)	-0.255 ** (-3.143)

注：① * $p<0.05$, ** $p<0.01$；②括号内为标准误。

B. 社区网络与物质支援类互助

a. 向邻居借日常用品

问卷中，因变量"向邻居借日常用品"的选项有"能够"、"不能够"和"不适用"三个选项，本应该用多元 Logit 模型分析，但是"不能够"选项的占比较低（小于5%），无法用多元 Logit 模型进行分析。因此，将因变量的选项进行重新编码，"能够"编码为1，"不能够"（包含"不能够""不适用"）编码为0。这样因变量"向邻居借日常用品"就变为二元定类变量，使用二元 Logit 模型进行分析。北京、深圳被调查对象的社区网络对物质支援类互助（向邻居借日常用品）的影响如表 4-58 所示。

在北京和深圳，居民的社区网络状况均对向邻居借日常用品产生显著的正向影响。居民与邻居见面打招呼的比例越高，向邻居借日常用品的比例越高。居民保存邻居手机号的比例越高，向邻居借日常用品的比例越高。居民登门拜访邻居的比例越高，向邻居借日常用品的比例越高。

表 4-58　社区网络对物质支援类互助（向邻居借日常用品）的影响

（二元 Logit 模型）

社区网络	北京	深圳
见面打招呼	0.329 ** （5.010）	0.290 ** （3.579）
保存手机号	0.364 ** （4.893）	0.296 ** （4.126）
登门去拜访	0.429 ** （4.517）	0.500 ** （4.683）

注：① ** $p<0.01$；②括号内为标准误。

b. 急用钱求助方

问卷中，急用钱求助方为多选题，主要包括 8 种。将登门拜访人数与急用钱求助方进行交叉分析，结果如表 4-59 所示。北京居民登门拜访邻居人数对急用钱求助方产生显著影响。登门拜访人数在"11~20 人"的居民选择亲属的比例（63.64%），明显高于平均水平（52.60%）。

表 4-59　急用钱求助方与登门拜访人数交叉分析（北京）

单位：人，%

选项	登门拜访人数						汇总 （$n=616$）
	0 人 （$n=218$）	5 人及以下 （$n=284$）	6~10 人 （$n=69$）	11~20 人 （$n=22$）	21~30 人 （$n=14$）	31 人及以上 （$n=9$）	
亲属	106 （48.82）	161 （56.69）	34 （49.28）	14 （63.64）	7 （50.00）	2 （22.22）	324 （52.60）
朋友	89 （40.82）	130 （45.77）	29 （42.03）	9 （40.91）	5 （35.71）	4 （44.44）	266 （43.18）
邻居	17 （7.80）	19 （6.69）	12 （17.39）	6 （27.27）	0 （0）	2 （22.22）	56 （9.09）
居委会	4 （1.83）	1 （0.35）	0 （0）	1 （4.55）	0 （0）	0 （0）	6 （0.97）
同事	2 （0.92）	17 （5.99）	7 （10.14）	3 （13.64）	3 （21.43）	1 （11.11）	33 （5.36）
业委会	2 （0.92）	1 （0.35）	1 （1.45）	0 （0）	0 （0）	0 （0）	4 （0.65）

续表

选项	登门拜访人数						汇总 （$n=616$）
	0人 （$n=218$）	5人及以下 （$n=284$）	6~10人 （$n=69$）	11~20人 （$n=22$）	21~30人 （$n=14$）	31人及以上 （$n=9$）	
银行	22 （10.09）	25 （8.80）	3 （4.35）	2 （9.09）	3 （21.43）	0 （0）	55 （8.93）
其他	25 （11.48）	27 （9.51）	9 （13.04）	0 （0）	1 （7.14）	1 （11.11）	63 （10.23）

卡方检验：$\chi^2=69.112$，$p=0.005$。

深圳居民见面打招呼人数对急用钱求助方产生显著影响，如表4-60所示。见面打招呼人数在"0人"的居民选择亲属的比例（83.33%），明显高于平均水平（58.92%）。见面打招呼人数在"10人及以下"的居民选择朋友的比例（68.14%），明显高于平均水平（58.02%）。见面打招呼人数在"41~60人"的居民选择邻居的比例（18.37%），明显高于平均水平（11.71%）。在深圳，见面打招呼人数越少的居民，急用钱求助方为亲属和朋友的越多；见面打招呼人数越多的居民，急用钱求助方为邻居的越多。可见，深圳社区网络状况越好的居民，越倾向于居民间的物质支持，而北京社区网络状况对居民间的物质支持影响不大。

表4-60　急用钱求助方与见面打招呼人数交叉分析（深圳）

单位：人，%

选项	见面打招呼人数						汇总 （$n=555$）
	0人 （$n=6$）	10人及以下 （$n=113$）	11~20人 （$n=177$）	21~40人 （$n=134$）	41~60人 （$n=49$）	61人及以上 （$n=76$）	
亲属	5 （83.33）	63 （55.75）	104 （58.76）	80 （59.70）	28 （57.14）	47 （61.84）	327 （58.92）
朋友	2 （33.33）	77 （68.14）	111 （62.71）	71 （52.99）	27 （55.10）	34 （44.74）	322 （58.02）
邻居	0 （0）	5 （4.42）	22 （12.43）	21 （15.67）	9 （18.37）	8 （10.53）	65 （11.71）
居委会	0 （0）	1 （0.88）	1 （0.56）	1 （0.75）	0 （0）	1 （1.32）	4 （0.72）
同事	0 （0）	13 （11.50）	20 （11.30）	8 （5.97）	2 （4.08）	3 （3.95）	46 （8.29）
业委会	0 （0）	0 （0）	0 （0）	0 （0）	0 （0）	0 （0）	0 （0）

选项	见面打招呼人数						汇总 (n = 555)
	0 人 (n = 6)	10 人及以下 (n = 113)	11~20 人 (n = 177)	21~40 人 (n = 134)	41~60 人 (n = 49)	61 人及以上 (n = 76)	
其他	0 (0)	7 (6.19)	11 (6.21)	17 (12.69)	6 (12.24)	15 (19.74)	56 (10.09)

卡方检验：$\chi^2 = 38.618$，$p = 0.040$。

C. 社区网络与心理慰藉类互助

问卷中，家庭纠纷化解方主要包括亲戚、朋友、邻居、居委会、物业公司、业委会、社区党群服务中心（北京问卷无此选项）、其他。由于家庭纠纷化解方超过两种，因此，需要使用多元 Logit 模型进行分析。多元 Logit 模型需选择基准组作为比较基准，参数的正负反映的是个人对备选方案与基准组之间的相对偏好，参数为正反映居民更愿意选择备选方案而非基准组。这里将亲戚作为基准组，观察其他备选家庭纠纷化解方与之的差异。北京、深圳被调查对象的社区网络对心理慰藉类互助（家庭纠纷化解方）的影响如表 4-61 所示。

北京居民与邻居见面打招呼的比例越高，越倾向于选择邻居、居委会、物业公司来化解家庭纠纷，而深圳居民更倾向于选择朋友和物业公司来化解家庭纠纷。北京居民保存邻居手机号的比例越高，越倾向于选择邻居来化解家庭纠纷，而深圳居民更倾向于选择朋友来化解家庭纠纷。深圳居民登门拜访邻居的比例越高，越倾向于选择朋友来化解家庭纠纷。

表 4-61　社区网络对心理慰藉类互助（家庭纠纷化解方）的
影响（多元 Logit 模型）

社区网络	朋友	邻居	居委会	物业公司	业委会	社区党群服务中心	其他
北京							
见面打招呼	0.030 (0.268)	0.606** (3.457)	0.346** (3.436)	0.582** (3.422)	-0.103 (-0.161)	—	0.312** (4.244)
保存手机号	0.052 (0.468)	0.410* (2.290)	0.139 (1.291)	0.251 (1.366)	0.438 (1.022)	—	0.082 (1.074)
登门去拜访	-0.005 (-0.040)	0.380 (1.892)	0.063 (0.470)	0.172 (0.738)	0.397 (0.775)	—	-0.002 (-0.023)

续表

社区网络	朋友	邻居	居委会	物业公司	业委会	社区党群服务中心	其他
				深圳			
见面打招呼	0.251* (2.520)	0.175 (1.027)	0.035 (0.299)	0.349* (2.210)	-0.272 (-0.417)	0.184 (1.343)	0.251** (2.784)
保存手机号	0.215** (2.579)	0.133 (0.930)	0.003 (0.029)	-0.061 (-0.418)	-0.490 (-0.759)	0.205 (1.807)	-0.014 (-0.182)
登门去拜访	0.223* (2.106)	0.125 (0.675)	0.106 (0.852)	-0.118 (-0.586)	0.014 (0.022)	0.062 (0.407)	0.008 (0.076)

注：① * $p<0.05$，** $p<0.01$；②括号内为标准误。

D. 社区网络与工具支持类互助

问卷中，红白喜事帮助者为多题，主要包括亲属、朋友、邻居、居委会、物业公司、业委会、社区服务站、其他。红白喜事帮助者与见面打招呼人数进行交叉分析，结果如表4-62所示。

在北京，居民家中红白喜事帮助者与见面打招呼人数存在显著相关关系。见面打招呼人数为"0人"，家中红白喜事帮助者选择亲属的比例（85.00%），以及见面打招呼人数在"10人及以下"，选择亲属的比例（73.68%），均明显高于平均水平（66.78%）。见面打招呼人数在"21~40人"选择朋友的比例（42.25%），以及见面打招呼人数在"11~20人"选择朋友的比例（41.84%），均明显高于平均水平（36.17%）。见面打招呼人数在"21~40人"选择邻居的比例（18.31%），以及见面打招呼人数在"61人及以上"选择邻居的比例（18.18%），均明显高于平均水平（10.15%）。可见，见面打招呼人数越少的居民，家中红白喜事帮助者为亲属和朋友的越多；而见面打招呼人数越多的居民，家中红白喜事帮助者为邻居的越多。

表4-62　红白喜事帮助者与见面打招呼人数交叉分析（北京）

单位：人，%

选项	见面打招呼人数						汇总 ($n=611$)
	0人 ($n=40$)	10人及以下 ($n=266$)	11~20人 ($n=141$)	21~40人 ($n=71$)	41~60人 ($n=27$)	61人及以上 ($n=66$)	
亲属	34 (85.00)	196 (73.68)	91 (64.54)	46 (64.79)	11 (40.74)	30 (45.45)	408 (66.78)

续表

选项	见面打招呼人数						汇总 (n=611)
	0 人 (n=40)	10 人及以下 (n=266)	11~20 人 (n=141)	21~40 人 (n=71)	41~60 人 (n=27)	61 人及以上 (n=66)	
朋友	16 (40.00)	95 (35.71)	59 (41.84)	30 (42.25)	7 (25.93)	14 (21.21)	221 (36.17)
邻居	1 (2.50)	15 (5.64)	19 (13.48)	13 (18.31)	2 (7.41)	12 (18.18)	62 (10.15)
居委会	0 (0)	7 (2.63)	3 (2.13)	0 (0)	1 (3.70)	3 (4.55)	14 (2.29)
物业公司	0 (0)	4 (1.50)	5 (3.55)	1 (1.41)	0 (0)	0 (0)	10 (1.64)
业委会	0 (0)	1 (0.38)	1 (0.71)	1 (1.41)	0 (0)	0 (0)	3 (0.49)
社区服务站	0 (0)	2 (0.75)	1 (0.71)	0 (0)	0 (0)	0 (0)	3 (0.49)
其他	2 (5.00)	35 (13.16)	23 (16.31)	14 (19.72)	8 (29.63)	23 (34.85)	105 (17.18)

卡方检验：$\chi^2 = 70.020$，$p = 0.000$。

在深圳，居民家中红白喜事帮助者与保存手机号人数存在显著相关关系。居民保存手机号人数为"0 人"，选择亲属的比例（74.26%），明显高于平均水平（66.67%）。居民保存手机号人数在"5 人及以下"，选择亲属的比例（74.84%），明显高于平均水平（66.67%）。居民保存手机号人数在"21~30 人"，选择朋友的比例（65.12%），明显高于平均水平（54.59%）。居民保存手机号人数在"11~20 人"，选择朋友的比例（62.92%），明显高于平均水平（54.59%）。居民保存手机号人数在"21~30 人"，选择邻居的比例（34.88%），明显高于平均水平（22.88%），如表 4-63 所示。可见，保存手机号人数越少的居民，家中红白喜事帮助者为亲属和朋友的越多；而保存手机号人数越多的居民，家中红白喜事帮助者为邻居的越多。

由北京、深圳居民间的工具支持类互助与社区网络的交叉分析可知，居民的社区网络状况越好，越有利于获得工具支持类互助。

表4-63　红白喜事帮助者与保存手机号人数交叉分析（深圳）

单位：人，%

选项	保存手机号人数						汇总 ($n=555$)
	0人 ($n=101$)	5人及以下 ($n=159$)	6~10人 ($n=112$)	11~20人 ($n=89$)	21~30人 ($n=43$)	31人及以上 ($n=51$)	
亲属	75 (74.26)	119 (74.84)	66 (58.93)	64 (71.91)	16 (37.21)	30 (58.82)	370 (66.67)
朋友	49 (48.52)	87 (54.72)	59 (52.68)	56 (62.92)	28 (65.12)	24 (47.06)	303 (54.59)
邻居	26 (25.74)	31 (19.50)	23 (20.54)	20 (22.47)	15 (34.88)	12 (23.53)	127 (22.88)
居委会	3 (2.97)	6 (3.77)	4 (3.57)	1 (1.12)	2 (4.65)	3 (5.88)	19 (3.42)
物业公司	3 (2.97)	2 (1.26)	4 (3.57)	3 (3.37)	0 (0)	2 (3.92)	14 (2.52)
业委会	0 (0)	1 (0.63)	1 (0.89)	0 (0.00)	0 (0)	0 (0)	2 (0.36)
社区党群 服务中心	2 (1.98)	2 (1.26)	5 (4.46)	3 (3.37)	3 (6.98)	2 (3.92)	17 (3.06)
其他	7 (6.93)	17 (10.69)	15 (13.39)	4 (4.49)	4 (9.30)	5 (9.80)	52 (9.37)

卡方检验：$X^2=82.278$，$p=0.000$。

E. 社区网络与信息分享类互助

问卷中，因变量"信息分享类互助"是一个从"非常愿意"、"比较愿意"、"一般"到"不太愿意"、"不愿意"程度递减的有序变量。因此，需使用有序 Logit 模型进行分析。北京、深圳被调查对象的社区网络对信息分享类互助（传递活动信息）的影响如表4-64所示。

在北京和深圳，居民见面打招呼均对信息分享类互助产生显著的负向影响。与邻居见面打招呼的比例越高，与邻里分享信息的比例越高。在北京，保存邻居手机号的比例越高，与邻里分享信息的比例越高。在深圳，居民登门拜访邻居的比例越高，与邻里分享信息的比例越高。

表 4-64　社区网络对信息分享类互助（传递活动信息）的影响（有序 Logit 模型）

社区网络	北京	深圳
见面打招呼	-0.340 ** (-6.042)	-0.232 ** (-3.633)
保存手机号	-0.204 ** (-3.417)	-0.104 (-1.930)
登门去拜访	-0.127 (-1.715)	-0.153 * (-2.146)

注：① * $p<0.05$，** $p<0.01$；②括号内为标准误。

（3）社区网络对社区认同的影响

①社区网络与社区归属感

问卷中，因变量"社区归属感"是一个从"很不赞同"、"较不赞同"、"一般"到"比较赞同"、"非常赞同"程度递增的有序变量。因此，需使用有序 Logit 模型进行分析。北京、深圳两地被调查对象的社区网络对社区归属感的影响如表 4-65 所示。

在北京和深圳，居民见面打招呼均对社区归属感产生显著的正向影响。北京和深圳居民与邻居见面打招呼的比例越高，社区归属感越强。深圳居民保存邻居手机号的比例越高，社区归属感越强。深圳居民登门拜访邻居的比例越高，社区归属感越强。北京居民登门拜访邻居的比例越高，越不舍得搬离社区。

表 4-65　社区网络对社区归属感的影响（有序 Logit 模型）

社区网络	社区有家的感觉		不舍得搬离社区	
	北京	深圳	北京	深圳
见面打招呼	0.212 ** (3.958)	0.402 ** (6.418)	0.184 ** (3.489)	0.456 ** (7.216)
保存手机号	0.093 (1.602)	0.163 ** (3.146)	0.069 (1.204)	0.228 ** (4.376)
登门去拜访	0.083 (1.154)	0.295 ** (4.288)	0.158 * (2.202)	0.307 ** (4.473)

注：① * $p<0.05$，** $p<0.01$；②括号内为标准误。

②社区网络与社区自豪感

问卷中，因变量"社区自豪感"是一个从"很不赞同"、"较不赞同"、"一般"到"比较赞同"、"非常赞同"程度递增的有序变量。因此，需使用有序 Logit 模型进行分析。北京、深圳被调查对象的社区网络对社区自豪感的影响如表 4-66 所示。

在北京和深圳，居民见面打招呼均对社区自豪感产生显著的正向影响。居民与邻居见面打招呼的比例越高，社区自豪感越强。深圳居民保存邻居手机号的比例越高，社区自豪感越强。深圳居民登门拜访邻居的比例越高，社区自豪感越强。

表 4-66　社区网络对社区自豪感的影响（有序 Logit 模型）

社区网络	北京	深圳
见面打招呼	0.202** (3.802)	0.410** (6.578)
保存手机号	0.082 (1.422)	0.247** (4.727)
登门去拜访	0.077 (1.075)	0.351** (5.076)

注：① ** $p<0.01$；②括号内为标准误。

（4）社区网络对自主自治的影响

①社区网络与社区居民自主性

A. 社区网络与策划意愿

问卷中，因变量"策划意愿"是一个从"愿意"、"不愿意"到"无所谓"程度递减的有序变量。因此，需使用有序 Logit 模型进行分析。北京、深圳被调查对象的社区网络对策划意愿的影响如表 4-67 所示。

北京被调查居民的社区网络对策划意愿产生显著的负向影响。北京居民与邻居见面打招呼的比例越高，策划意愿越高。北京居民保存邻居手机号的比例越高，策划意愿越高。北京居民登门拜访邻居的比例越高，策划意愿越高。

表 4-67　社区网络对策划意愿的影响（有序 Logit 模型）

社区网络	北京	深圳
见面打招呼	-0.293** (-5.256)	-0.074 (-1.406)
保存手机号	-0.260** (-4.286)	-0.074 (-1.406)

社区网络	北京	深圳
登门去拜访	-0.267** (-3.541)	-0.065 (-0.949)

注：① ** p<0.01；②括号内为标准误。

B. 社区网络与参与文娱活动身份

问卷中，参与文娱活动身份主要包括组织者、活动参与者、受邀参与者、义工、其他。由于参与文娱活动身份超过两种，因此，需要使用多元 Logit 模型进行分析。多元 Logit 模型需要选择一个基准组作为比较的基准，参数的正负反映的是个人对备选方案与基准组之间的相对偏好，参数为正反映居民更愿意选择备选方案而非基准组。这里将组织者作为基准组，观察其他备选参与文娱活动身份与之的差异。北京、深圳被调查对象的社区网络对参与文娱活动身份的影响如表 4-68 所示。

深圳居民社区网络与参与文娱活动身份无影响关系。下面分析北京居民社区网络对参与文娱活动身份的影响。北京居民与邻居见面打招呼的比例越高，越会以组织者的身份参与到文娱活动中。北京居民保存邻居手机号的比例越高，越会以组织者的身份参与到文娱活动中。北京居民登门拜访邻居的比例越高，越会以组织者的身份参与到文娱活动中。可见，北京居民社区网络情况越好，居民以组织者的身份参与到文娱活动中的比例越高，即良好的社区网络情况，有助于发挥居民的自主性。

表 4-68　社区网络对参与文娱活动身份的影响（多元 Logit 模型）

社区网络	活动参与者	受邀参与者	义工	其他
北京				
见面打招呼	-0.789** (-2.748)	-0.637* (-2.110)	-0.267 (-0.774)	-0.789 (-1.396)
保存手机号	-0.664** (-2.914)	-0.350 (-1.479)	-0.066 (-0.244)	-1.632 (-1.575)
登门去拜访	-0.619** (-2.595)	-0.347 (-1.384)	-0.302 (-1.007)	-1.472 (-1.340)
深圳				
见面打招呼	0.196 (1.205)	-0.073 (-0.315)	0.032 (0.157)	-0.686 (-1.287)

续表

社区网络	活动参与者	受邀参与者	义工	其他
保存手机号	−0.239 (−1.610)	−0.091 (−0.440)	0.015 (0.082)	−0.536 (−1.297)
登门去拜访	−0.175 (−1.028)	0.158 (0.704)	−0.035 (−0.164)	−1.242 (−1.671)

注：① $^*p<0.05$，$^{**}p<0.01$；②括号内为标准误。

②社区网络与社区自治情况

A. 社区网络与解决社区问题

a. 参与意愿

问卷中，因变量"参与意愿"是一个"会"或"不会"的二元定类变量，使用二元 Logit 模型进行分析。北京、深圳被调查对象的社区网络对参与意愿的影响如表 4-69 所示。

深圳居民社区网络与参与意愿无影响关系。下面分析北京居民社区网络对参与意愿的影响。北京居民与邻居见面打招呼的比例越高，参与解决社区问题意愿越强。北京居民保存邻居手机号的比例越高，参与解决社区问题意愿越强。北京居民登门拜访邻居的比例越高，参与解决社区问题意愿越强。可见，北京居民社区网络情况越好，参与解决社区问题意愿越强。

表 4-69　社区网络对参与意愿的影响（二元 Logit 模型）

社区网络	北京	深圳
见面打招呼	0.339** (5.454)	0.198 (1.950)
保存手机号	0.380** (5.559)	0.124 (1.448)
登门去拜访	0.380** (4.491)	0.198 (1.671)

注：① $^{**}p<0.01$；②括号内为标准误。

b. 参与行为

问卷中，因变量"参与行为"是一个"曾经参与"或"没有参与"的二元定类变量，使用二元 Logit 模型进行分析。北京、深圳被调查对象的社区网络对参与行为的影响如表 4-70 所示。

在北京和深圳，居民的社区网络状况均对参与行为产生显著的正向影响。北京和深圳居民与邻居见面打招呼的比例越高，参与解决社区问题的比例越高。居民保存邻居手机号的比例越高，参与解决社区问题的比例越高。居民登门拜访邻居的比例越高，参与解决社区问题的比例越高。由此可知，社区网络状况越好，参与解决社区问题的情况越好。

表 4-70　社区网络对参与行为的影响（二元 Logit 模型）

社区网络	北京	深圳
见面打招呼	0.469 ** (6.587)	0.419 ** (5.544)
保存手机号	0.573 ** (7.386)	0.481 ** (7.151)
登门去拜访	0.645 ** (6.681)	0.535 ** (6.336)

注：① ** $p<0.01$；②括号内为标准误。

B. 社区网络与社区管理的责任人

问卷中，社区管理的责任人主要包括政府、居委会、物业公司、居民自己发挥力量、其他。由于社区管理的责任人超过两种，因此，需要使用多元 Logit 模型进行分析。多元 Logit 模型需要选择一个基准组作为比较的基准，参数的正负反映的是个人对备选方案与基准组之间的相对偏好，参数为正反映居民更愿意选择备选方案而非基准组。这里将政府作为基准组，观察其他备选社区管理的责任人与之的差异。北京、深圳被调查对象的社区网络对社区管理的责任人的影响如表 4-71 所示。

深圳居民社区网络与社区管理的责任人无影响关系，下面分析北京的情况。北京居民与邻居见面打招呼的比例越高、保存邻居手机号的比例越高、登门拜访邻居的比例越高，认为社区管理的责任人是政府的比例越高。

表 4-71　社区网络对社区管理的责任人的影响（多元 Logit 模型）

社区网络	居委会	物业公司	居民自己发挥力量	其他
北京				
见面打招呼	-0.126 (-1.493)	-0.449 ** (-4.528)	-0.290 ** (-2.611)	-0.089 (-0.727)

社区网络	居委会	物业公司	居民自己发挥力量	其他
保存手机号	-0.161 (-1.723)	-0.276** (-2.692)	-0.127 (-1.115)	-0.001 (-0.009)
登门去拜访	-0.108 (-0.930)	-0.307* (-2.344)	-0.051 (-0.361)	-0.112 (-0.651)
深圳				
见面打招呼	-0.146 (-1.360)	0.030 (0.309)	-0.196 (-1.637)	0.370 (1.560)
保存手机号	0.091 (1.011)	-0.044 (-0.515)	-0.107 (-1.048)	0.016 (0.075)
登门去拜访	-0.091 (-0.792)	-0.051 (-0.484)	-0.247 (-1.827)	-0.096 (-0.349)

注：①* $p<0.05$，** $p<0.01$；②括号内为标准误。

4. 社区规范对熟人社区建设的影响分析

（1）社区规范对邻里熟识的影响

①社区规范与邻里观念

问卷中，因变量"邻里观念"是一个从"非常赞同"、"比较赞同"、"一般"到"不太赞同"、"很不赞同"程度递减的有序变量。因此，需使用有序 Logit 模型进行分析。北京、深圳被调查对象认为需要建立社区公约对邻里观念的影响如表4-72所示。

在深圳，居民认为需要建立社区公约对邻里观念产生显著的负向影响，即认为建立社区公约的必要性越强，赞同邻里观念的比例越高。

表4-72　社区规范对邻里观念的影响（有序 Logit 模型）

社区规范	北京	深圳
需要建立社区公约	-0.278 (-1.659)	-0.727** (-3.509)

注：①** $p<0.01$；②括号内为标准误。

②社区规范与邻里熟识

问卷中，因变量"邻里熟识"是一个从"非常不熟悉"、"不熟悉"、"一般"到"熟悉"、"非常熟悉"程度递增的有序变量。因此，需使用有序 Logit 模型进行分析。北京、深圳被调查对象认为需要建立社区公约对邻里熟识的影响如表 4-73 所示。

在深圳，居民认为需要建立社区公约对邻里熟识产生显著的正向影响，即认为建立社区公约的必要性越强，邻里熟识的比例越高。

表 4-73 社区规范对邻里熟识的影响（有序 Logit 模型）

社区规范	北京	深圳
需要建立社区公约	0.263 （1.591）	0.634[**] （3.174）

注：① [**] $p < 0.01$；②括号内为标准误。

（2）社区规范对守望相助的影响

①社区规范与互助认知

问卷中，因变量"互助认知"是一个从"没有"、"偶尔"、"一般"到"较多"、"很多"程度递增的有序变量。因此，需使用有序 Logit 模型进行分析。北京、深圳被调查对象认为需要建立社区公约对互助认知的影响如表 4-74 所示。

在北京和深圳，居民认为需要建立社区公约对互助认知均产生显著的正向影响，即认为建立社区公约的必要性越强，互助认知的比例越高。

表 4-74 社区规范对互助认知的影响（有序 Logit 模型）

社区规范	北京	深圳
需要建立社区公约	0.636[**] （3.828）	0.648[**] （3.220）

注：① [**] $p < 0.01$；②括号内为标准误。

②社区规范与互助行为

问卷中，因变量"互助行为"是一个从"是"、"偶尔"到"从来没有"程度递减的有序变量。因此，需使用有序 Logit 模型进行分析。北京、深圳被调查对象认为需要建立社区公约对互助行为的影响如表 4-75 所示。

在北京和深圳，居民认为需要建立社区公约对互助行为产生显著的负向影响，即认为建立社区公约的必要性越强，邻居帮助自己及家人的北京居民比例越高，自己及家人帮助邻居的深圳居民比例越高。

表 4-75　社区规范对互助行为的影响（有序 Logit 模型）

社区规范	邻居帮助自己及家人		自己及家人帮助邻居	
	北京	深圳	北京	深圳
需要建立社区公约	-0.484**	-0.306	-0.336	-0.538**
	(-2.625)	(-1.520)	(-1.959)	(-2.647)

注：①** $p < 0.01$；②括号内为标准误。

③社区规范与邻里互助类型

A. 社区规范与物质支援类互助

问卷中，因变量"向邻居借日用品"的选项有"能够"、"不能够"和"不适用"三个选项，本应用多元 Logit 模型分析，但"不能够"选项的占比较低（小于 5%），无法用多元 Logit 模型分析。因此，将因变量的选项进行重新编码，"能够"编码为 1，"不能够"（包含"不能够""不适用"）编码为 0。这样因变量"向邻居借日常用品"就变为二元定类变量，使用二元 Logit 模型分析。北京、深圳被调查对象认为需要建立社区公约对物质支援类互助（向邻居借日常用品）的影响如表 4-76 所示。

在北京和深圳，需要建立社区公约对向邻居借日用品产生显著的正向影响，即认为建立社区公约的必要性越强，向邻居借日常用品的比例越高。可见，建立社区公约，有助于促进邻里互助。

表 4-76　社区规范对物质支援类互助（向邻居借日用品）的影响（二元 Logit 模型）

社区规范	北京	深圳
需要建立社区公约	0.443*	1.025**
	(2.422)	(4.522)

注：①* $p < 0.05$，** $p < 0.01$；②括号内为标准误。

B. 社区规范与心理慰藉类互助

问卷中，家庭纠纷化解方主要包括 8 种：亲戚、朋友、邻居、居委会、物业公司、业委会、社区党群服务中心（北京问卷无此选项）、其他。由于家庭纠纷化解方超过两种，因此，需要使用多元 Logit 模型进行分析。多元 Logit 模型需选择一个基准组作为比较基准，参数的正负反映的是个人对备选方案与基准组间的相对偏好，参数为正反映居民更愿意选择备选方案而非基准组。这里将亲戚作为基准组，观察其他备选家庭纠纷化解方与之的差异。北京、深圳被调查对象认为需要建立社区公约对心理慰藉类互助

（家庭纠纷化解方）的影响如表 4-77 所示。

在深圳，居民认为需要建立社区公约的必要性越强，越会选择亲戚和社区党群服务中心作为家庭纠纷化解方。可见，在深圳，社区党群服务中心已对社区居民开展了心理慰藉类互助。

表 4-77　社区规范对心理慰藉类互助（家庭纠纷化解方）的影响（多元 Logit 模型）

社区规范	朋友	邻居	居委会	物业公司	业委会	社区党群服务中心	其他
	北京						
需要建立社区公约	-0.042 (-0.139)	-0.245 (-0.432)	0.120 (0.378)	0.073 (0.122)	-0.938 (-0.660)	—	0.166 (0.770)
	深圳						
	-0.056 (-0.174)	-1.153* (-2.495)	-0.398 (-1.166)	0.622 (0.967)	16.607 (0.003)	1.502* (2.001)	0.159 (0.532)

注：① * $p < 0.05$；②括号内为标准误。

C. 社区规范与信息分享类互助

问卷中，因变量"信息分享类互助"是一个从"非常愿意"、"比较愿意"、"一般"到"不太愿意"、"不愿意"程度递减的有序变量。因此，需使用有序 Logit 模型进行分析。北京、深圳被调查对象认为需要建立社区公约对信息分享类互助（传递活动信息）的影响如表 4-78 所示。

北京、深圳被调查对象认为需要建立社区公约对信息分享类互助均产生显著的负向影响，即认为建立社区公约的必要性越强的北京和深圳居民，与邻里进行信息分享的比例越高。

表 4-78　社区规范对信息分享类互助（传递活动信息）的影响（有序 Logit 模型）

社区规范	北京	深圳
需要建立社区公约	-0.753** (-4.422)	-1.074** (-5.157)

注：① ** $p < 0.01$；②括号内为标准误。

（3）社区规范与社区归属感

问卷中，因变量"社区归属感"是一个从"很不赞同"、"较不赞同"、"一般"到"比较赞同"、"非常赞同"程度递增的有序变量。因此，需使用有序 Logit 模型进行分析。北京、深圳被调查对象认为需要建立社区公约对社区归属感的影响如表 4-79 所示。

在深圳，被调查对象认为需要建立社区公约对社区归属感产生显著的正向影响，即认为建立社区公约的必要性越强的深圳居民，认为"社区有家的感觉"的比例越高。

表 4-79　社区规范对社区归属感的影响（有序 Logit 模型）

社区规范	社区有家的感觉		不舍得搬离社区	
	北京	深圳	北京	深圳
需要建立社区公约	0.220 (1.331)	0.456* (2.311)	0.150 (0.915)	0.037 (0.187)

注：① $p < 0.05$；②括号内为标准误。

（4）社区规范对自主自治的影响

①社区规范与社区居民自主性

在调查中，通过询问被调查居民是否愿意策划组织社区文娱活动来测量社区居民自主性。因变量"策划意愿"是一个从"愿意"、"不愿意"到"无所谓"程度递减的有序变量，因此，需使用有序 Logit 模型进行分析。北京、深圳两地被调查对象认为需要建立社区公约对策划意愿的影响如表 4-80 所示。

在北京，需要建立社区公约对策划意愿产生显著的负向影响，即认为建立社区公约的必要性越强的北京居民，策划和组织社区文娱活动的意愿越高。

表 4-80　社区规范对策划意愿的影响（有序 Logit 模型）

社区规范	北京	深圳
需要建立社区公约	-0.686** (-3.966)	-0.389 (-1.958)

注：① $p < 0.01$；②括号内为标准误。

②社区规范与社区自治情况

A. 社区规范与解决社区问题

在调查中，询问了被调查居民参与解决社区问题的意愿以及过去一年中，曾与社区其他居民一起解决过社区公共问题，即居民的参与意愿与参与行为。因变量"参与意愿"是一个"会"或"不会"的二元定类变量，使用二元 Logit 模型分析。北京、深圳被调查对象认为需要建立社区公约对参与意愿的影响如表 4-81 所示。

在北京和深圳，需要建立社区公约对参与意愿产生显著的负向影响，即认为建立社区公约必要性越强的居民，参与解决社区问题的意愿越低。

表 4-81　社区规范对参与意愿的影响（二元 Logit 模型）

社区规范	北京	深圳
需要建立社区公约	-1.326** (-6.823)	-1.608** (-6.060)

注：①** $p<0.01$；②括号内为标准误。

因变量"参与行为"是一个"曾经参与"或"没有参与"的二元定类变量，使用二元 Logit 模型分析。北京、深圳被调查对象认为需要建立社区公约对参与行为的影响如表 4-82 所示。

在北京和深圳，需要建立社区公约对参与行为产生显著的负向影响，即认为建立社区公约必要性越强的居民，参与解决社区问题的比例越低。可能社区居民更希望通过制定社区公约来规范和约束居民行为，所以参与解决社区问题的比例较低。

表 4-82　社区规范对参与行为的影响（二元 Logit 模型）

社区规范	北京	深圳
需要建立社区公约	-0.820** (-2.915)	-0.825** (-2.841)

注：①** $p<0.01$；②括号内为标准误。

B. 社区规范与社区居委会主任的承担者

问卷中，社区居委会主任的承担者主要包括本社区居民、非本社区居民、无所谓。由于社区居委会主任的承担者超过两种，因此，需要使用多元 Logit 模型进行分析。多元 Logit 模型需选择基准组作为比较基准，参数的正负反映的是个人对备选方案与基准组之间的相对偏好，参数为正反映了居民更愿意选择备选方案而非基准组。这里将本社区居民作为基准组，观察其他备选社区居委会主任的承担者与之的差异。北京、深圳被调查对象认为需要建立社区公约对社区居委会主任的承担者的影响如表 4-83 所示。

在北京和深圳，居民认为需要建立社区公约的必要性越强，认为社区居委会主任的承担者是本社区居民的比例越大。可见，社区规范的建立有助于增强居民的社区自治意识。

表 4-83　社区规范对社区居委会主任的承担者的影响（多元 Logit 模型）

社区规范	北京		深圳	
	非本社区居民	无所谓	非本社区居民	无所谓
需要建立社区公约	-0.060 （-0.102）	-0.519** （-2.825）	-0.932 （-1.820）	-0.794** （-3.526）

注：① ** $p<0.01$；②括号内为标准误。

（三）小结

根据以上数据分析，北京和深圳两个超大城市的社区社会资本对熟人社区建设的影响如下。

1. 社区参与对熟人社区建设的影响

第一，在邻里熟识方面。在北京和深圳，居民参与文化娱乐活动、关注社区两委换届选举、支持社区事务提议越多，参与社区志愿服务意愿、为社区发展贡献力量意愿越强，赞同邻里观念的比例越高。在北京，社区意见反馈对象为社区组织的居民，赞同邻里观念的比例更高。居民参与文化娱乐活动、关注社区两委换届选举、支持社区事务提议越多，参与社区志愿服务意愿、为社区发展贡献力量意愿越强，邻里熟识的比例越高。

第二，在守望相助方面。在北京和深圳，居民参与文化娱乐活动、关注社区两委换届选举、支持社区事务提议越多，参与社区志愿服务意愿、为社区发展贡献力量意愿越强，认为社区居民之间相互帮助比例越高。在深圳，居民支持社区事务提议越多，互助认知的比例越高。在北京，社区意见反馈对象为社区组织的居民，互助认知的比例更高。居民参与文化娱乐活动、关注社区两委换届选举越多，参与社区志愿服务意愿、为社区发展贡献力量意愿越强，互助行为的比例越高。在深圳，居民支持社区事务提议越多，互助行为的比例越高。

在行动照顾类互助方面，在北京和深圳，居民参与文化娱乐活动越多，行动照顾类互助行为的比例越高。在北京，参与社区志愿服务意愿、为社区发展贡献力量意愿越强，行动照顾类互助行为的比例越高。在深圳，居民关注社区两委换届选举越多，请邻居照顾患病自己的比例越高。

参与社区志愿服务意愿、为社区发展贡献力量意愿越强，支持社区事务提议越多，请邻居看护患病孩子的比例越高。

在物质支援类互助方面，在深圳，居民参与文化娱乐活动越多、为社区发展贡献力量意愿越强、支持社区事务提议越多，向邻居借日常用品的比例越高。

在心理慰藉类互助方面，在北京，参与文化娱乐活动越多的居民，越会选择邻居、居委会来化解家庭纠纷。在深圳，参与文化娱乐活动越多的居民，越会选择朋友、居委会、社区党群服务中心来化解家庭纠纷。关注社区两委换届选举越多、为社区发展贡献力量意愿越高、支持社区事务提议越多的居民，越会选择社区党群服务中心来化解家庭纠纷。为社区发展贡献力量意愿越低、支持社区事务提议越少的深圳居民，越会选择亲戚来化解家庭纠纷。

在工具支持类互助方面，在北京，不参与文化娱乐活动的居民，家中红白喜事帮助者为亲属的比例较大；而参与文化娱乐活动的居民，红白喜事帮助者为朋友、邻居的比例较大。对社区两委换届选举关注度一般的居民，红白喜事帮助者为亲属的比例较大；对社区两委换届选举关注度较高的居民，红白喜事帮助者为邻居的比例较大。居民参与社区志愿服务意愿一般的居民，红白喜事帮助者为亲属的比例较大；居民参与社区志愿服务意愿较高的居民，红白喜事帮助者为邻居的比例较大。

在信息分享类互助方面，在北京和深圳，参与社区志愿服务意愿以及为社区发展贡献力量意愿越高，支持社区事务提议越多，社区意见反馈对象为社区组织的居民，信息分享的比例越高。在北京，居民参与文化娱乐活动越多，信息分享类互助的比例越高。在深圳，居民关注社区两委换届选举越多，信息分享类互助的比例越高。

第三，在社区认同方面。在北京和深圳，居民参与文化娱乐活动越多，社区归属感和社区自豪感越强。参与社区志愿服务意愿越高、为社区发展贡献力量意愿越高、支持社区事务提议越多，社区归属感和社区自豪感越强。在北京，关注社区两委换届选举越多，越不舍得搬离社区。社区意见反馈对象为社区组织的居民，社区归属感和社区自豪感更强。在深圳，居民关注社区两委换届选举越多，社区归属感和社区自豪感越强。

第四，在自主自治方面。在北京和深圳，居民参与文化娱乐活动越多，策划意愿越强。参与社区志愿服务意愿越高、为社区发展贡献力量意愿越高、支持社区事务提议越多，策划意愿越强，参与解决社区问题比例越大。关注社区两委换届选举越多，参与解决社区问题比例越大。支持社区事务提议越少的居民，认为社区居委会主任的承担者无所谓是谁的比例越大。在深圳，居民关注社区两委换届选举越多，策划意愿越强；参与文化娱乐活动越多，参与解决社区问题比例越大，越会选择本社区居民作为社区居委会主任的承担者；参与社区志愿服务意愿越低的居民，认为社区居委会主任的承担者无所谓是谁的比例越大；支持社区事务提议越少的居民，认为社区居委会主任的承担者是非本社区居民和无所谓的比例越大，社区管理需要居民自己发挥力量的比例也越大；社区意见反馈对象是社区组织的居民，更会选择本社区居民作为社区居委会主任的承担者。在北京，社区意见反馈对象是社区组织的居民，认为社区管理的责任人是物业公司的比例更大。

2. 社区信任对熟人社区建设的影响

第一，在邻里熟识方面。在北京和深圳，居民信任邻居程度越高，赞同邻里观念的比例越高，邻里熟识的比例越高。在北京，居民信任保安人员程度越低，赞同邻里观念的比例越高；居民对社区组织的信任程度越高，邻里熟识的比例越高。在深圳，居民信任业主委员会成员程度越低，邻里熟识的比例越高。

第二，在守望相助方面。在北京和深圳，居民信任邻居程度越高，互助认知以及互助行为的比例越高。在北京，居民信任社区其他居民程度越高，互助认知的比例越高；居民信任保安人员程度越低，邻里熟识的比例越高；居民对社区组织的信任程度越高，邻居帮助自己及家人比例越高；居民信任保安人员、业主委员会成员的程度越低，自己及家人帮助邻居比例越高。在深圳，居民对物业公司人员的信任程度越高，互助认知的比例越高；居民信任社区其他居民、社区组织程度越高，互助行为的比例越高。

在行动照顾类互助方面，在北京和深圳，居民信任邻居程度越高，行动照顾类互助的比例越高。在深圳，居民信任社区其他居民、居委会工作人员程度越高，行动照顾类互助的比例越高；居民信任社区服务站工作人员和物业公司人员的程度越高，请邻居照顾患病自己的比例越高。

在物质支援类互助方面，在北京和深圳，居民信任邻居程度越高，向邻居借日常用品的比例越高。在深圳，居民信任社区其他居民的程度越高，向邻居借日常用品的比例越高。

在心理慰藉类互助方面，在北京和深圳，居民对社区其他居民信任程度越低，越会选择亲戚来化解家庭纠纷。在北京，居民对社区服务站工作人员信任程度越低，越会选择朋友来化解家庭纠纷。

在工具支持类互助方面，在北京，对邻居持"一般"信任态度的居民，家中红白喜事帮助者为朋友的比例（41.48%），明显高于平均水平（36.38%）；对邻居持"十分信任"态度的居民，家中红白喜事帮助者为邻居的比例（17.98%），明显高于平均水平（10.28%）。在深圳，对业主委员会成员持"不信任"态度的居民，家中红白喜事帮助者为亲属的比例（100.00%），明显高于平均水平（69.80%）；家中红白喜事帮助者为朋友的比例（100.00%），明显高于平均水平（56.44%）。

在信息分享类互助方面，在北京和深圳，居民信任邻居程度越高，信息分享类互助的比例越高。在深圳，居民信任社区其他居民、业主委员会成员的程度越高，信息分享类互助的比例越高。

第三，在社区认同方面。在北京和深圳，居民信任邻居程度越高，社区归属感和社区自豪感越强；对社区组织的信任程度越高，社区自豪感越强。在深圳，居民信任社区其他居民、社区组织的程度越高，社区归属感越强。在北京，居民对社区服务站工作人员、物业公司人员、业主委员会成员的信任程度越高，社区归属感越强。

第四，在自主自治方面。在北京和深圳，居民信任邻居程度越高，策划意愿越高，参与解决社区问题意愿越高。在北京，居民信任邻居程度越高，参与解决社区问题的比例越高。在深圳，居民信任居委会工作人员、社区服务站工作人员的程度越高，策划意愿越强；对社区其他居民、物业公司人员信任程度越高的居民，越以活动参与者的身份参与到文娱活动中；居民对社区其他居民、社区服务站工作人员和物业公司人员的信任程度越高，参与解决社区问题意愿越强；居民对社区其他居民、居委会工作人员、社区服务站工作人员和业主委员会成员的信任程度越高，参与解决社区问题的比例越高。在深圳，居民间的信任程度越低的居民，认为社区居委会主任的承担者是非本社区居民和无所谓的比例越大；对邻居信任程度越高的居民，认为社区管理的责任人是居委会和居民自己的比例越大；对社区其他居民信任程度越高的居民，认为社区管理的责任人是居委会的比例越大。可见，提升居民间的信任水平，有利于增强居民社区自治意愿。

3. 社区网络对熟人社区建设的影响

第一，在邻里熟识方面。在北京和深圳，居民与邻居见面打招呼、保存手机号、登门去拜访的比例越高，赞同邻里观念的比例越高，邻里熟识的比例也越高。

第二，在守望相助方面。在北京和深圳，居民与邻居见面打招呼、保存手机号、登门去拜访的比例越高，认为本社区居民间互助的比例越高，实际邻里之间经常帮助彼此的比例也越高，其中，行动照顾类互助（请邻居邻居看护患病孩子以及请邻居照顾患病自己）的比例较高，物质支援类互助（向邻居借日常用品）的比例较高。与邻居见面打招呼的比例越高，与邻里分享信息的比例越高。

在北京，与邻居见面打招呼比例越高的居民，越倾向于选择邻居、居委会、物业公司来化解家庭纠纷；保存邻居手机号的比例越高的居民，越倾向于选择邻居来化解家庭纠纷；登门拜访邻居人数在 11~20 人的居民，六成多的急用钱求助方是亲属。见面打招呼人数越少的居民，家中红白喜事帮助者为亲属和朋友的越多；见面打招呼人数越多的居民，家中红白喜事帮助者为邻居的越多。保存邻居手机号的比例越高，与邻里分享信息的比例越高。

在深圳，见面打招呼人数越多的居民，急用钱求助方为邻居的越多；见面打招呼人数越少的居民，急用钱求助方为亲属和朋友的越多。登门拜访邻居比例越高的居民，越倾向于选择朋友来化解家庭纠纷。保存手机号人数越少的居民，家中红白喜事帮助者为亲属和朋友的越多；保存手机号人数越多的居民，家中红白喜事帮助者为邻居的越多。居民登门拜访邻居的比例越高，与邻里分享信息的比例越高。

第三，在社区认同方面。在北京和深圳，居民与邻居见面打招呼的比例越高，社区归属感和社区自豪感越强。在深圳，居民保存邻居手机号、登门拜访邻居的比例越高，社区归属感和社区自豪感越强。

第四，在自主自治方面。在北京，居民与邻居见面打招呼、保存邻居手机号、登门拜访邻居的比例越高，策划文娱活动意愿越强，越会以组织者的身份参与到文娱活动中；参与解决社区问题的意愿越强，参与解决社区问题的比例也越高；认为社区管理的责任人是政府的比例也越大。

4. 社区规范对熟人社区建设的影响

第一，在邻里熟识方面。在深圳，认为有必要建立社区公约的居民，赞同邻里观念的比例较高，邻里熟识度也较高。

第二，在守望相助方面。在北京和深圳，认为有必要建立社区公约的居民，认为本社区居民之间的互助比例较高；邻里之间可提供物质支援类互助（向邻居借日常用品）的比例较高；与邻里进行信息分享的比例较高。在深圳，认为有必要建立社区公约的居民，自己及家人帮助邻居的比例较高，会选择亲戚和社区党群服务中心作为家庭纠纷化解方。在北京，认为有必要建立社区公约的居民，邻居帮助自己及家人的比例较高。

第三，在社区认同方面。在北京，认为有必要建立社区公约的居民，社区归属感较强。

第四，在自主自治方面。在北京，认为有必要建立社区公约的居民，策划和组织文娱活动的意愿越强。在北京和深圳，认为有必要建立社区公约的居民，参与解决社区问题的意愿较弱，参与解决社区问题的比例也较低；认为社区居委会主任的承担者是本社区居民的比例较高。

二 社区服务与熟人社区建设的关系

（一）社区服务的现状

社区服务是指在政府的倡导和支持下在社区范围内实施的，具有福利性和公益性的各种社会服务活动，能够满足社区居民日益增长的生活需要（郭安，2011：92~97）。自 20 世纪 80 年代中期以来，中国的城市社区服务有了相当大的发展。尽管如此，中国的社区服务还存在诸多问题，与社区居民的实际需求还存在一定的距离（李迎生，2009：134）。

1. 社区开展的服务

（1）特殊人群服务

社区有其自身的"公益性"和"福利性"。社区服务优先满足的是残疾人、老年人、失业人员、优抚对象以及其他弱势群体的基本生活需要，这是其福利性的体现。此外，社区服务还要针对普通社区居民开展文化体育、卫生保健、环境保洁等公益性服务，以及公共生态、公共空间等公共设施的服务。

在调查中，询问了被调查居民"您所在社区是否提供以下无偿服务"，结果如表4-84所示。除了其他选项外，北京被调查社区为特殊人群提供服务的比例，排在前三位的是对老年人的服务（27.2%）、对残疾人和患病居民的服务（11.9%）、对儿童青少年的服务（8.1%）；深圳被调查社区为特殊人群提供服务的比例，排在前三位的是对老年人的服务（33.0%）、对儿童青少年的服务（18.6%）、对妇女和家庭的服务（12.9%）。随着老龄化的不断加深，两个城市对老年群体提供的服务比例相对较高。相对于北京，深圳被调查社区对儿童青少年、妇女和家庭提供的服务比例更高。

两个城市选择其他选项的比例都很高，被调查居民在"请注明"后填写的是不清楚、不知道或者没有。这一方面可能是社区对特殊群体的无偿服务提供不足或者落实、宣传不到位，导致居民对服务不了解；另一方面反映了社区居民与社区的联结较弱，对社区事务关注较少。

表4-84　特殊人群服务

单位：人，%

选项	北京	深圳
对老年人的服务	217（27.2）	309（33.0）
对残疾人和患病居民的服务	95（11.9）	110（11.8）
对儿童青少年的服务	65（8.1）	174（18.6）
对妇女和家庭的服务	56（7.0）	121（12.9）
对流动人口的服务	48（6.0）	52（5.6）
其他	317（39.7）	169（18.1）
总计	798（100.0）	935（100.0）

（2）文娱活动组织

在调查中，询问了被调查居民"通常情况下，本社区文化娱乐活动是由谁组织的"，结果如表4-85所示。北京社区的文娱活动组织方主要是居委会，比例高达41.5%，物业公司作为组织方的比例为10.9%，街道为8.7%，社区社会组织为3.8%，社区服务站为3.2%，大屯创享中心（社会工作机构）仅为 0.7%。与北京调查情况不同，深圳社区的文娱活动组织方主要是社区党群服务中心（社会工作机构），占 28.1%。社区社会组织也是社区文娱活动的主要组织方，占 25.4%，超过 1/4。物业公司除了完成社区治安、环保、卫生等工作外，组织社区文娱活动的比例是 14.9%；街道和居委会组织社区文娱活动的比例分别为 5.5% 和 15.0%。可见，社区党群服务中心和社区社会组织是深圳社区文娱活动的两个重要组织方。社会工作机构和社区社会组织在深圳社区文化发展中发挥的作用明显优于北京被调查社区。

表 4-85　文娱活动的组织方

单位：人，%

选项	北京	深圳
街道	62（8.7）	44（5.5）
居委会	296（41.5）	121（15.0）
物业公司	78（10.9）	120（14.9）
社区社会组织	27（3.8）	205（25.4）
大屯创享中心/社区党群服务中心	5（0.7）	227（28.1）
社区服务站	23（3.2）	—
其他	223（31.2）	90（11.2）
总计	714（100.0）	807（100.0）

（3）社区信息服务

社区信息服务是帮助个人或团体解决日常问题的服务。它以一个社区内所有居民为服务对象，有独有的特点和性质。社区信息服务的内容多种多样，主要包括提供健康、财政资助、住房、交通、教育、家政服务、就业、娱乐及该地域内所发生的重大事件等方面的信息，从而使居民能够准确、快速地获得与自己相关的信息，做好社区信息服务的关键是建设一个良好的社区信息平台。在调查中，询问了被调查居民"通常情况下，您是通过什么渠道了解社区信息或社区动态的"，结果如表 4-86 所示。

通常情况下，北京被调查居民了解社区信息或社区动态的渠道，除其他选项外，排在前三位的是公告栏（49.0%）、朋友或邻居告知（19.8%）、社区微信（8.4%）；深圳被调查居民了解社区信息或社区动态的渠道，除其他选项外，排在前三位的是公告栏（41.6%）、社区微信（22.8%）、业主

QQ群（10.9%）。可见，公告栏是两个城市被调查居民了解社区信息或社区动态的主要渠道。北京被调查居民通过朋友或邻居告知的比例较高，可从侧面看出社区邻里之间分享社区信息较多。而深圳被调查居民通过社区微信和业主QQ群了解社区信息的比例远高于北京被调查居民。可见，深圳的网络信息平台更为完善。

表4-86　了解社区信息途径

单位：人，%

选项	北京	深圳
公告栏	424（49.0）	358（41.6）
社区短信	21（2.4）	42（4.9）
社区微信	73（8.4）	196（22.8）
电子屏	16（1.8）	14（1.6）
横幅	53（6.1）	65（7.6）
业主QQ群	19（2.2）	94（10.9）
新浪微博	6（0.7）	4（0.5）
社区家园网	5（0.6）	21（2.4）
朋友或邻居告知	171（19.8）	0（0）
其他	77（8.9）	66（7.7）
总计	865（100.0）	860（100.0）

2. 社区组织满意度

社区组织在社区中主要负责为居民提供各种服务，居民对社区组织的满意度直接反映这一组织的服务情况。调查中，询问了被调查居民"请您对本社区的开发商、物业管理公司、社区居委会、业主委员会、议事委员会、社区服务站等进行评价"，结果如表4-87、表4-88所示。

北京被调查居民对社区组织非常满意和比较满意排在前三位的是社区居委会（46.7%）、物业管理公司（43.1%）、社区服务站（34.4%）。从不适用的比例可以看出北京接近六成的被调查社区没有议事委员会，超过1/4的社区没有业主委员会。深圳被调查居民对社区组织非常满意和比较满意排在前三位的是社区党群服务中心（67.2%）、社区居委会（53.3%）、物业管理公司（49.5%）。

表 4-87　北京居民对社区组织评价

单位：人，%

选项	开发商	物业管理公司	社区居委会	业主委员会	议事委员会	社区服务站	大屯创享中心
很不满意	34 (5.4)	37 (5.9)	20 (3.2)	18 (2.9)	16 (2.6)	17 (2.7)	12 (1.9)
较不满意	34 (5.4)	54 (8.7)	27 (4.3)	21 (3.4)	11 (1.8)	21 (3.4)	15 (2.4)
一般	266 (42.6)	229 (36.7)	251 (40.2)	221 (35.4)	119 (19.1)	251 (40.2)	117 (18.8)
比较满意	137 (22.0)	191 (30.6)	212 (34.0)	125 (20.0)	46 (7.4)	158 (25.3)	61 (9.8)
非常满意	51 (8.2)	78 (12.5)	79 (12.7)	45 (7.2)	17 (2.7)	57 (9.1)	19 (3.0)
不适用	75 (12.0)	28 (4.5)	29 (4.7)	158 (25.3)	372 (59.7)	107 (17.1)	372 (59.6)
缺失	27 (4.3)	7 (1.1)	6 (1.0)	36 (5.8)	43 (6.9)	13 (2.1)	28 (4.5)
合计	624 (100)	624 (100.0)	624 (100)	624 (100.0)	624 (100.0)	624 (100.0)	624 (100.0)

表 4-88　深圳居民对社区组织评价

单位：人，%

选项	开发商	物业管理公司	社区居委会	业主委员会	议事委员会	社区党群服务中心	社区社会组织
很不满意	14 (2.5)	26 (4.7)	6 (1.1)	7 (1.3)	3 (0.5)	4 (0.7)	3 (0.5)
较不满意	29 (5.2)	45 (8.1)	17 (3.1)	18 (3.2)	10 (1.8)	10 (1.8)	12 (2.2)
一般	134 (24.1)	199 (35.9)	176 (31.7)	129 (23.2)	107 (19.3)	136 (24.5)	153 (27.6)
比较满意	91 (16.4)	206 (37.1)	217 (39.1)	122 (22)	86 (15.5)	221 (39.8)	206 (37.1)
非常满意	24 (4.3)	69 (12.4)	79 (14.2)	45 (8.1)	35 (6.3)	152 (27.4)	143 (25.8)
不适用	263 (47.4)	8 (1.4)	57 (10.3)	232 (41.8)	309 (55.7)	31 (5.6)	36 (6.5)

续表

选项	开发商	物业管理公司	社区居委会	业主委员会	议事委员会	社区党群服务中心	社区社会组织
缺失	0 (0)	2 (0.4)	3 (0.5)	2 (0.4)	6 (1.1)	1 (0.2)	2 (0.4)
合计	555 (100)	555 (100)	555 (100)	555 (100)	555 (100)	555 (100)	555 (100)

（二）社区服务对熟人社区建设的影响分析

1. 社区服务对邻里熟识的影响

（1）社区服务与邻里观念

问卷中，因变量"邻里观念"是一个从"非常赞同"、"比较赞同"、"一般"到"不太赞同"、"很不赞同"程度递减的有序变量。因此，需使用有序 Logit 模型进行分析。北京、深圳被调查对象的社区组织满意度对邻里观念的影响如表 4-89 所示。

北京、深圳居民对议事委员会、社区社会组织的满意度对邻里观念产生显著的负向影响，即对议事委员会、社区社会组织的满意度越高，赞同邻里观念的比例越高。深圳居民对社区党群服务中心的满意度对邻里观念产生显著的正向影响。

表 4-89 社区组织满意度对邻里观念的影响（有序 Logit 模型）

社区组织	北京	深圳
开发商	0.002 (0.809)	0.001 (0.406)
物业管理公司	0.001 (0.319)	0.014 (1.887)
社区居委会	0.002 (0.589)	0.003 (1.157)
业主委员会	-0.000 (-0.056)	0.000 (0.069)
议事委员会	-0.006** (-3.569)	-0.003* (-1.971)
社区党群服务中心	0.004 (1.904)	0.009* (2.412)
社区社会组织	-0.003* (-2.063)	-0.010** (2.741)

注：① * $p<0.05$，** $p<0.01$；②括号内为标准误。

（2）社区服务与邻里熟识

问卷中，因变量"邻里熟识"是一个从"非常不熟悉"、"不熟悉"、"一般"到"熟悉"、"非常熟悉"程度递增的有序变量。因此，需使用有序 Logit 模型进行分析。北京、深圳被调查对象的社区组织满意度对邻里熟识的影响如表4-90所示。

北京居民对开发商的满意度对邻里熟识产生显著的正向影响，即对开发商的满意度越高，邻里熟识的比例越高。深圳居民对议事委员会的满意度对邻里熟识产生显著的正向影响，即对议事委员会的满意度越高，邻里熟识的比例越高。

北京居民对社区社会组织的满意度对邻里熟识产生显著的负向影响，即对社区社会组织的满意度越高，邻里熟识的比例越低。可能是因为北京被调查社区社会组织的服务并未覆盖社区大多数居民。

表 4-90　社区组织满意度对邻里熟识的影响（有序 Logit 模型）

社区组织	北京	深圳
开发商	0.005* (2.000)	0.003 (1.858)
物业管理公司	0.003 (0.777)	-0.002 (-0.234)
社区居委会	0.015 (0.793)	-0.003 (-0.957)
业主委员会	0.003 (1.433)	0.000 (0.273)
议事委员会	-0.002 (-1.312)	0.005** (2.975)
社区党群服务中心	-0.001 (-0.404)	0.001 (0.299)
社区社会组织	-0.004* (-2.463)	0.001 (0.182)

注：① $*p<0.05$，$**p<0.01$；②括号内为标准误。

2. 社区服务对守望相助的影响

（1）社区服务与互助认知

问卷中，因变量"互助认知"是一个从"没有"、"偶尔"、"一般"到"较多"、"很多"程度递增的有序变量。因此，需使用有序 Logit 模型进行分析。北京、深圳被调查对象的社区组织满意度对互助认知的影响如表 4-91 所示。

北京、深圳居民对社区党群服务中心、社区社会组织的满意度对互助认知均产生显著的负向影响，即对社区党群服务中心、社区社会组织的满意度越高，互助认知的比例越低。深圳居民对社区居委会、业主委员会的满意度对互助认知均产生显著的负向影响，即对社区居委会、业主委员会满意度越高，互助认知的比例越低。

表 4-91　社区组织满意度对互助认知的影响（有序 Logit 模型）

社区组织	北京	深圳
开发商	0.004 （1.499）	−0.000 （−0.058）
物业管理公司	0.002 （0.415）	0.004 （0.536）
社区居委会	−0.007 （−1.950）	−0.010 ** （−3.629）
业主委员会	−0.002 （−0.958）	−0.005 ** （−2.976）
议事委员会	−0.001 （−0.584）	−0.001 （−0.552）
社区党群服务中心	−0.007 ** （−3.552）	−0.008 * （−2.126）
社区社会组织	−0.003 * （−2.099）	−0.009 * （−2.463）

注：① $^*p<0.05$，$^{**}p<0.01$；②括号内为标准误。

（2）社区服务与互助行为

问卷中，因变量"互助行为"是一个从"是"、"偶尔"到"从来没有"程度递减的有序变量。因此，需使用有序 Logit 模型进行分析。北京、深圳被调查对象的社区组织满意度对互助行为的影响如表 4-92 所示。

北京被调查对象对开发商、业主委员会的满意度对互助行为均产生显著的负向影响，即北京居民对开发商、业主委员会的满意度越高，自己及家人帮助邻居的比例越高。北京被调查对象对议事委员会、社区社会组织的满意度对互助行为均产生显著的正向影响，即北京居民对议事委员会、社区社会组织的满意度越高，互助行为的比例越低。

深圳被调查对象对社区居委会、业主委员会的满意度对互助行为均产生显著的正向影响，即深圳居民对社区居委会、业主委员会组织的满意度越高，自己及家人帮助邻居的比例越低。深圳被调查对象对社区社会组织的满意度对互助行为产生显著的正向影响，即深圳居民对社区社会组织的满意度越高，邻居帮助自己及家人的比例越低。

表 4-92　社区组织满意度对互助行为的影响（有序 Logit 模型）

社区组织	邻居帮助自己及家人		自己及家人帮助邻居	
	北京	深圳	北京	深圳
开发商	-0.003 (-1.381)	-0.000 (-0.243)	-0.008** (-3.449)	0.003 (1.621)
物业管理公司	-0.002 (-0.570)	-0.008 (-1.119)	-0.003 (-0.822)	-0.011 (-1.517)
社区居委会	0.005 (1.121)	0.005 (1.746)	0.002 (0.618)	0.004* (2.327)
业主委员会	0.000 (0.009)	0.003 (1.866)	-0.004* (-2.392)	0.004* (2.327)
议事委员会	0.008** (4.387)	-0.002 (-0.915)	0.006** (3.469)	-0.000 (-0.052)
社区党群服务中心	-0.003 (-1.224)	0.006 (1.628)	-0.002 (-1.127)	0.006 (1.521)
社区社会组织	0.008** (4.534)	0.008* (2.124)	0.007** (3.974)	0.006 (1.604)

注：① $^*p<0.05$，$^{**}p<0.01$；②括号内为标准误。

（3）社区服务与邻里互助类型

①社区服务与行动照顾类互助

问卷中，因变量"行动照顾类互助"是一个从"是"、"偶尔"到"从来没有"程度递减的有序变量，因此，需使用有序 Logit 模型进行分析。北京、深圳被调查对象的社区组织满意度对行动照顾类互助的影响如表 4-93 所示。

深圳被调查对象对业主委员会的满意度对行动照顾类互助产生显著的正向影响，即深圳居民对业主委员会满意度越高，行动照顾类互助的比例越低。北京、深圳被调查对象对议事委员会、社区社会组织的满意度对行动照顾类互助产生显著的正向影响，即北京、深圳居民对议事委员会、社区社会组织的满意度越高，行动照顾类互助的比例越低。

表 4-93　社区组织满意度对行动照顾类互助的影响（有序 Logit 模型）

社区组织	请邻居看护患病孩子		请邻居照顾患病自己	
	北京	深圳	北京	深圳
开发商	-0.002 (-0.511)	0.003 (1.444)	-0.000 (-0.056)	0.002 (1.028)
物业管理公司	0.004 (0.550)	0.001 (0.100)	-0.001 (-0.101)	0.004 (0.370)
社区居委会	0.008 (1.048)	0.003 (0.927)	-0.001 (-0.160)	0.000 (0.037)
业主委员会	0.006 (1.715)	0.009** (3.984)	0.006 (1.567)	0.007** (3.037)
议事委员会	0.009** (3.531)	0.005** (2.624)	0.012** (3.678)	0.004 (1.689)
社区党群服务中心	0.003 (0.790)	0.009 (1.670)	0.004 (0.981)	0.042 (1.724)
社区社会组织	0.006* (2.357)	0.017** (2.576)	0.011** (3.421)	0.041 (1.882)

注：① $^*p<0.05$，$^{**}p<0.01$；②括号内为标准误。

②社区服务与物质支援类互助

问卷中，因变量"向邻居借日常用品"的选项有"能够"、"不能够"和"不适用"三个选项，本应该用多元 Logit 模型分析，但是"不能够"选项的占比较低（小于5%），无法用多元 Logit 模型分析。因此，将因变量的选项进行重新编码，"能够"编码为1，"不能够"（包含"不能够""不适用"）编码为0。这样因变量"向邻居借日常用品"就变为二元定类变量，使用二元 Logit 模型分析。北京、深圳被调查对象的社区组织满意度对物质支援类互助（向邻居借日常用品）的影响如表 4-94 所示。

深圳被调查对象对社区居委会的满意度对向邻居借日常用品产生显著的负向影响，即对社区居委会满意度越高，向邻居借日常用品的比例越低。北京被调查对象对议事委员会的满意度对向邻居借日常用品产生显著的正向影响，即对议事委员会满意度越高，向邻居借日常用品的比例越高。

表 4-94　社区组织满意度对物质支援类互助（向邻居借日常用品）的影响

（二元 Logit 模型）

社区组织	北京	深圳
开发商	-0.002 （-0.779）	0.001 （0.263）
物业管理公司	0.006 （1.274）	0.008 （0.701）
社区居委会	-0.001 （-0.284）	-0.009** （-3.037）
业主委员会	0.003 （1.269）	0.001 （0.263）
议事委员会	0.004* （2.199）	-0.003 （-1.521）
社区党群服务中心	0.001 （0.298）	0.009 （1.590）
社区社会组织	0.002 （0.973）	0.008 （1.552）

注：① $*p<0.05$, $**p<0.01$；②括号内为标准误。

③社区服务与心理慰藉类互助

问卷中，家庭纠纷化解方主要包括亲戚、朋友、邻居、居委会、物业公司、业主委员会、社区党群服务中心（北京问卷无此选项）、其他。由于家庭纠纷化解方超过两种，因此，需要使用多元 Logit 模型进行分析。多元 Logit 模型需要选择一个基准组作为比较基准，参数的正负反映的是个人对备选方案与基准组间的相对偏好，参数为正反映居民更愿意选择备选方案而非基准组。这里将亲戚作为基准组，观察其他备选家庭纠纷化解方与之的差异。北京、深圳被调查对象的社区组织满意度对心理慰藉类互助（家庭纠纷化解方）的影响如表 4-95 所示。

北京居民对社区党群服务中心满意度越高，越会选择朋友作为家庭纠纷化解方。北京居民对社区社会组织满意度越高，越会选择亲戚作为家庭纠纷化解方。深圳居民对社区组织满意度越高，越会选择亲戚作为家庭纠纷化解方。可见，家庭纠纷属于居民的家庭事务，俗话说："家丑不可外扬。"即使对社区组织满意度较高，居民也依旧选择亲戚作为家庭纠纷化解方。

表 4-95　社区组织满意度对心理慰藉类互助（家庭纠纷化解方）的影响（多元 Logit 模型）

社区组织	朋友	邻居	居委会	物业公司	业主委员会	社区党群服务中心	其他
北京							
开发商	0.002 (0.491)	0.003 (0.400)	-0.002 (-0.468)	-0.038 (-0.816)	-1.185 (-1.722)	—	0.003 (1.143)
物业管理公司	0.004 (0.609)	0.002 (0.153)	-0.012 (-1.156)	-0.033 (-0.629)	-13.277 (-0.030)	—	-0.004 (-0.741)
社区居委会	0.004 (0.552)	-0.035 (-0.456)	0.001 (0.138)	-0.027 (-0.502)	-0.558 (-0.800)	—	0.009 (1.899)
业主委员会	0.004 (1.005)	0.012 (1.829)	-0.002 (-0.505)	-0.013 (-1.128)	-0.027 (-0.481)	—	0.011** (4.785)
议事委员会	-0.002 (-0.539)	-0.002 (-0.317)	0.002 (0.683)	-0.001 (-0.238)	-0.181 (-0.249)	—	0.003 (1.405)
社区党群服务中心	0.008* (2.274)	-0.011 (-0.956)	-0.004 (-0.947)	-0.068 (-0.504)	-0.516 (-0.687)	—	0.004 (1.332)
社区社会组织	-0.003 (-0.923)	-0.016* (-2.441)	0.001 (0.360)	-0.002 (-0.304)	-0.309 (-0.420)	—	0.001 (0.602)
深圳							
开发商	-0.005 (-1.939)	0.001 (0.162)	-0.008* (-2.335)	0.002 (0.376)	-0.051 (-0.614)	-0.007 (-1.867)	0.005 (1.835)
物业管理公司	0.018 (1.407)	-0.280 (-1.356)	0.010 (0.662)	0.001 (0.029)	0.000 (0.001)	0.017 (1.153)	0.011 (0.839)
社区居委会	-0.012* (-2.263)	-0.016 (-1.348)	-0.024* (-2.330)	-0.007 (-0.876)	-0.042 (-0.330)	-0.002 (-0.286)	-0.002 (-0.537)
业主委员会	-0.003 (-1.024)	-0.008 (-1.617)	-0.008* (-2.335)	0.000 (0.001)	-0.056 (-0.530)	-0.012** (-2.684)	-0.001 (-0.478)
议事委员会	-0.002 (-0.760)	-0.010* (-2.000)	-0.008** (-2.599)	0.004 (0.809)	-0.062 (-0.570)	-0.016** (-3.706)	0.002 (0.902)
社区党群服务中心	-0.004 (-0.588)	-0.677** (-2.841)	-0.002 (-0.265)	0.009 (1.213)	-0.052 (-0.160)	-0.024 (-1.107)	0.004 (0.855)
社区社会组织	-0.003 (-0.532)	-0.742** (-2.998)	-0.009 (-1.073)	0.002 (0.253)	-0.047 (-0.198)	-0.028 (-1.173)	0.006 (1.339)

注：① * $p<0.05$，** $p<0.01$；②括号内为标准误。

④社区服务与信息分享类互助

问卷中，因变量"信息分享类互助"是一个从"非常愿意"、"比较愿意"、"一般"到"不太愿意"、"不愿意"程度递减的有序变量,因此,需使用有序 Logit 模型进行分析。北京、深圳被调查对象的社区组织满意度对信息分享类互助(传递活动信息)的影响如表 4-96 所示。

深圳被调查对象对社区居委会、议事委员会的满意度对信息分享类互助产生显著的负向影响,即对社区居委会、议事委员会满意度越高的深圳居民,与邻里进行信息分享的比例越高。

表 4-96 社区组织满意度对信息分享类互助(传递活动信息)的影响

(有序 Logit 模型)

社区组织	北京	深圳
开发商	0.001 (0.245)	−0.003 (−1.904)
物业管理公司	0.005 (1.308)	0.012 (1.672)
社区居委会	−0.000 (−0.087)	−0.013** (−3.902)
业主委员会	0.000 (0.223)	−0.003 (−1.840)
议事委员会	−0.001 (−0.752)	−0.007** (−3.925)
社区党群服务中心	0.004 (1.837)	0.005 (1.270)
社区社会组织	0.001 (0.457)	−0.002 (−0.511)

注:① ** $p<0.01$;②括号内为标准误。

3. 社区服务对社区认同的影响

(1)社区服务与社区归属感

问卷中,因变量"社区归属感"是一个从"很不赞同"、"较不赞同"、"一般"到"比较赞同"、"非常赞同"程度递增的有序变量。因此,需使用有序 Logit 模型进行分析。北京、深圳被调查对象的社区组织满意度对社区归属感的影响如表 4-97 所示。

深圳被调查对象对开发商、社区居委会、议事委员会的满意度对社区归属感均产生显著的正向影响,即对开发商、社区居委会、议事委员会满意度越高的深圳居民,社区有家的感觉越强;深圳被调查对象对社区居委会的满意度越高，越不舍得搬离社区。

表 4-97　社区组织满意度对社区归属感的影响（有序 Logit 模型）

社区组织	社区有家的感觉		不舍得搬离社区	
	北京	深圳	北京	深圳
开发商	-0.004 (-1.670)	0.006** (3.326)	-0.000 (-0.023)	0.002 (0.978)
物业管理公司	-0.007 (-1.895)	0.010 (1.328)	-0.003 (-0.751)	0.010 (1.444)
社区居委会	-0.001 (-0.245)	0.016** (5.399)	0.001 (0.165)	0.011** (3.735)
业主委员会	-0.003 (-1.684)	0.001 (0.640)	-0.004* (-2.417)	-0.002 (-0.961)
议事委员会	-0.000 (-0.211)	0.005** (2.825)	-0.001 (-0.557)	0.001 (0.716)
社区党群服务中心	-0.003 (-1.528)	0.000 (0.025)	-0.003 (-1.378)	-0.006 (-1.700)
社区社会组织	-0.003 (-1.528)	-0.001 (-0.206)	0.000 (0.011)	-0.009* (-2.509)

注：① $*p<0.05$, $**p<0.01$；②括号内为标准误。

（2）社区服务与社区自豪感

问卷中，因变量"社区自豪感"是一个从"很不赞同"、"较不赞同"、"一般"到"比较赞同"、"非常赞同"程度递增的有序变量。因此，需使用有序 Logit 模型进行分析。北京、深圳被调查对象的社区组织满意度对社区自豪感的影响如表 4-98 所示。

深圳被调查对象对社区居委会的满意度对社区自豪感产生显著的正向影响，即对社区居委会满意度越高的深圳居民，社区自豪感越强。

表 4-98　社区组织满意度对社区自豪感的影响（有序 Logit 模型）

社区组织	北京	深圳
开发商	-0.006* (-2.280)	0.002 (0.978)
物业管理公司	-0.011** (-2.799)	0.010 (1.444)
社区居委会	-0.007 (-1.886)	0.011** (3.735)

续表

社区组织	北京	深圳
业主委员会	-0.005 ** (-2.705)	-0.002 (-0.961)
议事委员会	0.000 (0.126)	0.001 (0.716)
社区党群服务中心	-0.005 * (-2.277)	-0.006 (-1.700)
社区社会组织	0.000 (0.001)	-0.009 * (-2.509)

注：① * $p<0.05$，** $p<0.01$；②括号内为标准误。

4. 社区服务对自主自治的影响

（1）社区服务与社区居民自主性

①社区服务与策划意愿

问卷中，因变量"策划意愿"是一个从"愿意"、"不愿意"到"无所谓"程度递减的有序变量。因此，需使用有序 Logit 模型进行分析。北京、深圳被调查对象的社区组织满意度对策划意愿的影响如表4-99所示。

深圳被调查对象对开发商、物业管理公司、社区党群服务中心、社区社会组织的满意度对策划意愿均产生显著的正向影响，即对开发商、物业管理公司、社区党群服务中心、社区社会组织满意度越高的深圳居民，策划社区文娱活动的意愿越弱。可能是因为深圳社区组织策划文娱活动比较多，可以满足深圳居民的需要，居民不需要自己策划文娱活动了。但北京被调查对象的社区组织满意度与策划意愿无影响关系。

表 4-99　社区组织满意度对策划意愿的影响（有序 Logit 模型）

社区组织	北京	深圳
开发商	0.001 (0.245)	0.005 ** (2.882)
物业管理公司	0.005 (1.308)	0.016 * (2.151)
社区居委会	-0.000 (-0.087)	0.004 (1.544)
业主委员会	0.000 (0.223)	0.001 (0.695)

社区组织	北京	深圳
议事委员会	-0.001 （-0.752）	0.001 （0.695）
社区党群服务中心	0.004 （1.837）	0.008* （2.086）
社区社会组织	0.001 （0.457）	0.008* （2.200）

注：① * $p<0.05$，** $p<0.01$；②括号内为标准误。

②社区服务与参与文娱活动身份

问卷中，参与文娱活动身份主要包括组织者、活动参与者、受邀参与者、义工、其他。由于参与文娱活动身份超过两种，因此，需要使用多元Logit模型进行分析。多元Logit模型需选择基准组作为比较基准，参数的正负反映的是个人对备选方案与基准组间的相对偏好，参数为正反映居民更愿意选择备选方案而非基准组。这里将组织者作为基准组，观察其他备选参与文娱活动身份与之的差异。北京、深圳被调查对象的社区组织满意度对参与文娱活动身份的影响如表4-100所示。

北京被调查对象的社区组织满意度对参与文娱活动身份未产生显著影响。为此，分析深圳被调查对象的社区组织满意度对参与文娱活动身份的影响。深圳居民对物业管理公司的满意度越高，越会以活动参与者、受邀参与者的身份参加文娱活动，可能是因为深圳社区组织开展文娱活动已经能够满足居民需求，居民仅参加现有文娱活动，就能满足需求。

表4-100　社区组织满意度对参与文娱活动身份的影响（多元 Logit 模型）

社区组织	活动参与者	受邀参与者	义工	其他
北京				
开发商	—			
物业管理公司	0.031 （0.633）	-0.018 （-0.232）	0.030 （0.604）	0.002 （0.020）
社区居委会	0.009 （0.183）	0.029 （0.572）	-0.487 （-1.412）	0.003 （0.031）
业主委员会	—			
议事委员会	—			

续表

社区组织	活动参与者	受邀参与者	义工	其他
社区党群服务中心	0.061 (0.421)	0.062 (0.424)	0.065 (0.442)	0.029 (0.174)
社区社会组织	0.004 (0.567)	−0.005 (−0.603)	−0.002 (−0.199)	0.002 (0.145)
深圳				
开发商	0.008 (1.477)	0.006 (0.880)	−0.011 (−1.422)	0.009 (0.807)
物业管理公司	0.625** (2.744)	0.643** (2.822)	0.033 (0.121)	0.604* (2.446)
社区居委会	0.066 (0.532)	0.066 (0.533)	−0.084 (−0.330)	0.078 (0.624)
业主委员会	0.001 (0.270)	−0.001 (−0.103)	−0.016* (−1.994)	−0.004 (−0.292)
议事委员会	0.003 (0.708)	0.003 (0.380)	−0.019* (−2.436)	−0.008 (−0.604)
社区党群服务中心	0.273 (1.054)	0.185 (0.506)	0.228 (0.839)	0.252 (0.905)
社区社会组织	0.457 (1.919)	0.409 (1.613)	0.407 (1.640)	0.429 (1.691)

注：① * $p<0.05$, ** $p<0.01$；②括号内为标准误。

（2）社区服务与社区自治情况

①社区服务与解决社区问题

A. 参与意愿

问卷中，因变量"参与意愿"是一个"会"或"不会"的二元定类变量，使用二元 Logit 模型分析。北京、深圳被调查对象的社区组织满意度对参与意愿的影响如表 4-101 所示。

北京被调查对象对开发商的满意度对参与意愿产生显著的正向影响，即对开发商满意度越高的北京居民，参与解决社区问题意愿越强。

表 4-101　社区组织满意度对参与意愿的影响（二元 Logit 模型）

社区组织	北京	深圳
开发商	0.008* (2.359)	0.004 (1.300)

社区组织	北京	深圳
物业管理公司	0.005 （0.997）	−0.014 （−1.738）
社区居委会	−0.003 （−0.743）	−0.002 （−0.514）
业主委员会	0.001 （0.287）	−0.001 （−0.236）
议事委员会	−0.002 （−0.902）	0.004 （1.302）
社区党群服务中心	0.000 （0.008）	−0.004 （−0.849）
社区社会组织	−0.001 （−0.497）	−0.005 （−0.965）

注：① $^*p<0.05$；②括号内为标准误。

B. 参与行为

问卷中，因变量"参与行为"是一个"曾经参与"或"没有参与"的二元定类变量，使用二元 Logit 模型分析。北京、深圳被调查对象的社区组织满意度对参与行为的影响如表 4-102 所示。

北京被调查对象对议事委员会、社区社会组织的满意度对参与行为产生显著的负向影响，即对议事委员会、社区社会组织满意度越高的北京居民，参与解决社区问题的比例越低。深圳被调查对象对开发商、业主委员会、社区社会组织的满意度对参与行为产生显著的负向影响，即对开发商、业主委员会、社区社会组织满意度越高的深圳居民，参与解决社区问题的比例越低。可能是因为社区组织在解决社区问题中发挥了较大作用，社区治理情况比较好，所以不需要居民自己再参与到社区问题的解决中。

表 4-102　社区组织满意度对参与行为的影响（二元 Logit 模型）

社区组织	北京	深圳
开发商	0.001 （0.413）	−0.008** （−3.616）
物业管理公司	−0.001 （−0.111）	−0.001 （−0.072）
社区居委会	−0.002 （−0.339）	−0.001 （−0.159）

续表

社区组织	北京	深圳
业主委员会	-0.002 (-0.692)	-0.005* (-2.258)
议事委员会	-0.012** (-4.588)	-0.002 (-1.185)
社区党群服务中心	-0.004 (-1.075)	-0.012 (-1.886)
社区社会组织	-0.013** (-5.133)	-0.014* (-2.183)

注：① * $p<0.05$, ** $p<0.01$；②括号内为标准误。

②社区服务与社区管理者

A. 社区居委会主任的承担者

问卷中，社区居委会主任的承担者主要包括本社区居民、非本社区居民、无所谓。由于社区居委会主任的承担者超过两种，因此，需要使用多元 Logit 模型进行分析。多元 Logit 模型需选择基准组作为比较基准，参数的正负反映的是个人对备选方案与基准组间的相对偏好，参数为正反映居民更愿意选择备选方案而非基准组。这里将本社区居民作为基准组，观察其他备选社区居委会主任的承担者与之的差异。北京、深圳被调查对象的社区组织满意度对社区居委会主任的承担者的影响如表 4-103 所示。

对物业管理公司、社区党群服务中心满意度越高的北京居民，认为社区居委会主任的承担者是本社区居民的比例越大。对议事委员会满意度越高的北京居民，认为社区居委会主任的承担者是本社区居民和无所谓是谁的比例越大。对社区组织满意度越高的深圳居民，认为社区居委会主任的承担者是本社区居民的比例越大。可见，居民对社区组织的满意度越高，越有助于增强居民的社区自治意识。

表 4-103 社区组织满意度对社区居委会主任的承担者的影响（多元 Logit 模型）

社区组织	北京		深圳	
	非本社区居民	无所谓	非本社区居民	无所谓
开发商	0.004 (0.518)	-0.003 (-0.960)	-0.019** (-2.819)	-0.001 (-0.497)

续表

社区组织	北京		深圳	
	非本社区居民	无所谓	非本社区居民	无所谓
物业管理公司	0.013 (1.742)	−0.012* (−2.390)	−0.532* (−2.538)	0.022* (2.011)
社区居委会	−0.204 (−0.780)	−0.003 (−0.610)	−0.870** (−3.392)	−0.005 (−1.590)
业主委员会	−0.004 (−0.577)	0.001 (0.285)	−0.012* (−1.972)	0.001 (0.703)
议事委员会	−0.012* (−2.035)	0.004* (2.088)	−0.024** (−3.414)	−0.001 (−0.537)
社区党群服务中心	−0.001 (−0.155)	−0.006** (−2.622)	−1.046** (−4.126)	−0.000 (−0.018)
社区社会组织	−0.009 (−1.546)	0.002 (1.196)	−0.952** (−3.622)	−0.002 (−0.503)

注：① * $p<0.05$，** $p<0.01$；②括号内为标准误。

B. 社区管理的责任人

问卷中，社区管理的责任人主要包括政府、居委会、物业公司、居民自己发挥力量、其他。由于社区管理的责任人超过两种，因此，需要使用多元 Logit 模型进行分析。多元 Logit 模型需要选择一个基准组作为比较的基准，参数的正负反映的是个人对备选方案与基准组之间的相对偏好，参数为正反映居民更愿意选择备选方案而非基准组。这里将政府作为基准组，观察其他备选社区管理的责任人与之的差异。北京、深圳被调查对象的社区组织满意度对社区管理的责任人的影响如表4-104所示。

北京被调查对象的社区组织满意度对社区管理的责任人未产生显著影响。在此，分析深圳的情况。深圳居民对开发商、业主委员会满意度越高，认为社区管理的责任人是物业公司、居民自己的比例越大。深圳居民对社区居委会满意度越高，认为社区管理的责任人是居民自己的比例越大。深圳居民对议事委员会满意度越高，认为社区管理的责任人是物业公司的比例越大。

表 4-104 社区组织满意度对社区管理的责任人的影响（多元 Logit 模型）

社区组织	居委会	物业公司	居民自己发挥力量	其他
北京				
开发商	−0.001 (−0.223)	−0.003 (−0.756)	0.004 (0.754)	0.006 (1.172)
物业管理公司	0.003 (0.423)	−0.007 (−0.971)	0.003 (0.367)	−0.008 (−0.706)
社区居委会	−0.001 (−0.069)	0.008 (1.178)	−0.000 (−0.013)	−0.005 (−0.429)
业主委员会	−0.006 (−1.954)	−0.002 (−0.549)	−0.004 (−1.144)	0.005 (1.172)
议事委员会	0.002 (0.533)	−0.003 (−0.920)	−0.004 (−1.069)	0.000 (0.042)
社区党群服务中心	−0.003 (−0.911)	0.004 (1.029)	−0.001 (−0.288)	−0.012 (−1.757)
社区社会组织	−0.001 (−0.215)	−0.002 (−0.781)	−0.001 (−0.412)	0.000 (0.062)
深圳				
开发商	−0.002 (−0.745)	0.012** (4.068)	0.007* (2.152)	0.018* (2.302)
物业管理公司	−0.011 (−1.067)	−0.022 (−1.822)	−0.005 (−0.513)	−0.018 (−0.457)
社区居委会	−0.011 (−1.364)	0.007 (1.239)	0.018** (3.230)	0.014 (1.410)
业主委员会	−0.003 (−0.824)	0.010** (3.445)	0.008* (2.283)	0.015* (2.069)
议事委员会	−0.004 (−1.436)	0.011** (3.948)	0.004 (1.257)	0.012 (1.587)
社区党群服务中心	−0.008 (−1.070)	0.005 (0.826)	−0.011 (−1.227)	−0.031 (−0.568)
社区社会组织	−0.011 (−1.439)	0.004 (0.802)	−0.001 (−0.138)	0.019* (2.184)

注：① * $p<0.05$，** $p<0.01$；②括号内为标准误。

（三）小结

根据以上数据分析，北京和深圳两个超大城市的社区服务对熟人社区建设的影响如下。

第一，在邻里熟识方面。两地居民对议事委员会、社区社会组织满意度越高，赞同邻里观念的比例越高。在北京，对开发商满意度越高，邻里熟识的比例越高。在深圳，居民对议事委员会满意度越高，邻里熟识的比例越高。

第二，在守望相助方面。在北京，居民对开发商、业主委员会满意度越高，自己及家人帮助邻居的比例越高；对议事委员会满意度越高，向邻居借日常用品的比例越高；居民对社区党群服务中心满意度越高，越会选择朋友作为家庭纠纷化解方；居民对社区社会组织满意度越高，越会选择亲戚作为家庭纠纷化解方。在深圳，居民对社区组织满意度越高，越会选择亲戚作为家庭纠纷化解方；对社区居委会、议事委员会满意度越高的居民，与邻里分享信息的比例越高。

第三，在社区认同方面。在深圳，对开发商、社区居委会、议事委员会满意度越高的居民，社区归属感越强；对社区居委会满意度越高的居民，社区自豪感越强。

第四，在自主自治方面，在深圳，居民对物业管理公司的满意度越高，越会以活动参与者、受邀参与者的身份参与社区文娱活动；对社区组织满意度越高的居民，认为社区居委会主任的承担者是本社区居民的比例越高。在北京，居民对开发商满意度越高，参与解决社区问题意愿越强；对物业管理公司、社区党群服务中心满意度越高，认为社区居委会主任的承担者是本社区居民的比例越高；对议事委员会满意度越高的居民，认为社区居委会主任的承担者是本社区居民和无所谓是谁的比例越高。

三 社区安全与熟人社区建设的关系

(一) 社区安全的现状

社区所处的地域、构成人群、生产生活的物质条件、社区文化意识等的不同，导致社区呈现不同特点，其安全状况和具体的影响因素也有所不同（彭希哲、徐建，2011：110~114）。社区安全关系到每个居民的切身利益，所以生活在其中的居民对社区安全十分重视。提高社区安全水平是提升居民生存安全感和幸福感的重要途径。

1. 社区夜晚安全状况

在调查中,询问了被调查居民"您认为晚上12点以后,在小区里独自步行是否安全",结果如表4-105所示。北京被调查居民认为晚上12点以后,在小区里独自步行是很安全的比例为18.8%,比较安全的比例为50.6%;深圳被调查居民认为很安全的比例为23.6%,比较安全的比例为53.9%,均高于北京被调查社区。北京被调查居民认为小区很不安全或比较不安全的比例分别是4.3%和9.3%;深圳被调查居民的比例只有0.4%和5.0%。可见,北京近70%和深圳近80%的被调查居民认为小区是安全的。

学者指出影响城市社区安全状况的因素,主要包括影响社区安全的正面指标与负面指标。大多数社区安全状况评估或社会治安状况评估中,将客观指标与主观指标(主要是指公众安全感)作为一个混合体系进行单一性评估。在进行城市社区安全状况评估时,其评估指标体系主要体现为社区安全的客观状况,即对社区安全的客观状况进行评估,而不包括公众的心理感受,即安全感,因为社区居民的安全感并不完全反映社区安全状况,也未必与社区安全状况成正比,它还受到居民主体因素的影响,与居民主体的社会地位和受教育水平、一定时期内媒体对某类犯罪或事故的曝光率、自身安全是否受到过危害等有密切关系,如有必要可以建立另一客观指标体系(伍先江,2009:1~7)。

表4-105 社区夜晚安全状况

单位:人,%

选项	北京	深圳
很不安全	27(4.3)	2(0.4)
比较不安全	58(9.3)	28(5.0)
一般	105(16.8)	94(16.9)
比较安全	316(50.6)	299(53.9)
很安全	117(18.8)	131(23.6)
缺失	1(0.2)	1(0.2)
合计	624(100.0)	555(100)

2. 社区事故发生频率

在调查中，询问了被调查居民"您在社区内是否遭遇过以下情况"，结果如表4-106所示。北京和深圳被调查居民没有在社区内遭遇过被盗/入室盗窃、抢劫/抢夺、伤害/恐吓、欺诈、车辆损坏/恶意破坏的都超过80%，印证了上题的统计结果，两个城市的社区安全状况都很好。两个城市居民在社区遭遇过的不安全事件中车辆损坏/恶意破坏排在第一位，北京被调查居民的比例是10.0%，高于深圳的比例（7.1%）。排在第二位的是被盗/入室盗窃，北京被调查居民的比例是6.7%，高于深圳的比例（5.0%）。

可见，两个城市所调查社区的治安情况比较乐观，但仍有少数居民遭受过车辆损坏/恶意破坏、被盗/入室盗窃。说明社区治安还存在一定漏洞。一方面，社区居民要增强防盗意识，做好自身防护；另一方面，社区也要加强安保工作。深圳被调查社区的整体治安状况好于北京，这与社区类型以及建成时间也存在一定关系。深圳被调查社区中的商品房小区所占的比例较高，小区建设的时间较短，物业管理等较完备。而北京被调查社区中老旧小区所占的比例相对较高，物业管理缺失，流动人口相对较多。研究发现，如果社区人口流动性非常大，人口构成极不稳定，也不利于社区良好治安状况的保持（李治欣、徐静珍，2014：172~175）。为此，可融合市场机制、社会组织、社区居民等，尝试多中心治理，推进居民参与，充分利用社会组织的影响力和凝聚力，利用多元化手段保证社区的安全。

表4-106　社区事故发生频率

单位：人，%

选项	北京	深圳
被盗/入室盗窃	43（6.7）	28（5.0）
抢劫/抢夺	4（0.6）	6（1.1）
伤害/恐吓	6（0.9）	5（0.9）
欺诈	10（1.6）	6（1.1）
车辆损坏/恶意破坏	64（10.0）	40（7.1）
无	516（80.2）	477（84.9）
总计	643（100）	562（100）

（二）社区安全对熟人社区建设的影响分析

1. 社区安全与邻里熟识

（1）社区安全与邻里观念

问卷中，因变量"邻里观念"是一个从"非常赞同"、"比较赞同"、"一般"到"不太赞同"、"很不赞同"程度递减的有序变量。因此，需使用有序 Logit 模型进行分析。北京、深圳被调查对象认为社区安全对邻里观念的影响如表 4-107 所示。

深圳居民认为社区安全对邻里观念产生显著的负向影响，即认为社区夜晚安全状况越好的深圳居民，赞同邻里观念的比例越高。

表 4-107　社区安全对邻里观念的影响（有序 Logit 模型）

社区安全	北京	深圳
社区夜晚安全状况	-0.097 （-1.332）	-0.321** （-3.130）

注：① ** $p<0.01$；②括号内为标准误。

（2）社区安全与邻里熟识

问卷中，因变量"邻里熟识"是一个从"非常不熟悉"、"不熟悉"、"一般"到"熟悉"、"非常熟悉"程度递增的有序变量。因此，需使用有序 Logit 模型进行分析。北京、深圳被调查对象认为社区安全对邻里熟识的影响如表 4-108 所示。

深圳居民认为社区安全对邻里熟识产生显著的正向影响，即认为社区夜晚安全状况越好的深圳居民，邻里熟识的比例越高。

表 4-108　社区安全对邻里熟识的影响（有序 Logit 模型）

社区安全	北京	深圳
社区夜晚安全状况	-0.114 （-1.567）	0.616** （6.029）

注：① ** $p<0.01$；②括号内为标准误。

2. 社区安全对守望相助的影响

（1）社区安全与互助认知

问卷中，因变量"互助认知"是一个从"没有"、"偶尔"、"一般"到

"较多"、"很多"程度递增的有序变量。因此，需使用有序 Logit 模型进行分析。北京、深圳被调查对象认为社区安全对互助认知的影响如表 4-109 所示。

深圳居民认为社区安全对互助认知产生显著的正向影响，即认为社区夜晚安全状况越好的深圳居民，互助认知的比例越高，认为本社区居民之间相互帮助的比例越高。

表 4-109　社区安全对互助认知的影响（有序 Logit 模型）

社区安全	北京	深圳
社区夜晚安全状况	-0.079 (-1.091)	0.534 ** (5.277)

注：① ** $p < 0.01$；②括号内为标准误。

（2）社区安全与互助行为

问卷中，因变量"互助行为"是一个从"是"、"偶尔"到"从来没有"程度递减的有序变量。因此，需使用有序 Logit 模型进行分析。北京、深圳被调查对象认为社区安全对互助行为的影响如表 4-110 所示。

北京被调查对象认为社区安全对互助行为产生显著的正向影响，即认为社区夜晚安全状况越好的北京居民，互助行为的比例越低。深圳被调查居民认为社区安全对互助行为产生显著的负向影响，即认为社区夜晚安全状况越好，互助行为的比例越高。

表 4-110　社区安全对互助行为的影响（有序 Logit 模型）

社区安全	邻居帮助自己及家人		自己及家人帮助邻居	
	北京	深圳	北京	深圳
社区夜晚安全状况	0.205 ** (2.664)	-0.401 ** (-3.933)	0.198 ** (2.666)	-0.323 ** (-3.185)

注：① ** $p < 0.01$；②括号内为标准误。

（3）社区安全与邻里互助类型

①社区安全与行动照顾类互助

问卷中，因变量"行动照顾类互助"是一个从"是"、"偶尔"到"从来没有"程度递减的有序变量。因此，需使用有序 Logit 模型进行分析。北京、深圳被调查对象认为社区安全对行动照顾类互助的影响如表 4-111 所示。

北京被调查对象认为社区安全对行动照顾类互助产生显著的正向影

响，即认为社区夜晚安全状况越好的北京居民，行动照顾类互助的比例越低。深圳被调查居民认为社区安全对请邻居照顾患病自己产生显著的负向影响，即认为社区夜晚安全状况越好，请邻居照顾患病自己的比例越高。

表 4-111　社区安全对行动照顾类互助的影响（有序 Logit 模型）

社区安全	请邻居看护患病孩子		请邻居照顾患病自己	
	北京	深圳	北京	深圳
社区夜晚安全状况	0.233* (2.180)	-0.176 (-1.477)	0.411** (3.389)	-0.293* (-2.172)

注：① * $p<0.05$，** $p<0.01$；②括号内为标准误。

②社区安全与心理慰藉类互助

问卷中，家庭纠纷化解方主要包括 8 种：亲戚、朋友、邻居、居委会、物业公司、业主委员会、社区党群服务中心（北京问卷无此选项）、其他。由于家庭纠纷化解方超过两种，因此，需要使用多元 Logit 模型进行分析。多元 Logit 模型需选择基准组作为比较基准，参数的正负反映的是个人对备选方案与基准组之间的相对偏好，参数为正反映居民更愿意选择备选方案而非基准组。这里将亲戚作为基准组，观察其他备选家庭纠纷化解方与之的差异。北京、深圳被调查对象认为社区安全对心理慰藉类互助（家庭纠纷化解方）的影响如表 4-112 所示。北京居民认为社区夜晚安全状况越好，越会选择亲戚作为家庭纠纷化解方。

表 4-112　社区安全对心理慰藉类互助（家庭纠纷化解方）的影响（多元 Logit 模型）

社区安全	朋友	邻居	居委会	物业公司	业主委员会	社区党群服务中心	其他
	北京						
社区夜晚安全状况	-0.412** (-3.150)	-0.363 (-1.474)	-0.140 (-0.981)	0.635 (1.713)	-1.037 (-1.775)	—	-0.183 (-1.864)
	深圳						
	0.158 (0.945)	-0.458 (-1.809)	-0.071 (-0.394)	0.530 (1.773)	0.102 (0.112)	-0.283 (-1.344)	0.140 (0.949)

注：① ** $p<0.01$；②括号内为标准误。

③社区安全与信息分享类互助

问卷中，因变量"信息分享类互助"是一个从"非常愿意"、"比较愿意"、"一般"到"不太愿意"、"不愿意"程度递减的有序变量。因此，需使用有序 Logit 模型进行分析。北京、深圳被调查对象认为社区安全对信息分享类互助（传递活动信息）的影响如表 4-113 所示。

深圳被调查对象认为社区安全对信息分享类互助产生显著的负向影响，即认为社区夜晚安全状况越好的深圳居民，与邻里进行信息分享的比例越高。

表 4-113　社区安全对信息分享类互助（传递活动信息）的影响（有序 Logit 模型）

社区安全	北京	深圳
社区夜晚安全状况	−0.006 （−0.083）	−0.380 ** （−3.678）

注：① ** $p<0.01$；②括号内为标准误。

3. 社区安全对社区认同的影响

（1）社区安全与社区归属感

问卷中，因变量"社区归属感"是一个从"很不赞同"、"较不赞同"、"一般"到"比较赞同"、"非常赞同"程度递增的有序变量。因此，需使用有序 Logit 模型进行分析。北京、深圳被调查对象认为社区安全对社区归属感的影响如表 4-114 所示。

北京、深圳被调查对象认为社区安全对社区归属感均产生显著的正向影响，即认为社区夜晚安全状况越好的北京、深圳居民，社区归属感越强。可见，良好的社区安全状况，可以增强居民的社区归属感。

表 4-114　社区安全对社区归属感的影响（有序 Logit 模型）

社区安全	社区有家的感觉		不舍得搬离社区	
	北京	深圳	北京	深圳
社区夜晚安全状况	0.384 ** （5.138）	0.565 ** （5.606）	0.268 ** （3.677）	0.436 ** （4.407）

注：① ** $p<0.01$；②括号内为标准误。

（2）社区安全与社区自豪感

问卷中，因变量"社区自豪感"是一个从"很不赞同"、"较不赞同"、"一般"到"比较赞同"、"非常赞同"程度递增的有序变量。因此，需使用有序 Logit 模型进行分析。北京、深圳被调查对象认为社区安全对社区自豪感的影响如表 4-115 所示。

北京、深圳被调查对象均认为社区安全对社区自豪感产生显著的正向影响，即认为社区夜晚安全状况越好的北京、深圳居民，社区自豪感越强。可见，良好的社区安全状况，可以增强居民的社区自豪感。

表 4-115　社区安全对社区自豪感的影响（有序 Logit 模型）

社区安全	北京	深圳
社区夜晚安全状况	0.373 ** (4.970)	0.472 ** (4.726)

注：① ** $p<0.01$；②括号内为标准误。

4. 社区安全对自主自治的影响

（1）社区安全与居民自主性

①社区安全与策划文娱活动类型

问卷中，因变量"策划文娱活动类型"为多选题，主要包括讲座类、手工类、娱乐类、技能培训类、郊游类、公益类、体育运动类、亲子类、讲演类、展览类、教育类、兴趣爱好类。将社区安全与策划文娱活动类型进行交叉分析，这里仅展示有影响关系的变量，如表 4-116 所示。

认为社区夜晚安全状况为"很不安全"的深圳居民，策划文娱活动类型选择讲座类的比例（50.00%），明显高于平均水平（14.56%）。认为社区夜晚安全状况为"比较安全"的深圳居民，策划文娱活动类型选择郊游类的比例（31.37%），明显高于平均水平（23.75%）。认为社区夜晚安全状况为"比较不安全"的深圳市民，策划文娱活动类型选择亲子类的比例（38.46%），明显高于平均水平（27.97%）。认为社区夜晚安全状况为"很安全"的深圳居民，策划文娱活动类型选择体育运动类的比例（38.46%），明显高于平均水平（24.90%）。

表 4-116　社区安全对策划文娱活动类型的影响（交叉分析）

单位：人，%

类型	社区夜晚安全状况（深圳）					汇总 （$n=261$）
	很不安全 （$n=2$）	比较不安全 （$n=13$）	一般 （$n=41$）	比较安全 （$n=153$）	很安全 （$n=52$）	
讲座类	1 (50.00)	0 (0)	6 (14.63)	26 (16.99)	5 (9.62)	38 (14.56)

类型	社区夜晚安全状况（深圳）					汇总
	很不安全 （$n=2$）	比较不安全 （$n=13$）	一般 （$n=41$）	比较安全 （$n=153$）	很安全 （$n=52$）	（$n=261$）
郊游类	0 （0）	1 （7.69）	6 （14.63）	48 （31.37）	7 （13.46）	62 （23.75）
体育运动类	2 （100.00）	2 （15.38）	6 （14.63）	35 （22.88）	20 （38.46）	65 （24.90）
亲子类	0 （0）	5 （38.46）	16 （39.02）	45 （29.41）	7 （13.46）	73 （27.97）

卡方检验：$\chi^2=62.422$，$p=0.035$。

②社区安全与参与文娱活动身份

问卷中，参与文娱活动身份主要包括5种：组织者、活动参与者、受邀参与者、义工、其他。由于参与文娱活动身份超过两种，因此，需要使用多元 Logit 模型进行分析。多元 Logit 模型需要选择一个基准组作为比较的基准，参数的正负反映的是个人对备选方案与基准组之间的相对偏好，参数为正反映居民更愿意选择备选方案而非基准组。这里将组织者作为基准组，观察其他备选参与文娱活动身份与之的差异。北京、深圳被调查对象认为社区安全对参与文娱活动身份的影响如表4-117所示。

北京、深圳被调查对象认为社区夜晚安全状况越好，越会选择以活动参与者的身份来参与文娱活动。可见，良好的社区安全状况，能够提升居民参加文化娱乐活动的比例。

表4-117　社区安全对参与文娱活动身份的影响（多元 Logit 模型）

社区安全	活动参与者	受邀参与者	义工	其他
	北京			
社区夜晚安全状况	0.972** （2.988）	0.635 （1.872）	0.594 （1.519）	1.957 （1.825）
	深圳			
	0.678* （2.456）	0.350 （0.911）	0.148 （0.445）	1.615 （1.831）

注：①* $p<0.05$，** $p<0.01$；②括号内为标准误。

（2）社区安全与社区自治

经过统计分析，社区安全与居民参与解决社区问题意愿不存在影响关系。为此，分析社区安全与居民参与解决社区问题的关系。问卷中，因变量 "参与行为" 是一个 "曾经参与" 或 "没有参与" 的二元定类变量，使用二元 Logit 模型分析。北京、深圳被调查对象认为社区安全对参与行为的影响如表 4-118 所示。

北京被调查对象认为社区安全对参与行为产生显著的负向影响，即认为社区夜晚安全状况越好的北京居民，参与解决社区问题的比例越低，可能是因为社区安全状况好，社区管理得好，需要居民参与解决的社区问题较少。

表 4-118　社区安全对参与行为的影响（二元 Logit 模型）

社区安全	北京	深圳
社区夜晚安全状况	-0.259^{**} （-2.629）	0.221 （1.750）

注：① ** $p<0.01$；②括号内为标准误。

（三）小结

根据以上数据分析，北京和深圳两个超大城市的社区安全对熟人社区建设的影响如下。

第一，在邻里熟识方面。在深圳，认为社区夜晚安全状况越好的居民，赞同邻里观念的比例越高，邻里熟识的比例越高。

第二，在守望相助方面。在深圳，认为社区夜晚安全状况越好的居民，互助认知以及互助行为的比例越高，请邻居照顾患病自己的比例越高，与邻里进行信息分享的比例越高。在北京，认为社区夜晚安全状况越好的居民，行动照顾类互助的比例越低；居民认为社区夜晚安全状况越好，越会选择亲戚作为家庭纠纷化解方。

第三，在社区认同方面。北京和深圳居民对社区安全满意度越高，社区归属感和社区自豪感越强。

第四，在自主自治方面，在北京和深圳，居民认为社区夜晚安全状况越好，越会选择以活动参与者身份参与文娱活动。在北京，认为社区夜晚安全状况越好的居民，参与解决社区问题的比例越低。

四 社区环境与熟人社区建设的关系

（一）社区环境的现状

人生活在一定的环境中，环境与人之间存在相互作用，环境越来越引起人们的重视，生活在社区中的人需要良好的生存空间和舒适的环境。社区环境是社区成员在一定的地域内所面对和感受的一切客观事物的总和，是物质环境和精神环境的综合体。本部分主要探讨的是社区物质环境，包括社区绿化环境、健康娱乐设施以及社区公共空间等。良好的社区环境是社区居民赖以生存的重要条件。随着生活水平的不断提高，社区居民对社区环境的质量要求也越来越高。

1. 社区绿化环境

在调查中，询问了被调查居民"您认为本社区的绿化环境是否有必要改善"，结果如表4-119所示。北京被调查居民认为本社区的绿化环境不必要改善的比例为32.1%，认为有必要改善的比例为24.0%，一般的比例为22.0%，认为非常有必要改善的比例为17.9%，认为非常不必要改善的比例为3.7%。可见，北京被调查居民对社区绿化环境改善的态度较分散，说明每个人对社区环境的期许不同。有些居民认为环境已基本达到自己的要求，所以没有必要改善；有些居民对社区绿化环境的要求较高，他们的态度就会不同。

深圳被调查居民认为本社区的绿化环境不必要改善的比例为20.5%，有必要改善的比例为36.8%，一般的比例为30.5%，非常有必要改善的比例为11.7%，非常不必要改善的比例为0.5%。相较于北京，深圳被调查居民对社区绿化环境的满意度略低。一方面说明深圳社区在环境绿化方面还需进一步提升，另一方面也说明深圳社区居民对社区绿化环境的要求较高。社区环境的改善一方面依靠物业公司的定期清洁，另一方面也与居民的日常维护直接相关。只有二者互相配合，才能使社区维持一种相对干净整洁的状态。为此，社区居民要积极参与社区环境治理。

表 4-119　对社区绿化环境的评价

单位：人，%

选项	北京	深圳
非常有必要	112（17.9）	65（11.7）
有必要	150（24.0）	204（36.8）
一般	137（22.0）	169（30.5）
不必要	200（32.1）	114（20.5）
非常不必要	23（3.7）	3（0.5）
缺失	2（0.3）	0（0）
合计	624（100.0）	555（100.0）

2. 健康娱乐设施

在调查中，询问了被调查居民"您对社区的健康娱乐设施满意吗"，结果如表 4-120 所示。北京被调查居民对社区的健康娱乐设施的满意度，认为一般的占 36.1%，满意的占 22.8%，不满意的占 29.3%，非常满意的占 3.7%，只有 7.9% 的被调查居民对设施非常不满意。可见，北京绝大部分被调查居民对健康娱乐设施是比较满意的。部分居民认为设施还有提升空间，希望社区在未来可对健康娱乐设施进一步完善，以满足不同居民的需求。

深圳被调查居民对社区内的健康娱乐设施的满意度，认为一般的占 35.0%，满意的占 34.4%，不满意的占 22.3%，非常满意的占 4.1%，只有 4.0% 的被调查居民对设施非常不满意。有相当一部分居民对社区的健康娱乐设施有意见，说明社区中的各种设施并不完善。相较于北京，深圳对健康娱乐设施的满意度更高。社区中的健康娱乐设施是居民放松身心的主要工具，尤其老年人更需要锻炼身体的场所和器材。因此，社区应加强健康娱乐设施建设，为居民生活提供便利。

表 4-120　对健康娱乐设施满意度

单位：人，%

选项	北京	深圳
非常不满意	49（7.9）	22（4.0）
不满意	183（29.3）	124（22.3）
一般	255（36.1）	194（35.0）

续表

选项	北京	深圳
满意	142（22.8）	191（34.4）
非常满意	23（3.7）	23（4.1）
缺失	2（0.3）	1（0.2）
合计	624（100.0）	555（100.0）

3. 社区公共空间

在调查中，询问了被调查居民"您对社区的公共空间满意吗"，结果如表4-121所示。北京被调查居民对社区公共空间的满意度，认为一般的占35.7%，比较满意的占38.0%，非常满意的占4.8%，较不满意的占13.1%，只有8.0%的被调查居民对社区公共空间非常不满意。深圳被调查居民对社区公共空间的满意度，认为一般的占43.2%，比较满意的占35.3%，非常满意的占10.6%，较不满意的占7.9%，只有2.9%的被调查居民对社区公共空间非常不满意。

对比两个城市的数据，大部分居民对社区公共空间比较满意，极少数居民非常满意。深圳被调查居民对社区公共空间非常满意的比例高于北京，不满意的比例低于北京。可见，北京社区在公共空间建设方面与深圳社区存在一定差距。社区公共空间的建设应是在小区开发之时做好规划，每个小区都应留有一定比例的公共空间，以满足居民的户外活动需求，但开发商为了追求利益最大化，往往尽可能缩减公共空间，导致居民活动空间不足。

表 4-121　对社区公共空间满意度

单位：人，%

选项	北京	深圳
非常不满意	50（8.0）	16（2.9）
较不满意	82（13.1）	44（7.9）
一般	223（35.7）	240（43.2）
比较满意	237（38.0）	196（35.3）
非常满意	30（4.8）	59（10.6）
缺失	2（0.3）	0（0）
合计	624（100.0）	555（100.0）

在调查中，询问了被调查居民"您与邻居聊天交流一般在哪里"，结果如表4-122所示。北京和深圳被调查居民与邻居聊天主要在社区公园或广场，北京占53.7%，深圳占51.6%；其次是在楼门口，北京占31.1%，深圳占22.6%。可见，两个城市被调查居民的交往限于公共空间，私密空间较少涉及。这也印证了超大城市的生人社会特征。有6.4%的北京被调查居民与邻居聊天在双方家里，低于深圳居民（16.8%）10.4个百分点。相较于北京，深圳被调查居民与邻居关系更为密切，邻里之间信任度和亲密度高于北京。此外，居民和邻居的聊天地点可反映居民对公共空间的需求以及对公共空间建设的满意程度。

表 4-122　居民交流场所

单位：人，%

选项	北京	深圳
双方家里	47（6.4）	145（16.8）
社区公园或广场	392（53.7）	444（51.6）
楼门口	227（31.1）	195（22.6）
社区党群服务中心	—	44（5.1）
社区居委会	10（1.4）	12（1.4）
其他	54（7.4）	21（2.4）
总计	730（100.0）	861（100.0）

（二）社区环境对熟人社区建设的影响分析

1. 社区环境与邻里熟识

（1）社区环境与邻里观念

问卷中，因变量"邻里观念"是一个从"非常赞同"、"比较赞同"、"一般"到"不太赞同"、"很不赞同"程度递减的有序变量。因此，需使用有序Logit模型进行分析。北京、深圳被调查对象的社区环境满意度对邻里观念的影响如表4-123所示。

深圳居民对健康娱乐设施、社区公共空间的满意度对邻里观念产生显著的负向影响，即对健康娱乐设施、社区公共空间满意度越高的深圳居民，赞同邻里观念的比例越高。

表 4-123　社区环境满意度对邻里观念的影响（有序 Logit 模型）

社区环境	北京	深圳
社区绿化环境	0.047 （0.742）	-0.036 （-0.424）
健康娱乐设施	0.119 （1.566）	-0.212 * （-2.424）
社区公共空间	-0.109 （-1.456）	-0.441 ** （-4.701）

注：① * $p<0.05$, ** $p<0.01$；②括号内为标准误。

（2）社区环境与邻里熟识

问卷中，因变量"邻里熟识"是一个从"非常不熟悉"、"不熟悉"、"一般"到"熟悉"、"非常熟悉"程度递增的有序变量。因此，需使用有序 Logit 模型进行分析。北京、深圳被调查对象的社区环境满意度对邻里熟识的影响如表 4-124 所示。

北京被调查对象对社区绿化环境的满意度对邻里熟识产生显著的负向影响，即对社区绿化环境满意度越高的北京居民，邻里熟识比例越低。深圳被调查对象对社区公共空间的满意度对邻里熟识产生显著的正向影响，即对社区公共空间满意度越高的深圳居民，邻里熟识比例越高。可见，良好的社区环境可以提升居民的邻里熟识程度。

表 4-124　社区环境满意度对邻里熟识的影响（有序 Logit 模型）

社区环境	北京	深圳
社区绿化环境	-0.180 ** （-2.856）	0.008 （0.099）
健康娱乐设施	0.035 （0.470）	0.069 （0.827）
社区公共空间	-0.013 （-0.178）	0.345 ** （3.842）

注：① ** $p<0.01$；②括号内为标准误。

2. 社区环境对守望相助的影响

（1）社区环境与互助认知

问卷中，因变量"互助认知"是一个从"没有"、"偶尔"、"一般"

到"较多"、"很多"程度递增的有序变量，因此，需使用有序 Logit 模型进行分析。北京、深圳被调查对象的社区环境满意度对互助认知的影响如表 4-125 所示。

深圳居民对健康娱乐设施、社区公共空间的满意度对互助认知均产生显著的正向影响，对健康娱乐设施、社区公共空间满意度越高，互助认知的比例越高，即认为本社区的居民之间相互帮助的比例越高。

表 4-125　社区环境满意度对互助认知的影响（有序 Logit 模型）

社区环境	北京	深圳
社区绿化环境	0.052 （0.831）	-0.045 （-0.551）
健康娱乐设施	0.086 （1.156）	0.215 * （2.543）
社区公共空间	0.053 （0.719）	0.452 ** （4.988）

注：① * $p<0.05$，** $p<0.01$；②括号内为标准误。

（2）社区环境与互助行为

问卷中，因变量"互助行为"是一个从"是"、"偶尔"到"从来没有"程度递减的有序变量。因此，需使用有序 Logit 模型进行分析。北京、深圳被调查对象的社区环境满意度对互助行为的影响如表 4-126 所示。

北京被调查对象对社区绿化环境、社区公共空间的满意度对互助行为产生显著的正向影响，即对社区绿化环境、社区公共空间满意度越高的北京居民，互助行为比例越高。可见，良好的社区环境可以增加居民的互助行为。

表 4-126　社区环境满意度对互助行为的影响（有序 Logit 模型）

社区环境	邻居帮助自己及家人		自己及家人帮助邻居	
	北京	深圳	北京	深圳
社区绿化环境	0.369 ** （5.342）	-0.010 （-0.126）	0.387 ** （5.838）	0.144 （1.718）
健康娱乐设施	-0.008 （-0.096）	-0.059 （-0.703）	-0.157 * （-2.038）	-0.015 （-0.177）
社区公共空间	0.390 ** （4.885）	-0.121 （-1.351）	0.362 ** （4.702）	-0.065 （-0.726）

注：① * $p<0.05$，** $p<0.01$；②括号内为标准误。

（3）社区环境与邻里互助类型

①社区环境与行动照顾类互助

问卷中，因变量"行动照顾类互助"是一个从"是"、"偶尔"到"从来没有"程度递减的有序变量。因此，需使用有序 Logit 模型进行分析。北京、深圳被调查对象的社区环境满意度对行动照顾类互助的影响如表 4-127 所示。

北京被调查对象对社区绿化环境、社区公共空间满意度越高，行动照顾类互助越少。而深圳被调查对象对健康娱乐设施、社区公共空间满意度越高，行动照顾类互助越多。

表 4-127　社区环境满意度对行动照顾类互助的影响（有序 Logit 模型）

社区环境	请邻居看护患病孩子		请邻居照顾患病自己	
	北京	深圳	北京	深圳
社区绿化环境	0.206* (2.088)	0.180 (1.837)	0.195 (1.661)	-0.007 (-0.065)
健康娱乐设施	0.056 (0.476)	-0.110 (-1.102)	0.049 (0.352)	-0.246* (-2.199)
社区公共空间	0.235* (2.113)	-0.086 (-0.824)	0.358** (2.750)	-0.247* (-2.094)

注：① *$p<0.05$，**$p<0.01$；②括号内为标准误。

②社区环境与心理慰藉类互助

问卷中，家庭纠纷化解方主要包括亲戚、朋友、邻居、居委会、物业公司、业主委员会、社区党群服务中心（北京问卷无此选项）、其他。由于家庭纠纷化解方超过两种，因此，需要使用多元 Logit 模型进行分析。多元 Logit 模型需要选择一个基准组作为比较的基准，参数的正负反映的是个人对备选方案与基准组之间的相对偏好，参数为正反映居民更愿意选择备选方案而非基准组。这里将亲戚作为基准组，观察其他备选家庭纠纷化解方与之的差异。北京、深圳被调查对象的社区环境满意度对心理慰藉类互助（家庭纠纷化解方）的影响如表 4-128 所示。

北京居民对社区公共空间满意度越高，越会选择亲戚作为家庭纠纷化解方。深圳居民对社区绿化环境满意度越高，越会选择物业公司作为家庭纠纷化解方；深圳居民对健康娱乐设施满意度越高，越会选择居委会、物业公司、社区党群服务中心作为家庭纠纷化解方；深圳居民对社区公共空间满意度越高，越会选择物业公司和社区党群服务中心作为家庭纠纷化解方。

表 4-128　社区环境满意度对心理慰藉类互助（家庭纠纷化解方）的影响

（多元 Logit 模型）

社区环境	朋友	邻居	居委会	物业公司	业主委员会	社区党群服务中心	其他
北京							
社区绿化环境	-0.044 (-0.378)	-0.358 (-1.549)	0.058 (0.482)	0.334 (1.375)	-16.397 (-0.007)	—	-0.050 (-0.624)
健康娱乐设施	-0.131 (-0.930)	0.070 (0.258)	0.061 (0.425)	-0.137 (-0.502)	0.138 (0.192)	—	-0.043 (-0.440)
社区公共空间	-0.273* (-2.033)	-0.294 (-1.154)	0.005 (0.035)	0.179 (0.624)	-1.105 (-1.585)	—	-0.046 (-0.470)
深圳							
社区绿化环境	-0.179 (-1.311)	-0.185 (-0.785)	-0.214 (-1.372)	0.492* (2.138)	-0.778 (-0.924)	-0.323 (-1.686)	0.131 (1.076)
健康娱乐设施	-0.056 (-0.405)	0.247 (1.018)	0.532** (3.197)	0.668** (2.719)	0.721 (0.859)	0.926** (4.226)	0.372** (2.915)
社区公共空间	0.019 (-0.133)	-0.437 (-1.815)	0.331 (1.922)	0.514* (2.036)	-0.387 (-0.505)	0.819** (3.699)	0.245 (1.829)

注：① $p<0.05$，$p<0.01$；②括号内为标准误。

③社区环境与工具支持类互助

问卷中，红白喜事帮助者为多选题，包括亲属、朋友、邻居、居委会、物业公司、业主委员会、社区服务站、其他。将社区公共空间满意度与工具支持类互助（红白喜事帮助者）进行交叉分析，结果如表 4-129 所示。

对社区公共空间满意度为"较不满意"的北京居民，红白喜事帮助者选择朋友的比例（43.21%），明显高于平均水平（36.44%）。对社区公共空间满意度为"非常满意"的北京居民，红白喜事帮助者选择邻居的比例（20.00%），明显高于平均水平（10.29%）。

表 4-129　社区公共空间满意度与工具支持类互助（红白喜事帮助者）的交叉分析

单位：人，%

选项	社区公共空间满意度（北京）					汇总 （$n=555$）
	很不满意 （$n=49$）	较不满意 （$n=81$）	一般 （$n=221$）	比较满意 （$n=231$）	非常满意 （$n=30$）	
亲属	28 (57.14)	55 (67.90)	159 (71.95)	151 (65.37)	16 (53.33)	409 (61.83)

| 选项 | 社区公共空间满意度（北京） | | | | | 汇总 |
	很不满意（n=49）	较不满意（n=81）	一般（n=221）	比较满意（n=231）	非常满意（n=30）	（n=555）
朋友	15（30.61）	35（43.21）	85（38.46）	79（34.20）	9（30.00）	223（36.44）
邻居	11（22.45）	15（18.52）	19（8.60）	12（5.19）	6（20.00）	63（10.29）
居委会	1（2.04）	3（3.70）	4（1.81）	4（1.73）	3（10.00）	15（2.45）
物业公司	1（2.04）	0（0）	3（1.36）	5（2.16）	1（3.33）	10（1.63）
业主委员会	0（0）	0（0）	1（0.45）	2（0.87）	0（0）	3（0.49）
社区服务站	0（0）	0（0）	1（0.45）	2（0.87）	0（0）	3（0.49）
其他	10（20.41）	7（8.64）	33（14.93）	46（19.91）	9（30.00）	105（17.16）

卡方检验：$\chi^2 = 46.091$，$p = 0.017$。

④社区环境与信息分享类互助

问卷中，因变量"信息分享类互助"是一个从"非常愿意"、"比较愿意"、"一般"到"不太愿意"、"不愿意"程度递减的有序变量。因此，需使用有序 Logit 模型进行分析。北京、深圳被调查对象的社区环境满意度对信息分享类互助（传递活动信息）的影响如表4-130所示。

深圳被调查对象对社区公共空间满意度对信息分享类互助产生显著的负向影响，即对社区公共空间满意度越高的深圳居民，与邻里进行信息分享的比例越高。可见，满意的社区公共空间为社区居民交流分享信息创造了条件。

表4-130　社区环境满意度对信息分享类互助（传递活动信息）的影响
（有序 Logit 模型）

社区环境	北京	深圳
社区绿化环境	-0.069（-1.075）	-0.043（-0.500）

续表

社区环境	北京	深圳
健康娱乐设施	0.046 (0.597)	0.026 (0.296)
社区公共空间	0.038 (0.507)	-0.264** (-2.857)

注：① ** $p<0.01$；②括号内为标准误。

3. 社区环境对社区认同的影响

（1）社区环境与社区归属感

问卷中，因变量"社区归属感"是一个从"很不赞同"、"较不赞同"、"一般"到"比较赞同"、"非常赞同"程度递增的有序变量。因此，需使用有序 Logit 模型进行分析。北京、深圳被调查对象的社区环境满意度对社区归属感的影响如表 4-131 所示。

北京、深圳被调查对象的社区环境满意度对社区归属感均产生显著的正向影响，即对社区环境满意度越高的北京、深圳居民，社区归属感越强。

表 4-131　社区环境满意度对社区归属感的影响（有序 Logit 模型）

社区环境	社区有家的感觉		不舍得搬离社区	
	北京	深圳	北京	深圳
社区绿化环境	0.399** (6.167)	0.260** (3.161)	0.336** (5.273)	0.269** (3.290)
健康娱乐设施	0.399** (5.201)	0.483** (5.620)	0.392** (5.174)	0.508** (5.931)
社区公共空间	0.516** (6.670)	0.727** (7.731)	0.475** (6.234)	0.634** (6.882)

注：① ** $p<0.01$；②括号内为标准误。

（2）社区环境与社区自豪感

问卷中，因变量"社区自豪感"是一个从"很不赞同"、"较不赞同"、"一般"到"比较赞同"、"非常赞同"程度递增的有序变量，因此，需使用有序 Logit 模型进行分析。北京、深圳被调查对象的社区环境满意度对"社区自豪感"的影响如表 4-132 所示。

北京、深圳被调查对象的社区环境满意度对社区自豪感均产生显著的正向影响，即对社区环境满意度越高的北京、深圳居民，社区自豪感越强。

表 4-132 社区环境满意度对社区归属感的影响（有序 Logit 模型）

社区环境	北京	深圳
社区绿化环境	0.459** (6.988)	0.280** (3.409)
健康娱乐设施	0.444** (5.748)	0.659** (7.459)
社区公共空间	0.590** (7.483)	0.861** (8.896)

注：① ** $p<0.01$；②括号内为标准误。

4. 社区环境对自主自治的影响

（1）社区环境与社区居民自主性

①社区环境与策划文娱活动意愿

问卷中，因变量"策划意愿"是一个从"愿意"、"不愿意"到"无所谓"程度递减的有序变量，因此，需使用有序 Logit 模型进行分析。北京、深圳被调查对象的社区环境满意度对策划意愿的影响，如表 4-133 所示。

深圳被调查对象对健康娱乐设施的满意度对策划意愿产生显著的负向影响，即认为社区健康娱乐设施越好的深圳居民，策划社区文娱活动的意愿越强。

表 4-133 社区环境满意度对策划意愿的影响（有序 Logit 模型）

社区环境	北京	深圳
社区绿化环境	0.107 (1.662)	0.120 (1.443)
健康娱乐设施	0.038 (0.490)	-0.194* (-2.276)
社区公共空间	0.003 (0.035)	-0.154 (-1.719)

注：① * $p<0.05$；②括号内为标准误。

②社区环境与参与文娱活动身份

问卷中，参与文娱活动身份主要包括组织者、活动参与者、受邀参与者、义工、其他。由于参与文娱活动身份超过两种，因此，需要使用多元 Logit 模型进行分析。多元 Logit 模型需选择基准组作为比较基准，参数的正负反映的是个人对备选方案与基准组间的相对偏好，参数为正反映居民更愿意选择备选方案而非基准组。这里将组织者作为基准组，观察其他备选参与文娱活动身份与之的差异。北京、深圳被调查对象的社区环境满意度对参与文娱活动身份的影响如表4-134所示。北京被调查对象对健康娱乐设施满意度越高，选择组织者作为参与文娱活动身份的比例越大。

表4-134　社区环境满意度对参与文娱活动身份的影响（多元 Logit 模型）

社区环境	活动参与者	受邀参与者	义工	其他
北京				
社区绿化环境	0.022 (0.075)	-0.016 (-0.051)	-0.783 (-1.803)	1.922 (1.624)
健康娱乐设施	-0.433 (-1.170)	-0.509 (-1.257)	-1.142* (-2.338)	1.546 (1.343)
社区公共空间	-0.080 (-0.239)	-0.309 (-0.857)	0.116 (0.264)	0.813 (0.840)
深圳				
社区绿化环境	0.448 (1.817)	0.390 (1.161)	0.021 (0.068)	1.814** (2.640)
健康娱乐设施	0.132 (0.552)	-0.330 (-1.006)	-0.144 (-0.489)	-0.602 (-1.058)
社区公共空间	0.293 (1.179)	-0.046 (-0.136)	0.228 (0.728)	-0.251 (-0.429)

注：①* $p<0.05$，** $p<0.01$；②括号内为标准误。

（2）社区环境与社区自治情况

①社区环境与解决社区问题

A. 参与意愿

问卷中，因变量"参与意愿"是一个"会"或"不会"的二元定类变量，使用二元 Logit 模型分析。北京、深圳被调查对象的社区环境满意度对参与意愿的影响如表4-135所示。

北京被调查对象对社区绿化环境的满意度对参与意愿产生显著的负向影响，即对社区绿化环境满意度越高的北京居民，参与解决社区问题意愿较弱。

表4-135　社区环境满意度对参与意愿的影响（二元 Logit 模型）

社区环境	北京	深圳
社区绿化环境	-0.290** (-3.680)	0.021 (0.161)

续表

社区环境	北京	深圳
健康娱乐设施	0.021 (0.230)	0.035 (0.264)
社区公共空间	−0.170 (−1.829)	0.253 (1.821)

注：① ** $p<0.01$；②括号内为标准误。

B. 参与行为

问卷中，因变量"参与行为"是一个"曾经参与"或"没有参与"的二元定类变量，使用二元 Logit 模型分析。北京、深圳被调查对象的社区环境满意度对参与行为的影响如表 4-136 所示。

北京被调查对象对社区绿化环境的满意度对参与行为产生显著的负向影响，即对社区绿化环境满意度越高的居民，参与解决社区问题的比例越低。北京被调查对象对健康娱乐设施的满意度对参与行为产生显著的正向影响，即对健康娱乐设施满意度越高的居民，参与解决社区问题的比例越高。

表 4-136　社区环境满意度对参与解决社区问题的影响（二元 Logit 模型）

社区环境	北京	深圳
社区绿化环境	−0.244 ** (−2.694)	−0.154 (−1.506)
健康娱乐设施	0.294 ** (2.693)	−0.052 (−0.498)
社区公共空间	−0.058 (−0.555)	0.092 (0.838)

注：① ** $p<0.01$；②括号内为标准误。

②社区环境与社区管理者

A. 社区居委会主任的承担者

问卷中，社区居委会主任的承担者主要包括本社区居民、非本社区居民、无所谓。由于社区居委会主任的承担者超过两种，因此，需要使用多元 Logit 模型进行分析。多元 Logit 模型需选择基准组作为比较基准，参数的正负反映的是个人对备选方案与基准组间的相对偏好，参数为正反映居民更愿意选择备选方案而非基准组。这里将本社区居民作为基准组，观察其他备选社区居委会主任的承担者与之的差异。北京、深圳被调查对象的社区环境满意度对社区居委会主任的承担者的影响如表 4-137 所示。

北京居民对社区绿化环境满意度越高，社区居委会主任的承担者无所谓是谁的比例越大。深圳居民对社区环境满意度越高，社区居委会主任的承担者是本社区居民的比例越大。

表 4-137 社区环境满意度对社区居委会主任的承担者的影响（多元 Logit 模型）

社区环境	北京		深圳	
	非本社区居民	无所谓	非本社区居民	无所谓
社区绿化环境	-0.297 (-1.358)	0.165 * (2.360)	-0.771 ** (-2.884)	-0.011 (-0.115)
健康娱乐设施	0.270 (1.057)	0.093 (1.117)	-0.546 * (-2.268)	0.091 (0.965)
社区公共空间	-0.398 (-1.714)	0.000 (0.005)	-0.486 * (-2.014)	0.108 (1.088)

注：① * $p<0.05$，** $p<0.01$；②括号内为标准误。

B. 社区管理的责任人

问卷中，社区管理的责任人主要包括政府、居委会、物业公司、居民自己发挥力量、其他。由于社区管理的责任人超过两种，因此，需要使用多元 Logit 模型进行分析。多元 Logit 模型需要选择一个基准组作为比较的基准，参数的正负反映的是个人对备选方案与基准组之间的相对偏好，参数为正反映居民更愿意选择备选方案而非基准组。这里将政府作为基准组，观察其他备选社区管理的责任人与之的差异。北京、深圳被调查对象的社区环境满意度对社区管理的责任人的影响如表 4-138 所示。

北京被调查对象对社区绿化环境满意度越高，认为社区管理的责任人是居民自己的比例越大；北京被调查对象对健康娱乐设施满意度越高，认为社区管理的责任人是居委会、物业公司、居民自己的比例越大。

表 4-138 社区环境满意度对社区管理的责任人的影响（多元 Logit 模型）

社区环境	居委会	物业公司	居民自己发挥力量	其他
北京				
社区绿化环境	0.162 (1.480)	0.194 (1.694)	0.268 * (2.007)	0.170 (1.081)
健康娱乐设施	0.394 ** (2.905)	0.426 ** (3.012)	0.385 * (2.363)	0.443 * (2.308)

续表

社区环境	居委会	物业公司	居民自己发挥力量	其他
社区公共空间	0.178 (1.403)	0.204 (1.529)	0.057 (0.371)	0.223 (1.195)
深圳				
社区绿化环境	0.031 (0.213)	0.215 (1.574)	0.288 (1.788)	0.583 (1.689)
健康娱乐设施	0.233 (1.568)	0.050 (0.365)	0.293 (1.777)	0.933* (2.354)
社区公共空间	0.134 (0.854)	−0.010 (−0.070)	0.135 (0.783)	0.727 (1.859)

注：① * $p<0.05$，** $p<0.01$；②括号内为标准误。

（三）小结

在经济快速发展的今天，公共空间成为居民休闲娱乐的重要场所，趣缘和居民间的个体差异是促进邻里熟识的重要因素，群体的内部分化和信任群体的产生是此公共空间对熟人社区构建产生的重要影响（牛喜霞、邱靖，2014：124）。

根据以上数据分析，北京和深圳两个城市的社区环境对熟人社区建设的影响如下。

第一，在邻里熟识方面。在深圳，居民对健康娱乐设施、社区公共空间满意度越高，赞同邻里观念的比例越高；对社区公共空间满意度越高，邻里熟识的比例越高。在北京，居民对社区绿化环境满意度越高，邻里熟识的比例越低。

第二，在守望相助方面。在深圳，居民对健康娱乐设施、社区公共空间满意度越高，互助认知比例越高。在北京，居民对社区绿化环境、社区公共空间满意度越高，互助行为越多；对社区公共空间"非常满意"的居民，红白喜事帮助者选择邻居的比例（20.00%），明显高于平均水平（10.29%）。在深圳，居民对健康娱乐设施、社区公共空间满意度越高，行动照顾类互助越多；居民对社区绿化环境满意度越高，越会选择物业公司作为家庭纠纷化解方；居民对健康娱乐设施满意度越高，越会选择居委会、物业公司、社区党群服务中心作为家庭纠纷化解方；居民对社区公共空间满意度越高，越会选择物业公司和社区党群服务中心作为家庭纠纷化解方；居民对社区公共空间满意度越高，与邻里进行信息分享的比例越高。

第三，在社区认同方面。北京和深圳居民对社区环境满意度越高，社区归属感和自豪感越强。

第四，在自主自治方面，在深圳，居民对健康娱乐设施满意度越高，策划社区文娱活动的意愿越强。在北京，居民对健康娱乐设施满意度越高，以组织者身份参与文娱活动的比例越高；对健康娱乐设施满意度越高的居民，参与解决社区问题的比例越高。

第五章 熟人社区建设的个案研究

北京和深圳有各种不同类型的社区，不同类型社区的人口构成、所处区位、拥有资源、管理政策等迥异。为了呈现超大城市不同类型社区熟人社区建设的不同样态，课题组选择了北京市朝阳区"农转居"C 社区、海淀区混合型老旧 Y 社区以及深圳市坪山区"农转居"I 社区和罗湖区城中村 L 社区，在对社区问题及需求展开调查的基础上，提出了熟人社区建设的社会工作介入策略或对策建议，力图为超大城市熟人社区建设的路径研究提供实证资料。

一 北京市朝阳区"农转居"社区

（一）C 社区基本情况

朝阳区 C 社区是 2008 年奥运会核心区，总面积为 0.0765 平方千米。由于社区居民中 85% 是因为奥运会场馆建设而拆迁的"农转居"人员，因此该社区属于"农转居"社区。社区居民一部分是原有在社区居住的农民；另一部分是因为附近村庄拆迁而搬过来的农民。搬迁前的很多农民属于一个生产大队，彼此十分熟悉。C 社区共 801 户，分 10 栋楼，居民的文化水平及素质层次较低，超转人员多、民政对象多、社区高龄化程度高。社区实行城市居委会管理模式，经过 30 多年的建设与发展，社区已有舞蹈队（共 15 人）、乐民服务队（共 13 人）、乒乓球队（共 22 人）、象棋队（共 12 人）等多个社区社会组织。

社区内各种硬件设施基本完善，但相对于相邻社区明显落后。近年来，很多外来人口不断流入，社区居民存在多个层次，文化水平、生活习惯和生活质量有较大差异。社区居民之间由于高楼阻隔来往较少，逐渐变得陌生，导致社区居民之间不信任，社区归属感减弱。

（二）社区问题评估

1. 传统社区网络被打破，邻里关系疏离

中国传统社会形成的家庭、亲缘关系和地缘关系等先赋性社会关系是农村社会资本的主要形式。随着城镇化进程加快，"农转居"社区增多。而"农转居"社区居民搬迁上楼后，各家各户都在独立的楼门栋，高楼大厦、防盗门的阻隔使社区居民之间来往不便，邻里交往日趋减少，邻里关系疏离。传统的地缘关系弱化，原有较为完善的邻里互助关系网络被打破，而社区邻里间新的互惠互助的社区网络尚未形成，加速了邻里社会资本的下降。同时，在市场化、现代化等因素的影响和冲击下，原有的地方文化传统不复存在。

邻里之间在长期交往中会形成无形的社会资本，从而构建起一种和谐稳定的熟人社会秩序，因此邻里关系网络对社区的稳定与发展十分重要。C社区是"农转居"社区，农民搬迁上楼居住方式的转变，导致生活方式也发生变化。社区居民大部分是以前的街坊邻居，邻里之间很熟悉。有些家庭之间还保留着传统的人与人之间的"辈分"，关系较亲密。社区邻里之间的熟识度能够反映社区关系网络的大小。搬迁上楼后，C社区有63%的居民和邻居比较熟悉，6%的居民和邻居非常熟悉，仅有7%和4%的居民对邻居不熟悉、很不熟悉。可见，C社区大部分居民之间还是很熟悉的。但随着城镇化的不断推进，流动人口不断增多，在社区内有很多陌生人，大部分社区居民不了解这些人的情况，所以在调查中近80%的被调查者和刚搬进小区的流动人口基本没有联系。随着城市社区流动人口的增多，社区居民之间的整体熟识度下降，邻里间变得陌生。

搬迁上楼后，邻里之间互帮互助等行为减少。C社区居民和邻居家交往每周两次的占8%，每月一两次的占9%，半年一两次的占17%，一年一两次的占22%，从来没有串门、聊天等娱乐活动的占44%。邻居间串门在乡村社区是常见的交往方式，但搬迁上楼后，邻里间互相串门聊天以及参与娱乐活动的机会日益减少，互动来往频率随之下降。

社会资本是网络化的资产，是嵌入社会网络中的资源。布迪厄认为社会资本具有网络特性，将其看作一种可以吸取某些资源且具有持续性的社

会网络关系。社区关系网络中最重要的是获得支持，而邻里支持也是衡量社区社会资本的重要内容，邻里支持不仅包括物质上的支持，还包括情感上的支持。调查数据显示：48%的社区居民当家里急需用钱时，没有邻居会愿意帮忙。社区居民期望获得邻里支持，但获得的支持大多还是来自有血缘和姻亲关系的亲属。受传统文化观念的影响，他们至今仍保有以血缘和婚姻为纽带的"家族"或"大家庭"关系。社区邻里之间缺乏彼此守望相助的邻里支持，导致邻里间来往和合作减少，对邻里关系发展造成不利影响。邻里互动不仅可以促进交流与合作，还可以促进信息的流通，从而形成关系紧密的邻里关系网络。

一定规模的住户比较集中地居住在有一定界限的地域内，一般会形成一个无形的社会网，而社会网的大小往往会影响住户之间不是基于血缘纽带的共同成员感和共同归属感（英克尔斯，1981：100）。与搬迁前相比，社区邻里互动互助减少，社区网络不完善，社区居民集体行动能力较弱。社区网络具有积极的保护功能，社区邻里关系网络能促使社区成员模糊个人利益和公共利益的界限而愿意为公益事业做出贡献，所以建立完善的社区网络十分重要（曾鹏，2008：147）。为此，建设熟人社区必须建构新的互惠互助的社区网络。

2. 社区参与意愿较高，但参与度较低

一般"农转居"社区参与更多的是社区基层组织"由上至下"地调动社区居民的积极性。随着"单位制"逐步转变成"社区制"，我国政府提倡"小政府，大社会"的社会治理理念，社区基层治理逐步提倡发动所有居民的自主性和能动性，使他们主动参与营造和谐社区（帕特南，2014：158~163）。同时，加大政府投资力度，以社区为基本单位，帮助社区居民解决基本问题。社区自组织是在社区中自发形成的，也是社区的志愿团体，它不断在社会管理、社会服务中寻找定位，为社区居民提供更多的互动沟通和参与社区事务的机会，且在提高社区居民的生活水平和质量上发挥积极作用。

一般情况下，一个人的意向往往决定着他的行为，社区居民对社区服务活动的参与意愿对其参与行为有重要影响。但由于居民参与行为受其他外部客观因素的影响，因此居民的参与意向并不总是与参与行为保持一致（向秋红，2010：47）。研究发现，77%的被调查者表示愿意参与社区活

动，仅有 7% 的被调查者表示不愿意参与，但 42% 的被调查者几乎没有参加过社区活动，28% 的被调查者几个月才参加一次。由于自身没有时间、举办活动不多以及活动宣传不到位等，社区居民的社区参与度较低。35.3% 的被调查者参加过社区居委会干部的换届选举，15.3% 的被调查者参加过社区环境保护志愿活动，11.1% 的被调查者参加过家庭教育类的活动，参与邻里文化节、手工编织类活动、传统节日文化活动、社区舞蹈队的分别占 6.8%、4.3%、5.1%、1.3%，参与以上活动的社区居民较少。社区缺乏集体性的公共活动，导致社区邻里关系疏远。社区活动不仅能够促进社区居民参与社区建设与发展，而且能够增进邻里间的互动交往。调查发现，56% 的被调查者表示通过参加上述活动，自己家与其他家庭之间熟识度提高。说明参与社区活动可增进邻里关系，对完善社区网络具有积极作用。因此，熟人社区建设可从提高社区参与度着手。

有些居民表示以前参与过很多社区活动，但近几年社区很少举办活动；有的居民表示不知道社区举办活动，社区居委会不通知等。通过和社区居委会干部访谈发现，他们为了工作方便往往只联系每栋楼的楼门长，并交由各楼门长通知所在楼的居民，但楼门长一般会事先通知平常参与社区活动比较积极的居民。因此造成社区居委会组织文体活动的宣传力度不足，也导致社区居民的整体参与度不高。C 社区有舞蹈队、象棋队、乐民服务队、乒乓球队以及秧歌队等社区组织，虽然这些社区组织可以让有时间有爱心的居民自愿参加，但很多社区组织与居民的兴趣爱好以及特长直接相关。对于没有相关兴趣爱好和特长的社区居民来说，就很难加入这类社区组织。社区组织一般有 6 大类 31 个小类，如表 5-1 所示。目前社区组织中文体科教类的较多，其余社区组织相对比较缺乏。

表 5-1 社区组织类型

大类	小类
社区服务福利类	家政服务、为老服务、助残服务、妇幼保护、扶贫济困、志愿者服务、就业指导
社区治安民调类	法律援助、治安防范、流动人口服务、矛盾调解、社区帮教
社区医疗计生类	计划生育宣传、卫生保健宣传
社区文体科教类	文化艺术、体育健身、科普、教育、娱乐
社区环境物业类	公共卫生、环保、绿化美化、养宠自律、停车自律、物业

大类	小类
社区共建发展类	社区共建、精神文明建设、邻里互助、妇女儿童发展、青少年成长、老年活动

社区参与能够增加居民之间的互动频率和彼此的信任，进而增强社区归属感。因此，应认真面对社区居民在社区参与方面的不足，链接资源，举办各类社区集体活动，加强组织与宣传。同时，还要鼓励和支持社区居民自发形成社区组织，积极参与社区治理，把所有社区居民的力量整合起来，促进社区互惠规范的形成，培育新的社区社会资本，共同建设和谐美好的熟人社区。

3. 社区流动人口增多，社区信任降低

信任本质上是一种社会关系的外在表现，来源于社会制度和社会结构，并随着社会结构的变化而变化。信任一般是相互的，它不属于个人行为，而是个体与个体或群体之间在社会互动中形成社会关系网络以及成员合作的基础。中国社会的信任以对自己生活圈子里人的信任和政治信任最为重要。费孝通先生在《乡土中国》中把中国传统社会的人际关系形容为"差序格局"，认为由己到家、由家到国等社会结构是一圈一圈推出去的。在这一次序中，最被看重的是"己"的利益，其次是"家"，再是他所在范围比较大的团体（费孝通，2011：55~60）。

C社区在"农转居"之前，村民之间有着共同的文化习俗、较浓的民俗气息，村民间的家庭背景彼此熟知。调查发现，55%的被调查者不信任刚搬进小区的家庭。为了降低风险，社区居民不愿意接触社区中的外来家庭，社区邻里之间来往密切、互信互惠等原始性社会资本遭受侵蚀，传统的乡土情结正逐渐消失，传统的社会规范和道德对社区居民的约束力减弱。

学者在对西北弓村的调查中发现，90%以上的村民认为村里的人信得过，可见村民之间认知性和情感性的信任较高；但涉及具体利益时，村民在信任选择上发生了变化。"农转居"前原有的以地缘和亲缘关系为基础的信任关系在市场经济的冲击下渐渐弱化，社会的普遍信任尚未建立。由于信任与不信任在转化上存在不平衡性，从不信任转向信任难于从信任转向不信任，为此，提高社区居民间的信任度需形成公正和信任的社会道德风尚，建立公平有效的制度约束规范（奂平清，2010：132~134）。

随着城镇化进程的快速推进，C社区中的流动人口日益增多。流动人口绝大多数是在C社区租房居住，社区原住居民对他们从哪里来、家庭背景如何等都不了解，所以不愿意与刚搬进社区的流动人口有较深交往。且流动人口的流动性较大，社区居民来不及认识他们就搬走了。流动人口增多直接导致了社区居民之间的"陌生"和不信任。随着各种网络媒体的迅速发展，很多负面社会信息，如"入室抢劫""传销"等被大肆宣传，使居民对社区安全更为关注。居民为了安全不愿意给陌生人开门，对陌生人存在很强的戒备心理，导致社区居民交往互动减少，沟通合作困难。同时，社区居民对流动人口的不信任与不交往，也影响了原本熟悉的老街坊邻居之间的交往，很多社区居民不再选择串门聊天或开展各种娱乐活动，而仅仅在社区楼栋下面的公共空间聚集聊天。社区邻里间渐渐倾向于冷漠、孤立、封闭的状态，居民间的信任减弱，社区归属感和凝聚力缺乏。

"农转居"社区管理体制尚不健全，仍依赖于社区基层自治组织的管理。社区党委、社区居委会、社区服务站等是重要的社区组织，增进居民对社区组织的信任是形成社区内部一致认同或共同制定公约的前提，它能够增强社区归属感，促使社区居民更加愿意参与社区政治事务。调查数据显示，74%的社区居民相信社区居委会能够帮助自己解决困难，仅有3%的被调查者不相信；87%的被调查者认为社区居委会的服务较好，有较大改善。这表明社区居民对居委会的评价不断改善，社区居民与居委会的关系日趋良好，满意度和信任度在提升。C社区是"农转居"社区，所以存在很多历史遗留问题，尤其是社区居民不愿意缴纳物业费、水电费等，由此与物业公司产生纠纷。但调查数据显示，48%的被调查者认为物业公司值得信任，42%的被调查者回答"一般"，认为物业公司不值得信任的仅占10%。部分社区居民对物业公司要求不高，认为社区的物业公司做得基本到位，能定期清理楼道和修理电梯等，所以还是值得信任的。

在"农转居"社区，如果邻里彼此信任，便会互帮互助，没有嫌隙和抱怨，相处融洽。如果居民信任社区组织，共同遵守社区制度规范，把自身看作社区重要的一分子，共同治理社，如此终会营造出一个具有高度归属感和认同感的社区。相反，在一个缺乏信任的社区中，集体行动很难达成，不利于社区治理。随着社会变革，社会主义市场经济的自由竞争影响着人们的观念变化，社区居民之间以及社区居民与社区组织之间逐渐变得陌生和不信任。在超大城市社区治理中，如果不能很好地解决社区居民之间以及社区居民与社区组织之间的信任危机，会引发社区治理效率的下降，所以提升社区信任度是熟人社区建设的重要任务。

4. 原有规范制度失效，新规范未形成

规范是重要的社会资本，它是被人们自觉遵守的一些行为准则，以期能够得到长期的回报。福山（2011）认为，社会资本是一种能促使个人和个人或群体进行合作而形成的各种非正式规范。所以，社会资本的规范既可以是朋友之间互惠互利的规范，也可以是严格遵守的信条。社区规范分为正式规范和非正式规范。每一个社区都存在法律、政治制度以及公约等，这属于社区居民应遵守的正式规范，一般是自上而下形成的，具有理性、高效性。如社区居委会作为群众性自治组织，为社区发展确立的基本社区规范和公约。社区居民内部会在互动交往过程中形成互惠的非正式规范。社区规范的形成对社区内居民间互助互惠、邻里信任以及社区网络的形成具有重要的影响。

居民面对公共利益受损害时的态度与行为，体现了居民对社区公共事务和制度规范的态度。C 社区 74% 的被调查者认为"每家每户都应该参与小区的集体活动"，95% 的被调查者同意"小区的公共事务每个家庭都应该参与"，99% 的被调查者同意"每个家庭都应该遵守社区的制度规范"，97% 的被调查者同意"小区每个家庭都应有社会公德心"。可见，C 社区居民基本上很愿意参与公共事务，遵守社区的制度规范，社区居民的责任感和义务感较强。此外，社区内每个家庭都应遵守社区正式的制度规范，如保护社区环境制度，这样就会使社区内所有居民长期受益，这也是社区正式规范产生的最大效益。

社区关怀是社区居委会对社区居民的服务和关怀，对社区居民的社区生活满意度和归属感具有重要影响。C 社区 61% 的居民不知道社区居委会曾经帮助社区困难家庭，仅 39% 的社区居民知道相关信息，可见，社区的政务公开程度相对较低。当询问其关怀程度时，92.3% 的居民认为社区居委会很关怀困难家庭；73% 的居民认为社区工作业绩较好，尤其最近几年，社区党委、居委会实实在在做了很多有益于社区居民的工作。社区居民对社区居委会的管理与服务较满意，也对其有很高的期待。因此，社区居委

会应更多满足社区集体需求，多为辖区居民办实事、做好事，并积极调动社区居民参与到社区治理中来。研究发现，社区规范对社区归属感与社区秩序以及环境设施具有正向影响。一般社区秩序越好，居民越能较好地遵守社区规范。所以社区居委会应做好辖区的基础设施建设，维护社区秩序与安全，为社区居民创造舒适、和谐的社区氛围。

非正式规范是组织内部的成员之间在不断互动中形成的约定俗成、无明文规定的行为标准，其对每个组织成员都有无形的约束力。社区生活的满意度会影响居民对社区规范的遵守以及参与社区事务的积极性。C 社区45%的被调查者不同意"小区的环境较好"；36%的被调查者不同意"小区的硬件设施比较完善"；27%的被调查者认为社区的治安管理不好；31%的被调查者认为小区秩序一般；4%的被调查者认为小区无秩序，必须加强管理。虽然社区环境和设施近年来有所改善，但随着生活水平的提高，养宠物的家庭越来越多，宠物狗粪便不能及时清理，造成社区环境卫生变差，给其他居民带来不便。社区还没有专门针对养宠物的制度规定，仅是依靠社区居民的习惯和个人素养。因此，很多居民抱怨社区环境较差，没人管理。C 社区超过1/3的居民是老年人，对老年人的休闲设施有很高需求，但 C 社区一直没有老年人休闲和锻炼身体的健身和娱乐设施，使社区居民对社区生活的满意度降低。

社区归属感是指社区居民对社区本身和其他集合体的认同和依恋等心理感受，它是社区居民维护社区利益的力量与依靠。学者对中国社会资本本土化的研究中，将归属感称为集体的规范，并赋予正面积极的意义（方然，2014：101）。社区归属感可产生社区居民的集体向心力，是社区社会资本的重要组成部分。C 社区72%的被调查者较为关注社区发生的事，仅有9%的被调查者不关注。可见，社区居民有较强的社区归属感。97%的被调查者比较赞同"远亲不如近邻"的说法。说明社区居民比较重视邻里关系，当遇到困难时也期望邻里间能够互帮互助；同时说明邻里间互相帮助所形成的社区关系网络和互惠规范能够增强居民的社区归属感。

学者关于新型社区社会资本缺失及建构的研究中，将集体行动作为测量社会资本的重要指标（王斐，2009）。25.3%的社区居民不愿意贡献时间或金钱给小区公共事务，原因是56%的社区居民认为社区公共事务应由政府负责，政府会有相应的资金下拨，不需要贡献；此外，"社区事务与我们无关"、"我们也很困难"以及"视情况而定"等也是不愿意的原因。虽然履行社区责任和义务是自愿的，但从上述分析也可看出部分居民对社区的公共利益不关心以及缺少奉献精神，表明社区互惠规范存在一定缺失。

共同的利益是社区居民参与集体行动的重要驱动力，没有利益支撑的行为最终是不可能长久、稳定、持续、理性的（波普诺，1999：58）。只有当社区居民的集体利益受到损害，且与自身利益息息相关时，社区居民才有可能参与到集体行动中。C社区84.8%的被调查者在面对小区集体利益受损时会向政府部门反映，74.7%会联合社区居民集体行动，21.2%会联名上诉。可见，社区居民比较相信社区居委会解决问题的能力；同时，社区集体利益受损时，社区居民为了维护自身利益愿意参与到社区服务建设中，积极开展集体行动，社区居民表现出较强的社区凝聚力。

制度规范是社区发展的前提，只有实现社区治理规范化、程序化和制度化，才能实现社区自治。在"农转居"社区，乡村原有的制度规范逐渐失去效力，不再约束社区居民的行为。"农转居"社区缺乏统一的社区服务制度、社区居民公约、社区自组织规范、社区志愿者管理制度等，新的社区规范完全形成还需时日。目前，社区缺乏普遍性的价值规范以及社会主义市场经济发展下以契约、互惠、诚信为主的现代道德规范等的约束和指引，致使居民的社区归属感和认同感缺乏，邻里之间关系疏远，社区居民参与社区事务的主动性和普遍性降低，从而导致社区社会资本严重缺失。

（三）社会工作介入策略

针对C社区社会资本弱化的现状，需要重建社区居民之间、居民与社区组织之间的良好运行关系，促进社区居民之间互动、互信、互惠以及提高居民参与社区事务的能力，以实现社区自治。社区社会资本是社区发展无形的资源和力量，在研究社区治理创新时已有很多学者从宏观上给予政策建议，这往往是一种"自上而下"的模式，无法提高社区居民的自治意识。社会工作以弱势群体为主要对象，随着社会工作服务范围的扩大，社会工作以家庭、社区、企业等为服务对象。社会工作运用科学的方法进行的助人服务活动，其本质是以利他主义价值观为主导的助人活动（王思斌，2016：318）。社区工作是社会工作三大方法之一，它是通过社会工作者使用各种专业的方法和技巧等，并在民主价值观念的指引下去帮助社区行动系统有计划地开展集体行动，共同解决社区内存在的问题。面对社区社会资本的逐渐弱化，运用社区工作三大模式之一的地区发展模式探讨培育社区社会资本的策略与路径，以促进熟人社区建设。

罗斯曼在1987年提出社区组织实践的三大模式，其中地区发展模式是通过调动社区居民的参与、互助合作，加之借助上级政府和外界机构组织的协助和支持，链接社区内外资源，以实现解决社区问题并满足居民需求的一种工作模式（徐永祥，2004：75~88）。其特点包括：关注社区内集体性的问题；注意通过提高社区自治能力来实现社区的建设和发展；一般所介入社区的居民参与意识较弱，并缺乏解决社区问题的积极性和能力；相对于任务目标，更注重过程目标的地位和重要性；特别重视社区居民的共同参与，希望通过鼓励社区所有居民积极参与讨论来进行民主决策，实现社区的可持续发展。因此，地区发展模式比较注重提升社区居民的社区参与、互惠合作、信任以及归属感和责任感，而这些都是重要的无形资源，即社区社会资本。C社区所面对的问题及需求，正是专业社区工作中地区发展模式所针对的问题。熟人社区建设更多的还是依赖于社区社会资本的培育。为此，运用地区发展模式介入以建立完善的社区网络、社区信任和互惠规范，进而培育社区社会资本（奂平清，2010：123）。

1. 完善邻里关系网络

社区网络是社区社会资本培育的起点。建立完善的社区网络有利于增强社区家庭处理问题的能力和信心，增加社区家庭间的交往和合作机会。社区工作者应通过引导和鼓励，促进社区居民通过讨论、协商和参与等形成相互支持的密集关系网络，并促成广泛的社会参与氛围，以培育社区社会资本。因此，一方面，必须加强邻里间的吸引以及增进邻里交往的实践，努力提高社区居民的参与度；另一方面，社区工作者要做好角色定位，在实践中扮演使能者、支持者和督导者的角色。通过引导和鼓励，发动社区居民自发组织活动和表达需求。

2. 建立信任互惠关系

信任可增加合作行为以提高社会效率，社区信任是重要的社区社会资本之一，是完善社区网络和建立社区规范的黏合剂（帕特南，2014：158~163）。社区内信任程度和水平越高，越能促进社会参与，也越容易带来合作行为，促成集体行动。因此，社区工作者要积极引导社区居民在互动交流与合作中建立信任、互惠的亲密关系。

3. 培育社区自组织

社区自组织是衡量社区社会资本的重要指标。社区工作者要对社区居民进行组织和教育，发掘居民骨干和精英，培育社区自组织，培养居民开展社区项目的能力，启发催化和支持鼓励社区自组织正确认识社区问题，增强社区意识，并自下而上地民主参与社区公共事务，利用自身力量建立和完善新的社区互助互惠规范，共同致力于熟人社区建设。

（四）社会工作介入路径

1. 孕育期——建立信任关系

进入社区，社区工作者首先介绍自己的工作目标，并与社区居民针对社区发展及存在问题进行街头接触或深入访谈，同时留意关心社区公共事务的积极分子及社区潜在骨干和精英，为后期发动社区居民参与奠定基础。由于社区居民的戒备心较强，所以要加强与社区居委会的合作，尽快和社区居民熟悉并获得身份认可。可从以下方面建立关系。

首先，通过社区居委会干部的引荐，认识每一栋楼的楼门长，与各楼门长交流，了解每栋楼各家庭组成的基本情况等，并与居民认识熟悉，使他们放下戒备心。其次，在社区举办丰富多彩的文体活动。与现有的社区自组织（比如乐民服务队、舞蹈队、乒乓球队等）成员认识，举办大型的社区活动，邀请社区自组织参与和合作。一方面，拉近与社区居民的距离，提高与社区居民的熟识度；另一方面，提供社区居民之间互动交流的机会，调动社区整体气氛，使社区"活起来"。

2. 探索期——楼门文化建设

社区工作者发动社区居民以楼栋为单位自发形成焦点小组（或兴趣小组），在社区工作者启发和引导下，小组成员自选主题并通过讨论协商以形成每栋楼的文化建设目标、口号和自我约束公约。在楼门文化建设中，社区工作者要能够发掘除楼门长以外的社区骨干、热心人士和关键人物，鼓励和支持他们参与社区建设。随着互联网的发展，要积极利用微信、QQ群等，建立虚拟和真实相结合的楼栋小组，使每栋楼的居民能够及时交流、协商与沟通，互帮互助解决楼栋、小区面临的困难与问题。

楼门文化建设主要任务如下。首先，每栋楼的居民针对前期讨论的建设目标展开有计划的行动。如改善楼道环境，装饰各具特色的楼门门面等。其次，各自楼栋居民遇到问题时，每栋楼的楼门长和居民骨干要发挥带头作用，及时帮助协商解决，尽量把问题化解在楼门中。且要定期与社区居委会沟通，反映居民集体问题，做到上情下达、下情上报，创造良好的沟通渠道。最后，楼栋之间开展有益、可行文化评比活动，互相学习提高。如邻里文化节、体育比赛、楼栋美化比赛等。

3. 发展期——成立社区组织

立足社区居民的公共利益，在楼门文化建设的基础上，每个楼门推选一名居民骨干，在自发、平等沟通、讨论协商的基础上，建立有利于增进邻里守望相助及满足居民需求的互助组织。鼓励社区居民借助社区自组织平台解决社区问题，也可最终实现完善社区网络、增进社区信任、建立社区互惠规范的目的。

发展期的主要任务如下。首先，自组织内部必须明确岗位分工，厘清相应岗位职能和权力，使社区民间组织结构富有弹性和开放性，使社区其他热心人士能够加入组织中，壮大组织力量，提高社区自组织的公开性和透明性。在发展期还要考虑自组织的发展动向，拟定发展的长远目标。其次，组织针对自组织成员和社区领袖人物的社区参与意识和能力的培训，增强其社区自治意识和能力。通过持续的社区教育，培养社区参与意识和归属感（王思斌，2016：318）。最后，社区自组织的持续发展，还需积极链接资源，加强与外界联系，确保组织能够获得其他人士的认同，建立各种关系网络。社区自组织要加强与社区居委会的沟通交流，督促街道与社区居委会对社区居民需求及时做出回应，还应积极参与社区事务，对社区发展提出合理化建议，共同治理社区。

4. 成熟期——项目化运作

社区自组织参与社区发展需进行项目化运作，这就要求社区自组织一方面健全对外关系网络，扮演积极角色；另一方面获得社区居委会的认可和支持，加强两者之间的合作，争取社区居委会的资金支持。社区自组织主要发挥社区居民的集体力量，积极培育社区志愿者，让社区"动起来"。

为提高社区社会资本存量，社区自组织的领袖人物必须通过链接社区内外资源进行项目化运作，加强邻里互动交流、沟通合作，促进社区关系网络、信任互惠规范的形成。如策划"传递邻里情，你我共温暖"项目、

"最美家庭事迹口口相传"口述史项目、"建立社区家庭公约"项目等。以"传递邻里情，你我共温暖"项目为例，项目计划书如表5-2所示。

表5-2 "传递邻里情，你我共温暖"项目计划书

实施基础	链接社区内外资源，获得社区居委会支持与配合 前期工作充足，社区居民参与积极性较高	
实施目标	加强邻里互动交往频率，增进邻里间互信和互惠	
具体实施计划	实施内容	注意事项
开展邻里文化节	每季度定期开展相应时节的大型邻里文化活动，调动社区家庭参与的积极性	加强宣传；时间上合理安排；鼓励新搬迁家庭积极参与
建立家庭微信群	以社区青少年、兴趣爱好、亲子教育、老年人社区照顾等为主题建立微信群	群主应充分利用微信群解决问题、互动交流
成立家庭互助小组	培育家庭志愿者，针对社区内困难家庭开展定期轮流互助	注重志愿者意识和能力提升
开展图书漂流活动	社区邻里之间交换书籍，将看过的书相互交换阅读等	提前通知交换时间

5. 重整期——调整介入目标

社区自组织根据上述介入目标运作一段时间后，伴随目标的逐步实现及社区发展，需要重新调整人员架构以及目标。

重整期最重要的是评估目标的实现情况及考虑社区新的自组织成立的必要性。一方面，社区居民可能已形成比较成熟的社区关系网络以及互惠的非正式规范体系，社区自组织的使命完成；另一方面，社区自组织可能面临新的挑战，如核心领袖或组织成员的大量流失、新的社区组织出现对其存在替代性、缺乏资源或社区内出现新问题使介入目标急需调整等。

二　北京市海淀区混合型老旧社区

（一）Y 社区基本情况

清河街道办事处北经西三旗通昌平，东与朝阳区奥运村相邻，西部与

北京科技中心上地相接。1949 年，因坐落于清河之上故得名清河镇。1959 年 11 月设清河街道，1963 年 3 月清河街道单独建制。2006 年末，面积为 9.37 平方千米，共辖 29 个社区，常住户籍人口近 3 万户，约 7.4 万人，另有外来人口约 8.4 万人。

Y 社区地处清河街道东南部，占地 0.25 平方千米，大部分居民楼于 1996~1999 年建成，是一个包括单位房、安居房、商品房、待拆迁改造棚户区的混合型老旧社区，共 11 栋居民住宅楼 34 个单元楼门。除居住小区外，还有中学、市政设施等配套用地。该社区下辖 6 个生活小区，共有居民 2000 户，其中本地居民 1700 户，流动人口 300 户。由于 6 个生活小区差异较大，整合各小区间的利益存在较大难度。有的生活小区居民交往频繁，社区参与十分活跃，小区内有频繁的文体活动，包括广场舞、春秋季趣味运动会等。Y 社区居委会主任责任心强，到任后的 10 年中为社区居民做了很多实事。Y 社区各文体队伍的负责人都积极配合和支持社区居委会的工作。

（二）社区需求评估

1. 居民参与意愿较强，社区缺乏协商沟通平台

调研发现，面对社区的诸多问题，街道办事处、社区居委会做了诸多工作，但常常出现"民生工程难得民心"的情况。正如居委会主任所说："以前想为社区居民办些好事实事，但总是从政府角度出发，没有征求他们的意见，费力不讨好。"物业管理公司负责人说："以前做了一些事，居民不买账，我们也不知道他们是怎么想的。"可见，其中的一个重要瓶颈就是沟通渠道不畅。由此，社区居民的需求和意见缺乏正式、畅通的表达渠道，街道办事处、社区居委会、社区居民、物业管理公司等多方主体之间缺乏有效的协调沟通机制。社区居民埋怨，"你们做的事情不是我们真正需要的，我们需要的，你们做不了"，甚至出现矛盾和冲突。

Y 社区 40.9% 的被调查居民很愿意参与社区公共事务协商；29.2% 的被调查居民较愿意参与社区公共事务协商；15.4% 的被调查居民一般愿意参加公共事务协商。可见，Y 社区高达 85.5% 的被调查居民有意愿参与社区公共事务协商，但社区缺乏公共事务协商沟通平台。

2. 居民被动参与较多，社区激发主动参与不足

Y 社区作为典型的混合型老旧小区，社区居民构成复杂，老龄化程度

较高，整体素质偏低，社区自组织发育不足。社区的邻里关系较淡漠，社区归属感差。对于社区居委会组织的社区活动，社区居民更多的是"被动"参与。《中华人民共和国城市居民委员会组织法》规定了社区居委会是"群众性自治组织"，但社区居委会成员的大部分时间疲于完成街道办事处指派的诸多行政事务，很多社区居委会成员不是本社区居民，与居民比较疏远，很多居民甚至不知道社区居委会的具体位置。社区居委会成员没有时间、精力和动力去了解社区居民的切实需求，有效激发居民主动有序地参与社区公共事务，真正实现社区居民自治。

（三）熟人社区建设探索

以社区为基本单元，从居民的实际需求出发，围绕如何搭建社区公共事务的协商沟通平台、动员与组织社区居民的主动参与、培育社区自治的发育空间与条件、激发社会活力这一主线，对内促进社区居民参与，联动社区党组织、社区居委会和物业管理公司等，搭建社区内外联动平台，建立社区人才库，鼓励楼栋自治；对外引进高校资源、市场资源等。在Y社区探索议事委员制度，搭建社区协商共治平台；依托社区服务项目，构建多层次的社区网络；践行参与式规划，激发社区居民的参与热情；孵化社区自组织，提升社区居民的参与能力。

1. 探索议事委员制度，搭建社区协商共治平台

（1）打造协商议事的联动平台

针对Y社区居委会过度行政化、"议行不分"等问题，建立社区居委会议事委员制度，以期增强社区居委会的自治性和代表性，使之成为社区居委会的有益补充。议事委员的工作职责主要包括两个方面：一是深入群众，倾听群众声音，了解居民的切实需求，同居民建立信任关系；二是协调和化解居民间的各种矛盾纠纷，将居民的合理需求转化为提议并通过社区及时与街道和有关部门沟通，发挥连接居民与党政部门的纽带作用。议事委员制度既是畅通民意表达的重要渠道，也是居民自治载体和多方协商共治的平台。

在公开透明公正的原则下，按照严格规范的选举程序，确定议事委员候选人（社区居委会推荐、居民推荐与自荐）、资格审查与访谈、召开居民大会推举议事委员、议事委员候选人公告。由居民代表（或户代表）差

额选举产生有公信力、公益心和参与能力的居民作为社区居委会议事委员，并赋予其知情权、参与权、监督权和决策权。经过议事委员反复学习、实践和完善，Y社区最终形成了自己的议事规则。在社区"两委"的领导下，议事委员每月定期参加例会，围绕社区公共事务，公开自由地表达意见、平等理性地协商讨论，努力缩小分歧、促成共识、落实行动，从而更好地实现公共利益。Y社区议事委员提出："社区成立议事会，大事小事有人问，议事会议就是好，民心民意解决了，议事会议要坚持，社区居民都支持。"社区居委会议事委员在参与社区共同事务讨论的过程中，通过相互交流、达成共识，共同解决社区问题，不仅提高了议事委员的自治能力和协商共治能力，同时还提升了议事委员之间、议事委员与社区居委会之间的熟识、认同与信任水平。

同时，Y社区在楼栋自治的基础上，打破了过去以社区为单位的治理模式，强调以"小区"为单位的"院落议事制度"和以"社区"为单位的"社区议事制度"。根据议题需求，邀请街道办事处、物业管理公司或辖区单位参与联席会议，将各种渠道的信息及时汇聚并商讨解决相应的问题，形成共治共享的议事格局，打造社区协商议事的四级联动平台，如图 5-1 所示。

楼栋自治

▽

院落议事会

▽

社区议事会

▽

联席会议

图 5-1　社区协商议事的四级联动平台

（2）提升居委会议事委员的能力

社区协商议事的四级联动平台的建立，打通了社区居民需求表达渠道，并形成了常态化、制度化保障。有了表达渠道，还需要表达、协商、决策等能力的支撑。为了进一步提升社区居委会议事委员的表达、协商、决策等能力，社会工作机构与Y社区党组织、社区居委会共同组织了两期

"社区服务民主协商讨论会"，共召集了 70 名社区居民参与，这次讨论会在 Y 社区是史无前例的大型参与式居民讨论会。两期民主协商讨论会，引入了社会学的"开放空间"技术。此外，还组织了议事流程及规则培训、社区营造工作坊等赋能培训，引导议事委员提炼居民共性需求以及普遍关切，结合社区公益金的使用进行讨论，在议事会和联席会议上对议题的公共性、迫切性和可行性进行深入讨论、平等协商和民主决策，达成共识之后，再转化为具体的实施项目。

建立议事委员例会制度，例会一般半个月一次，如果需要也可临时召开。每次会议根据内容的需要，由社区党组织书记确定列席会议的其他成员。每次会议要有详细会议记录。继承清河街道和 Y 社区居委会的工作模式，创立了"征集需求—提出方案—召集会议—确定预案—研讨方案—街道参与—预表决—草案公示—上报街道—形成决议—方案执行"的议事规则，为社区居民积极地建言献策以及合理表达需求，政府依法行政与提升治理能力，实现政府治理、社会自我调节、居民自治的良性互动提供了可借鉴的依据。

社区协商议事的四级联动平台搭建后，居民有了表达自己意愿的平台，社区议事机制逐渐规范，居民议事能力有所提升；在一些重大社区事务的决策上，社区居民拥有了话语权，真正成为自己社区的决策者。搭建多方参与的公共协商平台，推动了多元合作的公共行动，同时增进了邻里交往，培育了社区认同。

（3）畅通线上线下的信息传递

以线上线下多种渠道畅通的信息传递，解决了信息不对称问题。信息不对称是基层社区治理工作中必须高度重视的根本问题，关系到社区居民业主能否对相关工作充分知情和理解、积极配合与支持。为此，社会工作机构在试点社区建立"Y 大家庭"等多个工作微信群，有社区居民百余人，相关职能部门、街道相关部门和科室、实施主体、社区党委和居委会、清华大学课题组均参与其中；同时在社区层面，也建立有议事委员、楼门长、青年业主等不同的微信群，将线上互动与线下推进密切结合，打造好事共商、难事共议的多层次治理模式。创新了以议事委员为主的居民自治载体，激发了不同居民对社区公共事务的关注和参与热情；搭建了社区协商共治的平台，加强了居民、社区"两委"、物业企业等利益相关方的沟通合作；完善了民意表达和传导机制，使政府民生工作与居民真实需求更精准地匹配。

2. 依托社区服务项目，构建多层次的社区网络

根据不同的公共议题，激发所有社区居民的积极性，开拓多元化社区参与途径。根据社区公共事务的不同层次和类型，以及不同人群的需求、利益和兴趣，围绕小区公共空间改造提升、楼门美化、停车规范管理和社区文化等问题努力推动居民对公共事务的参与，构建了以社区议事委员为骨干，以社区积极分子、精英为带动，以普通居民为基础的社区网络。

（1）楼栋美化项目，建构邻里互动网络

楼栋是连接社区居民的基本空间载体。Y社区"WE I Y——美化Y我最强"楼栋美化项目是社会工作机构与Y社区居委会共同组织的楼栋自治与空间规划整治项目。项目以社区楼栋为单位，以楼门长为牵头人，组织楼内居民相互合作，对楼栋公共空间展开规划和治理工作。项目需经楼门内2/3及以上的居民同意参与活动后，即有效参与。项目的过程目标：社区网络的重新建立；居民互动及交往的增加；邻里关系的改善；居民认识到参与的重要性并愿意承担责任；居民对社区更加认同及投入。该项目坚持两个为主：一是以社区居民广泛讨论、协商一致、团结合作为主；二是以内部资源的动员、参与、行动为主。在项目实施的过程中，各楼栋的美化创意、设计规划及具体实施都是由社区居民自主协商完成的，社会工作机构负责跟踪、辅导与协助。

Y社区居民自发结队，自行撰写申请书、制订美化方案、购置物料，亲手美化楼道的公共空间。经过短短一个多月的时间，原来脏乱破败的楼道空间焕然一新。残缺的楼梯扶手被社区居民修缮如新；针对满墙乱贴的小广告，社区居民在楼门口设立了信息栏和广告收纳袋。社区老人亲手缝制的信报袋成为楼梯口最温馨的一景；楼道墙面上装点的卡通图案和谜语，使辛苦爬楼变得富有乐趣；楼梯下方的阴暗空间被装点成温馨舒适的宠物之家；自行车印迹被巧妙地改成了手掌树；老人在家门口挂上松鹤延年的图案，孩子们张贴自己亲手绘制的诗画……各种微信群如雨后春笋般建立起来，楼门公约和楼门Logo也应运而生，曾经互不相识的邻居成了好朋友。

楼栋美化项目刚刚结束，楼门口的留言板上便出现了社区居民的留言："谢谢爷爷奶奶把我们楼的楼道变得比以前干净、漂亮了，让我们提前感受到过年的气氛。卫生环境要大家爱护，我一定向你们学习，爱护公共环境，从我做起。""这个活动开展得太好了，让我们的楼道内外有了翻天覆地的变化……我一定要向你们学习，养成讲卫生、爱护公共财产的好习惯，不破坏社区的一草一木，让爱洒满整个社区，奉献自己的一切力量。"社区是我们身边能够给予孩子教育的最好的场所。相比老师的谆谆教诲、家长不厌其烦的说辞，相信这一次来自真实邻里互动的环境教育对儿童的影响将更为深刻和持久。

同时，在参与"楼栋美化"项目的过程中，楼栋居民充分交流、协商合作，共同完成楼道美化任务，增强了居民的社区归属感，促进了社区邻里互动网络的形成。在运作过程中，发掘了一批优秀、有责任心的社区楼门长，他们在整个项目活动中发挥骨干作用。通过参与项目，改善了邻里关系，增进了邻里熟识与信任，在共同协作完成楼栋美化的过程中，激发了社区活力。参与楼栋美化项目的社区居民，共同维护社区环境，共同关心社区环境，绝大多数社区居民对楼栋美化成果维护表现出积极态度，楼门自治自管的雏形逐步形成。

(2) 暑期少儿艺术周项目，搭建居民互动网络

为了丰富少年儿童的暑期生活，同时为社区居民搭建互动平台，整合社区内外资源，挖掘社区能人，激发社区活力，Y社区举办了为期五天的社区暑期少儿艺术周。在开幕式上表演的节目包括儿童健美操、老年人合唱、艺术家现场剪纸、声乐老师唱歌等，还开设了儿童涂鸦区和模特展示区，鼓励儿童释放天性，享受艺术带来的美好。除日间艺术课程外，艺术周还准备了傍晚纳凉观影活动，为社区儿童提供晚饭后游玩的新去处，成为儿童结识小伙伴的新平台。在此后四天的艺术周中，社区儿童在专业老师的指导下进行了绘画赏析与色彩艺术、英语绘本、跆拳道、行为艺术与演说训练、剪纸艺术和手工训练、打击乐等方面的系统训练。

暑期少儿艺术周活动，弘扬了中华优秀传统文化，丰富了居民的社区文化生活；为社区居民搭建了交流互动平台，增进了邻里互动，激发了社区活力，为鼓励居民参与社区公共事务打下基础。儿童通过制定"艺术周公约"，培养了规则意识；通过参加绘画赏析与色彩艺术、英语绘本、跆拳道、行为艺术与演说训练、剪纸艺术和手工训练、打击乐等课程学习，

不仅掌握了各种知识，训练了动手操作能力、发散思维和独立思考能力、语言表达能力，更为重要的是结识了新的同龄伙伴。在艺术周活动中，发现了多名社区能人，挖掘了社区本土文化，增强了社区居民的社区责任感和荣誉感。同时，孵化了阳光学堂剪纸班、阳光少儿志愿者队伍、阳光剧场和《阳光足迹》杂志社四个社区自组织。

（3）"四点半课堂"项目，搭建儿童互动网络

Y社区双职工家庭较多，存在对儿童的"管理真空"。很多双职工家庭希望不出社区就能够享受儿童就近托管服务。为此，社会工作机构推出社区"四点半课堂"项目。

此项目针对Y社区6~12岁的儿童推出，设置目的是弥补儿童放学后到"上班族"家长下班前的"管理真空"，解除家长的后顾之忧，推动社区居民与社区组织联系的常态化。在"四点半课堂"的2个小时（每天16：30~18：30）中，社会工作者在舒适的环境中与儿童共处，不仅给予儿童身心陪伴，还通过场域的营造，创设了一个不同于学校的温暖区域。根据社区儿童的实际需要，"四点半课堂"的服务内容与服务目标如表5-3所示。

表5-3　"四点半课堂"的服务内容与服务目标

服务内容	服务目标
课业辅导	协助儿童完成作业，培养学习兴趣
兴趣培养	开展小组活动坊、绘画班、手工班、阅读班等兴趣小组，引导儿童培养健康向上的良好习惯，拓展儿童兴趣爱好
能力提升	通过社区英语角提升儿童的英语能力，营造社区的英语学习氛围
青少年成长计划	根据儿童自身需求，开展针对性儿童成长服务，挖掘儿童潜能，促进儿童全面发展

"四点半课堂"开展期间，基本满足了社区双职工家庭对学龄儿童的托管需求，为学龄儿童搭建了良好的社区互动和参与平台，满足了社区儿童参与社区的基本需求。此外，课题组还组织了社区市集、社区墙绘、"一日建筑师体验坊"等活动，为社区居民搭建互动交流平台。

（4）社区养老服务项目，构建社区照顾网络

Y社区老年人口占比较高，适老化服务的需求较为突出。社会工作者在确定社区照顾的服务对象群及居住地，并与之建立信任关系，探索服务

对象潜能与资源的基础上，帮助社区老年人建立自信心。然后，运用社区照顾模式建立老年人的社区照顾网络。

第一，建立直接服务的自助组织服务系统，主要由服务对象的家人、亲友、邻居和社区内的志愿者构成，为其提供购物、清洁家居、送饭服务等。第二，建立同类型服务对象的互助组织服务系统，组建糖尿病小组、高血压小组，小组成员间可分享经验与感受，增强互助意识和生活信念。第三，建立社区危机处理的自助组织服务系统，中心社会工作者动员具有不同专业技能的退休老人和热心的社区居民，组成不同类型的小组，为遇到各种突发事件的社区居民提供即时帮助和支持服务，如老年人突然病危、家庭纠纷等问题。

此外，大学生志愿者（如建筑学专业、社会工作专业）也是助力熟人社区建设的一支专业力量。课题组开展了"路见清河"网上公众提案、地下空间改造再利用等项目，并为街道创办社区报和搭建社区信息化平台（"清河有邻" App），通过链接外部资源更有效地服务民生需求并拓展公众参与渠道，构建多层次的社区网络。

3. 践行参与式规划，激发社区居民的参与热情

Y 社区的基本特征依据沃斯的思想来说，就是一个尺寸与密度的问题。为此，从空间的提升着手，通过参与式社区空间规划，激发社区居民参与的积极主动性。

（1）征集社区 Logo

如何有效激发社区居民的参与动力，一直是社会工作者在思考的问题。社区居民对所生活场所的关注、思考和期许是社区参与的前提。因为有了关注才会思考现在的问题，有了思考才会期许理想的目标，现状与目标之间的差距才能真正激发社区居民参与改造生活家园的动力。为此，课题组精心策划了社区 Logo 设计评选活动。通过前期的精心策划和广泛动员，此次活动得到了社区居民的热情响应和积极支持。总计征集了 80 多份投稿作品，设计者年龄最大的 80 多岁，年龄最小的只有 3 岁。经过层层海选，最终的现场评选活动与亲子市集、公共空间改造意见征询等几个活动同时进行。同时，为每位 Logo 方案设计者定制了印有他们自己设计的 Logo 图案的马克杯，这被社区居民誉为"比传家宝还珍贵"的宝贝。每位入选最终投票环节的设计者在现场讲解他们所设计的 Logo 图案，社区内人山人海，盛况空前，社区居委会终于卸下了"会不会像往常一样无人问津的担心"，也看到社区居民发自内心对社区的期盼和关注，最终现场得票最多的"微笑太阳花"方案被确定为社区 Logo。

目前 Logo 已经广泛应用于社区的各个角落、社区工作用品和纪念品上，由社区居民自行选出的方案，自然得到了居民的喜爱。更为重要的是，通过 Logo 的评选，不仅唤起了全社区对社区发展的关注，还发掘出一批热心社区事务、有设计才能的居民，从才华出众的老人，到充满创造力的孩童，还有长期藏身于社区中设计专业的高材生，都被纳入社区人才库，成为后续社区活动的重要支持者。

（2）协力墙面美化

通过 Logo 设计等一系列活动的"热身"，社区居民日益认识到社区内公共空间环境品质的重要性，于是一个新的命题应运而生——对社区中心绿地旁住宅楼的山墙面进行美化，这也是进入社区最重要的对景空间。经过与社区多方反复交流沟通，最终的墙绘方案得到普遍认同，因为其中的每个场景、每个人物全部来自社区中的真实生活。从刷底漆、调色到上色，所有工作社区居民自己动手一起做。一位老奶奶从上午一直守到下午，就为了让自己的孙子下课后能够参与画上几笔。之后，逢人便自豪地介绍作品的由来，自己也主动加入居民自发组成的墙绘维护小组。就在墙绘完成后的当天下午，有居民开始驻足，久久观赏，不愿离去，而这里在前一天还是杂草丛生，人们匆匆穿行的废弃地。因为他们在墙绘中找到了自己身边最真实的生活之美、社区之美，这也再次印证了社区规划的魅力在于唤起每个人对所生活地域的关注、想象与创造。

通过墙绘工作，一方面唤起了更多社区居民对社区公共环境的爱护，并共同参与美化工作，另一方面也招募到众多热心居民加入社区人才库。孩子们更是兴趣盎然地成立了小小粉刷匠团队。更进一步顺应居民对墙绘的喜爱和关注，引导社区探讨对旁边废弃绿地的改造可能，以及"我们能做什么"的积极思考。反思整个过程，通过与社区居民的反复对话，在面对面的过程中亲身感受到每位生活主体——特别是在社区中占很大比例的老一代居民——的生活经历和认知模式，墙绘方案从原来更多畅想性的创意设计，最后聚焦于社区真实的生活场景，体现出"设计回归生活"的探索路径。

（3）参与式空间改造

社区的公共空间既是培养居民生活方式的空间载体，也是社区居民交流互动的重要场所，在使用过程中经常出现原有功能及空间不再使用，或者社区居民产生了新的需求。从经济角度出发，越来越多社区选择对社区内关键空间进行微更新，从而提升空间品质，更好地为社区居民服务。社区公共空间营造的同时也是在营造社区凝聚力。

三角地位于 Y 社区南里入口处，大约 700 平方米的三角形公园，在改造前，三角地处于闲置状态，被绿树覆盖，是社区居民丢垃圾、遛狗的地方，社区居民在这里几乎没有交流互动的机会。2015 年在社区居委会议事委员会议上，社区居民提出了社区迫切需要改善的方面，其中之一就是三角地的改善。Y 社区缺乏社区公共空间，居民几乎没有能够坐下来聊天休憩的地方，邻里交往的可能性大幅降低。社会-空间是相互影响和彼此形塑的辩证关系，一方面为社区提供有利于促进邻里交往的公共空间；另一方面通过对各类公共空间的改造带动社区居民参与。

为此，首先链接了专业资源，促使街道与辖区单位合作，招募专业规划师，推动规划师、专业社工、议事委员、志愿者以及利益相关方等合作，形成"1+1+N"工作机制，以参与式规划为理念促进专业理念、居民需求和地方知识的有机结合。

社区规划结合了社会学和建筑学的优势和特点。社区既是"物"的存在空间，也是"人"的生活空间。社区的公共物品因人们的使用而具有了功能属性、美学意义和象征意义，在这个过程中，也形塑了人们互动的形式和深度。在实践层面，社会学通过动员多元主体的共同参与，将作为建筑结果的社区空间规划规范化，赋予其活力和价值关怀；建筑学通过对功能、布局和审美的绝佳把握，为社会互动设计了最恰当的表达情景，激发了人内心的美和潜能，为社会团结创造了坚实的空间基础。社区规划面对最多的问题是新的空间如何能长期提升居民参与的积极性，通过社区参与建立"社群感"。为了充分发挥空间对促进社区居民交往、生活品质提升、邻里情感与认同感形成的作用，摆脱传统的空间规划方式，采用参与式规划模式。参与式规划是使社区居民参与到公共空间的规划过程中，享有决策、议事与讨论的权利。

参与的首要前提是"赋能"。为了切实提升社区居民的空间能力，推动居民的有效参与，组织了"建筑师体验坊"，对社区居民进行培训，带领居民探讨尺度、空间和公共空间的含义，在小区内进行实地勘测和使用评估。然后，围绕公共广场的改造议题，将来自不同家庭、年龄和性别的居民混编到各小组中，共同交流使用需求和进行方案设计。人们的需求是多元化的，儿童喜欢追逐嬉戏，老人希望晒太阳、下棋、赏花。空间的唯一性使各种差异化的需求相互碰撞。通过参与设计的过程，社区居民学会了如何表达诉求和换位思考，如何在利益的碰撞中逐步实现沟通协商和达成共识。参与设计的过程成为形塑"城市人"的社区教育过程。从身边的邻里空间开始，从一个小小的议题沟通开始，实现人们"公共性"的全方位提升。相对于每个小组设计了怎样的方案，更为重要的是参与者在互动中体验和实践了"社会化"和"组织化"的过程，进而帮助他们成为空间营造的真正主体——不仅是空间的使用主体，还成为空间的缔造者。参与式规划的方法激发了社区居民的参与热情。

经过 1 年多的反复讨论与协商，在政府支持、物业协调、专家支援与居民参与的多方合作下，三角地公园于 2017 年夏天正式完工。三角地公园是 Y 南里内部唯一的室外公共活动场地，建成后的三角地公园不仅成为居民休闲娱乐、交往交流的重要场所，而且通过空间规划改变了社区居民的生活方式，提升了社区居民的生活品质，促进了社区认同和社区社会资本的培育。

三角地公园落成的同时，也面临一个新的挑战，那便是后期的使用管理和维护。这也是当前大量老旧小区内部公共空间面临的最大问题。而在 Y 社区，正是由于经历了长时间的参与设计，社区居民早已将三角地公园视为自己心血的产物。他们自发成立了三角地维护小组，每天定时组织巡逻和卫生保洁，并共同商议拟定了《Y 社区三角地公共空间文明公约》，公约的第一条便是"爱护三角地，就像爱护自己的家一样"，实现了从"小家之爱"向"共同家园之爱"的传递，从家园共识向共建共享的集体行动的演进。

4. 孵化社区自组织，提升社区居民的参与能力

社区自组织的孵化过程一般包括五个步骤：第一步是一群人聚拢，彼此社会网联结增多，关系密集，能人关系动员的过程；第二步是小团体产生，随着内部联结增多，产生内部关系网相对密集的朋友圈；第三步是小团体内部认同产生，意识到成员身份，形成团体规范；第四步是小团体形成一个共同的团队目标，着手为实现目标采取集体行动；第五步是团体逐步演化出团体规则和集体监督机制，确保共同目标的顺利达成（罗家德、梁肖月，2017：45~46）。

多年来，专职社会工作者对社区和居民起到了专业支持和日常陪伴作用，扮演了支持者、引导者、沟通者和组织者等多种角色，也由此获得社区居委会和社区居民的信任。在 7 年中，社会工作者充分挖掘 Y 社区资源，成立社区人才库，遵循社区自组织的孵化过程，孵化各类社区自组织，提升社区居民的参与能力。

（1）社区学堂

通过"社区学堂"平台，调动社区能人的积极性，培育社区自组织，与社区居民分享自身技能并提供公益服务。动员社区居民参与，首先要挖掘社区资源，尤其是社区人才资源。在 Y 社区，社会工作者以兴趣为出发点成立社区学堂，通过兴趣分班的方式促进居民之间彼此学习、共同成长。社区学堂目前每周定期上课，并依据居民需求增设班级，由班级自行拟定班规，达到社区自组织的功能提升。

（2）社区剧场

社区剧场由社区内爱好戏剧的社区达人牵头，社会工作机构扶持，社区居民自愿报名加入。自 2016 年 8 月成立至今，社区剧场已经自发排演了《为社区居民陈奶奶表演节目》《庆祝社区三角地竣工》《欢度新春》等一系列节目。节目从创意、编排到演绎全过程均由社区居民共同参与完成，一系列节目在社区微信群内广泛传播，深受社区居民喜爱。

（3）社区周末影院

2016 年 8 月起，社区成立了周末影院，由社区居委会、社区青年汇、社会工作机构工作人员自愿组成志愿者团队，每周五定期在社区放映电影，为社区居民提供消遣娱乐、相互交流的平台。社区周末影院自运行以来深受社区居民尤其是社区小朋友们的喜爱，很多社区小朋友已经形成了每周五来社区议事厅观看电影的习惯。

经过努力，Y 社区成立了 20 多个社区自组织，包括阳光鼓队、编织班、阳光朗读者等。编织班里原来企业的职工充分发挥擅长手工编织的特长，创造出具有 Y 社区特点的坐垫、保温袋、玩偶等特色编织工艺品，这些成为深受社区居民欢迎的社区产品。社区居民参与社区自组织，不仅提升了社区居民的生活品质，促使了社区活力的再现，更为重要的是，在社区自组织建设的过程中，提升了社区居民的参与能力。

三　深圳市坪山区"农转居"社区

（一）I社区基本情况

I社区位于深圳市坪山区，面积为5.38平方千米，下辖8个居民小组，户籍人口4000余人，非户籍常住人口约5万人，绝大多数为来深建设者及其家属，家属中老年人口居多。I社区属于典型的"农转居"社区，原住居民所居住小区与来深建设者所居住小区分割明显。原住居民所居住小区基本是平房，居住格局与原农村社区类似，属于熟人社区。非户籍常住人口居住社区为商品房小区，居民绝大多数在华为、比亚迪等大型企事业单位工作，他们的收入较高且稳定。

2011年7月，在坪山新区社会建设局、坪山办事处、I社区居委会的支持下，I社区党群服务中心正式入驻，为社区居民提供多元化的专业服务。I社区党群服务中心由深圳市坪山新区T社会工作服务中心负责运营。社区党群服务中心秉持"以人为本、助人自助"的专业服务理念，按照社区党群服务中心运营的相关要求，以"推动社区居民参与，增强社区居民的归属感，提升社区居民的幸福感"为服务目标，紧密结合社区居民的实际需求，通过"社区+社工+社会组织+社区志愿者"的联动模式，为社区居民提供优质的专业服务。由于社区党群服务中心组织了各种各样的社区活动，因此，I社区居民与社区党群服务中心的联系密切。本次调查的是I社区下辖的3个商品房小区。

（二）社区问题及需求评估

随着经济发展速度不断加快，越来越多的外来人口在深圳购房定居。I社区下辖的3个商品房小区的被调查居民中有65.4%是非深圳户籍，是来深建设者。社区居民在党政机关、企事业单位或社会团体工作的比例是33.3%，他们收入较高且较稳定，但人口流动性及老年人口比例较大。被调查居民中，在此居住时间在 1 年（含 1 年）到 3 年的社区居民的比例为 28.2%；3 年（含 3 年）到 5 年的社区居民最多，占 33.2%；居住时间为 5 年（含 5 年）以上的占 28.4%；居住时间为 9 年（含 9 年）以上的占 8.4%。

由于外来人口居多，社区居民人口结构异质性高，利益群体众多，需求广泛，矛盾复杂；小区配套设施不完善，引发邻里关系紧张；社区服务类别单一，缺乏专业化、个性化的服务，不能满足居民的需求。居民与物业公司的关系较密切，与社区居委会的联系较少。此外，居民参与社区事务的积极性不高，民主协商意识不强，但对小区环境美化、社区安全和文化娱乐活动的需求强烈。

（三）社会工作介入策略

1. 六方联动助推多元主体社区参与

（1）"六方联动"的运作机制

2015 年"六方联动"社区自治模式在 D 小区开始探索，建立了自治委员会，实行"诉求解决机制"，坚持多元参与、跨界合作、协商共治的原则，自治委员会围绕小区居民关注度高、涉及切身利益的问题展开讨论，联动各方资源，研究解决措施，推动小区问题的解决。六方成员包括社区居委会、社区党群服务中心、社区社会组织、业主委员会、物业公司和爱心企业。

社区居委会主导成立小区自治委员会，指导监督小区自治委员会开展活动，宣传普及政策法规，调解邻里及家庭纠纷，引导居民依法自治，协调各方参与小区自治，整合社区基金会、工青妇等各方资源，提供便民服务等；社区党群服务中心作为枢纽平台，联动各方代表，组织召开联席会议，收集反馈小区问题及建议，开展小区业主所需要的文体、娱乐、邻里互助服务；社区社会组织动员小区居民积极参加社会组织活动，策划公益活动，收集反馈意见，参与小区安全、文化建设，营造融洽小区氛围；业主委员会动员业主参与小区自治，督促工作落实，链接业主资源，宣传利民便民政策和服务等；物业公司结合自身实际，完善公共设施、提供各类资源、协助活动开展，承担相应的社会责任；爱心企业，包括公司、医院、银行、医疗公司、烟酒行等，提供资源、参与议事、协助小区各种服务活动，为调动居民积极性提供保障。D 小区"六方联动"平台如图 5-2 所示。

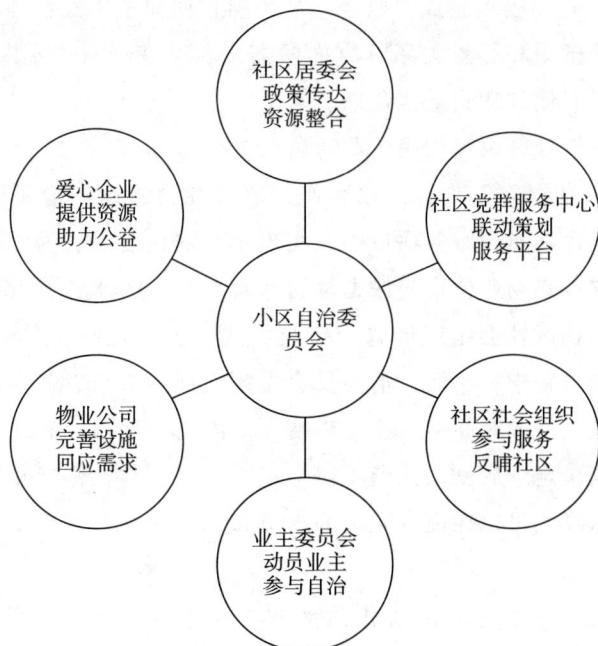

图 5-2　"六方联动"平台

小区自治委员会按照"提议—议事—制订计划—实施—监督"的工作流程开展工作。小区自治委员会中的任何一方都可作为提议者，将小区发展需要及业主诉求反馈给小区自治委员会。小区自治委员会召开联席会议，听取议案、诉求或建议，研究解决方案，制订服务计划，明确分工，执行服务计划，跟进监督。联席会议每季度召开一次，如遇突发事件，可临时开会。联席会议上的六方遵守罗伯特议事规则议事（李敏、梁瑜欣，2020a）。坚持一事一件、文明表达、限时限次、发言完整、面向主持。按照动议、附议、主持人陈述问题、辩论、表决、宣布表决结果的流程进行议事，保证联席会议正常进行。

服务计划的执行以项目化方式，针对联席会议上的提议，设计项目，充分发挥六方作用，共同推动问题的解决。由于社区党群服务中心是社会工作机构，作为枢纽平台，能起到链接多方的作用。社会工作机构拥有专业的社会工作者，小区自治委员会的主任由社区党群服务中心主任担任，主要作为联席会议的主持人，发挥联系各方的作用。

（2）"六方联动"自治模式的绩效

自 D 小区自治委员会成立以来，多个项目回应了居民在环境美化、小区安全、居民健康和邻里关系等方面的需求，并在项目中不断总结经验，发挥各方力量，使其达到最佳效果。

第一，发挥社区组织作用，调动居民参与。

小区自治委员会开展项目化运作，依靠社会组织的力量开展服务活动，使更多居民参与到服务项目中，实现小区居民自治。为了回应小区安全的需要，在加强物业公司安保力量的基础上，小区开展了 360°平安志愿者项目。发动社区社会组织的骨干成员组成平安巡逻队，在小区内巡逻。在项目孵化的过程中，小区自治委员会发现，项目参与者基本上是老年协会的成员，他们空闲时间多，参与热情高。因此，项目成熟之后，小区自治委员会商议决定今后就依托老年协会进行项目运作，由老年协会负责统筹和运营。这样既可以保证有充足的人员参与项目，又调动了居民参与活动的积极性。

研究发现，D 小区居民文化活动的参与率和策划活动的意愿较高，38.1%的被调查居民参与过社区文化娱乐活动；W 小区 29.4%的被调查居民参与过社区文化娱乐活动；G 小区 28.1%的被调查居民参与过社区文化娱乐活动。D 小区居民文化娱乐活动的参与率比 W 小区和 G 小区高 10 个百分点左右。虽然 D 小区与 G 小区的安保人员同属一个物业公司，但在被调查居民中，D 小区中选择没有"被盗/入室盗窃""抢劫/抢夺""伤害/恐吓""欺诈""车辆损坏/恶意破坏"的居民有 150 人，占被调查居民的 89.3%；G 小区中没有遭遇过以上情况的居民有 118 人，占被调查居民的 87.4%，比 D 小区低近两个百分点。360°平安志愿者项目在小区安全方面发挥了一定作用。

第二，链接多方资源，满足居民需求。

社区居民的需求得不到满足，主要是因为缺乏资源支持或资源链接不到位。建立"六方联动"小区自治委员会将六方代表联系起来，动员各方力量，满足社区居民的需求。

> 小区环境不好，原来没有滑梯，没有体育器材，我们这都提了多少回，有二年了。最后通过自治委员会才把这个落实，所以有很多方

才能做这个事。(Case 10)

　　康颐中心的成立，也是在发挥社区党群服务中心链接和整合资源的作用。(Case 13)

在社区建立康颐中心，发挥多方优势，开展健康档案管理、健康体检、健康知识讲座和健康咨询等一系列便捷的健康服务，满足居民健康方面的强烈诉求。由爱心企业捐赠检测仪器，由社会工作者定期为居民做日常检测；与社康医院对接，定期为居民开展健康咨询、培训、健康知识讲座；社区党群服务中心社会工作者为小区老年人建立健康档案，记录老年人的健康情况；小区自治委员会链接福利彩票公益基金，在小区广场添加健身器材，进一步完善小区的基础设施。调查发现，57.1%的 D 小区被调查居民对健康娱乐设施表示满意，是 W 小区满意度（34.6%）的近两倍，G 小区满意度（14%）的四倍左右。居民对小区的满意度越高，对社区的归属感越强。

　　第三，依托多方项目，提升社区信任。

商品房小区的居民来自全国各地，居民需求多元。由于基础设施不完善以及小区服务不到位，邻里之间难免发生矛盾。为了改善小区的邻里关系，联席会议决定创建"益起易吧"项目，主要有爱心捐赠与积分兑换。通过公益服务积分兑换的方式，吸引小区居民参与公益服务。公益积分累计后可换取由企业提供的爱心资源，促进小区公益服务的发展。同时，开展爱心捐赠活动，小区居民将自家闲置物品捐给社区党群服务中心或在跳蚤市场上进行交换。一方面，实现了物质资源的循环再利用；另一方面，提高了邻里之间的熟悉程度。同时，社区党群服务中心建立了连心阁，搭建居民休闲场所，开展文化娱乐活动，加强居民之间的互动交流，密切邻里关系，提升社区信任。调查数据显示，D 小区 75.6%的被调查居民对邻居持信任态度，W 小区 74.5%的被调查居民对邻居持信任态度，G 小区71.1%的被调查居民对邻居持信任态度。D 小区居民对邻居的信任度最高。

　　第四，多元互补合作，融洽社区关系。

小区自治委员会搭建了资源共筹、多元参与、差异合作、优势互补、功能整合的平台。在六方参与合作的过程中，各自掌握了翔实可靠的居民需求信息，群策群力，共同解决小区问题。不仅工作效率得到提升，运行成本降低，而且加强了居民联系。经历了从问题提出到问题解决的全过程，小区居民对各方的行动成效有了更深了解，各方理解进一步加深，满意度进一步提升。调查数据显示，D小区对物业管理公司、社区党群服务中心和社区社会组织的满意度高于其他两个社区。D小区66.9%的被调查对象对物业管理公司持"满意"态度，高于G小区32个百分点；78.6%的被调查对象对社区党群服务中心持"满意"态度；75.4%的被调查对象对社区社会组织持"满意"态度。

此外，小区自治委员会的议题大多来源于居民需求和社区发展需要，服务项目的设计也积极听取居民的意见和建议。在这一过程中，小区自治委员会成员与居民不断沟通，促使更多居民参与到小区建设和发展中来，进一步强化了居民的主人翁意识，提高了居民的参与热情，改善了社区关系。调查数据显示，D小区49.4%的被调查居民愿意策划、组织社区文化娱乐活动，高于W小区的40.2%和G小区的39.6%；D小区74.4%的被调查居民愿意参加更多的社区志愿活动，高于W小区的66.7%和G小区的71.9%。可见，D小区居民参与策划、组织社区文化娱乐活动与参加社区志愿服务的意愿最强。

2. 社区老年协会带动居民社区参与

深圳作为社区及社区组织发展的先行者，发展速度较快。坪山区I社区党群服务中心在《坪山新区社区社会组织孵化基地管理办法（试行）》政策的推动下，已孵化多个社区组织，如表5-4所示。I社区老年协会是众多社区组织中的典型，是所有社区组织中发展最成熟、居民最认可、参与积极性最高、影响力最大的社区组织。每个社区组织都由I社区党群服务中心的专职社会工作者负责，社区组织类型以文化体育类为主。老年协会处于统筹地位，其他社区组织与老年协会相辅相成。

表5-4　I社区组织备案情况统计

社区组织名称	业务范围	备案类型
老年协会	统筹协调社区有关活动及其他相关事务	社区事务类
大家乐歌舞团	负责每天广场舞教授及社区活动或比赛	文化体育类
乾坤太极协会	组织开展太极拳锻炼活动	文化体育类
开拓者文化艺术团	主要开展户外活动	公益慈善类

续表

社区组织名称	业务范围	备案类型
和谐新风促进会	弘扬时代新风 树立社区榜样	社区事务类
乒乓球协会	开展乒乓球健身及比赛活动	文化体育类
乐活健身队	主要开展体育锻炼活动	文化体育类

（1）组织活动，提高社区居民熟识度

社区组织是由个人或组织在社区中建立，在社区中开展以服务居民、教育居民和管理居民为宗旨的活动，从而达到丰富居民业余生活、满足居民多样需求目的的社区自发组织（王鹏杰，2015：15~16）。社区组织在社区中有着较强的影响力和较大的辐射范围。I 社区被调查居民之间非常熟悉的占 7.5%，熟悉的占 36.67%，一般的占 34.17%。可见，邻里之间非常熟悉的占比不大，大多数社区居民之间关系和缓但不是很亲密。

社区成立了老年协会，并为老年协会划拨了一块办公区域，由于没有经费支持，老年人自己动手制作桌椅，创设办公环境。同时，老年协会组织了一系列有益于老年人身心健康的活动，不仅锻炼了老年人的身体，还提高了社区居民的熟识度，增强了社区凝聚力。

> 这些桌子原料都是我们自己捡的，你说给我们成立这个老年协会，给我们划了场地又没有桌子，要拿钱去买，我们又没有钱买桌子买凳子，我们就想那就自己做吧，办公用品都是自己做的，都是自己拿的钱，捐款买的。比如说老人过生日啊，那个资金都是我们自己捐的款。(Case 8)

I 社区老年协会每个季度都会为社区 70 岁以上的老年人举办一次庆祝生日活动，老年协会的成员共同筹划操办。生日聚会不仅使社区老年人感受到了社区关怀，在社区营造了敬老的良好社区氛围，更为重要的是，为社区老年人搭建了沟通交流的平台，密切了社区邻里关系。

（2）反馈信息，缓解居民与组织矛盾

I 社区下辖各小区有社区居委会、业主委员会、议事委员会以及各种社区自组织。由于很多组织长期处于缺失或不作为状态，小区居民没有可以发声的场所，导致小区居民与物业公司、社区居委会沟通不畅，产生一系列矛盾。在各种社区组织中，居民对老年协会的信赖程度高于社区居委会、业主委员会等。老年协会与居民的联系也更加密切。同时，老年协会也必须与物业公司、社区党群服务中心、社区居委会保持良好关系，才能够维持协会的正常运行。

> 我们刚成立老年协会时，也不知道这个路子应该怎么走。物业（公司）就给我们指路，说你们先到 X 社区。物业（公司）负责人就领着我们去了，然后安排了时间，在 X 社区考察了一下，看一下人家是怎么做的。然后我们就开始照着做，就打开了局面。我们回到小区找可以活动的地方。在小区地下一层给我们划了活动中心和一个办公室。大家在这玩儿，但是没有卫生间。大家搞个卫生间，我们的芦会长和曹会长又去找物业（公司）沟通。（Case 7）

为此，老年协会作为居民与社区之间沟通的桥梁才成为可能。小区居民需求反馈到老年协会，老年协会组织者便可将居民的想法和意见反馈给社区，打破二者之间的壁垒。由于社区居民自组织的不足，老年协会的工作压力较大。

（3）带动参与，搭建社区的关系网络

老年协会下设广场舞队，招募小区中有才艺的居民担任老师，在小区固定场地教授居民广场舞。坪山区定期举办广场舞比赛，各小区的广场舞队都非常重视。每到比赛前，他们会加紧排练，力争在比赛中夺得好成绩。居民参与自发性体育组织可提高城市社区居民的普遍信任水平（杨涛，2015：1~7）。在其他条件相同的前提下，参与者之间的交往越多，他们之间的相互信任水平就越高（胡荣、李静雅，2006：45~61）。在组织参与坪山区广场舞比赛的过程中，广场舞队成员为了实现共同目标，积极沟通、相互学习、认真训练，在合作中形成了对彼此的信任，构建了社区关系网络。

老年协会不仅组织学习广场舞，还会定期组织爬山、歌舞晚会、重阳节看望老人等活动。爬山不仅锻炼了老年人的身体，还增强了老人之间的互助意识。每次的爱心探望都能让独居老人、高龄空巢老人、失独老人等困境人群感受到社区的关怀，同时进一步拉近了他们与社区组织的关系。

一台成功的歌舞晚会需要社区各部门的密切配合和前期的细致准备。社会组织中的信任、网络等特点是通过促进合作行动来提高效率的（Luhmann，1979：202）。正是在合作组织一台晚会的过程中，社区各组织之间加强了联系。晚会上的才艺表演不仅使有才艺的居民获得了成就感，更为重要的是进一步加强了居民之间的联系，增强了居民的社区归属感和认同感。

四　深圳市罗湖区城中村社区

（一）L社区基本情况

深圳市L社区位于罗湖区东北部，梧桐山北麓，深圳水库上游，二级水源保护区。L社区由7个自然村组成，是城中村社区。面积约31.82平方千米，至2012年社区总人口为14000余人，其中户籍人口1036人，大部分是客家人，在册的户数为330户，50岁以上的有2000余人。社区内有民宅1071栋4500多套，建筑面积为27万平方米。社区自建厂房面积为18万平方米，全部厂房产权属于股份公司，有企业27家，工人近10000人，主要从事来料加工、电子、手袋等劳动密集型行业。

L社区在2009年由政府资助开始改造，中心街外立面改造、景观河、民间艺术博物馆等工程完工。由于占据风景区的地理位置，拥有美丽的社区环境，吸引了大批画家、艺术家聚集于此，逐渐发展成为集文化、创意、艺术、旅游于一体的艺术小镇。艺术小镇以国学学堂的创建而闻名，吸引了越来越多的深圳市区居民带孩子来此学习，带老人和病人来此调养。L社区绝大多数居民为长期居住的外来人口，包括港澳同胞以及外国友人。在适应当地生活习惯的基础上，他们保留了自身的多元文化。多元文化相互碰撞产生了新的文化与活力。社区居民群众的环保、低碳意识不断增强，积极建设和谐、绿色、宜居的社区环境。L社区曾获广东省"六好"平安和谐社区、深圳市平安和谐社区、健康社区等荣誉称号。

L社区不仅有美丽的自然环境，还有较好的社区规划。辖区内建有13000多平方米的文体公园1个，3000多平方米的休闲小公园2个（一个由"固本强基"工程投入130多万元兴建），标准足球场1个，篮球场3个，为社区居民交往创造了良好环境，居民在社区可享受慢节奏生活带来的快乐。由于社区改造，很多大型工厂搬迁，工人的离开影响了当地经济的发展。艺术小镇上各色古玩店生意萎靡，外来人口的迁入抬高了当地的房价。由于人口流动加快，邻里更迭频繁，社区居民熟识度下降，互动交流减少。

（二）社区问题及需求评估

1. 邻里交往意愿较强，但交往浅层化

邻里交往规模与深度是社区邻里交往程度的测量标准。居民个体在社区中交往的人数称为邻里交往规模，邻里交往规模反映居民互动领域的大小，表明邻里交往的范围；邻里交往深度反映邻里双方相互依赖的程度，测量指标为邻里熟悉程度和互助程度。

从打招呼、留有联系方式到家中做客表明了交往程度的不断加深。L社区在见面打招呼的邻居中，11～20人的比例最高，占32.7%；10人及以下的占25.3%；21～40人的占25.3%；40人以上的占16.7%。"有很多人打招呼，很熟的样子，但是问我这个人叫什么，哪里人呢？说不上来。"（Case 4）在人口高流动的社区中，L社区整体互动人数较多，社区居民乐于互相打招呼，浅层次的交往规模较大。观察发现，小商铺或楼门口主动打招呼和攀谈的人很多，社区居民较为热情，相处融洽。在留存手机号码的邻居数量上，10人及以下的占62.7%；11～20人的占20.7%；20人以上的占16.6%。相对于见面打招呼，留存手机号码是更深一步的交往。如今网络为邻里交往提供了便利，手机号以及微信号为邻里联结搭建了桥梁；在可以登门拜访或串门的邻居中，人数迅速下降，5人及以下的占53.4%，6～10人的占30%，10人以上的占16.6%。L社区邻里交往规模伴随交往深度的增加而缩小，存在交往浅层化、表面化的特点。

观察发现，L社区邻里之间有交往和互助的需求。正如格兰诺维特所说的"弱关系"，弱关系越丰富，个人所拥有的社会资源越多。L社区居民异质性较强，邻里之间深入交往的难度较大。41.33%的被调查者认为邻里熟悉程度一般，熟悉比不熟悉多16个百分点。大多数社区居民对邻居有所了解，但访谈中有很多社区居民表示居住很多年仍不了解邻居。"认识的人很多，了解的人很少，我在这待了很多年，都不知道有些人是干什么的。"（Case 6）邻里交往大多停留在见面打招呼层面。可见，邻里熟悉程

度较低，邻里关系弱化。

比起传统社区的邻里关系，如今生活环境的便利使人们求助的需求降低，快节奏生活带来的压力也使人们更倾向于选择没有利益往来的人作为交往对象。"各扫门前雪"成为公认的现代邻里相处之道，随之失去的是你来我往的邻里情。"我就是靠自己的能力，假如空调坏了，我认识别人，我就让他给修一下，找不到人，我就直接把空调扔了。"（Case 5）L 社区41.33%的被调查者认为邻里互助程度一般，34%的人认为邻里互助较多。面对红白喜事需要帮助时，亲戚朋友胜出，邻里只占 15.1%。红白喜事是中国人最看重的家族大事，亲戚朋友是人生中的重要关系。邻里占据位置优势，缺少人手时会请来帮忙；需要借钱时，最多的仍是亲戚朋友，邻居只占 9.6%。借钱依靠的是密切关系与互相信任。可见，社区居民在需要帮助时，首先想到的是亲友，其次才是邻居。

市场化给居民生活带来了便利，但不能否认邻里互助的重要性。社区中老弱病残等弱势群体仍需邻里互相照应。30.7%的人曾经请邻居帮忙看护过孩子，25.4%的人曾经请邻居帮忙照看过生病的自己，64%的人接受过邻居的帮助，更有高达 80%的人曾经帮助过邻居。帮助他人很多时候是举手之劳，更何况是低头不见抬头见的邻居。76%的人认为能从邻居家借到日常用品。社区便利店为居民生活提供了方便，但在应对不时之需时，邻居乐意提供帮助，也显示了 L 社区民风的淳朴。正是在邻里互助的过程中，陌生的邻里才逐渐熟悉起来。可见，邻里交往越深入，居民之间的互助会越多。

楼下看到对方的电车电充满了，就会互相拔下来充电器。买到好东西互相推荐。邻里之间比较信任，什么时候楼上的那家回老家一段时间，就放钥匙在我家。楼上两家都是有小孩的，帮他们照看过小孩。他们两家关系也不错，有时谁有事就会托另一家帮忙接孩子。但是有时候一家生意忙让别人连续看管孩子，另一家就该向我抱怨了。（Case 2）

访谈资料显示，邻里互助能为社区居民带来方便，但邻里互助更多的是精神层面而非物质层面。照看小孩和工作是年轻妈妈们经常难以权衡的事，有值得信任的邻居可解燃眉之急。众所周知，中国人崇尚礼尚往来，来而不往非礼也，孩子是邻里交往的重要媒介。

2. 邻里交往动机多元，但互助最主要

交往动机是一种基本的社会动机。人在交往中为自己的行为吸取信息进行定向，将自己所做的与人们期待他做的进行核对，从而调节自己的需要、观念和行为，使自己在符合群体要求的情况下得到发展，否则就会感到孤独、别扭或焦虑，这就使人产生一种交往的需要和动机。交往动机包括群集感、相熟感、友谊感、亲属感等（霍瑟萨尔，2011：130）。马斯洛的需求层次理论又被称为动机理论，人们的基本需求分为五个层次，分别是生理需求、安全需求、社交需求、尊重需求和自我实现需求（马斯洛、许金声，1987）。调查数据显示，L 社区居民与邻居交往的主要目的，64.4%的居民选择相互照应、有事能帮上忙；56.4%的居民选择融入大家，有归属感；31.5%的居民选择喜欢对方、有情义在；选择社区号召、有事能说上话不被落下、交往多有面子的比例分别是 20.8%、16.1%、12.8%。发挥邻里互助功能是社区居民首选的交往动机，想要融入大家的比例居第二位。可见，情感和利益是促进社区邻里交往的关键。

传统中国人注重的面子在现代邻里关系中的作用有所式微，社区号召的作用不可小觑。在深圳这一移民城市，社区引领下的邻里交往由零散化向网络化、集体化群体式互动转变，经由居民参与将邻里关系带到社区层面，社区团体和组织充当网络节点，将居民联结起来。

3. 社区居民异质性强，但信任度一般

信任是社会关系的黏合剂。一般而言，社区内种族的异质性越高，人口流动性越大，社区信任度越低。L 社区人口流动性大，居民的交往意识缺乏，社区异质性强，归属感低，产生了不同的人际"圈子"，不同"圈子"之间存在一定的隔阂。L 社区的社区信任最小值是 2，最大值是 10，平均值是 6.53，标准差是 1.58，整体信任度一般。深圳位于东南沿海一带，经济文化相对自由。居住在 L 社区的个体工商户数量较多，由于市场机制的不完善，很多商户的资格审核难以服众，还有很多以艺术家自居的创作者，居住者的文化差异以及商业竞争导致 L 社区的人际关系较复杂。此外，原住居民与来深建设者的房屋租赁关系以及较陌生的人际关系，影响了邻里之间的信任。

研究发现，社区信任对人们之间的交往程度产生正向促进作用。同属一个亚群体的成员，如同乡、同事以及对门会增强彼此之间的信任，有利于促进邻里交往，尤其是交往深度。而对人们之间交往范围的影响则不如深度那么明显，当群体异质性高时，信任程度虽然会略低，却仍能有效进行互惠交易，并不影响生成松散的、大范围的社区网络。社区混居能更有效地打破隔离，缩小不同群体在各方面的差距，为更大范围的社会整合提供实现的途径（李洁瑾等，2007：72）。

4. 社区组织活动丰富，但参与待提升

由于 L 社区居民职业的独特性，很多人从事自由职业或创业。来到 L 社区居住大多是为了休养生息、艺术创作、创业等。居民生活较为休闲或富有功利心，乐于自发地组织公益性、寻求利益或兴趣导向的社区活动。为此，L 社区居委会、业主委员会、居民、商业团队等都会积极为居民组织丰富多彩的社区活动。

> 刚过来就经常会搞一些活动，自己组织的。当时的艺术圈经常搞一些活动，组织很多人从市里面到这边来。现在艺术家少了，走了很多，有人有了家庭就以生活为主了。以前这里单身的多，碰到搞活动的就来凑热闹。(Case 5)

> 我们这边搞的活动挺丰富的，但他们参与得比较少，都是外地人参与得比较多。除了街道举办的邻里节活动，我们每年也会在元旦的时候办一个促进邻里交往的大型活动，就会让他们上台表演节目，做游戏。有很多很乐意表演的义工，我们这边有一个老年协会，有一支自己组织起来的舞蹈队、太极拳队，我们牵头，他们自行组织的。一些居民还举办如英语角、一起去街头捡垃圾、大院子素食文化节等，吴木咖啡馆也会举办一些电影（评）奖（活动），这种小活动都是自发组织的，他们自发组织的能力挺强的。(Case 1)

L 社区 58.67% 的人参与过社区活动。不参加活动的主要原因是没时间，还有 32% 的居民是不知道活动信息，14.67% 的居民对活动不感兴趣，1.33% 的居民是因为收费贵。年轻人为了生计奔波，一些长者要承担照顾孙辈的责任。社区中积极参加活动的大多是老年人，且女性偏多。但仍有部分居民是由于不知道活动信息，社区活动宣传不到位阻碍了参与。访谈发现，还有部分居民是由于怕上当受骗不愿参与。可见，缺少规范化与审核流程，活动内容不能满足居民需求，时间不合适或存在商业目的等因素降低了居民的参与度。

社区活动提供了邻里联结的机遇，可凝聚居民力量，丰富居民生活，活动质量影响人们的参与度和体验感。L 社区居委会和社会工作机构统称为社区党群服务中心，免费为 L 社区开展节日类、亲子类、手工类、教育类等活动。活动的参与者大多是来深建设者，原住居民参与更多的是广场上的大型社区活动，参与更多的是出于好奇或被小礼品吸引，因此对活动的体验较少。

（三） 社会工作介入策略

人们如果仅在地缘意义上居住在一起，但彼此没有认同感，也没有安全感，就谈不上团结，那就不是社会学意义上的社区（黄平、王晓毅，2011：16~21）。L 社区普遍有交往需求，邻里互助功能备受重视。超大城市居民的生活压力大，需要适当放松自己，走出家门结交朋友，人情冷漠的环境需要改变，为漂泊他乡的游子带来归属感，帮助新加入的朋友快速适应社区，消除邻里间隔阂的同时也能促进产业联结，提高此地经济水平与居民的幸福感。

促进邻里交往不仅要增强居民邻里交往观念，还要提供邻里交往的机会。为此，可搭建虚拟社区平台，为邻里交往提供空间保障；创建人文型社区，开展社区活动，把邻里关系的协调同发展社区服务结合起来；营造良好社区环境，合理规划公共空间和娱乐设施。L 社区缺乏有效的组织管理机制，未能提供专业化的服务质量和服务效率。目前该社区各组织间、组织和居民间缺少合作，难以深入挖掘群众需求，社区活动难以深入人心；社区活动多却效果不显著，邻里节不能是"面子工程"，要提高居民参与度并系统化、持续性关注邻里交往；社区资源浪费，社区能人多并且积极性高，主动承担社区责任，但社区自组织的规范机制不完善，社区工作者应联结居民群众，挖掘领袖，提升居民参与社区事务的能力。针对上述社区缺乏专业化组织管理的现状，本书将运用社区工作三大模式之一的社会策划模式探讨增强邻里联结的方法和策略，以促进邻里交往。

社会策划模式是依靠实际、理性途径解决问题（Ambrosino et al.，2005：136）。基本策略是通过逻辑性步骤，理性设计可行的服务方案，自上而下地改变、理性化、控制以及指导未来（甘炳光等，1994：172～174）。在策划理念上，城中村重构要以社区发展为导向，理性设计并介入居民个体与群体等困境，在社区关系层面，营造多元交往空间；通过社区组织，开展社区活动，鼓励社区居民参与，实现良性互动，改善人际关系；目标方面，引导未来，促进社区变迁；组织方面，动员社区居民参与，自上而下实施（张岭泉等，2011：110～112）。

运用社会策划模式，在理念方面，以居民需求为导向，注意把握建立人与人之间的联结，一旦人们之间产生联结，哪怕活动结束，这种关系将仍然保持不变，邻里关系具有不可逆性和自我保存机制，之后再不断生发出脱离原先内容、动机的形式，交往进一步加深（吴莹，2015：12～14）。选取社区工作的方式，避免了两要素直接面对面可能造成的尴尬，提供更公开的平台，三要素群体碰撞，产生更大局面的粘连，从而带动更多社区居民交往。在组织方面，该社区不缺乏社区活动的素材和策划活动的积极分子，但需要可操控的规范化流程。应以专业社会工作者为引领，保证活动举办方的权威性，取得居民的信任，选择大众认可的有吸引力的公共话题，定期举办社区活动，动员居民广泛参与，共同制订方案和推动活动进展，调动居民社区参与的积极性，并使其能在参与过程中获得成就感，尽量避免社会策划模式自上而下带来的局限。在内容方面，策划活动方案时，多方位收集微观居民个体、中观群体关系以及宏观社区治理方向等各种信息，开放性、多元化，以居民为主体设计活动，为邻里制造促进联结的客观契机，实现促进邻里交往的目的。

1. 建立多方合作，满足居民需求

要充分发挥社区居委会的枢纽作用，依托"网格"（流动人口登记站点），通过业主委员会、社区工作者等与原住居民、业主积极沟通，了解他们的真实需求，将松散的个体有效组织起来。L社区居委会成员既包含原住居民，也有外地业主，要平衡不同群体的利益，才能承担为所有社区居民提供更完善社区服务的职能，既要赋予新老居民平等的权利，又要进一步加强业主与租户、本地人与外地人的沟通，在合作中打破不同群体之间的壁垒。

解决社区问题的关键在于社区培力与城市动员的过程，这不仅关系着社区及都市，还关系着主体的建构与自主性（刘雨菡，2014：202）。要充分发挥社区自组织的桥梁作用，与社区各机构、居民建立良好的信任关系。依托社区日常事务以及活动的开展，发掘有意愿、有能力的社区骨干，提升其管理能力、沟通协调能力，为后期创造社区居民联结奠定基础。L 社区已有一些居民自组织和具有一定领导力的社区领袖，如组织居民互助微信群的群主、发放免费食物做慈善的雨花斋、救助乳腺癌患者的粉红丝带、引领居民打造素食文化的居民、倡导居民开展捡拾垃圾的义工团等。社区居委会要积极与以上组织沟通，发挥各组织的作用，满足居民需求。同时要加强对社区社会组织的管理。

2. 组织特色活动，助推邻里联结

如何在一个日益分化、异质性强的社区，发现符合居民需求、有吸引力的社区公共话题，把利益多元的社区居民会聚在一起是组织社区活动的关键。如果社区活动给居民带来的参与感不足或活动内容无新意，活动就会流于形式。对于社区工作者是行政任务，对于居民只是领取礼品配合工作，这是目前一些社区开展活动的痛点，同时也是资源的浪费。

为此，要充分了解社区居民的真实需求，创新活动内容和形式，激发居民参与兴趣，动员居民广泛参与。观察发现，L 社区居民普遍有饮茶的习惯，而茶正是人际传播的载体。中国自古就有"客来敬茶"的文化传统，茶文化传承演化出的"和"即和谐共处、"敬"即互相尊敬、"理"即以理服人、"礼"即以礼待人等，都是人际交往的重要原则。因此，可组织与"茶"相关的社区活动。此外，国学研究和素食文化也是L 社区的特色。依托 L 社区的以上特色，创新活动内容与形式，助推邻里联结。

社会工作者在策划组织活动的过程中，应遵循专业理念和技巧，开展难易适中、可操作性强的活动；在活动过程中，坚持以人为本的价值导向，秉持尊重、真诚、同理心等职业操守；活动结束后，及时评估活动效果，不断汲取经验。同时，社区工作者要积极联系社区组织，调动多方资源，广泛发动居民，支持鼓励居民自发组织活动，但要规范活动流程，主动接受社区工作者的监督。通过活动，为居民搭建互相了解的平台，初步建立邻里联结，并不断生发，推动邻里交往的扩展与深入。

3. 规范社群管理，促进居民参与

建立多元社区微信群，鼓励社区居民通过网络加强交往，扩大居民的联结范围，实现网络互助。但要注意的是，当群体成员超过一定数量后，要通过制定规范、设置管理员，进行实时监督，保证群内行为的文明、安全。

社区居委会可倡导发展网上小区，帮助新搬入社区的来深建设者快速熟悉社区事务。引进便民网络平台，开展社区家庭二手物品交换、房屋租赁等业务。建设社区居民自媒体群、社区网站、社区论坛等，帮助居民足不出户接收社区活动信息、匿名发表对公共事务的看法，扩展居民群聊的范围，增强居民的集体意识与社区参与意识。通过社群自媒体力量带动社区居民互动，传承社区文化。此外，可依托网络，开展宣传教育活动，增强居民的社区认同感，营造良好的社区氛围。

4. 发挥组织功能，实现居民自治

社区居民联结使原子化、碎片化的社区更加团结互助，社区建设的根本命题即社区的再联结、再整合和再组织化（何艳玲、蔡禾，2005：109～114）。社会组织除了具有合法性资质的法人社会组织（社会团体、民办非企业单位、基金会），还有法定意义以外的各类社区社会组织（自组织）。通过发挥社会组织的枢纽和孵化功能，不断促成社区内各类人群的自组织，形成类型丰富的社区社会组织，通过它们将分散于社区的个体再组织起来，参与社区建设贡献组织化力量（徐选国、徐永祥，2016：87～96）。

L社区党群服务中心由社区居委会工作人员和某社会工作机构派出的专业社会工作者组成。社会工作者的数量较少，实务经验尚不丰富。为此，可通过培训社区工作者或加大专业社会工作人才的引进力度，促进社区人才队伍建设，提高社会组织参与社会治理的能力与水平。此外，通过投标、双选会等方式实现社会组织与社区的对接，推进社区减负增效，增强社区自治和服务功能。通过吸引更多社会力量投入社区建设，一方面提高居民的参与热情，建立居民参与的长效机制；另一方面发展基层民主，实现社区居民自治。

第六章 熟人社区建设的行动研究

本研究选择北京市大兴区观音寺街道的商品房 S 社区、海淀区清河街道的单位型 Y 小区和朝阳区大屯街道的传统老旧 A 社区，遵循计划、实施、反思、总结、再行动步骤，开展了社会工作介入熟人社区建设的行动研究，力图为提出超大城市熟人社区的建设路径奠定坚实的实践基础。

一 北京市大兴区商品房社区

（一）S 社区基本情况

S 社区位于北京市大兴区观音寺街道，2013 年建成。截至 2017 年底，S 社区共有居民楼 11 座，居民 1456 户，入住率为 70% 左右，老年人口居多。由于是新建社区，户籍转入社区的手续较复杂。因此，户籍在本社区的居民数量较少，流动人口较多。辖区内有一所幼儿园和一所小学，有两个供社区居民休闲的广场。调查发现，S 社区居民更偏爱较大的广场，因为广场不仅地理位置好，而且中央有一座假山，老人和孩子可在此处游乐。开发商和社区居委会正在积极完善广场的各项基础设施。

S 社区居委会成立于 2017 年初，社区居委会共有工作人员 8 人，主任、副主任各 1 名，社工委下派的社会工作者 2 名，另有工作人员 4 人。社区居委会主任兼社区服务站站长和党支部书记，副主任兼党支部副书记。虽然 S 社区居委会成立时间较晚，但社区居民基本信息档案的登记造册工作已完成。2017 年，社区居委会的主要工作就是加强与居民的联系，使居民对社区居委会有更多了解，同时提高居民之间的熟识程度，使社区变得更加团结和谐。

(二) 社区问题及需求评估

在社会资本理论的指导下，运用问卷法对 S 社区居民的社区参与、社区网络、社区信任以及社区规范进行了评估。

1. 社区参与

调查数据显示，S 社区 93.6% 的被调查居民在过去一年中没有与社区其他居民一起解决过社区公共问题，只有 6.4% 的被调查居民曾参与过解决社区公共问题；如果有人发动解决社区问题，有 65.8% 的被调查居民表示自己会参加；41.6% 的被调查居民比较愿意参加社区志愿活动，22.3% 的被调查居民不太愿意参加社区志愿活动，绝大部分是因为工作繁忙，没有时间。可见，S 社区居民的社区参与意识和参与行为都处于较低水平。但如果有社区组织或居民积极组织，社区参与活力就有可能被激发，强有力的推动是促进 S 社区参与水平提高的重要因素。

2. 社区网络

社区网络的形成情况具体体现在邻里熟识程度与邻里互助程度上。调查数据显示，S 社区 43.6% 的被调查居民与邻居熟识程度一般，20.3% 的被调查居民与邻居熟悉，4.5% 的被调查居民与邻居非常熟悉，仅 2.5% 的被调查居民与邻居不熟悉；45.5% 的被调查居民在社区见面打招呼的邻居在 10 人及以下，21.8% 的被调查居民在社区见面打招呼的邻居在 11~20 人，11.9% 的被调查居民在社区见面打招呼的邻居在 21~40 人，12.4% 的被调查居民在社区见面打招呼的邻居在 41 人及以上。可见，S 社区邻里之间的熟识程度不高，居民之间陌生感较强，邻里关系处在"点头之交"的比例很大，互动热络的邻里关系在社区中并不多见。所以，为居民搭建互动交流平台，提高邻里熟识度应是"邻里节"项目介入的关键，也是首要任务。

不同职业的社区居民与邻居的熟识程度不尽相同。在党政机关、企事业单位、社会团体上班的社区居民与退休、自由职业的居民情况相似，均认为与邻居关系一般的人数最多；创业、离职、务农的居民认为与邻居不熟悉的人数最多；家庭主妇则认为与邻居关系熟悉的人数最多。可见，职业影响邻里熟识程度，在外工作居民的熟识程度较家庭主妇处于更低水平。S 社区的社会组织发展不够成熟，居民的参与意识不强、参与行为较少，社区自治意识较弱。这就要求社会工作者在设计服务方案时要充分考虑服务对象的职业差异。如开展适合年轻人或亲子类活动，吸引创业、上班的居民参与，弥补他们在邻里熟识方面的短板，为社区注入活力。

调查数据显示，S社区51%的被调查居民认为邻里之间互助情况一般，22.3的被调查居民认为邻里之间互助行为较多，17.8%的被调查居民认为邻里之间偶尔有互助行为，8.4%的被调查居民认为邻里之间没有互助情况，只有0.5%即1名居民选择邻里互助行为很多。可见，S社区居民互助行为一般。在项目介入过程中要抓住社区居民的迫切需求，为邻里互助搭建桥梁，在促进邻里熟识的基础上发展邻里互助的良好氛围，使社区居民充分融入社区，培育良好的社区文化，构建守望相助的熟人社区。

日常用品是每个人生活中的必需品，有时忘记添置购买则会影响正常生活。互借日常用品是居民生活中的一个细节行为，这一行为可真实反映邻里互助的情况。有62.4%的被调查居民认为可从邻居处借到日常用品；有34.7%的被调查居民认为此种情况不适用，自己不需要向邻居借日常用品；有3%的被调查居民认为自己不能够从邻居处借到日常用品。互借日常用品的行为是日常生活中常见的邻里互助行为，大多数居民选择"能够"，说明邻里互助意识已存在于社区居民内心，这为社会工作介入，促进邻里互助提供了可行性。

对家庭的红白喜事网进行调查能够集中体现与该家庭社会交往较密切的群体（胡荣，2013：49~58）。数据显示，55.7的被调查居民在红白喜事方面选择向亲戚寻求帮助，22%的居民选择寻求朋友帮助，仅有6.6%的居民选择寻求邻居帮助。可见，在涉及红白喜事此类家族特征明显的事情时，绝大多数居民并不会将邻居纳入自己的社会支持网络中，这也意味着邻里互助水平较低，虽然居住距离较近，但心与心的距离被一堵堵墙和一道道大门放大拉长。

研究发现，S社区的邻里熟识程度会直接影响互助行为的发生。邻里之间非常不熟悉、不熟悉和一般的居民，邻里互助比例最低；与邻居非常熟悉和熟悉的居民，邻里互助比例最高。为此，构建熟人社区就要在促进邻里熟识的基础上激发邻里互助，从而达到守望相助的理想状态。

3. 社区信任

调查数据显示，S社区居民对邻居表示"比较信任"的比例最高，为51%；认为一般的比例为33.7%；十分信任的比例较低，为10.9%。居民对社区其他居民的信任程度"一般"的比例最高，为48.5%；其次为"比较信任"，为31.7%；十分信任的为9.4%。居民对社区居委会工作人员"比较信任"的为46.5%，"一般"的为37.1%，"十分信任"的为12.4%。S社区居民与邻居的信任程度略高于其他居民，但"十分信任"的比例都处于第三位。可见，S社区的居民之间、居民与社区组织之间的信任程度均较低。

邻居之间可登门拜访的人数少，45%的被调查居民家中没有邻居可以登门拜访，44.1%的居民家中有5人及以下邻居可以登门拜访，两项占比是89.1%。可见，S社区邻里之间的交往范围有限。家庭是私密场所，在网络发达的现代社会，有急事可以用手机交流沟通。科技的发展为我们带来许多便利，人们的保密意识增强。但人与人之间的交往是具有温度的，信任感需要在长时间交往后形成，手机屏幕无法取代。可见，社区居民之间的信任程度一般，交往程度较浅。居民大多选择社区中的公共区域进行交往，小区广场和公园是居民聊天地点的首选，人与人之间的信任程度有提升空间。研究发现，推动社区居民从网络世界中抽离，走出家门，回归社区是熟人社区建设的重要内容。

4. 社区规范

社区公约的产生为社区共治提供了基础条件，是检测居民是否具备自治、共治意识的重要载体。调查数据显示，76.7%的被调查居民认为需要建立社区公约，20.8%的居民认为无所谓，2.5%的居民认为不需要建立社区公约。社区公约是否建立意味着是否在社区中建立一种行为规范。S社区养狗居民非常多，访谈中社区居民多次表达应当建立社区公约，大家共同遵守，共同建设美好的社区环境。

（三）社会工作介入

S社区邻里熟识程度不高，居民社区参与意识不强、参与行为较少，居民社区自治意识不强，居民间及居民与社区组织间的信任程度均较低，整体社区社会资本水平较低。但研究发现，社区居民对有助于社区和谐发展的活动很支持，社区居民从主观上并不排斥熟人社区的构建。

1. 地区发展模式

社区工作模式是经过大量社区工作实践之后的经验总结，将社区工作各个要素进行科学的整合和组织，进而形成较稳定的模型和样式。1979年杰克·罗斯曼提出了地区发展模式、社会策划模式、社会行动模式，受到国内学者的认可。罗斯曼强调这三种工作模式并不是独立使用的，具有综合运用、相辅相成的特点。地区发展模式强调过程目标，旨在在社区中建立良好的人际关系，注重居民能力的提升以及自我管理意识的增强。在地区发展模式中，英国学者托马斯将活动目标分为六种：促进社会网络的建立、增加居民间的互动和交往、改善邻里关系、居民和团体间重建紧密联系、使居民认识到社区参与的重要性、居民对社区更加信任和投入（王思斌，2011：231）。学者将地区发展模式下的工作方法分为两大类：一是对社区居民进行发动、组织、行动的方法；二是对社区的经济和项目进行策划、筹资、管理的方法。为促进社区发展，一方面，工作者应当多组织一些符合当地风俗习惯、居民参与积极性高的公益活动，以此来加强居民之间的联系，同时在活动过程中要注意社区人才的挖掘；另一方面，应当在社区中成立兴趣小组或互助小组，使更多社区居民参与到社区生活中就要借助社区中的特定事件，把广大居民的注意力吸引过来，从而采取行动解决社区问题（徐永祥，2004：19~21）。

2. 社会工作者角色

在地区发展模式下，社会工作者的角色主要有四类：第一，启发催化角色，是指由社会工作者将社区居民组织起来，协助居民共同探讨社区问题，在居民之间形成良好的人际关系，从而共同解决社区问题；第二，支持鼓励角色，社会工作者此时负责发动和提高居民的创造性，鼓励居民积极参与社区生活，帮助居民提高自治能力；第三，协调联络角色，社会工作者主要负责社区内组织和外界组织之间的联络沟通甚至是联合；第四，资源中介角色，社会工作者在扮演此角色时要积极协调、动员和整合社区内外资源，将优质资源引入社区服务中，提高服务水平，解决社区问题。

由于研究的开展是以项目为载体，且在评估时发现 S 社区存在关系网络有待建设、居民参与意识薄弱、社区组织孵化培育不佳等问题，因此，社会工作者在项目中主要扮演启发催化、支持鼓励和资源中介角色。协调联络角色仅在前期准备时，担任社会工作机构和社区居委会联络员，发挥信息互换和沟通作用。

3. 设计项目方案

根据对 S 社区的问题及需求的评估，以"邻里节"项目为载体，立足过程目标，运用地区发展模式设计"陌邻变睦邻 幸福邻里情"服务方案。通过开展不同类型的社区活动，为社区居民搭建互动平台，充分调动居民参与的积极性，促进社区关系网络的形成，激励居民互帮互助，改善社区陌生的邻里关系，提升社区居民生活的幸福指数，营造和谐亲切的社区氛围。通过过程目标的不断实现，增强社区社会资本，构建熟人社区。项目设计方案如表6-1所示。

　　首先，由于S社区邻里熟识程度较低，所以从公共空间交往入手开展社区消夏晚会类活动。依托暑假，设计了一系列家庭亲子活动。一方面可促进家庭乃至社区居民良好沟通的形成，另一方面也可提高社区居民参与活动的积极性，让更多居民享受到社区服务，从而有利于增进居民之间的熟识，促进熟人社区的构建。

　　其次，促进社区网络的形成。从增加社区居民互助行为入手，开展科技手工制作和环保制作类活动，帮助居民在制作中与他人交流，遇到困难时鼓励居民相互帮助。社区组织是形成社区网络的良好平台，本项目注重挖掘和培养社区精英，为此设计了技能提高类活动，培养居民的社区参与能力，为社区组织的建立储备人力资源。

　　最后，社区信任的培育是一个长期过程，当社区居民建立起较好的关系网络后，居民之间的交往会更加深入，居民与社区组织间的互动会更加频繁。为此，设计了提高居民沟通能力的讲座类活动，提高居民交往中行为的可预见性。在项目即将结束时，为社区居民间的长期交往创造条件，将最后一场活动确定为睦邻卡的发放，为居民提供联系的纽带，以便在项目结束后为社区信任的提升提供良好平台，维持项目介入效果。

表6-1　项目设计方案

序号	主题	内容	参加人员
1	公共空间初步相识	社区消夏晚会	全体居民
2	柔性沟通促进熟识	家庭教育讲座	20个孩子+家长
3	家庭桥梁搭建网络 互助合作建立规则 频繁交往形成信任	全家福照片展览	20个家庭
4		科技手工	20个孩子
5		脸谱绘画	20个孩子+家长
6		亲子烘焙	15个孩子+家长
7	能力提升储备人才	手工插花	35名女性

续表

序号	主题	内容	参加人员
8	理念渗透构筑空间	环保手工制作	不限
9	组织初现熟人渐成	包饺子做美食	不限
10	持续互动巩固效果	发放睦邻卡	全体居民

（四）项目成效评估

采用半结构式访谈法对社会工作的介入效果进行评估。介入后期总计访谈 9 人，其中 6 位社区居民，3 位社区居委会工作人员，分别是社区居委会主任、社区居委会副主任和社区工作者。评估实际上是贯穿整个社区工作的介入过程的，因为过程中对社区居民的访谈，可及时了解居民对社区活动的真实反馈。根据访谈结果社会工作者可及时改进服务方案，不断优化介入效果。

1. 社区网络

（1）邻里熟识

一系列的社区活动为居民提供了相互交流的平台，活动中的不断交流沟通，打破了原本陌生的邻里关系，提高了邻里熟识度。同时，丰富了社区居民的业余生活。人与人之间的关系都是从无到有的过程，良好邻里关系的建立需要社区居民和社区居委会工作人员的共同努力以及社会工作机构和社区组织的推动。访谈资料显示，通过参与一系列的社区活动，居民的社区归属感和参与感都有所增强，邻里关系也在此过程中得到了改善。尤其丰富了老年人的退休生活，使他们重新找到了自身价值。但社区居民熟识程度与个人性格有关，在活动过程中性格开朗外向的居民乐于与人交往，依托社会工作者提供的平台，社区交往频率增加，邻里熟识度得到快速提升。对于性格沉稳内向的居民，社会工作者提供的平台虽给予了推动力，但其邻里熟识度上升速度较前者明显慢。

邻里之间的关系就是靠个人去相处。人只要不自私，善良就行了。你善良点，不自私，什么事情别光为自己考虑就什么都有了。（Case 6）

我都退了休还这么多事，让我来参加活动，让我感到参与到社区

中去了，让我感觉活得挺丰富的，觉得人老了，不是一点用没有，把老年人的积极性调动起来了。(Case 7)

我觉得我现在跟邻居的关系都挺好的，咱们没有文化，我们和邻居互相都放心，见面都说话，都挺和气的。(Case 8)

（2）邻里互助

访谈发现，S社区居民的互助行为在日常生活中随处可见。小到拎包、拎菜，大到治病救人。人与人之间的关系在互助过程中也更加热络，"远亲不如近邻"的理念渗透进居民生活的细节之处。

认识了之后大家就互相关心，有时候我值班得扛个凳子来嘛，凳子都有人帮我拿过来。还有谁家有点什么东西、有点什么吃的大家都来尝尝。有时候我有困难，上回突然夜里发高烧了，我家老头八十多了，照顾不了我，我赶紧打电话叫邻居，邻居给我叫的120，把我送到医院去了，一直到天亮，四五点钟的时候人家才回来。(Case 4)

实际上有些时候，你说远亲多亲多好，你现在想用你叫得过来吗？你要是近邻，我有点儿事说你帮我点忙，好，走。你像这日常上年纪的，比如手里要提溜点什么东西上超市，都互相说我给你提着吧，都互相谦让，互相帮忙。那天我买了点东西，人家说我给你提溜着吧，我说我要是连这个都提溜不动就甭活了，大家互相都特别热情。(Case 6)

互助行为的出现不仅意味着邻里关系更加密切，还意味着人与人之间的感情更加深厚，是脱离了物质的心灵沟通，社区网络在此过程中慢慢建立。但项目只是为居民提供了一个平台，在大家熟识之后如何维系邻里关系需社区居民自己努力。

（3）社区组织

在"邻里节"项目中，研究者更多设计的是发掘社区骨干以及提高居民社区参与能力的活动。社区骨干的发掘主要通过招募、入户动员等方式。楼门长是日常与社区居民接触最多的群体，他们是社区居委会和社区居民之间的桥梁。S社区的楼门长大多由老年女性担任。

　　红袖标是贴通知招募的，招募志愿者通过搞活动宣传。入户发现这人挺积极热情的，就问问人家愿不愿意参加这个组织。还有楼门长，她要是说我没有时间参加这个志愿活动，我们就问问人家愿不愿意做楼门长。为咱小区居民服务，人家有的就愿意了，就是这么招募过来的。（Case 3）

　　我是楼门长也是红袖标队的，楼门长一个人管三个楼门，就是去看看有没有什么杂物，人家有搞卫生的。居委会要是有什么事，我们就去居委会瞅瞅。（Case 6）

　　访谈发现，居民的社区参与意识和能力都有所提高，社区各类组织正在逐步建立。红袖标巡逻队、党员先锋队等的建立，不仅搭建了社区居委会和居民之间沟通的桥梁，还为社区的安全稳定贡献了力量。居民在为社区出力的过程中，也找到了自身价值所在。

　　小区小亭子里面的凳子上铺的那种防凉的东西是我们自己弄的，我们拿布给包上，拿绳子给系上了，省得坐着凉啊，就是热心，看见了就给弄上了。（Case 7）

　　健身器材什么的咱们这还没有，跟居委会提过了，他们说得去上面批去。那时候广场的座位就是我们红袖标队的跟他们提的，他们登记下来，后来就安上了。（Case 6）

　　大家没怨言，起早贪黑、刮风下雨、冒雨撑着伞，戴着红袖标，比如说这个班我是八点，七点四十几我就到了，都那么积极团结。（Case 5）

　　比如社区有什么事情，我们就给红袖标组长打个电话，告诉她带着多少人过来，她就把这些事情都办好了，就不用咱们一个一个都通知了。这些老年人，这些红袖标，我真的从心里特别特别佩服他们，有时候他们就说你瞅你们也挺好的，其实我们有时候付出的没有他们多。就像党的十九大召开的时候我们顶多是出去转转，我们不可能光在那里站岗是不是，多亏他们保护咱们社区的平安。（Case 3）

通过建立社区组织，居民的熟识程度不断加深，社区关系网络不断深化。社区组织和社区志愿者的积极参与，有力推动了熟人社区的构建。

> 我是党员，也是志愿者，要参加巡逻，轮流值班。因为党员要起带头作用，比如说党的十九大召开，让你哪天值班就得值班，有个什么社会活动都会参加，所以我们和社区居委会关系很密切，有什么事都找我。我们这儿群众也特好，说心里话，社区居委会选的这些群众，参加活动都挺不错的。（Case 7）

> 社区有红袖标巡逻队、楼门长、舞蹈队、太极队。合唱团正在筹划中，还没有完全成形。比如今年的文艺演出都是各队的人组在一块，咱们队伍完全撑起一场演出不可能，毕竟才刚刚成立，我们也是联合别的党支部，免费展示一下咱们社区文艺团体的风采。（Case 3）

总之，在"邻里节"项目介入社区后，居民的关系网络得到了进一步构建。主要表现在邻里熟识程度有所提升，社区居民感觉自己已成为社区的一分子，归属感有所增强。一些娱乐类、公益类社区组织逐步建立，社区居民可在加入社区组织后继续巩固自己的社区关系网络，从而提升社区社会资本水平。

同时发现，社区组织的成员存在交叉，楼门长几乎都是红袖标巡逻队的成员。说明社区参与小众化较为明显，参与社区活动的居民较为固定，其中既有居民自身原因，也与社区居委会宣传工作不到位有直接关系。参与社区活动的多数是老年人，年轻人工作繁忙且活动区域广泛，但社区发展也需要新鲜血液的加入。激发年轻人的社区参与意识也是社区工作的难点。此外，社区组织工作的主动性也有待进一步增强。很多时候，社区居委会需要将具体工作安排到位后，社区组织才能开展工作。且社区组织体现的价值大多在满足政府管理需求方面，对于解决社区问题、推动社区发展方面的事务没有明显参与，还没有成为居民反映问题、解决问题的主要载体。

2. 社区信任

上述评估发现，项目对居民的社区网络和社区规范的构建起到了较好效果。访谈发现，S 社区居民对社区居委会的信任程度较高，对社区居委会的各项工作十分支持，有问题时也积极寻求社区居委会的帮助。由于人与人之间信任感的建立需要一个长期过程，基于对 S 社区介入时间较短的现实情况，评估中发现社区居民之间的信任程度没有明显提升。主要表现在大多数居民与邻居的沟通仍停留在公共空间。目前建立的社区组织中以文化体育类和公益慈善类为主，社区事务类组织力量比较薄弱。社区组织发展着力点放在了满足居民休闲娱乐需求上，没有真正起到居民与社区之间的桥梁作用，居民的参与意识和能力还没有被充分激发。社区居民的需求在变、社区现状在变，如果多年来开展活动的类型没有跟随居民需求的变化而变化，那么社区与居民的距离会逐渐拉大，熟人社区建设也会成为泡影。

　　　　咱们现在是新成立的小区，想要让居民更好地相处，党建就是做了一个项目，然后大家在一块，相互沟通，相互了解，邻里之间就熟悉了。人熟悉了，彼此之间有点小摩擦就不计较。通过活动的形式，相互之间的矛盾就少多了。社区调解委员会调解邻里关系的一次都没有。(Case 3)

　　　　居委会领导对我们都特关心、特好，对工作没有敷衍了事，非常负责，我们有什么事都找居委会。(Case 4)

　　　　这领导办什么事情都雷厉风行，你看这锦旗，真这样，书记、主任一点架子都没有。总之，这个居委会挺好，从上到下，全都好，团结。(Case 5)

总之，社会工作介入熟人社区建设后，邻里间的熟识程度、互助水平、自治能力和信任程度都有所提升，社区居民的关系网络和规范不断形成，居民的社区参与积极性被激发，社区社会资本不断积累，熟人社区在此过程中逐步构建。

3. 未来期望

（1）居民期望

"邻里节"项目并未完全满足居民需求，由于种种条件的限制，一些活动也未能深入开展。但在访谈评估中，社区居民对项目给予了充分肯定。同时在评估过程中也询问了居民对社区邻里关系以及社区未来发展的意见和建议，居民对社区活动室的建设、周边商铺建设和老年食堂建设等提出了意见与建议。

> 居委会的地儿太小了，我们社区开会有个活动，都在这里头，我们把它当活动室，而且这些都是领导办公的地方，太吵了怎么办公啊，这不行，居委会没有一个像样的会议室不行，我们应该有个单独的活动室。(Case 4)

> 关心社区就是咱自个儿，那我们这么大岁数了，就希望有个老年食堂，懒得买菜了，就上去吃点饭。所以说现在没别的，就盼着居委会为大家多办一些实事、好事，关心这些居民，有个老年活动站、老年食堂。(Case 6)

> 没有小卖铺，过去每个楼都有，后来就不让干了，买东西不太方便。(Case 5)

居民对社区公共空间和社区环境有着较高期望。"邻里节"项目关注的是人与人之间的关系，并没有为客观条件的改善链接更多资源，但公共空间是拉近居民关系的重要场所，居民对此也提出了许多期望。

> 比如说那个椅子，坐一会儿休息休息啊。原来有这个计划，现在已经实施了，已经安装好了。再就是健身器具，有这个计划但是还得批，这个不属于办事处来弄，他们得去体委还是什么单位。乒乓球案子来了，我年轻的时候就喜欢运动，现在安在哪还不知道。(Case 4)

> 不太好的就是没有公共厕所，我们出来遛弯儿还得回家上厕所。(Case 5)

（2）居委会期望

利用党建经费开展"邻里节"项目，一方面可改善社区邻里关系，打造新时代的熟人社区；另一方面社区可总结经验，不断提升社区服务水平，为下一步开展工作奠定基础。在评估过程中，也对社区居委会工作人员进行了访谈，工作人员均对项目介入效果进行了肯定，并从硬件和软件建设方面提出了下一步工作计划。

开展一些文体活动，让居民参与进来，增强社区居民的凝聚力，增进邻里之间的关系。还有民生保障，为居民服务类的工作，比如说困难弱势群体，我们要进行登记、走访。在特殊时段，比如说中秋节，要对他们进行慰问。然后还有针对共青团的，年轻年龄段的工作。(Case 1)

我们还做孝道那块，党建加慈孝这一块，但是具体活动没写顶上。我们明年还是会从这方面开展。再一个就是国学这一块，我们还是会继续开展一些党员活动，目前就是这些，就是有一个初步的想法。明年再把硬件做做，想着做一些小狗便屋，再就是通过宣传，让大家把狗便捡起来放在那里。然后做一些宣传品，现在正在设想这个，因为我们是做的项目，最后还得去上面批。(Case 2)

S社区居委会工作人员也意识到了参与活动人员固定化、老龄化等问题。在未来工作中，他们将充分利用辖区范围内的幼儿园和小学资源，开展一系列"孝道"主题活动。抓住孩子就等于抓住了家长，不断激发社区中年轻居民的参与感，让邻里关系更加和谐。

现在制约的就是，这个小区流动人口比较多，参与活动的都是这一群这一类的人，基本上固定模式的还是这一群人。有了孩子，大人就能介入咱们这个活动，所以搞了很多亲子活动。(Case 2)

我是想让"孝道"这个系列活动持续下去，让它成为我们社区的一个品牌。可能这样我们工作也好开展，形成了一系列的程序，而且在一般程序开展的过程中我还能往别处想想，也是创新吧。像孝心徽章我们今年做的是红色和绿色的，然后明年我可以把那个颜色给改了，也挺有纪念意义的。(Case 1)

4. 小结

在"邻里节"项目介入社区后，居民的关系网络得到了进一步构建，主要表现在：邻里熟识程度有所提升，社区归属感有所增强。娱乐类社区组织逐步建立，居民可在参与社区组织中巩固自己的社区关系网络，提升社区社会资本水平。但也应看到，居民熟识程度因人而异，与居民性格有关。性格开朗活泼的居民，社会工作者为居民搭建平台后，他们的社区交往频率明显增加，邻里熟识度快速提升；性格沉稳内敛的居民，社会工作者即使给予其推动力，其邻里熟识程度上升速度也较前者明显缓慢。且社会组织在其中扮演的角色有时过于被动，许多工作是居委会下发工作计划或是为满足政府需求而开展的，这也是值得重视并完善的方面。

S社区居民的互助行为在日常生活中已随处可见。"远亲不如近邻"的理念渗透进居民生活的细节之处。社区公约已经制定，后续多关注贯彻落实。参与社区活动的多数是老年人，激发年轻人的参与意识是社区工作的难点。

S社区居民对于居委会的信任程度较高，有问题时寻求居委会的帮助是大家共同接受的解决途径。目前建立的社区组织中以文化体育类和公益慈善类为主，社区事务类组织力量比较薄弱，社区组织发展着力点放在了满足居民休闲娱乐需求上，没有起到居民与社区之间的桥梁作用，居民的参与意识和能力还有待激发。

（五）对策建议

基于项目评估发现的问题，为更好地促进熟人社区建设提出建议，以期为后续社会工作介入提供借鉴。

1. 社区组织推动熟人社区建设

在"邻里节"项目开展一系列社区活动中，社会工作者不断培育和发展社区组织，并提高社区组织对项目的管理能力。社会工作者通过居民议事会提高居民对社区问题的参与意识、增强参与能力，激发社区组织解决社区问题、构建熟人社区的活力。

以社区重大事件或重要节日为契机，社会工作者组织社区居民召开社区议事会。在议事会中社会工作者扮演启发催化角色，启发居民表达需求，阐述社区问题，充分讨论，讨论的过程实际就是居民参与的过程。讨论后，社会工作者要及时链接资源付诸实践。居民需求的满足程度直接影响居民参与熟人社区建设的积极性。对社区组织项目管理能力的培育是深化社区工作介入的重要部分。目前，社区工作大多以项目形式开展。为此，社区组织必须对项目管理有一定了解，才能在其中发挥应有作用。对社区组织管理能力的培养，重点放在提高民主意识和理性分析能力上。

评估发现，"邻里节"项目在提高社区社会资本水平、改善邻里关系方面取得了良好效果。但项目周期有限，如何保持项目中建立起的良好邻里关系是项目结束后需考虑的问题，也是检验社区工作有效性的重要标准。社区组织在保持实务介入效果方面可发挥重要作用。

邻里关系需不断沟通交流，才能很好维持，这意味着熟人社区建设势必是一个长期过程。一方面，社区每年可申请项目，确保社区活动的持续开展，促使社区居民在不断交流中深化熟识关系；另一方面，如果项目无法顺利落地，也可依托节假日，以社会组织为载体，定期举办社区活动。开展的活动要紧密结合居民需求，充分调动居民参与的积极性，推动形成邻里凝聚力和亲和力，延续和增强社会工作的介入效果。

2. 社区规划助力熟人社区建设

开展项目评估时，部分居民认为社区公共空间和基础设施有提升空间，希望提供更加舒适和人性化的场所，以满足邻里交往需求。随着建筑规划师将目光投入人类居住环境，社会学的社区概念被规划界借鉴，对社区进行科学的规划建设逐渐成为研究重点。为此，在熟人社区建设中可将社区规划与社区工作紧密结合。社区规划的构成要素包括社区经济、社区公共设施、社区环境治理等。以下从公共设施建设方面提出促进熟人社区建设的具体路径。

首先，提高居民参与社区规划的积极性和有效性，将社区组织作为参与社区规划的主要载体，在组织中收集并整理居民关于公共设施建设的意见和建议。在规划方案制定后及时向居民公示并征求意见，保证居民利益的最大化。此过程不仅是对社区居民参与意识的培养，还是对社区组织能力的考验。其次，社区公共空间的设计要关注有利于居民关系培养的公共设施，如建设小亭子、棋盘等设施。在亲子活动区域可设置家长观看区，既方便家长监管孩子的安全，促进家长之间的沟通，同时也有利于邻里关系网络的构建。

3. 社区文化融入熟人社区建设

社区文化是社区健康发展的思想核心，是促进社区发展的软实力。培育社区文化可提高居民的思想素质，开阔居民的眼界，从而为熟人社区建设创造条件。研究发现，创新社区工作的内容与方法是熟人社区建设的难点。因为社区工作者在长时间工作后易形成一定的思维定式，唯有不断创新才能跟上社会发展和居民多变的需求。为此，根据各社区的实际情况打造本土社区文化，是熟人社区建设的内在主线。在这一主线基础上创新，从而实现熟人社区建设目标。

S社区所在街道将"孝道我能"作为主导文化。在与社区居委会工作人员的访谈中了解到社区文化对活动创新的重要性。熟人社区建设必然要通过一系列活动的开展实现，将"孝道我能"文化要素融入活动内容中，不仅可创新活动思路，使社区工作变得有章可循，还可增强社区凝聚力和居民的社区归属感。年轻的社区工作者应充分发挥其在新事物接受以及信息获取方面的优势，推动社区文化融入熟人社区建设。

二　北京市海淀区单位型小区

(一)　Y小区基本情况

M社区位于北京市清河街道的西部，包含厂宿舍区、商品房、平房区、别墅区、洋房等类型。Y小区属于M社区，是单位型小区，是原Y厂的宿舍区。1978年建成，面积为4.5万平方米，楼房面积为2605平方米，共1440人，60周岁以上的老年人有345人，老龄化较为严重。

(二)　社区问题评估

Y小区楼前有一块绿地，面积适中。原是由厂区管理的小花园，有藤萝架，春天有迎春花，夏天有桃花，原是一片花海，配备了专人对花园进行维护。花园里有小坐凳，供居民乘凉、聊天。花园的存在增强了居民对小区的认同感。

由"单位制"转变为"社区制"后，小区进行改造，花园长廊被拆除，改为自行车棚。厂区撤出后，不再有专人对花园进行管理与维护，花园逐渐变成了一片荒地。有些小区居民在花园内种一些花草或可食用植物，但依旧较为荒凉，未能充分发挥花园的真正作用。为此，驻扎在清河街道的社会工作机构开展了幸福花园营造项目。通过此项目，一方面优化小区的空间布局，增加居民交往互动空间，提升居民的生活质量；另一方面通过花园改造，促进居民参与，增强居民的认同感和归属感，推动熟人社区建设。

（三）社会工作介入

为促进居民在幸福花园营造项目中的主体性参与，社会工作者在参与式治理理论的指导下，依据社区认同、骨干动员和能力提升的介入框架，运用社会工作的专业方法激发居民的主体性，促进居民的主体性参与。

1. 激发居民认同

（1）介入重点

Y小区从未开展过社区营造类项目。为此，社会工作者进入小区后，首先做了幸福花园营造项目的宣传工作，并挖掘居民骨干资源，征求居民意见，动员居民参与幸福花园营造项目，保证项目的设计与实施符合居民需求。这一阶段的工作重点是提升居民对项目的知晓度和关注度，增强居民的参与意愿，推动其主动参与。

（2）角色定位

在这一阶段，社会工作者主要扮演宣传者、组织者和协调者的角色。宣传者角色主要体现在对幸福花园营造项目进行宣传，提高居民对项目的知晓度，激发居民的参与意愿；组织者角色主要体现在招募居民、撰写活动策划书，推进项目的开展；协调者角色主要体现在协调场地等硬件设施，协调居民与规划师之间的关系，促进居民更好地参与项目。

（3）介入过程

①从熟悉居民入手挖掘需求

社会工作者通过访谈社区居委会推荐的居民，挖掘其需求。同时，通过张贴海报，邀请居民参与项目，扩大宣传。在宣传项目的过程中，居民普遍抱观望、怀疑态度。在开展花园营造第一场工作坊（花园勘查）时，参加工作坊的人员中只有2人是小区居民，其余30多人都是来自四面八方的志愿者。面对这种情况，经过讨论后，决定在工作坊结束后开展社区花园推进会，加大项目的宣传力度，激发居民对项目的认知与认同，推动居民参与。

②通过朋友圈动员居民参与

经过第一场工作坊，参与的居民以及现场旁观的居民对幸福花园营造项目有了初步了解。社会工作者将第一场工作坊的照片发到社区议事委员群和小区居民微信群中，并邀请社区居委会帮忙动员居民，特别邀请有时间的社区议事委员参与花园营造工作。第一场工作坊共召开了两天，第一天暴晒，第二天暴雨，但参与的志愿者都认真投入。在这一过程中，小区居民受到了很大感染。同时，社会工作者联合社区居委会进一步加强对社区骨干的宣传和动员，促使社区议事委员及小区其他居民加入第二天工作坊的志愿者队伍中。第二天的工作坊结束时，活动现场氛围很好，居民志愿者人数增加，居民的参与意愿也随之增强。但在第一场工作坊中，大多数居民认为规划师是"专家"，是权威。因此，居民大多在聆听规划师讲解花园设计的思路，并未发表意见和实际参与设计，居民的主体性并未发挥。

（4）介入效果：从旁观到尝试参与

通过社会工作者的多方宣传，小区居民对幸福花园营造项目有了较深了解与体验，特别是在看到许多外来志愿者积极参与小区花园建设时，小区居民受到感染，陆续参与到项目建设中来。在此过程中，居民对花园建设有了更多期待。同时，社区居委会也更加重视项目，他们主动联系社会工作者，询问是否需要向党员及社区骨干进行宣传。在社会工作者及社区居委会的共同努力下，居民在了解项目的基础上，对社会工作者及规划师团队产生了更多信任，尝试参与的居民逐渐增多。

（5）小结

发挥居民的主体性，需社会工作者不断培育和引导。在社会工作者的宣传与动员下，社区骨干带动居民从原本旁观的状态逐步发展为尝试参与，参与人数从两个人发展为十多个人。通过参与，居民更加了解项目，知情权得到了保障。社会工作者需继续发挥作用，在促进居民参与的基础上，促进居民形成组织，参与决策。

2. 动员项目骨干

在骨干动员阶段，社会工作者邀请社区居委会工作人员、规划师及居民开展社区花园推进会。在社会工作者的引导下，居民在参与推进会的过程中，提出花园建设中的疑问，由规划师和社区居委会工作人员进行解答。在这一过程中，居民不仅了解了社区花园知识，还提升了有关社区花园的规划能力。同时，动员了更多居民参与到花园建设中，成为花园建设和维护的骨干力量。

（1）介入重点

在这一阶段，介入的重点是项目骨干的参与广度和深度。社会工作者通过社区花园推进会，调动骨干成员参与的积极性，提升骨干成员的规划能力、参与能力。同时，协助骨干成员形成自组织，使其在花园建设及后期维护中发挥重要作用。

（2）角色定位

在这一阶段，社会工作者主要扮演资源链接者、组织者的角色。资源链接者角色主要体现在开展花园推进会前，收集居民对花园建设的看法及疑问，然后链接规划师。在推进会上，一方面解答居民疑问；另一方面和社区居委会及居民讨论后续花园维护事宜。组织者角色主要体现在组织并支持参与积极性高的居民组成后期维护小组。促使小区居民作为主体，发表自己的意见和建议，真正参与到社区花园维护中。

（3）介入过程

①提升参与能力

社会工作者经过观察及反思，发现参与项目的居民中，大多是老年人，他们在种植方面有较为丰富的经验，对规划师讲解的灌溉方法、种植方法都有所了解。为此，将推进会讨论的重点确定为后期花园维护的浇水和除草问题，包括水从哪里来、水费由谁承担、谁来保管钥匙、谁来组织后期维护等。在推进会中，社会工作者引导居民提出问题、发表意见。社会工作者与社区居委会工作人员、规划师对居民提出的问题给予积极回应。邀请规划师为居民讲解花园养护的专业知识，提升居民的花园维护能力。之后，社会工作者与规划师讨论制作花园养护手册，手册可使居民更加了解花园，起到宣传作用。此外，养护手册也可帮助后期维护小组科学地进行花园维护。在这一过程中，社会工作者认真倾听每一位居民的发言，引导、鼓励居民提出疑问、发表意见，积极参与到讨论中，提升骨干的参与意识和参与能力。

②实际参与改造

在推进会后，居民参与花园建设的意愿更加强烈。在社会工作者、街道和居委会的积极宣传下，参与第二场工作坊的人员有40余人，其中M社区居民近20人，包括10名在职党员，Y小区居民6名。第二场工作坊主要是让居民实际参与花园改造，通过亲身体验，提高居民对后续花园维护的关注度。规划师将所有参与者分为四组，上午工作坊的内容是花园分区和种植池搭建，下午工作坊的内容是对花园土壤进行厚土栽培，参与者进行了铲土、修剪树枝、栽种苗木等。有的居民之前曾在花园种植了一些植物，看到志愿者和小区居民在辛苦为社区花园努力，也感染了他们。他们主动将自己在花园种的植物贡献出来。经过两天劳动，一个原本土质不佳、只有稀疏花木的绿地，在大家共同努力下，变成了"花海"。居民在参与种植的过程中，体现了他们的主体性。由于是居民付出汗水，共同努力的成果，花园的改变使居民心中充满了成就感，后期维护小组对花园的后期维护也更有信心。

（4）介入效果：从被接纳到走进"圈内"

社会工作者链接规划师，帮助居民学习规划、种植知识。居民在学习过程中增长了种植以及规划的知识，提升了参与能力。通过实际参与花园改造，居民对花园的归属感及认同感增强，对社区的满意度提升。在花园改造完成后，居民到花园赏花，一方面增强了参与居民的成就感，另一方面促使未参与居民了解社区花园，增强了对社区及花园的认同感。参与居民对花园改造的过程充分知情，从被邀请参与到逐步走进"圈内"，参与程度逐渐加深，参与从被动邀请向主动参与转化。

（5）小结

社会工作者在推进会上，通过链接资源，及时回应居民疑问，丰富了居民在花园建设方面的知识，提高了居民对花园建设的关注度以及参与的积极性。同时，在推进会上动员居民参与花园建设，成为后续花园维护的骨干力量。在介入过程中，社会工作者通过社区骨干，尤其是楼门长的实际参与，提升他们的参与能力，进而带动其他居民参与花园后期营造，为空间活化打下坚实基础。在推进会的讨论中，社会工作者积极引导居民参与，充分发表意见，并尊重每一位居民的意见和建议。试图以幸福花园营造项目为平台，鼓励居民积极参与社区公共事务治理。

推进会结束后，社会工作者梳理了推进会中居民所提建议，及时反馈。同时，支持和鼓励参与的社区骨干，促使其形成自组织，以便更深入地参与花园的营造，并做好下一步的工作计划。

3. 提升组织能力

对组织赋权，需政府还权于社区，社区还权于居民，推进社会管理体制改革及公共资源下沉（谭祖雪、张江龙，2014：57~61），为激发居民主体性提供条件。在项目中，社会工作者促进组织参与决策，提升居民的行动能力，增强自治力。在后期，组织能力提升后，与街道办事处以及社区居委会沟通协调，通过正式的参与渠道及制度，向组织赋予更多权力，实现合作治理。

在这一阶段，社会工作者主要通过提升组织参与决策的能力，促进组织成熟。在花园建设完成后，项目的重点由建设转为后期维护以及空间活化。

（1）介入重点：促进骨干参与决策

在项目推进过程中，注重居民的主体性参与。项目前期，通过增强居民的参与意愿、增强社区认同、动员骨干参与等形式推动居民作为主体参与项目。随后，社会工作者的介入重点转为提升后期维护小组的行动能力。通过促进骨干参与决策、成立后期维护小组、组织居民为花园命名以及制定花园公约、表彰志愿者等方式，提升居民参与过程中的决策能力。

（2）角色定位：组织者、引导者及推动者

在这一阶段，社会工作者主要扮演组织者、引导者、推动者的角色。组织者角色主要体现在组织后期维护小组成员策划茶话会，组织骨干和居民参与茶话会，茶话会中组织居民之间的相互交流、投票决定花园名称及制定花园公约，组织对志愿者的表彰活动。引导者角色主要体现在引导居民设计茶话会方案，引导居民在茶话会中讨论茶话会的具体内容，提出意见和建议。推动者角色主要体现在推动后期维护小组成立以及小组成员开展后期维护。

（3）介入过程

①促进骨干参与决策

第一，策划茶话会。

在花园建设完成后，社会工作者通过组织茶话会，引导居民对茶话会的形式、内容、时间等进行讨论和决策，提升后期维护小组的决策能力。在茶话会进行讨论时，小组成员对居民在花园私自种植行为不太认同，由此引发小组讨论，提出把花园空余的空间种上植物，避免私自种植，破坏花园。同时希望通过花园公约的形式对以上内容进行规定。茶话会的参与人员对花园公约的产生方式有不同看法。有的希望尽快产生花园公约，通过提前征集形式，在召开茶话会当天公示，让居民知晓。内容可由社会工作者通过听取居民想法撰写，最后在社区议事委员及楼门长群内提出修改意见。社会工作者希望更多居民参与花园公约制定，因此提出通过线上征集，扩大居民的参与渠道，促进更多居民参与。经过协商讨论，最终决定在茶话会前通过线上、线下两种方式征集花园公约。

在茶话会的讨论中，参会者提出一些居民对花园建设的资金有误解，源于未参与项目建设的居民对项目不了解。后期维护小组成员提出可通过制作介绍牌，向小区居民呈现花园建设信息，使所有居民都能了解。社会工作者提出邀请更多居民参与茶话会，在茶话会上介绍项目的来龙去脉，增进居民对幸福花园的了解，消除居民误解。

社会工作者依托茶话会，发挥居民在地优势，鼓励居民积极发表意见，并吸纳他们的意见共同促进花园的后续维护。社会工作者引导居民讨论，一方面可进一步完善幸福花园建设计划；另一方面居民提出的意见被采纳，并执行实施，能够激励居民作为主体的积极参与。

第二，居民投票。

为了推动居民关注花园，更深入地参与花园维护，社会工作者通过现场征集、居民投票的方式确定花园名称；通过线上线下征集、现场讨论选择的方式确定了花园公约。许多居民在活动开展前已想出很多花园名称，如幸福花园、同心花园、加和小园、家佳园等。在活动现场，由居民现场投票，选出大家心仪的花园名称。最后，"幸福花园"获得的票数最多，所以经公示后最终确定花园名称为幸福花园。通过以上两种方式，增强了居民的参与感，加强了居民在参与过程中的决策权。

②成立后期维护小组

第一，确定组员角色。

社会工作者引导居民成立后期维护小组，经过小组成员的推选，最终确定了组长。在后续花园需要浇水和除草时，由组长在维护群里召集组员共同行动，使碎片化的居民参与转为组织化的参与。

第二，协助制定细则。

后期维护小组成立后，社会工作者组织小组成员开会讨论花园维护的细则，如浇水的时间、钥匙的管理以及志愿者的招募和激励等。幸福花园营造项目进一步增强了居民的社区归属感和认同感。

（4）介入效果：从自立逐步到主导

在花园建设的过程中，通过讨论决定花园维护的事宜，加强了居民对花园建设的决策权；通过成立后期维护小组，增强了居民的自治能力。居民以志愿者身份参与花园后期维护，增强了居民的小区成员身份意识，增强了其责任感。

在此阶段，居民逐步走向自立、主导。社会工作者通过组织居民成立后期维护小组，引导后期维护小组成员策划茶话会，使小组成员由配合参与，逐渐成为活动的主导，进入自主参与。居民参与需社区居委会的认同才能保证持续性。为此，在参与的过程中，需不断对居民赋权，以居民参与幸福花园为契机促进小区居民自治。

（5）小结

幸福花园营造项目为居民参与社区公共事务提供了平台，推动了小区居民自治。居民通过讨论、协商、投票等方式参与幸福花园建设，增强了居民在社区参与中的主体性。通过参与式规划，弥补了以往居民参与过程中的不足。居民作为社区参与的重要主体，推动居民在营造项目中进行实质参与，而不只是形式上的参加。

在组织能力提升阶段，社会工作者通过与小组成员共同讨论策划茶话会，通过投票选举，确定居民心中的花园名称和花园公约，增强小组成员的决策能力；成立后期维护小组后，社会工作者协助小组成员制定花园维护细则，完善管理制度，增强小组成员的行动能力，培育小组成员成为社区参与的组织化力量。

社会工作者运用社区社会工作的方法组织居民深入参与社区花园建设，参与项目的居民人数增多，参与不断深入，参与的主体性增强；培育了后期维护小组，小组成员的参与能力以及自治能力有所增强。但社会工作者的力量是有限的，推动社区花园营造需多元主体持续关注、共同参与、合作完成。在社区中促进居民的主体性参与，不仅要促进部分居民的参与，更多的是要带动更多居民参与。只有在更大范围以及更深入的社区参与中，才能推动居民之间的熟识、互助、认同，进而实现自主自治，达到熟人社区建设的目标。

4. 反思

（1）专业介入

社会工作者在开展项目的过程中扮演了不同角色，通过运用社会工作的专业理念和方法促进居民的主体性参与。回顾项目的整个过程可以看到，居民的参与意愿、对花园的认同感和归属感有所增强，激发了居民的主体性。但社会工作者在介入过程中也存在不足。

①介入角色重新明确

在介入过程中，社会工作者的角色应是逐步过渡的，从开始主导逐步转变为与居民合作。社会工作者在介入过程中的过分主导易导致后期维护小组成员的独立发展能力较差，对社会工作者及外界的依赖性较强。在项目开展过程中，社会工作者引导社区骨干成立了后期维护小组、选出了小组长，制定了维护制度，试图推动小组独立发展。但小组成员仍无法独立维护花园，社会工作者仍是花园的主要负责者。当花园出现问题时，小组成员会第一时间联系社会工作者解决，缺乏独立解决问题的能力。因此，当社会工作者不再服务于社区花园时，后期维护小组无法自行链接资源解决问题，导致小组逐渐解散，这不利于小组成员主体性的激发。同时，居民在社区中的主体性不仅需要社会工作者的推动，还需要社区居委会、规划师等主体的积极配合。居民主体性的增强，不仅需要外部力量帮助，还需要社区居民自身的努力和配合，在多方参与主体的协同努力下，居民在社区中的主体性才能充分体现。因此，社会工作者在促进居民参与社区营造项目，培育其主体性时，应进一步明确自身的角色定位，并随项目的发展对角色进行协调、转换，充分发挥居民、社区居委会、规划师的作用，共同推动居民参与，促进小区居民自治。

②介入技巧的专业性

在开展茶话会方案讨论时，刚开始社区居民处于观望状态。为了带动现场气氛，社会工作者首先介绍了茶话会流程，然后请熟悉的居民发言，带动其他居民参与讨论。在讨论花园公约时，社会工作者认真倾听居民意见，但没有引导居民充分讨论即提出了自己的考虑，通过"线上+线下"同时进行的方式收集居民意见。这一做法不利于居民主体性的发挥和培养自主能力。今后，社会工作者还需提高专业敏感度，把握细节，调动多方资源，培育居民的主体性，更好地促进居民参与。

③介入过程的持续性

在幸福花园营造项目中，社会工作者和规划师都属于专业力量。社会工作者在介入时，前期需积极引导居民，培育居民的自组织，提升参与能力，最终实现社区自治。对项目而言，规划师为花园的设计、建设和后期维护提供了专业知识。但在项目结束后，规划师就很难再关注社区花园状况了。因此，一些专业指导无法完成。在项目开展期间，由于时间较短，小区居民很难完全理解和接受花园维护的知识。在居民遇到无法解决的问题时，社会工作者可及时与规划师沟通，为居民提供支持。但社区花园维护是一个长期过程。当花园后期维护出现问题，而花园后期维护机制尚未形成，居民自治能力不足，社会工作者又因各种原因无法在社区驻点时，就易导致问题无法得到及时解决，花园逐渐荒凉。因此，在社会工作者介入社区花园项目时，关键是要培养居民的内生动力，发挥居民的能动性。

（2）项目不足

幸福花园营造项目作为一个短期项目，虽然促进了居民的主体性参与，加强了居民沟通，增进了邻里熟识，推动了居民自治，但后期，居民的参与度逐渐降低，对花园的不满越来越多，这是需要讨论与反思的。

①参与主体互动少

在社区营造项目开展时，居民、规划师、社区居委会作为重要主体，三者之间是相互合作、深度联结的关系。社会工作者前期在社区打下的工作基础，可协助规划师进入社区，与居民更快建立联系。但在项目开展过程中，居民的动员工作是社会工作者在承担，规划师主要负责提供专业技术支持，导致规划师没有能够很好地理解居民的想法，需由社会工作者作为中介，与双方沟通，反映居民想法和意见，这种方法不利于项目推进。规划师和居民之间应有更多互动，才有利于项目达到更好效果。

②居委会支持不足

激发居民主体性，仅依靠社区居民、社会工作者和规划师的合作是不够的，还需动员社区居委会。在项目开展过程中，社区居委会依托在职党员在社区报到，倡导党员参与项目。但在花园后期维护阶段，社区居委会处于被动状态。在社区的实际工作中，社区居委会在居民心中是一个能够代表官方的正式组织，后期维护小组运行过程需社区居委会的支持，但社区居委会后续没有开展工作，对于后期维护小组成员的付出也没有激励。同时，由于天气原因，雨水较少，维护成本较高，后期维护小组人手较少，又以老年人为主，导致花园后期维护较差。

③缺乏有效的激励

后期维护小组成员在花园建设完成后，按照计划进行浇水、除草等维护工作。但由于缺乏对小组成员的激励和关心，在参与过程中小组成员缺少参与感；另外，在小组成员劳动的过程中，旁观居民会认为小组成员不是义务劳动，对他们存在误解，导致小组成员后期参与越来越少。

④参与的主体单一

在幸福花园营造项目开展过程中，参与人群以老年人为主，儿童、中青年群体参与较少，参与主体单一。社区建设与每个居民息息相关，只有社区居民共同参与，各自发挥自身价值，尤其儿童、中青年群体是社区的新鲜血液，促使他们积极参与，才能够使社区更加富有活力。

（四）对策建议

社会工作者通过运用专业理念及方法激发居民在社区参与中的主体性，但社会工作者在介入的过程中有一定的限制，不仅需考虑社会工作者的自身能力，还受到街道、社区居委会、规划师、居民之间关系的影响，需要更多外界资源和环境的支持。同时，居民主体性受内部要素和外部支持的双重影响。一方面，需政府、社会组织、社区居委会等外部力量激发居民主体性；另一方面，需通过居民自我意识、自我争取权利等激活居民的内部行动要素。从外部力量激发居民主体性，需通过完善议事协商机制，加强多方主体之间的沟通，完善居民参与机制以及社区居委会的大力支持。

1. 激发居民内生动力

增强居民主体性，只有激发居民的内生动力，才能拓展社区居民参与的广度和深度。激发居民的内生动力，让居民能够自己表达意愿、组成社群、自定规则、自我约束、自我激励、自定责任、自找资源（陈伟东、陈艾，2017：88~95）。对于社区营造项目，需使项目更加贴近居民的日常生活，符合居民的公众利益。社区花园与居民的生活息息相关，但相较于其他项目，更重要的是要进行后期的管理维护。由于工作团队不会常驻社区，因此社区花园的后期维护需以社区居民为主力进行。为此，可通过让居民自己表达意愿、形成组织、制定规则、发挥潜能、寻找资源等方式使居民自我赋权，激发参与的积极性，推动社区居民自治。

2. 健全居民参与机制

健全居民参与机制包括激发居民的参与意识、提升居民的参与能力、拓宽居民的参与渠道。社区居委会、规划师在居民的心中都处于权威地位，导致居民无法充分表达自身的想法。如何确保居民的想法能够得到尊重，需从以下几方面入手。

第一，激发居民的参与意识。首先，要充分做好民意调查。民意调查是规划符合居民需求的基础。在保证规划专业性的基础上，明确居民需求，只有居民需求与专业充分结合，居民才更易接纳。其次，要开展不同类型的社区活动，通过不同方式的宣传，激发居民的参与意识。最后，要尊重居民的想法。居民在参与过程中的想法，其他主体应及时予以回应，避免削弱居民的参与意愿。

第二，提升居民的参与能力。对于社区营造项目而言，需要提升居民在空间、规划方面的参与能力，增加规划方面的知识，帮助居民更好地参与到社区营造中。

第三，拓宽居民的参与渠道。通过召开座谈会等形式宣传项目、收集居民意见。中青年人由于各种原因无法实地参与，可依托互联网进行多渠道参与，保证通过不同渠道听取居民意见。

3. 促进多元主体合作

在幸福花园营造项目中，只依靠居民的力量是不够的，需要不同主体发挥作用，相互合作。规划师指导营造项目的开展；社会工作者负责招募居民、链接资源，在过程中促进居民参与；社区居委会负责宣传项目，支持居民参与。通过主体之间的相互合作，共同联动，才能更好地激发居民的主体性。通过完善社区协商议事机制，加强不同参与主体之间的沟通，促进议事协商常态化。在开展项目时，社区居委会、居民、规划师、社会工作者的目标并不完全一致，通过多元主体的共同讨论、协商、决策，实现多主体联动，最终实现社区治理与发展。

4. 获取社区居委会的支持

社区居委会作为基层群众性自治组织，对促进居民的主体性参与发挥重要作用。如何使社区居委会能够支持社会工作者开展活动，一方面，社会工作者需与社区居委会工作人员相处融洽，使社区居委会工作人员接纳、信任社会工作者，相信社会工作者开展的工作有助于社区发展；另一方面，社会工作者需从社区角度理解社区居委会的困难及顾虑，说服其支持工作，推动项目的后期持续开展。Y小区居民习惯了"单位制"时期由工厂大包大揽的阶段，然而"单位制"已经转变为"社区制"，居民也由"单位人"转变为"社会人"，社区花园的建设和维护需居民自己承担。为此，社区居委会需认可和支持居民参与社区活动以及公共事务，实现居民社区参与的主体回归。

三　北京市朝阳区传统老旧社区

（一）A社区基本情况

2018年，为推动城市精细化治理，北京朝阳区在43个街乡建设57个全要素小区，A社区是其中之一。全要素小区是指从设施与功能、空间与交往、生活与生态等多角度、全方位满足居民全生命周期需要的小区（何佳艳，2018：1）。全要素小区按照建设国际一流宜居之都的具体要求，系统改善小区的生活环境，满足社区居民多样化的需要，增强居民的社区归属感和自豪感。

A社区面积为0.9平方千米，社区居民住宅楼49栋，居民约3000户，常住人口10000余人。A社区居民结构比较复杂，各小区基本是国管局中央产权房，属于原单位型社区。社区居民多是国家机关退休人员，老年人较多，居民文化程度和文化素养较高，对社区文化生活要求也较高。由于社区房屋大多建于20世纪90年代，房屋面积较小，但小区内部硬件设施较为完善，交通便利，周边商业服务较多，生活较为便利，教育资源较丰富，房屋售价或租金较高，所以大量原住户外迁，房屋大量出售或出租，新搬入社区的人口和租户较多。

（二）社区问题评估

1. 居民异质性强，邻里熟识度低

A社区原是单位型社区，一部分社区居民是国家机关退休的工作人员，老年人居多，他们彼此较熟悉。由于老旧小区的户型较小，设施较为陈旧，随着生活水平的提高，很多原住户搬离了社区。随之而来的是房屋的

大量出租或部分出售，社区居民的异质性增强。由于后进入本社区的租户以及新购房的住户与社区原住户之间的沟通互动较少，邻里熟识度较低。

2. 居民参与度低，自治意识较差

A 社区原住户的文化程度较高，对社区文化需求较多，参与社区活动较多。但由于年纪偏大，有心却无力组织社区活动以及参与社区治理。因生活、工作需要居住于此的新购房的年轻人或租户，对社区事务不关心，他们绝大部分时间为生活奔波，根本无暇参与社区治理与活动。A 社区大多是依托传统节日组织相关活动，老年人的参与度较高，但一般都是由社区通知的被动参与，更多的是为了配合社区完成其工作任务。由于社区居民参加活动的人员有限，又缺乏参与的积极主动性，很多社区活动流于形式，很难真正实现促进社区居民沟通与交流，促进邻里熟识，提升社区居民自治意识的目的。

3. 缺乏规范制约，邻里纠纷较多

A 社区公共设施老化，公共空间狭窄，由于建设于 20 世纪 90 年代，基本是按照温饱社会的标准设计的，所以建筑密度较大而绿化面积小。由于社区居民结构复杂、社区缺乏相应的制度规范、物业管理滞后等原因，社区的环境卫生存在诸多问题，如有的居民将废弃物随意堆放在楼道，导致原本狭窄的楼道空间更加拥挤，邻里纠纷时常发生，也带来了安全隐患。

（三）社会工作介入

课题负责单位与 A 社区同属于一个街道办事处管辖。2014 年街道与课题负责人所在学院签订了校外实习实践基地的协议。从 2016 年项目立项以来，课题组与 A 社区居委会合作，开展了推动熟人社区建设的一系列活动。

1. 依托全要素计划，打造和谐社区

A 社区是朝阳区全要素小区的建设试点社区，结合下辖小区的实际情况，通过全要素 123 计划积极推进社区建设。123 计划，即空间打造、队伍建设、氛围营造。

（1）空间打造

课题组与 A 社区居委会合作，开展社区环保活动和有关摄影的相关技巧培训，历时 9 个月，培养了大批爱绿、护绿的志愿者和环保爱绿家庭，在区园林局与街道的支持下，最终呈现绿色优美宜居的生态家园。此外，课题组协助社区积极建设"邻里茶馆"公共空间，依托这一空间，社区文化队伍定期组织各类文化活动，营造良好的社区氛围。

（2）队伍建设

积极建设社区议事平台，每月定期组织"议事厅"活动。组织社区居民、社区工作者、物业公司等多方力量，根据社区居民需求，协商确定服务方案。依托社区议事平台，积极培育社区议事队伍和社区文化队伍。A社区目前已经创建"爱心团队""诗社""编织班"等文体类社区居民自组织30多个，它们在社区建设与发展中发扬志愿精神，促进邻里互助，使邻里的爱心精神在社区生根、开花、结果。

（3）氛围营造

氛围营造指邻里氛围营造和文化氛围营造。A社区始终坚持以乐享人生、幸福家庭为目标，以社会组织为载体，以物业公司为抓手，积极寻找社区文化符号，共同绘制文化记忆墙，凝聚人心，提升社区幸福宜居指数。通过社区议事厅协商确定A社区要打造以传承民族、发现美好、友好邻里、个性创意、温暖亲情、国学文化、休闲生活等七个方面为主题的文化项目。为此，课题组协助社区开展书画日、老年课堂、书籍分享会以及"一楼一主题"的多彩楼门打造活动，积极营造社区文化氛围。通过以上活动，加强了邻里互动，增强了居民对小区及各楼门的认同感、归属感以及责任感。

2. 促进多方参与，构建新型社区关系

（1）组织社区活动，搭建交流平台

课题组与社区创享中心（社会工作机构）合作，组织"快乐亲子班""阳光助残暖心""书法树人，打造墨香社区""青春伴银发"等项目，为社区居民搭建了互动交流平台，密切了亲子关系，提升了残疾人和老年人的福祉，增强了社区凝聚力。

2017年3~6月，课题组带领学生在实习实践基地的四个社区运用小组工作以及社区工作的方法，开展了"幸福暖家庭，欢乐伴童年""寄情手工，天伦共享""端午粽飘香，香粽送温情""慢骑联欢，连接你我，共筑和谐""养生讲堂""粽情千里，情暖万家""手工小香囊，端午、六一伴我旁""众享欢乐，你我同行""缤纷六月，走进社区""艾香端午邻里和"等以熟人社区建设为目标的社区实践。其中在 A 社区开展的是"众享欢乐，你我同行""慢骑联欢，连接你我，共筑和谐"的社区活动。活动满足了社区居民对体育竞技类、郊游类活动的需求，推动了居民参与，加强了居民之间的沟通交流，促进了邻里熟识，增强了居民对社区的归属感与认同感，营造了互助合作的熟人社区氛围。

（2）倡导良好家风，助推家庭和谐

2018 年 11 月，课题组教师带领学生深入社区开展良好家教家风以及家规的调查。学生将收集的案例资料进行归纳整理，教师对每个家庭的案例给予点评，出版了《家风》画册。画册中呈现了夫妻同为志愿者的爱心之家、快乐之家、健康之家、幸福之家以及优秀全职妈妈带头人、"独乐乐不如众乐乐"家庭、无私奉献康乃馨妈妈、自强不息听障儿童妈妈等典型案例。《家风》画册在社区的传阅，为社区家庭树立了榜样，助推了良好家风、和谐友爱社区氛围的形成。

（四）对策建议

1. 激发居民的主体性

社区居民自治是社区居民积极参与社区事务，实现自我管理、监督与服务，并在此基础上合法行使民主权利。居民参与社区公共事务，首先，需具备参与意识，认识到自己的主体地位。参与意识指居民以主体身份积极参与社区活动中。居民参与度低，主要是居民对社区缺乏归属感和认同感。为此，社区工作者要引导和鼓励居民自主举办活动，解决日常事务，群策群力。其次，居民要有参与能力。参与能力是居民参与社区事务主体性的重要特征。居民作为行动主体，在参与社区活动中实现自我发展。社区工作者要主动了解居民的兴趣爱好，通过组织参与式培训、小组工作坊、社区活动等方式提升居民的综合素质，帮助其树立责任意识与自信，积极参与社区治理。

2. 搭建网络议事平台

针对 A 社区邻里纠纷较多的情况，建议在建设社区线下议事平台，每月定期组织"议事厅"活动的基础上，搭建更为开放、便捷、有效的网络议事平台，拓宽民意表达渠道，探索多元议事方式。通过社区论坛、微信群、QQ 群等渠道收集社区居民提议、利益诉求等，及时准确把握社区的全局性、倾向性问题。针对社区居民反映较多的社区问题，及时召开网络议事会议，邀请更多社区居民参与讨论，激发居民自治共建的积极主动性。居民的积极参与可助推社区治理各方积极反思社区居民需求，加强自身的责任意识与能力建设。

3. 构建多元主体共治

在传统社区管理框架下，政府集中资源和权力，挤压社区服务空间，导致社区组织碎片化、社区活力不足。为此，需构建社区多元主体共治体系，实现社区复合治理。社区复合治理指社区各主体，如党组织、居委会、服务站、社会组织、社区居民、辖区单位等，基于公共利益和社区认同，协调合作、各尽所能，共同提供社区公共服务、优化社区秩序，最大限度增进公共利益。首先，要划分各行动主体的职能，避免因职能不清或职能重叠而产生冲突。其次，要坚持党建引领，凝聚多方力量，确保社区工作向组织工作看齐。最后，打造多方主体联动协商议事平台，激发各主体活力，形成党建引领、居民参与、居委会沟通、多元主体协商议事及监督落实的社区治理模式。

第七章　超大城市的熟人社区建设路径

基于数据分析，北京居民的邻里熟识度一般，守望相助行为较少，大多数居民的社区归属感和自豪感较强；居民策划活动意愿较强，但组织活动比例较低，有意愿担任"义工"，解决社区问题意愿较强，但曾经参与解决问题的比例较低；大多数居民希望社区居委会主任的承担者是本社区居民，认为社区管理的责任人是社区居委会，少部分居民认为社区管理主要在于居民自己发挥力量。深圳居民的邻里熟识度一般，守望相助行为较少，大多数居民的社区归属感和自豪感较强，总体情况好于北京；与北京相比，居民策划活动的意愿更强，策划活动范围更广，更愿意参与策划公益类活动，参与"义工"积极性更高，以组织者身份参与的比例更高，主动参与和自发组织活动比例更高。参与解决社区问题意愿更强，曾经参与解决问题的比例更高；半数以上居民希望社区居委会主任的承担者是本社区居民，认为社区管理的责任人是物业公司；认为社区管理主要在于居民自己发挥力量的比例稍多。两个超大城市的熟人社区建设现状虽有差异，但总体的邻里熟识度一般，守望相助行为较少，社区居民自主性以及自治意识有待进一步提升。

社区社会资本、社区服务、社区安全和社区环境是影响超大城市生人社会熟人社区建设的主要因素。其中，社区社会资本与熟人社区建设显著相关。基于对典型社区的个案研究以及社会工作介入熟人社区建设的行动研究，提出超大城市熟人社区建设的路径是在多元主体协同治理的前提下，以社区社会资本培育为切入点，依托社区服务，重点激发与建设居民的主体性。

一　多元主体协同是熟人社区建设的前提

2017年6月发布的《中共中央　国务院关于加强和完善城乡社区治理

的意见》指出：城乡社区是社会治理的基本单元。在城乡社区治理中，要统筹发挥基层党组织、基层政府、基层群众性自治组织以及社会力量的协同作用。2017 年 10 月，党的十九大报告提出，要打造共建共治共享的社会治理格局，加强社区治理体系建设，推动社会治理重心向基层下移，发挥社会组织作用，实现政府治理和社会调节、居民自治良性互动，阐述了多元主体共同参与社会治理的特征。2019 年 2 月，《中共北京市委　北京市人民政府关于加强新时代街道工作的意见》明确提出要强化共建共治共享，激发社区治理活力。社区治理被赋予了新的时代内涵和历史价值，成为当代中国推进国家治理和社会治理现代化的关键点和突破口。[①] 推动参与治理的主体结构从单一模式转变为多元主体模式是推进社区治理的重要抓手。

（一）理顺政府社会关系

"十四五"规划提出，"依法厘清基层政府与基层群众性自治组织的权责边界，制定县（区）职能部门、乡镇（街道）在城乡社区治理方面的权责清单制度，实行工作事项准入制度"，"加强财政补助、购买服务、税收优惠、人才保障等政策支持和事中事后监管"。政府主导型社区自治是当前我国城市基层社会治理的基本模式，国家自主性力量仍是居民自治中具有建构性和整合性的核心力量（卢学晖，2015：74~82）。长期以来，政府在推动居民自治过程中存在错位和缺位的现象。而社区忙于应付政府职能部门布置的工作，无暇根据社区居民需求开展居民自治工作。这就需要重塑政府在居民自治中的角色，调整政府在居民自治中的行动，厘清政府与群众性自治组织的权责边界。

1. 重塑政府角色

政府的角色主要在于，一是提供自治空间。政府具有极强的自主性，常常把社区自组织强制纳入自身的行动逻辑，导致自治虚化。因此，亟须制定权责清单和职能清单，进一步理顺和规范政府与社区自组织的关系，明确居民的自治权利和自治原则，给予社区一定的自治空间，减轻社区居委会的行政负担。二是提供政策扶持。一方面重视政策试点，探索居民自

[①] 《中共北京市委 北京市人民政府关于加强新时代街道工作的意见》，北京市人民政府官网，https://www.beijing.gov.cn/zhengce/zhengcefagui/201905/t20190522_61849.html，最后访问日期：2023 年 9 月 23 日。

治实现的有效形式（韩瑞波，2020：147~157）；另一方面注重把居民自治过程中的典型经验上升到政策层次，增强政策的权威性和可操作性，扩大自治范围。三是提供资源支持。一方面可以通过公益创投、公益招标、定向购买等形式向社区自组织购买服务，给予社区自组织一些资金和技术支持，推广居民自治项目化运作模式；另一方面可以利用行政力量撬动社会资源，通过制定企业参与社区治理的奖励制度、举办社区公益洽谈会等方式帮助社区自组织筹集自治资金。

2. 厘清政社关系

第一，明确政府职能部门与社区居民自治组织的权责边界。政府部门要求社区协助开展的工作，务必严格依据"社区居民委员会依法协助政府工作事项"制度执行。政府要求社区协助完成的工作，依据"权随责走、费随事转、人随事动"的原则，配备相应的工作人员，并且提供资金保障，或交由第三方组织承担，社区仅发挥"协助"作用，不得作为下派任务交予社区完成。社区居民自治组织可将社区居委会依法履行职责事项和依法协助政府工作事项进行整合，合理有序安排工作。这些工作事项，要调动社区居民共同实施。

第二，政府各职能部门和街道政府为社区发展提供物质资源、人才、工作方法等保障支持。一方面，政府依法按时足额保障社区基本工作经费，不得拖欠；另一方面，政府为社区引入各类社会机构开展服务搭建平台，建立社区和社会组织等机构的对接机制，通过政府购买机制将社会机构引入社区。

第三，各政府部门要对社区提出的服务需求和问题矛盾化解需求做出及时回应。上述对政府部门的工作要求需纳入政府各部门绩效考核的内容。

（二）发挥社会力量参与

一个社会存在三元力量，即政府、市场与社会。在这三元机制中，社会属于最弱的环节。怎么培育这个社会是我们当下的主要问题（李强，2016：32~33）。中国基层社会目前正处于巨大变迁中，社区中需要解决的问题很多。但在社区中，一方面，社区居民仍然沿着传统的路径思考问题，认为社区中的事务都是政府的责任，与自己无关，其依赖性、被动性比较突出；另一方面，社区居民参与的积极性明显不足。但调研发现，社区居民中存在很多主动积极的社会力量、社会因素以及社会动力，以上这些都是一种潜在势能，一旦发挥出来就有巨大的能量。为此，发现和培育这些积极的社会因素，促进社会从"被动社会"发展为"能动社会"（李强、黄旭宏，2011：50~51）是目前面临的重要课题。在社区营造过程中，如何回应居民的日常需求，传承地方的历史文脉，协调多元主体诉求等议题逐渐被重视，使得居民参与逐渐成为当前实践探索的方向（芮光晔，2019：88~96）。在熟人社区建设中，同样面临如何激发社会活力，充分发挥社会力量参与的问题。

自古以来，中国社会有很强的自我恢复能力和自我调节能力，只不过在新中国成立的七十多年里，中国人不太习惯依赖社会的自我调节和自我恢复能力。在中国有一个概念是"上有政策，下有对策"，大部分的事情是通过"下有对策"来解决的。如果没有"下有对策"，很多事情就没有办法顺利推动（李强等，2017：3~4）。可见，中国社会具有很强的自我调节能力。过去中国是一种总体性社会，政府可以解决一切问题。随着改革开放以来的重大变迁，社会的高速发展，政府承担的服务边界逐渐清晰，社会的自我调节能力应该发挥重要作用，以增强社会活力。高异质性、流动性的城市社会，社区治理已无法依靠习俗等传统文化资源、乡绅等组织资源，城市社会治理中担负自下而上建设的社会力量需进一步发掘并对其赋权（肖林、陈孟萍，2021：20~41）。

（三）动员市场力量补充

当前我国社区治理的"政府-社会-市场"三维框架中，市场力量[①]在多元治理结构中长期被忽视。市场配置资源是市场经济的普遍规律，也是城市社区治理需要遵循的基本准则。只有政府、社会与市场三方面协调发展，熟人社区建设才能达到可持续的运作。

在城市社区治理实践中存在一个认识误区，即市场力量与社区服务之间存在天然的排斥性。社区服务是一项公共性的公益性行为，而市场主体逐利的本性与之格格不入。事实上，除了公共性质的服务事项之外，社区

---

① 　这里所指的市场力量，不仅包括在社区开展活动的社区内企业，还包括直接服务于社区治理的专业机构。

服务还包括可经营性服务部分，它具有福利性和经营性的双重特征。社区提供公共服务时，引入市场机制可以降低政府服务成本，构建政企合作伙伴关系（李雪萍，2009：27~31）。对可经营性服务，市场机制在提高资源配置能力和提供优质服务上，都将发挥独特的优势和有效作用（王名，2013：16）。无论是从需求侧还是从供给侧来看，市场行为均是提高城市社区服务质量和提升城市社区治理效率的重要保障。

在需求上，市场将满足社区居民日益多样化的发展型服务需求，深化城市经济的专业化分工体系。伴随城镇化进程的加快，社区居民物质、文化和生活需求日益多元化。中国社会的主要矛盾已转变为人民日益增长的美好生活需要和不平衡不充分的发展之间的矛盾。一方面，市场遵循"以顾客为中心"的经营理念，充分满足顾客的多元、个性化需求；另一方面，市场拥有专业化的服务技术、人员队伍、营销渠道和方案管理等，是满足社区发展型服务、提升居民获得感和驱动城市社区治理专业化的重要保障。在供给上，市场将有效拓宽社区服务资源获取渠道，提高社区公共产品供给效率，推动城市社区治理现代化。当前，我国市场经济仍不发达，地方公共服务呈现政府主导的单一化供给模式，市场机制面临严重挤压。然而引入市场组织，遵循市场机制，不仅可以有效开发利用社区外资源，解决社区建设资源不足和资源分散的问题，还可以提升社区服务的质量。

近年来，市场力量和市场主体逐渐参与到城市社区公共事务的决策和管理中，除物业公司等典型社区治理主体外，专业社区服务运营商、社区社会企业、社区非营利组织等众多主体借助市场力量参与社区治理，重构了新型社区治理的市场主体结构。

作为最重要的市场经济主体，企业是城市社区治理市场化的重要参与者。随着现代信息技术的不断成熟，为满足社区居民日益多样化的需求，企业开始转变服务理念，向专业化的服务集成商和社区服务运营商转型，并向现代服务业转型升级，对传统的物业公司通过互联网进行重组，将实体社区打造成一个基于大数据的互联网平台，形成以社区为客户端的社区服务产业群（王杰秀、何立军，2015：32~35）。社区服务产业的发展战略是面向社区居民的衣、食、住、行、娱、购、游七个方面的服务需求，打造社区服务全产业链，业务领域广泛，涉及社区金融服务、住宅社区服务、社区养老、社区教育等，力求以互联网思维和信息化谋求转型，创建综合社区服务平台，创新社区服务模式和商业模式，合理分配和优化各类社区服务资源，疏通服务渠道，满足社区业主日益多元化的需求，降低人力资源成本，创造新利润点（陈春兰，2015：28~29）。

社区社会企业作为一种新型的社会组织，通过企业策略和商业原则来满足社区公共利益，是具有社会、市场和公共政策"三重底线"的社会组织（尼森，2014：13）。在市场价值上，社会企业具有明确的竞争导向、风险意识和创新精神，以市场规则为社区提供运转资金保障；在社会价值上，通过整合市场资源，社会企业为社区弱势群体、老年人、贫困家庭、儿童等提供产品、服务和工作机会，且在自身运营过程中，通过直接支持或赞助慈善组织，增强社区居民间的社会信任，约束市场主体的功利性行为，避免市场侵蚀社区社会企业。

（四）搭建协商议事平台

城乡社区协商既是基层民主建设的重要方面，也是社区多元主体得以发挥活力的前提。社区中存在居民委员会、业主委员会、物业企业、社会组织、党员代表、居民代表、职能部门等主体。为了协调社区各主体的利益，促进多元主体的良性互动，必须有相对应的社区协商议事机制，搭建多元主体协商议事联动平台，才能激发社区各主体的自主意识和参与意识。

1. 打造"多方联动"的协商议事平台

社区中的各方既要各司其职，又要互相补位；既要守清边界，又要紧密团结。针对社区中存在的问题，要定期召开多方联席会议。尤其是社区建设中的大事、急事、难事，要通过多方民主协商、讨论问题的解决方案，发挥联动机制妥善解决，最终达到多方联动、协同共治的和谐状态。

2. 实施"参与式协商"民主自治模式

进一步完善社情民意的收集、社区的协商议事与民主决策以及事项的评估反馈等机制，制度化社区治理的议事协商，规范化社区民主自治程序，逐步将有关居民利益的服务事项纳入议事协商范围，充分发挥居委会主体作用以及社会组织的支撑作用，满足社区居民的多样化需求（李敏等，2020：147）。

3. 构建"精细化治理"民主协商平台

依据社区居民的需求性质，民主协商平台可划分为不同层次，如街道（镇）平台、社区平台、小区平台以及楼栋平台等。街道（镇）平台主要负责协调与解决遇到的难点问题；社区平台主要负责组织社区内公共事务以及公益事项的协商讨论；小区平台主要负责小区居民的沟通交流、化解小区邻里纠纷；楼栋平台主要依托楼栋小组，负责收集本楼栋居民的建议以及意见等，助推楼栋居民的守望互助以及自我管理。此外，利用社区网等数据平台，建设社区信息的推送以及社区居民的沟通平台，构建多元沟通渠道，及时掌握与满足社区居民的需求。

二 激发社区参与是熟人社区建设的关键

霍恩斯坦将公民参与聚焦到社区领域，认为大范围的社区参与能够充分调动居民参与的热情和社区资源的有效利用，提升社区的整体服务水平，使居民能够从中受益（Hollnseiner，1982：57-58）。参与是社区发展与居民安居之间的联系桥梁，通过居民对社区公共事务管理和各项活动的直接参与，不仅整合了社区内的各种资源，还逐步培育了居民的社区归属感和认同感，促使社区居民的参与力量成为社区建设的一般动力源泉（徐永祥，2000：56~60）。社区参与是日常最典型、最丰富多样的参与形式。要激发社区活力，解决社区问题，需要社区居民积极参与。

数据分析显示，两个超大城市居民社区参与的比例越高，邻里熟识度越高，守望相助的比例越高，社区归属感和社区自豪感越强，居民策划活动意愿越强，参与解决社区问题意愿越强，实际参与解决社区问题的比例越高，选择本社区居民作为社区居委会主任的承担者的比例越高。结合典型的个案研究以及社会工作的行动研究，提出积极发现与培育社区骨干领袖，推行协商议事制度，大力培育各领域志愿者，带动社区居民积极参与，将原本个体化的居民、碎片化的社区，凝聚黏合成一个共同体，走出陌生人社区建设的困境。

（一）发现社区骨干领袖

社区精英的差序化带动能够把普通居民动员起来，有利于破解集体行动的困境（高红，2018：111~115）。在推进社区治理体系现代化的过程中，社区要注重寻找与培育社区骨干领袖，最大限度地调动和整合社区发展资源，形成社区治理合力推动社区善治。

第一，要注重发挥党员的先锋模范带头作用，增强社区号召力。面对陌生人社区中居民关系日渐淡漠的状况，要以党建引领为核心，组织党员开展志愿服务，充分发挥党员的先锋模范带头作用，动员社区居民积极参与社区治理。在党员的带动下，居民自主参与社区建设工作，逐步形成社区环境人人参与、社区建设人人有责的新格局，为熟人社区建设提供源源不断的动力。

第二，培育社区骨干领袖，增强社区向心力。社区骨干领袖是指具有一定参与意识和参与能力，且能够对社区公共事务产生影响的人群。社区骨干领袖是联结社区居民、表达居民利益诉求的重要载体。社区骨干领袖因其自身独特的能力和热情，对社区居民具有较强的吸引力和天然的亲和力。要注重挖掘社区中的能人精英，充分发挥其引领作用，为熟人社区建设提供强劲的向心力。同时，注重将具有共同兴趣爱好的居民组织起来，开展各类社区教育课程和文化活动，带动居民广泛参与，营造相熟相知的社区氛围。

（二）推行协商议事制度

社区协商议事制度的出发点是社区居民能够广泛持续深入地参与到社区事务中，该制度也是发扬基层民主，实现社区自治的重要途径之一。在议事会上由社区多元主体共同参与讨论，围绕着社区居民切身利益相关、反映强烈、迫切要求解决的实际困难问题发表看法，提出议题，共同推进。目前的推广和落实还并不完善，面对这一创新举措，要肯定其设立的初衷有一定的合理性。它的出现对社区的自治发展、居民参与社区治理都有很大帮助。但新生事物难免在落实过程中有阻力，希望在多方的共同努力下不断完善社区的协商议事制度，调动社区资源，多元主体共同发力，有序参与社区公共事务的协商，实现社区自治。

在协商议事制度推行的过程中，要注意以下几点。第一，保证协商议事的规则化。规范议事的规则和监督机制，明确议事委员的职责范围，在规则的制约下确保其能够常态化发展，定期举办议事会和联席会，并保证议事结果的公开透明化。第二，保证参与群体的多元化。议题的内容是与居民息息相关的，往往涉及多元主体。要确保利益相关主体在场参与，并在讨论过程中尽量做到居民明确、知晓，可借助互联网开展多渠道的议事，通过直播或是公众号推送等形式确保居民的知情权。第三，保证议题执行的精细化。在协商平台上的讨论结果和工作计划，往往涉及多方主体，如物业公司、社区居民、街道等的协助，需进一步明确各方责任，做好职责分工，实现精细化开展。

（三）培育各领域志愿者

社区志愿者参与到社区公共事务中，是引导居民互助自助，开创共建共治共享的社区治理格局的重要形式。2021 年 3 月，《中华人民共和国国民经济和社会发展第十四个五年规划和 2035 年远景目标纲要》指出，发挥群团组织和社会组织在社会治理中的作用，畅通和规范市场主体、新社会阶层、社会工作者和志愿者等参与社会治理的途径，全面激发基层社会治理活力。支持和发展社会工作服务机构和志愿服务组织，壮大志愿者队伍，搭建更多志愿服务平台，健全志愿服务体系。[①] 社区志愿者队伍作为社区资源整合的载体，通过开展社区志愿服务活动，充分运用包括社区志愿者在内的社区资源并链接外部资源，加强居民沟通互动，可以消减社区隔阂，缓和社区关系，解决社区问题，增强居民的社区归属感、认同感，最终形成一个社区共同体（吴帆、吴佩伦，2018：10~20）。

1. 充分发挥志愿者参与作用

熟人社区建设要始终坚持"党建引领，志愿同行"的理念，以社区党员志愿服务、楼门长志愿服务、社区社会组织志愿服务、驻街单位志愿服务等形式，广泛发动和组织居民参与各类社区志愿服务活动，包括垃圾分类、楼道美化活动、弱势群体关爱行动、社区环境维护、社区治安管理等，凝聚社区志愿力量。

在原子化、碎片化以及利益分化的背景下，本着"将服务对象转变为服务中坚力量"的理念，鼓励和组织社区党员、老年人或在职人员等广大

---

① 《中华人民共和国国民经济和社会发展第十四个五年规划和 2035 年远景目标纲要》，中华人民共和国中央人民政府官方网站，https://www.gov.cn/xinwen/2021-03/13/content_5592681.htm，最后访问日期：2023 年 8 月 14 日。

社区居民参与社区志愿服务活动。通过广泛开展志愿服务活动，加强社区居民的人际沟通，培养社区居民的社会责任感，营造温馨和谐的社区环境。同时，在志愿服务活动中，志愿者带动社区居民发挥主体作用，有利于满足社区需求，解决社区问题，化解社区矛盾，防范突发危机，打造社区共同体，推动熟人社区建设。

志愿者要成为社区与居民的连接纽带，表达居民需求，协商社区方案，并在社区项目实施中，提升自身能力，动员居民参与，协调社区关系，增强社区互助力量，推动居民自治。实质是以社区志愿者为"发力点"，延长社区志愿者队伍这条"连接线"，带动居民参与形成"互助面"，最后加强居民自治，实现多主体参与，构建"共商、共建、共享"的社区治理格局。

2. 提供志愿者社区参与平台

努力拓宽志愿者参与社区治理和服务的渠道。一方面，发挥志愿者群体在社区自治过程中的积极作用；另一方面，在社区扶持建立志愿者活动团体，结合社区治理方向和目标，为志愿者群体提供发挥才能的机会，不断提升其价值感，激发其志愿服务的动力。

在社区搭建多方议事平台，让志愿者成为居民代表，成为居民和社区的"连接桥"。在各级议事会上各方平等交流，理性表达见解，相互倾听和理解，破除成见，消减社区冲突，缓和社区矛盾，齐心协力解决社区问题的过程中搭建以信任为基础的社区关系网络。社区志愿服务是居民互助的最佳体现，通过社区志愿者撬动居民参与，借助志愿者推动居民互助自助，让居民的互助和自助相互转换，在这种良性循环中促进社区融合，强化居民之间的社会支持关系，既解决社区问题，又改善社区关系，增强社区信任，构建熟人社区。

三　搭建社区网络是熟人社区建设的核心

社会网络是一种资源、一种资本，是达到个人或共同目的时可利用的资源（方然，2014：58）。与传统封闭型网络相比，现代社会网络具有开放性、规模大、密度低、同质性弱的特点。伴随城镇化的发展，我国城市社区人口大幅重组，住宅形态的变化，改变了人们的居住模式，进而转变了邻里的聚集方式。随着交通、通信技术的发展，城市居民的生活空间不断扩大，不再仅限于传统的邻里范围。尤其是伴随网络技术的发展，虚拟社区的出现，使人们的交往方式、生活方式发生了根本性的改变。人们对物质空间环境及其设施的依赖逐渐减弱，因而与其居住社区邻里的关系逐渐疏远。此外，人们思想观念的转变导致对传统人际交往的不同理解和对生活质量的不同要求。人们更加注重满足个人必要私密性前提下的社会交往。相比传统社会的邻里关系，一种结合现代科技、适应现代社会发展的新型邻里关系必然出现。

数据分析显示，两个超大城市社区网络状况越好，邻里熟识度越高，守望相助的比例越高，社区归属感和社区自豪感越强，居民策划活动意愿越强，参与解决社区问题意愿越强，实际参与解决问题比例越高，以组织者身份参与活动的比例越高。而社区关系网络的强化，要重视社区富有吸引力的公共空间的建设（李芬，2004：15~26）。为此，要积极培育社区社会组织，营造社区公共空间，联结社区多元主体，这样才有助于形成相互信任的社区关系网络。

（一）培育社区社会组织

激发社区活力，社会组织是重要载体。社会组织能够发挥其民间性、自愿性与公共性，在社会资源整合、利益关系协调、社会资本构建、公民参与能力培育等方面发挥组织优势，促进社会治理多元主体的合作参与、协商共治。随着"三社联动"的推行，社会组织在社会治理中获得了一定的话语权，在社区中的行动也逐渐增多。但长期以来，社会组织在居民自治中的功能不清，甚至与居民自治存在冲突。社会组织较少发动居民参与，居民只是服务的享受者而不是参与者，因而需要重新审视社会组织在居民自治中的功能。

作为参与主体，社会组织能够有效弥补政府与市场主体在公共服务供给中的"失灵"，提升公共服务供给的有效性和公正性。此外，作为社会治理新兴主体，社会组织的呈现将重新改写社会治理体系的结构，促进多元治理主体合作治理的局面出现（张康之，2014：163~164）。社会组织的功能主要在于，一是培育自治能力。很多时候，居民往往不是因为缺乏自治意愿，而是缺乏自治能力而不愿开展自治。因而社会组织提供社会服务时要动员居民参与，注重培养居民协商对话、活动策划、资源挖掘、需求表达等方面的能力。二是提供自治技术。社会组织的专业性不仅体现在服务供给上，还体现在居民自治推动的方法上。研发和推广自治技术是社会组织的重要使命，也是社会组织培育居民自治能力的重要手段。三是培育社区社团。社区社团是居民自治单元的有效选择（许宝君，2021：95~105），是实现"微自治"的重要载体。只有把居民组织起来才能改变当前居民一盘散沙的状态，而社会组织就是实现社会再组织化的重要力量（徐永祥，2008：24~29）。社会组织在社区执行项目时，要善于利用专业优势，根据居民需求和社区问题把分散的居民组织起来，推进居民组织化参与，提高自治效益。四是挖掘民间领袖。自主治理能否发生的关键不仅在于社会资本存量，还在于是否存在一个或若干个民间领袖（杜赞奇，1996）。民间领袖无法靠行政命令产生，只能靠民主协商推选。为此，拥有专业社会工作方法的社会组织就要主动作为，充分运用谈话法、小组法、个案法等民主协商技巧，协助社区居委会挖掘并增能民间领袖。

社区组织是社会组织的重要组成部分，具有民间性、非政治性、非营利性、自治性。社区组织是社区关系网络建立的具体表现，其在社区治理中发挥着不可替代的作用。学者从公民与社会的角度阐述了社区组织在社区治理中发挥调配资源、提供公共服务以及维护居民利益的作用（Edwards，2004）。社区组织参与社区治理，不仅缓解了当地不平等隔离问题，而且通过一系列的社区活动培养了居民的创新意识，减少了社区不安定因素（Kumar，2015：65-84）。社区组织具有促进民主协商、提供公共服务、缓解社区矛盾、增强社区凝聚力以及培育社会资本的功能（俞惠丽：2016：15~17）。社区组织在参与社会治理中应完善人员配备和管理机制，拓宽参与范围，加强培训与扶持（王秋花，2017：19~24）。

在社区中，培育安全管理类、社区参与类、互助救助类、文体娱乐类等社区组织。依托社区组织，居民共同协商社区事务，增强社区自治意识。随着社区组织的建立，居民可发现更多与自己具有相同爱好和兴趣的人，从而使社区关系网络不断丰富。社区组织开展的社区活动可满足社区居民的多样化需求。培育社区组织，首先要找准居民的兴趣爱好，继而开展社区活动，吸引居民参与，从而增强居民的归属感和凝聚力；其次应根据实际情况合理布局社区组织类型，大力发展互助性、公益性、服务性组织；再次要充分发挥党员的模范带头作用；最后要适时引入社会资源、吸纳社会力量，从而不断提高社区组织服务水平（李宽，2016：49~55）。

熟人社区建设是一个长期过程。依托社区组织吸纳社区居民，以丰富多彩的活动为载体，根据社区居民需求以及实际情况确定活动形式，调动居民参与的积极性。充分发挥社区组织在娱乐性以及公益性方面的作用，促进邻里熟识与社区凝聚力的形成。

（二）营造社区公共空间

空间营造是城市社区治理的一个重要视角（钱坤，2021：137~142）。虽然居住空间体系与居民的生活交往并不存在必然联系，但社区公共空间的合理规划和健康的社区公共领域建设，是社区归属感、认同感和良好邻里交往关系重建的重要条件。数据分析显示，两地居民对社区公共空间满意度越高，社区归属感和社区自豪感越强。深圳居民对社区公共空间满意度越高，邻里熟识度越高，邻里互助行为比例越高，行动照顾类以及信息分享类互助行为越多。

人与空间是一种双向互动的关系。良好的空间对人具有启示、教育、暗示等作用。良好的空间环境能够极大促进人们的互动与交流。社区居民的个体属性不同，邻里交往空间也存在差异。传统社区居民更倾向于与跟自己的社会距离和空间距离较近人群进行交往；儿童倾向于开阔的交往空间；年轻人倾向于灵活多变的交往空间；老年人更倾向于稳定、安全的交往空间。交往空间的差异导致了交往空间的分离，不同的交往空间交织在一起，形成了社区的空间环境结构。为此，设计社区的空间环境结构，必须综合考虑不同人群需求。只有建构了平等的空间环境，邻里的正常交往才能真正实现。

社区规划在我国作为一新兴概念仍然处于初级阶段，但对社区发展的作用不可忽视。社区公共领域建设是形成社区居民对共同栖息家园认同的重要保障。居民服务设施尤其是休闲娱乐设施、场所的完善配置，不仅方便了社区居民生活，而且对居民进行户外活动将产生巨大吸引力。邻里户外活动增多，为邻里之间兴趣与感情的交流提供了更多机会。在配置社区休闲娱乐设施、场所时，应注意体现整体邻里个性的需要，充分考虑邻里层次性的要求，有针对性地为不同层次提供娱乐、休闲共享的设施。将合理社区规划理念应用于熟人社区建设中，有利于社区关系网络的建立。

（三）联结社区多元主体

社区内的关系网络表现为邻里关系和居民间的群体活动，相同的趣缘和价值观是形成关系网络的重要途径。人与人之间频繁的互动连接和深层次的交往也是培育关系网络的可行方法。在城镇化过程中，邻里关系淡化受以下因素影响：第一，人们物质生活水平普遍提高；第二，服务的日益社会化，使原本由邻里提供的行动照顾、物质支援等邻里功能外移至社会服务机构；第三，在节约公共空间，增加居住空间的设计理念下，现有住房的公共空间直接影响了邻里交往；第四，社区缺乏室外公共活动空间影响了老人与儿童群体在促进睦邻互助中应扮演的角色；第五，随着信息社会的发展，传统的通过邻里交换信息的模式已经发生变革，人们获取信息的方式日益多元化；第六，城市社区居民社会网络的高度开放性导致社会网的密度下降，社区邻里互动频率降低，但城市社会网的多元化，又使其具有高度的异质性，降低了社会网中人际关系的对称性和互换性，导致城市给人们留下人情冷漠、社会资本丧失的印象，这一点鲜明体现在社区邻里关系上；第七，现代都市生活的特点及其价值观使人们怀疑邻里交往的意义，转而寻求更为功利性的途径。

为此，通过开展社区服务，构建社区各主体的联结机制，形成相互信任的社区网络。一般认为，社区网络包括非正式关系网络和正式关系网络。非正式关系网络一般是由社区居民间互动交往形成的；正式关系网络是指社区居民与社区组织之间的关系网络，这些都是促进社区发展的无形资源。它们是镶嵌在社区邻里之间、居民与社区组织之间的关系构成的复杂网络，将不同主体联系起来形成道德规范和文化共识，以促进彼此间的沟通与合作，为社区网络成员提供所需的资源和各种便利（郑传贵，2007：93）。

四　提升社区信任是熟人社区建设的根基

人的城市化就是社会生活的变革过程。当人们面对高度规范化的社会环境时会倾向于习惯各种规范化的行为，此时在与人交往时就会变得冷漠呆板，长此以往人际关系变得疏离。同时，经济的快速发展导致劳动力竞争激烈，人们的关注点更多放在了事业中，层出不穷的利益团体使个人对财富无限追逐。利益导向的社交模式导致与邻里及同辈群体的关系疏远，信任程度降低。拥有普遍信任的社会更加有效率，信任是社会资本的关键和本质性因素（普特南，2001：195~230）。社区信任建立在社区关系网络之上，居民的社区归属感、社区熟识度、社区集体记忆以及个人观念、经历等都会对社区信任产生影响（方亚琴，2015：89、94）。

数据分析显示，两个超大城市社区信任状况越好，邻里熟识度越高，守望相助的比例越高，社区归属感和社区自豪感越强，居民策划活动意愿越强，参与解决社区问题意愿越强，实际参与解决问题比例越高。因此，提升社区信任，首先要强化社区人际信任，通过人际交往建立关系网络，在网络中依据居民兴趣爱好形成组织，建立规范；其次要重塑社区邻里情感；最后要挖掘社区特色文化，将社区特色文化打造作为内在主线，构建熟人社区的"文化生态圈"。

（一）强化社区人际信任

当前我国正处于社会转型过程中，原有信任的规则体系遭到破坏，新的体系尚未建立，社会中不确定因素过多，人们对陌生人信任的风险增加。随着社区制的发展，社区建设中居民的生活水平不断提高，但人与人之间的精神距离逐渐拉大。虽然家庭、家族等以血缘连接的普遍信任关系仍存在，但随着社会多元化发展和社会结构的调整，这种信任关系最终将被淡化，势必影响居民之间的交往深度。在中国固有社会文化影响下，信任的建立大多基于血缘和亲缘，陌生人之间难以建立普遍信任。规则或制度体系的建立对于降低人们交往风险、增强人们的社区信任具有重要作用（邱国良，2014：45）。中国人的信任结构复杂，对他人的信任度较低，但相信人性善良（郑也夫，2003：79）。关系对中国人的信任具有重要影响，是人们增强与他人信任的重要机制。中国人的信任虽基于血缘和亲缘，但对没有血缘但有一定交往和关系的人，中国人未表现出极度不信任。人们进行关系运作主要通过两种方式，一是送礼、请客等工具性色彩的方式；二是尊重、思想交流等情感性色彩的方式（郑也夫，2003：76~102）

信任是各种社会关系的黏合剂，它具有重要的社会功能。信任的程度和范围可以决定社会成员的合作方式、范围和成本等。一般认为信任程度越高，越有利于集体行动的实现。同质性较高的社区群体可以缩短彼此社会交往距离，使"有关系无交往"的居民也可获取信任。社区规范可对居民进行制约，使社区居民的交往行为可以预见，这也在一定程度上提高了社区信任。同时，社区居民的一般交往会产生认知性信任，其具体表现形式为邻里见面打招呼，或是在公共空间闲聊以及参加社区活动和社区组织。居民间的亲密交往会产生情感性信任，这种信任是最高层次的，是建立在情感基础上且深植于内心的（方亚琴，2015：89~96）。社区居民之间的信任主要是通过长期交往和深层了解之后建立的，居民对社区组织的信任则分为对工作人员人品魅力的信任和对其工作能力的信任。对人品魅力的信任是通过长期的日常亲密交往形成的，对工作能力的信任则是通过其服务水平和经验、对居民需求的态度和解决问题能力等逐步定位的。社区信任可进一步促进社区关系网络的形成，二者是互相影响、相辅相成的；社区信任可加强社区组织、社区安全、社区经济建设，从而为和谐社区奠定基础；社区信任有利于与驻街单位形成合作关系，合理利用社区的人力资源和社会资源，实现共建共享（李彧钦，2010）。随着社区信任的积累，其社会效用和经济效用呈几何级数迅速放大。因此，熟人社区建设的本质是提升社区信任，但社区信任的建立是一个长期过程，需不断维持。

（二）重塑社区邻里情感

随着城镇化进程的不断推进，人们的居住方式及生活方式发生了不同程度的转变。传统的邻里关系纽带断裂，邻里关系呈淡漠化趋势，邻里功能逐渐弱化，甚至消失。初步的熟识关系往往都很难建立，邻里互惠更是难以实现（仇晶，2006）。情感是信任形成的基础，情感性信任是信任的重要形式。人员流动频率是影响邻里互惠的重要因素，随着市场经济的发展，我国人口流动性增强，邻里关系难以长久维持，相互之间的邻里感情很难建立（李洁瑾等，2007：67~73）。如何重建社区归属感、认同感和新型的睦邻关系是城市现代化的一个挑战。

"远亲不如近邻"，邻里关系是传统社区中的重要关系，也是一种最便捷、最可靠的社区资源。北京和深圳约70%的被调查居民赞同"远亲不如近邻"的邻里观念。北京居民邻里熟悉的比例是32.7%，深圳居民的比例是 51.2%。深圳居民的邻里观念和邻里熟识度高于北京，但两个城市邻里熟识度的总体情况一般。两个城市居民的交往更为注重感情交流，46.5% 的深圳居民和邻居交往是因为有情义。人们对邻里和睦的期待源于邻里间的互助。北京和深圳被调查居民的整体互助行为较少，北京 50% 左右的被调查居民从来没有邻里互助，深圳 30% 左右的被调查居民从来没有邻里互助。日常的关心、生活琐事的排忧解难是邻里关系最普遍的表现。而这些行为又会进一步增强邻里间的信任与互助热情。正是在这一互动过程中，和谐的邻里关系得以不断延续，充满活力的社区得以保持。邻里间的信任以及对社区公共事务的关心能够有效应对突发事件。简·雅各布斯在《美国大城市的死与生》中说："城市公共区域的安宁……不是主要由警察来维持的，……它主要是由一个互相关联的，非正式的网络来维持的。"（雅各布斯，2005：27）这个"互相关联的，非正式的网络"的基础就是和谐的邻里关系，它能够有效提高社区的社会资本。

为此，深入挖掘城市社区楼栋居民间互助、关爱的元素，以邻里楼栋文化重塑社区邻里情，打破社区居民间的冷漠关系，增强居民对社区及其所在地的归属感，从而增强社区凝聚力和个体幸福感。通过邻里节等活动，推动社区居民从相识到相熟。通过文化娱乐活动的开展，打破社区内地域文化的隔阂，再造共同的社区文化圈。在这种新型的共同文化圈中，社区居民真正将社区当作自己的家园，增进了居民对社区文化的认同。楼栋邻里文化的培育，构建了社区居民间的内部认同感，塑造了"共生不陌生，互助不互扰"的新型邻里关系，有助于熟人社区的构建。

（三）挖掘社区特色文化

文化是人们共同生活经验的积累，通过发挥文化的整合功能，能够在不同社区的居民和群体之间形成共同的价值观和行为规范。通过文化联系，凝聚社区的认同感、归属感，从而实现从地域共同体向文化精神共同体的转变。社区文化是社区健康发展的思想核心，是促进社区发展的软实力。因此，要充分重视文化对社区凝聚力的基础性作用，强化社区的文化引领能力。注重对传统文化和社区特色文化的保护和传承，这些文化背后蕴含了文化根基和认同感，既是熟人社区创建的重要内容，也是内在力量。

其一，突出中华优秀传统文化的引领作用，在塑造以关爱为中心的核心价值观的同时，发掘传统文化中的道德资源，努力培育既有传统文化底蕴，又富有现代气息的优秀社区文化。其二，挖掘本土社区特色文化，注重人文关怀和教育疏导，以关爱文化为重点，根据社区的历史沿革和传统习俗开展调查研究，发掘社区自身特点，反映民众喜好的社区民间文化，并加以推广和鼓励。

社区特色文化打造，可作为社区信任提升的内在主线，将这一主流文化要素融入社区服务活动内容中，不仅可为活动创新提供思路，还可增强居民的社区凝聚力、归属感、认同感、责任感和荣誉感，构建熟人社区"文化生态圈"。为此，社会工作者可开展节庆文化活动，多渠道、多形式地宣传社区文化。从楼道出发，以邻里节为载体，充分利用各节日的寓意和内涵，夯实楼道文化建设基础，以文化凝聚居民，丰富居民的精神生活，推动社区营造，促进熟人社区建设。此外，探索多种形式的主流文化宣传手段，善于利用社区报、社区网站等传播途径，培育诸如广场文化、家庭文化、街头文化、行车文化、草根文化等各种形式的文化活动，加强引领和规范，使其成为熟人社区的标识。

五　形成社区规范是熟人社区建设的保障

规范是被人们自觉遵守的一些行为准则，以期能够得到长期回报。社会资本是一种能促使个人和个人或群体进行合作所形成的各种非正式规范。因此，作为重要社会资本的规范，既可以是朋友间的互惠互利规范，也可以是严格遵守的信条（曾鹏，2008：147）。社区规范能够健全各项制度，完善社区设施建设，增强社区功能，调动社区各方面的积极性，实现资源共享和社区自治。《关于加强和完善城乡社区治理的意见》中指出，城乡社区治理需充分发挥自治章程、居民公约以及村规民约的作用，要积极地弘扬公序良俗，推动社区的法治、德治以及自治的有机融合。

数据分析显示，两个超大城市居民赞同建立社区公约的比例越高，邻里熟识度越高，守望相助的比例越高，社区归属感和社区自豪感越强，策划和组织社区活动的意愿越强，认为社区居委会主任的承担者是本社区居民的比例越高。为此，形成社区规范，首先要培育社区公共道德；其次要构建社区公共精神。

（一）培育社区公共道德

党的十九大报告指出，要深入实施公民道德建设工程，推进社会公德和个人品德建设。[①] 中共中央、国务院印发的《新时期公民道德建设实施纲要》明确指出，当前我国道德领域还存在诸多挑战，亟待制定有效措施加以解决。[②] "十四五"规划指出，要全面加强公民道德建设，推动新时代文明实践中心建设。[③] 可见，国家把社区居民道德建设放在了重要位置。社区公共道德是居民在社区公共生活和交往中应遵守的一种公共道德规范，是城市社会公共道德的一个重要组成部分。通过对社区居民公共道德意识的提升，可帮助社区居民转变观念，实现社区生活环境和秩序的提升，营造社区公共文明氛围。

运用社区教育的方式与理念，造就社区居民的公共道德。大力弘扬优秀传统文化，培育心口相传的城乡社区精神，将社会主义核心价值观融入社区公约、村规民约，内化为城乡居民的道德情感，外化为服务社会的自觉行动；发挥道德教化作用，大力褒奖善行义举，用身边事教育身边人，引导城乡居民崇德向上。

在社区中，以居民需求为导向，设立各类适合居民发展的特色课程，这些特色课程的核心理念是培养社区居民积极的价值观、生活态度和道德规范。把"爱家、爱社区"的社会价值观念融入社区居民教育中，从而提高居民的素质和文化水平，增强居民对社区的认同感与归属感，使社区居民积极投身社区公共事务和社区建设中（向德平等，2020：67）。

（二）构建社区公共精神

社区共同体本质是指向公共精神，即社区居民在共同生活中形成的共

---

① 《习近平：决胜全面建成小康社会 夺取新时代中国特色社会主义伟大胜利——在中国共产党第十九次全国代表大会上的报告》，新华网，http://www.xinhuanet.com//politics/19cpcnc/2017-10/27/c_1121867529.htm，最后访问日期：2023年9月24日。

② 《中共中央 国务院印发〈新时代公民道德建设实施纲要〉》，新华网，http://www.xinhuanet.com/2019-10/27/c_1125158665.htm，最后访问日期：2023年9月24日。

③ 《中共中央关于制定国民经济和社会发展第十四个五年规划和二〇三五年远景目标的建议》，中国政府网，http://www.gov.cn/zhengce/2020-11/03/content_5556991.htm，最后访问日期：2023年9月24日。

同体意识。共同体意识本质是内生的，是社区居民对其在社区中所担负角色、责任以及义务的认知，是维系社区团结的纽带，是社区发展的灵魂。人性的本质决定其在追求最大化利益的同时，又充满对温情互动的追求。积极发现居民所具有的主动因素与动力，希冀潜在势能通过规则与制度设置有序释放（李强、杨艳文，2016：18～33）。因此，借助现代化历史进程，积极培养社区公共精神就显得尤为重要。

社区公共精神的构建，既涉及公民文化价值的普及，也涉及社区制度及规范的建设。社区公共精神是指关心社区公共设施与治安卫生等公共事务或问题，能在关心中协商并达成共识，进而采取集体行动（赵秀芳、王本法，2014：50～54）。构建具有公共精神价值及行为方式的生活共同体，是现代社区建设，特别是社区文化建设的主要目标。社区参与可融洽邻里关系，培养邻里情感，提升社区居民幸福指数，增强居民的"社区人"意识，最终实现公共精神的培育。

由于我国经济社会体制改革，从公社体制和单位体制中解放出来的个体，还未形成足够的契约精神和公共精神。在现代城市的生活方式下，个人的私人空间和公共空间的区分越来越清晰，人与人的交往越来越陷于公共空间和角色行为的来往，社区公共参与逐渐缺失，社区自治容易陷入空转。经济的飞速发展增强了居民的权利意识，但居民的责任意识和规则意识相对薄弱，这种权利意识与责任意识的不对等，容易导致集体决议难以形成，社区协商民主受阻（向德平等，2020：68）。

六　实现社区自治是熟人社区建设的主旨

党的十九届五中全会指出健全充满活力的基层群众自治制度，健全自治、法治、德治相结合的城乡基层治理体系。社区居民自治是基层群众自治的重要表现形式，在国家治理体系和治理能力现代化背景下，推进居民自治是新时代社区治理面临的重大议题。社区居民自治始于21世纪初的社区建设，居民自治与社区建设有一定的内在契合性。国家把"扩大民主、居民自治"作为城市社区建设的基本原则，社区建设中应确立以群众自治为核心的基层民主化的主导方向（费孝通，2002：15～18），提高居民自治水平是创新社区治理的重要基础（张雷，2018：99～102）。自1990年实施

《中华人民共和国城市居民委员会组织法》以来，社区居民自治已开展了三十多年，但自治效果不尽如人意。

社区居民自治是一个多元行动者的关系网络，行动者的互动关系促成了新的自治空间产生。多元主体复杂的互动关系蕴含着权力结构和秩序演变（刘伟、翁俊芳，2021：50~61）。居民自治不是单边的个人或组织行为，而是一个综合的生态系统，是政府主体性、市场主体性和社会主体集体建构的结果。社区居民自治是社区居民积极参与社区事务，实现自己监督、管理自身事务，自己开展一系列活动和教育，自己为自己服务，并在此基础上合法行使一切民主权利。社区自治是将居民放置在社区的主导地位。为此，发挥居民主体性是实现社区自治的关键。

数据分析显示，深圳居民对社区组织满意度越高，认为社区居委会主任的承担者是本社区居民的比例越大。北京居民对开发商满意度越高，参与解决社区问题意愿越强；对物业公司、社区服务站、议事委员会满意度越高，认为社区居委会主任的承担者是本社区居民的比例越大。可见，社区居民对社区内各组织的满意度越高，社区自治的意识越强。为此，实现社区自治，首先要培育居民的主体性；其次要完善社区服务。

（一）培育居民的主体性是实现社区自治的关键

习近平总书记指出："我们要坚持和完善基层群众自治制度，发展基层民主，保障人民依法直接行使民主权利，切实防止出现人民形式上有权、实际上无权的现象。"[①] 社区居民自治本质上是居民主体性的体现。居民自治集体行动的过程就是赋权增能的过程，赋权增能是破解居民自治内卷化的有效路径。政府、社会组织和社区居委会要重塑自身在居民自治中的角色和功能。一方面，要从权力和能力视角出发，把社区公共事务的决定权和行动权交给居民，让居民在参与中增强互助、自助和协商的能力；另一方面，要从优势和责任视角出发，为居民自治提供政策、资源、资金、能力和技术等基本要素。而社区自组织和居民则要充分借助外部条件，不断激发内在潜能，主动参与到社区治理和服务中。

---

① 《学习时报刊文：切实防止出现人民形式上有权实际上无权的现象》，http://m.thepaper.cn/baijiahao_24165228，最后访问日期：2024年4月21日。

居民和自组织始终是主角，是自治的实践者；他组织是配角，是自治的协助者。各主体要始终坚持"以居民为中心"的理念，以赋权为核心，以增能为目的，以激发居民的主体性为宗旨，善于运用专业方法，培育和激发居民的主体性要素。居民自治是一个通过赋予自治权、激活自主权的过程，不同行动者在居民自治中的能动性就在于为居民自治提供基本条件。为此，如何在理论上解读和实践中培育居民的主体性是学界关注的议题。

（二）完善社区服务是社区自治的支撑

长期以来，社区服务呈现"行政化"和"慈善化"的特征（向德平、华讯子，2019：106~113）。"行政化"指居委会工作人员的大部分时间是在完成政府下派基层社区的工作任务，对居民的诉求重视不够。一些居委会工作人员的服务意识较淡薄，致使居民和居委会之间的关系较疏远，甚至处于敌对状态。"慈善化"指一些居民将社区服务片面理解为过节慰问社区经济困难户、老年人、残疾人等弱势群体。实际上，社区服务对象是所有社区居民，不只是民政帮扶对象。服务内容不只是落实政府职能部门的任务，而应坚持以居民需求为导向。服务方式也不仅仅是形式上慰问，而应专业化、精细化。为此，社区各主体应不断提升服务能力，丰富社区服务内容。

首先，作为拉动社区发展的"三套马车"，社区居委会、业主委员会和物业公司应不断完善其服务。社区居委会应从整体上把握本社区的发展，根据社区实际情况制定相关公约或准则，保障社区各类事务有章可循，为居民提供便捷、有效的服务。同时，密切联系居民，了解社区问题，积极探索问题的解决路径。社区居委会还应主动联系业主委员会、物业公司、社团等社区其他组织，促进组织间通过协作共同为居民提供服务。随着社区服务专业性的不断提升，社区居委会应通过与社会工作机构的合作，提供更加优质的服务，实现基层服务观念由政务向居务的转变，真正解决居民问题，满足其需求，维护其切身利益，培养其信任感。业主委员会应不断加强内部建设，完善业主委员会管理制度、财务制度，提升业主委员会成员的能力与素质，使其成为真正有意愿且有能力为业主、为社区服务的组织。物业公司应明确自身定位，积极参与社区建设，不仅要做好基础的维护与管理工作，还应积极与业主委员会、社区居民沟通，主动调节社区居民因为房屋漏水、噪声、卫生等问题产生的矛盾，避免因小事而伤害邻里的和睦相处。

《民政部 财政部关于政府购买社会工作服务的指导意见》① 中特别强调了"受益广泛、群众急需、服务专业"的原则。其中"群众急需"是社区要解决的，同时也是社会组织和社会工作机构要介入和服务的，并且是专业的。政府购买服务的类型主要有社区老年人服务、特殊家庭服务、福利机构社会工作服务、政策支持服务、构建资源整合平台等。社会工作机构以及社会组织应发挥专业优势，链接资源进入社区开展服务。五社联动形成以服务为导向，聚焦困境人群，将资源和服务锚定社区最需要帮助的人群以及最迫切需要解决的问题。此外，要鼓励和引导各类市场主体参与社区服务，在保证社区服务"福利性"的同时，并不排斥"市场性"（弗尔德瓦里，2007）。

社区服务的完善能够提高居民的生活质量，提升居民的满意感与获得感，应对居民需求多样化带来的挑战。为此，需提升社区居民既服务自己，又服务社区的意识与能力，进而塑造合作互助、尊老护幼、邻里和睦的美好生活环境，最终实现熟人社区建设的目标。

---

① 《民政部 财政部关于政府购买社会工作服务的指导意见》，人民网，https：//politics. people. com. cn/n/2012/1128/c70731-19722968. htm/，最后访问日期：2024 年 4 月 21 日。

第八章 结论与反思

一 结论

（一）北京深圳熟人社区建设的现状

1. 北京熟人社区建设的现状

第一，在邻里熟识方面。绝大多数居民认同"远亲不如近邻"的观念，邻里关系在居民心目中占有重要地位，邻里熟识度一般。

第二，在守望相助方面，居民认知的社区邻里互助总体情况一般，整体互助行为较少。在孩子或自己生病需要帮助时，请求邻居帮助的比例较低；急需用钱时的主要求助对象是亲属和朋友，邻居也是重要对象；家庭生活纠纷的主要求助对象是亲属、朋友和社区居委会；红白喜事的主要求助对象是亲属、朋友和邻居；75.8%的居民愿意分享活动信息给其他居民。年龄越大、居住时间越长、已婚、受教育程度越低、未就业、有居民代表身份的居民邻里互助较多。

第三，在社区认同方面。绝大多数居民的社区归属感和自豪感较强。六成左右北京居民的社区归属感较强，近半数居民有社区自豪感。年龄越大、受教育程度越低、未就业、有居民代表身份居民的社区归属感越强。年龄越大、受教育程度越低、未就业、有居民代表身份居民的社区自豪感更强。女性居民的社区归属感和自豪感更强。

第四，在社区自主自治方面。居民策划社区活动的意愿较强，但组织文娱活动的比例较低，在活动中有担任"义工"；参与解决社区问题的意愿较强，但曾经参与解决过社区问题的比例较低；大多数居民希望社区居委会主任的承担者是本社区居民，认为社区管理的主要责任在社区居委会，少部分居民认为社区管理的主要责任在于居民自己发挥力量；居民愿意参与策划娱乐类、亲子类、公益类活动；年龄越大、已就业、受教育程度越高的居民策划意愿越低；在社区居住时间越长、年龄越小的居民参与解决社区问题的意愿越强；年龄越大、居住时间越长、拥有居委会成员身份或居民代表身份的居民，参与解决社区问题的比例较高；年龄越大、居住时间越长的居民，认为社区管理的主要责任在政府的比例越大；受教育程度越高，认为社区管理的主要责任在物业公司的比例越大；已就业居民认为社区管理主要责任在政府和物业公司的比例较大；家庭收入越高的居民，认为社区管理的主要责任在物业公司和居民的比例越大；13.3%的居民认为社区管得好不好，主要在于居民自己发挥力量。

2. 深圳熟人社区建设的现状

第一，在邻里熟识方面。深圳居民对"远亲不如近邻"的认同度高于北京；邻里在居民心目中占有重要地位，邻里熟识度一般，但强于北京；深圳受教育程度较低、已就业、已婚、家中有小孩的居民赞同"远亲不如近邻"的比例较高；居住时间越长、受教育程度较低、已婚、未就业、家中有小孩居民的熟识度更高。

第二，在守望相助方面。深圳居民认知的社区邻里互助总体情况一般，整体互助行为较少，但强于北京；在孩子或自己生病需要帮助时，请求邻居帮助的比例较低；在遇到急需用钱时，大多选择亲属和朋友为求助对象，邻居也是重要选择对象；家庭生活纠纷的主要求助对象是亲属、朋友和社区居委会；红白喜事的主要求助对象是亲属、朋友和邻居；近九成居民愿意分享活动信息给其他居民，分享意愿比北京强。

第三，在社区认同感方面。深圳居民的社区归属感和自豪感强于北京；六成左右的深圳居民的社区归属感较强，六成多的深圳居民有社区自豪感；居住时间越长、受教育程度越低、已婚、无宗教信仰、个人收入水平越低、家中有小孩居民的社区归属感更强；居住时间越长、受教育程度越低、已婚、未就业居民的社区自豪感更强。

第四，在社区自主自治方面。与北京相比，深圳居民策划社区文娱活动的意愿更强，策划活动的范围更广，更愿意参与策划公益类活动，参与"义工"的积极性更高，以组织者身份参与的比例更高，主动参与和自发组织文娱活动的比例也更高，参与解决社区问题的意愿更强，曾经参与解决过社区问题的比例更高；半数以上居民希望社区居委会主任的承担者是本社区居民，认为社区管理的主要责任在物业公司，认为社区管理的主要责任在于居民自己发挥力量的比例稍多。年龄越大的居民以组织者身份参与的比例越高；家庭和个人收入越高的居民以活动参与者身份参与的比例越高。家庭收入越高的居民，策划意愿越弱。已婚、有小孩家庭参与解决社区问题意愿更强；居住时间越长、拥有居委会成员身份或居民代表身份的居民参与解决社区问题的比例较高。年龄越大、居住时间越长、已婚的居民认为社区管得好不好主要责任在于政府的比例越大；受教育程度越高的居民，认为社区管得好不好主要责任在社区居民的比例越大；家中有孩子的居民认为社区管得好不好主要责任在物业公司和居民自己的比例越大；16.4%的居民认为社区管得好不好，主要责任在于居民自己。

（二）熟人社区建设的影响因素

1. 社区社会资本对熟人社区建设的影响

（1）社区参与对熟人社区建设的影响

第一，在邻里熟识方面。居民的社区文化参与、社区政治参与、社区公共参与比例越高，认同"远亲不如近邻"的比例越高，邻里熟识的比例也越高。居民的社区参与不仅有助于邻里观念的形成，还促进了邻里熟识。

第二，在守望相助方面。居民的社区文化参与、社区政治参与、社区公共参与比例越高，居民的互助认知以及互助行为发生的比例越高。居民的社区参与不仅有助于促进互助认知，还推动了互助行为的发生。

第三，在社区认同方面。居民的社区文化参与、社区政治参与、社区公共参与比例越高，居民的社区归属感和社区自豪感越强。社区参与不仅有助于增强居民社区归属感，还有助于增强居民的社区自豪感。

第四，在社区自主自治方面。居民的社区文化参与、社区政治参与、社区公共参与比例越高，居民策划社区活动的意愿越强，参与解决社区问题意愿越强，实际参与解决社区问题的比例越大。居民社区政治参与的比例越高，选择本社区居民作为社区居委会主任的承担者的比例越高。社区参与有助于激发居民的自主性以及自治意识，推进社区自治。

（2）社区网络对熟人社区建设的影响

第一，在邻里熟识方面。社区网络状况越好，认同"远亲不如近邻"

的比例越高，邻里熟识的比例也越高。构建良好的社区网络，不仅有助于邻里观念的形成，还促进了邻里熟识。

第二，在守望相助方面。社区网络状况越好，居民的互助认知以及互助行为发生的比例越高。构建良好的社区网络，不仅有助于促进互助认知，还推动了互助行为的发生。

第三，在社区认同方面。社区网络状况越好，居民的社区归属感和社区自豪感越强。构建良好的社区网络，不仅有助于增强居民社区归属感，还有助于增强居民的社区自豪感。

第四，在社区自主自治方面。社区网络状况越好，居民策划社区活动的意愿越强，参与解决社区问题的意愿越强，实际参与解决社区问题的比例越大，以组织者身份参与活动的比例越高。构建良好的社区网络，有助于提升居民的自主性以及自治意识，推进社区自治。

（3）社区信任对熟人社区建设的影响

第一，在邻里熟识方面。社区信任状况越好，认同"远亲不如近邻"的比例越高，邻里熟识的比例也越高。

第二，在守望相助方面。社区信任状况越好，居民的互助认知以及互助行为发生的比例越高。

第三，在社区认同方面。社区信任状况越好，居民的社区归属感和社区自豪感越强。

第四，在社区自主自治方面。社区信任状况越好，居民策划社区活动的意愿越强，参与解决社区问题的意愿越强，实际参与解决社区问题的比例越高。

（4）社区规范对熟人社区建设的影响

第一，在邻里熟识方面。深圳居民赞同建立社区公约的比例越高，认同"远亲不如近邻"的比例越高，邻里熟识的比例也越高。建立社区公约，不仅有助于邻里观念的形成，还促进了邻里熟识。

第二，在守望相助方面。两个城市居民赞同建立社区公约的比例越高，居民的互助认知以及互助行为发生的比例越高。建立社区公约，不仅有助于促进互助认知，还推动了互助行为的发生。

第三，在社区认同方面。赞同建立社区公约的北京居民，社区归属感较强。社区公约的建立，增强了居民的社区归属感。

第四，在社区自主自治方面。赞同建立社区公约的北京居民，策划和组织社区活动的意愿越高。两个城市赞同建立社区公约的居民，参与解决社区问题的意愿以及实际参与的比例较低，认为社区居委会主任的承担者是本社区居民的比例较大。社区公约的建立，一方面，有助于激发居民的自主性以及自治意识；另一方面，超大城市社区居民可能更希望通过制定社区公约，规范和约束居民行为，所以实际参与解决社区问题的比例较低。

2. 社区服务对熟人社区建设的影响

第一，在邻里熟识方面。两地居民对议事委员会、社区社会组织满意度越高，邻里观念越强。北京居民对开发商满意度越高，邻里熟识度越高。深圳居民对议事委员会满意度越高，邻里熟识度越高。

第二，在守望相助方面。北京居民对开发商、业主委员会满意度越高，行动照顾类互助比例越高；对议事委员会满意度越高，物质支援类互助比例越高。深圳居民对社区居委会、议事委员会满意度越高，信息分享类互助比例较高。

第三，在社区认同方面。深圳居民对开发商、社区居委会、议事委员会满意度越高，社区归属感越强；对社区居委会满意度越高，社区自豪感越强。

第四，在社区自主自治方面。深圳居民对物业公司的满意度越高，越会以活动参与者、受邀参与者身份参加文娱活动；对社区组织满意度越高，选择社区居委会主任的承担者是本社区居民的比例越大。北京居民对开发商满意度越高，参与解决社区问题意愿越强；对物业公司、社区服务站满意度越高，选择居委会主任的承担者是本社区居民的比例越大；对议事委员会满意度越高，选择居委会主任的承担者是本社区居民和无所谓是谁的比例越大。

3. 社区安全对熟人社区建设的影响

第一，在邻里熟识方面。两个城市居民认为社区安全状况越好，认同"远亲不如近邻"的比例越高，邻里熟识的比例也越高。

第二，在守望相助方面。深圳居民认为社区安全状况越好，互助认知以及互助行为的比例越高，行动照顾类、信息分享类互助的比例越高。北京居民认为社区安全状况越好，行动照顾类互助的比例越低。

第三，在社区认同方面。两个城市居民对社区安全满意度越高，社区归属感和自豪感越强。

第四，在社区自主自治方面。两个城市居民对社区安全满意度越高，越会选择以活动参与者身份参与文娱活动，但参与解决社区问题的比例越低。深圳居民对社区安全状况的评估不同，策划文娱活动类型不同。

4. 社区环境对熟人社区建设的影响

第一，在邻里熟识方面。深圳居民对健康娱乐设施、社区公共空间满意度越高，赞同邻里观念的比例越高；对社区公共空间满意度越高，邻里熟识的比例越高。

第二，在守望相助方面。深圳居民对健康娱乐设施、社区公共空间满意度越高，邻里互助比例越高，尤其行动照顾类、信息分享类互助越多。北京居民对社区环境满意度越高，邻里互助比例越高。

第三，在社区认同方面。两地居民对社区环境满意度越高，社区归属感和自豪感越强。

第四，在社区自主自治方面。深圳居民对健康娱乐设施满意度越高，策划社区文娱活动的意愿越强。北京居民对健康娱乐设施满意度越高，以组织者身份参与文娱活动的比例越大，参与解决社区问题的比例越高。

（三）北京、深圳社区的个案研究以及行动研究

北京和深圳有各种不同类型的社区，不同类型社区的人口构成、所处区位、拥有资源、管理政策等迥异。为了呈现超大城市不同类型社区熟人社区建设的不同样态，本研究选择了北京市朝阳区"农转居"C 社区、海淀区混合型老旧 Y 社区以及深圳市坪山区"农转居"I 社区和罗湖区城中村 L 社区开展个案研究，研究发现，虽然城市以及社区类型不同，但都不同程度存在邻里关系疏离、居民缺乏社区参与的主动性、社区信任度不高、民主协商意识以及自治意识较弱等问题。为此，提出熟人社区建设的社会工作介入策略以及对策建议。力图为超大城市熟人社区建设的路径研究提供实证资料。

此外，选择北京市大兴区的商品房 S 社区、海淀区的单位型 Y 小区和朝阳区的传统老旧 A 社区，遵循计划、实施、反思、再行动步骤，开展了社会工作介入熟人社区建设的行动研究，力图为提出超大城市熟人社区的

建设路径奠定坚实的实践基础。

在大兴区商品房 S 社区，在前期需求评估的基础上，以"邻里节"项目为载体，运用地区发展模式，设计一系列"陌邻变睦邻 幸福邻里情"社区活动，提高社区社会资本存量。效果评估发现 S 社区在社区关系网络构建、社区规则形成、社区信任培育等方面均有所提升。可见，运用社区社会工作方法介入熟人社区建设具有一定的成效。

在海淀区单位型 Y 小区，以激发居民主体性为宗旨，在参与式治理理论的指导下，依据社区认同、骨干动员和能力提升的介入框架，开展"幸福花园营造项目"。社会工作者在开展项目的过程中扮演不同角色，运用社会工作的专业理念和方法促进居民的主体性参与。评估发现，居民的参与意愿、对社区的认同感和归属感有所增强，激发了居民的主体性。

朝阳区传统老旧 A 社区是课题组所在学校的校外实践基地。课题组与社区居委会合作开展了推动熟人社区建设的一系列活动。第一，依托朝阳区全要素小区建设，积极协助社区居委会进行空间打造、队伍建设、氛围营造工作；第二，与社区创享中心合作，组织"快乐亲子班""阳光助残暖心""青春伴银发"等项目，为居民搭建互动平台，密切亲子关系，增强社区凝聚力；第三，课题组开展"众享欢乐，你我同行""慢骑联欢，连接你我，共筑和谐"等社区活动，提高居民的社区参与度和社区责任感，创建互助合作的熟人社区氛围；第四，与社区居委会合作，课题组收集社区家庭良好家教家风案例，出版《家风》画册，助推了良好家风、和谐友爱社区氛围的形成。

（四）超大城市的熟人社区建设路径

本研究基于北京深圳熟人社区建设现状及影响因素的分析，对北京的"农转居"社区、混合型老旧社区以及深圳的"农转居"社区、城中村社区开展个案研究。在北京的商品房社区、"单位型"小区以及传统老旧社区，运用社区社会工作、小组社会工作等专业方法开展干预研究，进而提出超大城市熟人社区建设的路径是在多元主体协同治理的前提下，以社区社会资本培育为切入点，依托社区服务，重点激发与建设居民的主体性。

第一，多元主体协同是熟人社区建设的前提。

党的十九大报告阐述了多元主体共同参与社会治理的特征。社区治理被赋予了新的时代内涵和历史价值，成为当代中国推进国家治理和社会治理现代化的关键点和突破口。推动参与治理的主体结构从单一模式转变为多元主体模式被视为推进社区治理的重要抓手。为此，熟人社区建设的前提即多元主体协同。要理顺政府与社会的关系、充分发动社会力量参与、动员市场力量作为补充，搭建多元主体协商议事联动平台，激发社区各主体的自主意识和参与意识。

第二，激发社区参与是熟人社区建设的关键。

参与是社区发展与居民安居之间的联系桥梁，通过居民对社区公共事务管理和各项活动的直接参与，不仅整合了社区资源，还培育了居民的社区归属感和认同感。社区居民的参与是熟人社区建设的动力源泉。激发社区活力，解决社区问题，需要社区居民的积极参与。为此，要积极发现与培育社区骨干领袖，带动居民共同参与，将原本个体化的居民、碎片化的社区，凝聚黏合成一个共同体，形成社区合力，走出陌生人社区建设的困境。为保证社区居民广泛持续深入参与，推行社区协商议事制度，充分发扬基层民主。社区志愿者队伍是社区资源整合的载体，社区志愿服务是居民互助的最佳体现。以社区志愿者为"发力点"，延长社区志愿者队伍这条"连接线"，带动居民参与形成"互助面"，解决社区问题，改善社区关系，增强社区信任，提高社区认同，推动熟人社区建设。

第三，搭建社区网络是熟人社区建设的核心。

社区内部存在的各种关系资源对社区居民融合、熟人社区建设具有重要影响。社会组织是激发社区活力的重要载体。社会组织具有民间性、自愿性与公共性，在社会资源整合、利益关系协调、社会资本构建、公民参与能力培育等方面具有自身优势。为此，通过培育社区社会组织，调整社会治理体系结构，形成多元主体合作网络。社区公共空间的合理规划与建设是邻里熟识、社区认同重建以及社区关系网络强化的重要条件。人与人之间频繁的互动连接以及深层次的交往是培育关系网络的可行方法。通过开展社区服务，构建社区各主体的联结机制，形成相互信任的社区网络。

第四，提升社区信任是熟人社区建设的根基。

信任是社会资本的关键和本质性因素，是各种社会关系的黏合剂，决定社会成员的合作方式、范围和成本等。社区信任建立在社区关系网络之上，居民的社区归属感、社区熟识度、社区集体记忆等都对社区信任产生影响。社区信任基于居民之间的人际互动产生。在熟人社区建设中应首先强化社区的人际信任，通过交往建立关系网络，在网络中依据居民的兴趣爱好等形成组织，建立规范，经过不断互动促进社区信任的形成。情感是信任形成的基础，情感性信任是信任的重要形式。社区信任的形成，需重塑社区邻里情感。文化能够在不同社区居民之间形成共同的价值观和行为规范，从而实现从地域共同体向精神共同体的转变。为此，可将社区特色文化打造作为社区信任提升的内在主线，构建熟人社区的"文化生态圈"。

第五，形成社区规范是熟人社区建设的保障。

规范是被人们自觉遵守的行为准则，以期能够得到长期回报。作为重要社会资本的规范，既可以是朋友间的互惠互利规范，也可以是严格遵守的信条。社区规范能够健全各项制度，完善社区设施建设，增强社区功能，调动社区各方面的积极性，实现资源共享和社区自治。城乡社区治理需充分发挥自治章程、居民公约以及村规民约的作用，积极地弘扬公序良俗，推动社区的法治、德治以及自治的有机融合。为此，大力弘扬优秀传统文化，培育心口相传的城乡社区精神，将社会主义核心价值观融入社区公约，内化为城乡居民的道德情感，外化为服务社会的自觉行动。社区共同体本质指向公共精神，构建社区公共精神，涉及社区制度及规范的建设。社区居民所具有的主动因素与动力，需通过规则与制度设置有序释放。

第六，实现社区自治是熟人社区建设的主旨。

社区居民自治是基层群众自治的重要表现形式，推进居民自治是新时代社区治理面临的重大议题。国家把"扩大民主、居民自治"作为城市社区建设的基本原则，在社区建设中应确立以群众自治为核心的基层民主化的主导方向，提高居民自治水平是创新社区治理的重要基础。社区居民自治是一个多元行动者的关系网络，行动者的互动关系促成了新的自治空间的产生。多元主体复杂的社会互动关系蕴含着权力结构和秩序的演变。居民自治是一个综合的生态系统，是政府主体性、市场主体性和社会主体集体建构的结果。社区自治将居民放置在社区的主导地位。为此，发挥居民主体性是实现社区自治的关键。各主体要始终坚持"以居民为中心"的理念，以赋权为核心，以增能为目的，以激发居民的主体性为宗旨。社区服务的完善能够提高居民的生活质量，提升居民的满意感与获得感，应对居民需求多样化带来的挑战。为此，构建以社区服务为切入点，以居民主体性建设为重点、多机构合作的社区服务模式。提升社区居民既服务自己，又服务社区的意识与能力，进而塑造合作互助、尊老护幼、邻里和睦的美好生活环境，最终实现熟人社区建设的目标。

二　反思

（一）研究创新与项目贡献

1. 深化社区治理发展的研究视角

以往研究者更多关注城市和谐社区建设、社区治理等问题，并没有对超大城市的熟人社区建设展开专门研究。熟人社区建设是社区治理的难点所在，开展超大城市熟人社区建设研究是社区发展研究的进一步深化和拓展。

2. 拓展熟人社区建设的研究领域

目前，国内已经有学者对熟人社区与社会资本的关系问题进行了初步研究，但从可见文献看，目前关于社区社会资本与熟人社区的专门实证研究成果则还未见到。且目前的研究多停留在理论探讨，鲜有研究者真正走进社区，根据社区需求及问题，开展熟人社区的社会工作行动研究。因此，本研究不仅丰富了国内关于熟人社区的理论研究，还推进了这一领域的实务研究。

3. 实现社区福祉与学生能力双赢

在熟人社区的社会工作行动研究中，课题组邀请多名社会工作专业的研究生和本科生运用小组社会工作、社区社会工作等方法进行实务干预，既提升了社区福祉，又培养和锻炼了学生的研究与实务能力。

（二）研究不足与项目局限

1. 调查问卷的局限

问卷是本研究的主要收集资料的手段，为此，设计问卷是研究的关键点。虽然课题组对问卷多次修改，并与本领域专家学者开展过多次讨论，进行过试调查，问卷内容涵盖了要调查的所有问题，但在回收问卷、数据编码、数据录入以及统计分析中，发现调查问卷仍然存在不足，如有的维度指标较多，有的相对较少，分布不平衡等问题。

2. 调查对象的制约

本研究最初计划在北京和深圳各选取 4 个具有代表性的不同类型社区进行调查，实际在北京和深圳各调查了 4 个社区，北京调查的社区类型丰富，包括商品房社区、传统老旧社区、农转居社区、单位型社区等，但深圳的社区类型只涉及了商品房社区和"城中村"社区两种类型。当然，由于深圳是一个移民城市，商品房社区占绝大多数，但样本存在局限性，不能由样本推论总体，数据只能反映北京和深圳被调查社区的基本情况。

3. 行动研究的局限

社会工作介入熟人社区建设是一个过程。虽然社会工作介入的社区与课题组所在学校建立了较好的合作关系，但仍需社会工作专业的学生扎根社区，深入了解社区的实际情况与真实需求，与社区居民建立信任关系，与社区居委会、业主委员会、物业公司、社区组织等多方主体协商合作，才能显示出一定的成效。受课题组成员、学生的时间以及专业能力等的限制，再加上受新冠疫情的影响，课题组无法进入社区现场开展后续跟踪调查以及具体的实务操作和行动研究，这些都有待在后续研究中进一步完善与深化。

参考文献

阿兰·库隆，2000，《芝加哥学派》，郑文彬译，商务印书馆。

阿兰·佩雷菲特，2005，《信任社会》，邱海婴译，商务印书馆。

阿瑟·梅尔霍夫，2002，《社区设计》，谭新娇译，中国社会出版社。

埃莉诺·奥斯特罗姆、拉里·施罗德、苏珊·温，2000，《制度激励与可持续发展》，陈幽泓、谢明、任睿译，上海三联书店。

埃里希·弗罗姆，2007，《逃避自由》，刘林海译，国际文化出版公司。

埃里克·尤斯拉纳，2006，《信任的道德基础》，张敦敏译，中国社会科学出版社。

埃米尔·涂尔干，2000，《社会分工论》，渠东译，生活·读书·新知三联书店。

艾尔·巴比，2005，《社会研究方法》（第10版），邱泽奇译，华夏出版社。

艾米娅·利布里奇等，2008，《叙事研究：阅读、分析和诠释》，王红艳主译，重庆大学出版社。

安东尼·吉登斯，1998，《现代性与自我认同》，赵旭东、方文译，三联书店。

安东尼·吉登斯，2000a，《第三条道路：社会民主主义的复兴》，郑戈译，北京大学出版社。

安东尼·吉登斯，2000b，《现代性的后果》，田禾译，译林出版社。

安东尼·吉登斯，2004，《社会学》（第四版），赵旭东等译，北京大学出版社。

安国启、郭虹编，2010，《中国社区志愿者行动手册》，中国社会出版社。

巴伯，1989，《信任的逻辑与限度》，年斌、李红、范瑞平译，福建人民出版社。

北京市社会科学院等编，2001，《社区建设理论与实践》，北京出版社。

彼得·布劳，1991，《不平等与异质性》，王春光、谢圣赞译，中国社会科学出版社。

彼得·什托姆普卡，2005，《信任：一种社会学理论》，程胜利译，中华书局。

边燕杰，2004，《城市市民社会资本的来源及作用：网络观点与调查发现》，《中国社会科学》第3期。

卜长莉，2004，《布尔迪厄对社会资本理论的先驱性研究》，《学习与探索》第6期。

卜长莉，2005，《社会资本与社会和谐》，社会科学文献出版社。

布迪厄，1997，《文化资本与社会炼金术——布尔迪厄访谈录》，包亚明译，上海人民出版社。

C. 格鲁特尔特、T. 范·贝斯特纳尔编，2004，《社会资本在发展中的作用》，黄载曦、杜卓君、黄治康译，西南财经大学出版社。

蔡禾主编，2003，《城市社会学：理论与视野》，中山大学出版社。

蔡禾、贺霞旭，2014，《城市社区异质性与社区凝聚力——以社区邻里关系为研究对象》，《中山大学学报》（社会科学版）第2期。

曹荣湘编，2003，《走出囚徒困境：社会资本与制度分析》，上海三联书店。

陈春兰，2015，《沪东建设——从传统物业管理向社区服务运营商转型》，《软件产业与工程》第2期。

陈剩勇、徐珣，2013，《参与式治理：社会管理创新的一种可行性路径——基于杭州社区管理与服务创新经验的研究》，《浙江社会科学》第2期。

陈剩勇、赵光勇，2009，《"参与式治理"研究述评》，《教学与研究》第8期。

陈涛，1997，《社会发展与社区发展》，《社会学研究》第2期。

陈铁民，1999，《社会发展理论模式研究》，厦门大学出版社。

陈伟东，2004，《社区自治：自组织网络与制度设置》，中国社会科学出版社。

陈伟东、陈艾，2017，《居民主体性的培育：社区治理的方向与路径》，

《社会主义研究》第 4 期。

陈伟东、舒晓虎，2010，《社区空间再造：政府、市场、社会的三维推力——以武汉市 J 社区和 D 社区的空间再造过程为分析对象》，《江汉论坛》第 10 期。

陈向明，2000，《质的研究方法与社会科学研究》，教育科学出版社。

陈向明，2008a，《质性研究的新发展及其对社会科学研究的意义》，《教育研究与实验》第 2 期。

陈向明，2008b，《从"范式"的视角看质的研究之定位》，《教育研究》第 5 期。

陈秀平，1995，《开展社区服务必须大力倡导邻里互助》，《社会工作》第 5 期。

陈雅丽，2006，《城市社区发展与社会资本重建》，《广东青年干部学院学报》第 11 期。

陈宇秦，2006，《社会资本理论研究的局限及应注意的问题》，《重庆工商大学学报》第 3 期。

陈振华，2004，《利益、认同与制度供给：居民社区参与的影响因素研究》，硕士学位论文，清华大学。

仇晶，2006，《城市社区居民邻里互动的实证研究》，硕士学位论文，中南大学。

崔月琴、胡那苏图，2020，《基层社区协同治理机制的借鉴与思考——基于日本丰田市社会调研的分析》，《学习与探索》第 6 期。

崔月琴、王嘉渊、袁泉，2015，《社会治理创新背景下社会组织的资源困局》，《学术研究》第 11 期。

戴建中，2007，《你要哪种社会资本》，《光彩》第 9 期。

戴维·A. 哈德凯瑟，2018，《社区工作理论与实务》，晏凤鸣、夏建中译，中国人民大学出版社。

戴维·波普诺，1999，《社会学》，李强等译，中国人民大学出版社。

戴维·波普诺，2007，《社会学》（第十版），李强等译，中国人民大学出版社。

戴维·霍瑟萨尔，2011，《心理学史》（第 4 版），郭本禹等译，人民邮电出版社。

单菁菁，2005，《社区情感与社区建设》，社会科学文献出版社。

丁东红，2006，《社会资本的启示》，《学习时报》2 月 12 日。

董树梅，2014a，《行动研究是研究方法吗——基于方法论视角的思考》，《教育理论与实践》第 1 期。

董树梅，2014b，《主动，行动研究之魂——对行动研究本质的思考》，《天津师范大学学报》（基础教育版）第 2 期。

杜赞奇，1996，《文化、权力与国家——1990—1942 年的华北农村》，王福明译，江苏人民出版社。

西美尔，2002，《货币哲学》，陈戎女等译，华夏出版社。

方晴，2013，《论社会资本视角下的城市社区管理》，《江西行政学院学报》第 4 期。

方然，2014，《"社会资本"的中国本土化测量研究》，社会科学文献出版社。

方亚琴，2015，《网络、认同与规范：社区信任的形成机制——以三个不同类型的社区为例》，《学术论坛》第 3 期。

方亚琴、夏建中，2014，《城市社区社会资本测量》，《城市问题》第 4 期。

斐迪南·滕尼斯，2010，《共同体与社会：纯粹社会学的基本概念》，林荣远译，北京大学出版社。

费孝通，1998，《乡土中国 生育制度》，北京大学出版社。

费孝通，2000，《江村农民生活及其变迁》，敦煌文艺出版社。

费孝通，2001，《中国现代化：对城市社区建设的再思考》，《江苏社会科学》第 1 期。

费孝通，2002，《居民自治：中国城市社区建设的新目标》，《江海学刊》第 3 期。

费孝通，2009，《乡土重建〈费孝通全集第五卷（1947）〉》，内蒙古人民出版社。

费孝通，2011，《乡土中国》，北京出版社。

风笑天，2009，《社会学研究方法》（第三版），中国人民大学出版社。

风笑天，2014，《社会研究方法》，中国石化出版社。

冯敏良，2014，《"社区参与"的内生逻辑与现实路径——基于参与—回报理论的分析》，《社区科学期刊》第 1 期。

冯晓英，2008，《当代北京流动人口管理制度变迁研究》，北京出版社。

弗朗西斯·福山，2001，《信任——社会美德与创造经济繁荣》，彭志华译，海南出版社。

弗朗西斯·福山，2011，《社会资本与公民社会》，社会科学文献出版社。

弗雷德·E. 弗尔德瓦里，2007，《公共物品与私人社区——社会服务的市场供给》，郑秉文译，经济管理出版社。

弗兰西斯·福山，1998，《信任：社会道德与繁荣的创造》，李宛容译，远方出版社。

甘炳光等，1994，《社区工作：理论与实践》，香港中文大学出版社。

高红，2018，《小区居民自治的集体行动逻辑及其适应性分析——以青岛市镇泰花园小区为例》，《行政论坛》第 4 期。

高鉴国，2006，《社区的理论概念与研究视角》，《学习与实践》第 10 期。

高瑞、李存祥，2015，《浅析构建熟人社区建设在社区管理模式的运用》，《赤子》（上中旬）第 15 期。

高连克，2005，《论科尔曼的社会资本理论》，《北华大学学报》（社会科学版）第 2 期。

高宣扬，2004，《布迪厄的社会理论》，同济大学出版社。

格拉夫梅耶尔，2005，《城市社会学》，徐伟民译，天津人民出版社。

格里·斯托克，2006，《新地方主义、参与及网络化社区治理》，游祥斌译，《国家行政学院学报》第 3 期。

葛天任、薛兰，2015，《社会风险与基层社区治理：问题、理念与对策》，《社会治理》第 4 期。

龚长宇、郑杭生，2011，《陌生人社会秩序的价值基础》，《科学社会主义》第 1 期。

顾朝林，2002，《城市社会学》，东南大学出版社。

桂勇、黄荣贵，2006，《城市社区：共同体还是"互不相关的邻里"》，《华中师范大学学报》（人文社会科学版）第 6 期。

桂勇、黄荣贵，2008，《社区社会资本测量：一项基于经验数据的研究》，《社会学研究》第 3 期。

郭安，2011，《关于社区服务的涵义、功能和现有问题及对策》，《中国劳动关系学院学报》第 2 期。

郭琦，2010，《"熟人社会"和"陌生人社会"的信任秩序——由西方社会信任的模式反观中国之信任现状》，《思想政治工作研究》第 5 期。

郭志刚，1999，《社会统计分析方法——SPSS 软件应用》，中国人民大学出版社。

韩瑞波，2020，《政策试点与村民自治的有效实现形式》，《理论与改革》第 3 期。

郝彦辉、刘威，2006，《城市基层社区社会资本：伦理型塑与转型重建》，《重庆社会科学》第 6 期。

何佳艳，2018，《老旧小区变身全要素小区》，《投资北京》第 9 期。

何绍辉，2017，《陌生人社区：整合与治理》，社会科学文献出版社。

何艳玲、蔡禾，2005，《中国城市基层自治组织的"内卷化"及其成因》，《中山大学学报》（社会科学版）第 5 期。

贺寨平，2001，《国外社会支持网研究综述》，《国外社会科学》第 1 期。

胡那苏图，2020，《我国社区治理"碎片化"整合机制探析》，《行政与法》第 3 期。

胡倩、袁静，2013，《从熟人社会到陌生人社会：信任模式的变迁》，《华中师范大学研究生学报》第 1 期。

胡荣，2006，《社会资本与中国农村居民的地域性自主参与——影响村民在村级选举中参与的各因素分析》，《社会学研究》第 2 期。

胡荣，2008，《社会资本与城市居民的政治参与》，《社会学研究》第 5 期。

胡荣，2013，《中国农村居民的红白喜事网及其影响因素研究》，《社会学评论》第 3 期。

胡荣、李静雅，2006，《城市居民信任的构成及影响因素》，《社会》第 6 期。

胡燕、李燕梅、史文锐，2019，《全要素小区建设的持续优化策略——以北京市朝阳区为例》，《山西经济管理干部学院学报》第 2 期。

华伟，2000，《单位制向社区制的回归——中国城市基层管理体制 50 年变迁》，《战略与管理》第 1 期。

怀特，2005，《街角社会：一个意大利人贫民区的社会结构》，黄育馥译，商务印书馆。

奂平清，2010，《社会资本与乡村社区发展》，中国社会出版社。

黄立敏，2013，《社会资本视阈下的"村改居"社区治理研究》，武汉大学出版社。

黄平、王晓毅主编，2011，《公共性的重建：社区建设的实践与思考》（上），社会科学文献出版社。

黄荣贵、桂勇，2009，《互联网与业主集体抗争：一项基于定性比较分析方法的研究》，《社会学研究》第 5 期。

黄文新、沈晓辉，2012，《参与式治理与城市社区社会资本的培育——以惠州市惠城区桥西街道麦地社区为例》，《山西高等学校社会科学学报》第 10 期。

纪天田、苏立宁，2015，《我国社区志愿队伍建设中的问题及对策研究》，《安徽行政学院学报》第 6 期。

贾春增主编，2000，《外国社会学史》（修订本），中国人民大学出版社。

简·雅各布斯，2005，《美国大城市的死与生》，金衡山译，译林出版社。

简·雅各布斯，2006，《美国大城市的死与生：纪念版》（第 2 版），金衡山译，译林出版社。

姜力波，2019，《社区治理居民参与不足的社会工作干预——基于赋权理论的分析视野》，《智库时代》第 51 期。

姜振华，2007，《社区参与与城市社区社会资本的培育——以北京市三个社区老年人的社区参与为例》，博士学位论文，中国人民大学。

姜振华，2008，《社区参与与城市社区社会资本培育》，中国社会科学出版社。

姜中华，2009，《浅谈第三部门在社区社会资本培育中的贡献》，《经济论丛》第 10 期。

蒋楠，1987，《"行动研究"简介》，《外国教育动态》第 1 期。

焦玉良，2015，《熟人社会、生人社会及其市场交易秩序——与刘少杰教授商榷》，《社会学评论》第 3 期。

杰弗里·亚历山大，2000，《社会学二十讲》，贾春增等译，华夏出版社。

靳枫，2004，《老工业基地的城市社区组织模式探讨——以沈阳市 H 社区为例》，《社会科学辑刊》第 2 期。

凯文·林奇，2001，《城市意象》，方益萍、何晓军译，华夏出版社。

康少邦、张宁等编译，1986，《城市社会学》，浙江人民出版社。

科塞，2004，《理念人：一项社会学的考察》，郭方等译，中央编译出版社。

科塞，2007，《社会思想名家》，石人译，上海人民出版社。

雷洁琼主编，2001，《转型中的城市基层社区组织——北京市基层社区组织与社区发展研究》，北京大学出版社。

黎熙元、童晓频，2005，《中国城市社区建设的可持续性与社会资本的重构——以广州市逢源街安老服务为例》，《中山大学学报》（社会科学版）第3期。

李东泉，2013，《中国社区发展历程的回顾与展望》，《中国行政管理》第5期。

李芬，2004，《城市居民邻里关系的现状与影响因素研究》，硕士学位论文，华中科技大学。

李桂芝，2002，《浅谈"行动研究法"》，《北京青年政治学院学报》第2期。

李惠斌、杨雪冬主编，2000，《社会资本与社会发展》，社会科学文献出版社。

李洁瑾、黄荣贵、冯艾，2007，《城市社区异质性与邻里社会资本研究》，《复旦学报》（社会科学版）第5期。

李景峰、李金宝，2004，《中国社区发展的历史、现状及问题探析》，《长春理工大学学报》（社会科学版）第4期。

李宽，2016，《城市社区共同体的生成机理：从陌生人到熟人》，《重庆社会科学》第5期。

李黎明、王惠，2016，《社会资本、制度供给与居民社区参与》，《西安交通大学学报》（社会科学版）第6期。

李敏、梁瑜欣，2020a，《"六方联动"自治模式的治理绩效、现实困境与发展路径——基于深圳坪山D小区的实证研究》，《黑龙江教师发展学院学报》第2期。

李敏、梁瑜欣，2020b，《多民族社区人际信任构建——蒙汉杂居C社区向互嵌型发展研究》，《社会工作与社会管理》第6期。

李敏、刘乐璇、董睿姝，2020，《社区参与何以可能——城市社区共同体构建研究》，《黑龙江教师发展学院学报》第5期。

李明欢，2002，《群体效应、社会资本与跨国网络——"欧华联会"的运作与功能》，《社会学研究》第 2 期。

李强主编，2004，《应用社会学》（第二版），中国人民大学出版社。

李强，2016，《创新社会治理需要激发社会活力》，《人民日报》2 月 2 日。

李强等，2017，《协商自治社区治理：学者参与社区实验的案例》，社会科学文献出版社。

李强、黄旭宏，2011，《被动社会如何变为能动社会》，《人民论坛》第 10 期。

李强、杨艳文，2016，《"十二五"期间我国社会发展、社会建设与社会学研究的创新之路》，《社会学研究》第 2 期。

李伟民、梁玉成，2002，《特殊信任与普遍信任：中国人信任的结构与特征》，《社会学研究》第 3 期。

李小云、齐顾波、徐秀丽，2008，《行动研究：一种新的研究范式?》，《中国农村观察》第 1 期。

李秀玫、黄荣贵、桂勇，2014，《城市居民的休闲活动与个人集体行动倾向——基于 CGSS 2006 数据的分析》，《社会学评论》第 3 期。

李雪萍，2009，《论城市社区公共产品的准市场机制供给》，《华中师范大学学报》（人文社会科学版）第 3 期。

李迎生，2009，《对中国城市社区服务发展方向的思考》，《河北学刊》第 1 期。

李友梅，2007，《社区治理：公民社会的微观基础》，《社会》第 2 期。

李玉华，2009，《西方社区发展进程、理论模式及其启示》，《天中学刊》第 1 期。

李彧钦，2010，《信任对社区发展的促进作用研究》，硕士学位论文，济南大学。

李煜，2001，《文化资本、文化多样性与社会网络资本》，《社会学研究》第 4 期。

李治欣、徐静珍，2014，《社区安全影响因素分析》，《理论与改革》第 6 期。

梁克，2002，《社会关系多样化实现的创造性空间——对信任问题的社会学思考》，《社会学研究》第 3 期。

梁莹，2011，《社会资本与公民文化的成长》，中国社会科学出版社。

林聚任等，2007，《社会信任和社会资本重建》，山东人民出版社。

林聚任、李翠霞，2005，《山东农村社会资本状况调查》，《开放时代》第
　　4 期。

林南，2005，《社会资本：关于社会结构与行动的理论》，张磊译，上海人
　　民出版社。

刘春莲，2012，《社工义工联动对社区邻里互助的介入》，硕士学位论文，
　　华中科技大学。

刘春荣，2007，《国家介入与邻里社会资本的生成》，《社会学研究》第
　　2 期。

刘建娥，2011，《欧盟社区发展模式及对我国的启示》，《思想战线》第
　　4 期。

刘建军、王维斌，2018，《"社区中国"：原理、地位与目标》，《城乡规
　　划》第 3 期。

刘军，2004a，《社会网络分析导论》，社会科学文献出版社。

刘军，2004b，《社会网络模型研究论析》，《社会学研究》第 1 期。

刘莉，2015，《社会资本、社区文化与城市社区发展》，《江汉大学学报》
　　（社会科学版）第 10 期。

刘练军，2013，《"熟人社会"到"陌生人社会"的信任转型》，《课堂内
　　外》（高中版）第 4 期。

刘林平，2006，《企业的社会资本：概念反思和测量途径——兼评边燕杰、
　　丘海雄的〈企业的社会资本及其功效〉》，《社会学研究》第 2 期。

刘敏、奂平清，2003，《论社会资本理论研究的拓展及问题》，《甘肃社会
　　科学》第 5 期。

刘少杰，2009，《新形势下中国城市社区建设的边缘化问题》，《甘肃社会
　　科学》第 1 期。

刘少杰，2014，《中国市场交易秩序的社会基础——兼评中国社会是陌生
　　社会还是熟悉社会》，《社会学评论》第 2 期。

刘少杰主编，2006，《国外社会学理论》，高等教育出版社。

刘伟、翁俊芳，2021，《半嵌入性互动治理的形成逻辑与主要类型——以
　　H 街道四个社区的业委会与物业管理运作为例》，《理论与改革》第

1 期。

刘岩、刘威，2008，《从"公民参与"到"群众参与"》，《浙江社会科学》第 1 期。

刘雨菡，2014，《中国台湾地区社区总体营造及其借鉴》，《规划师》第 S5 期。

刘远、司汉武，2015，《社会工作介入社区营造的途径与措施——以张家港市 H 社区为例》，《商》第 46 期。

柳拯、柳浪编译，2002，《当代国际社会工作》，中国社会出版社。

娄成武、张平，2014，《计划行为理论视角下的中国城市居民社区自治行为影响因素探析——基于全国 20 个城市的调查数据》，《大连理工大学学报》（社会科学版）第 2 期。

卢曼，2003，《熟悉、信赖、信任：问题与替代选择》，载郑也夫编《信任：合作关系的建立与破坏》，中国城市出版社。

卢学晖，2015，《中国城市社区自治：政府主导的基层社会整合模式——基于国家自主性理论的视角》，《社会主义研究》第 3 期。

卢燕平，2007，《社会资本的来源及测量》，《求索》第 5 期。

吕敏，2015，《论社会资本对城市社区治理现代化的意义——基于宁波市北仑区调查分析的对策建议》，《党政视野》第 9 期。

罗家德，2005，《社会网分析讲义》，社会科学文献出版社。

罗家德、方震平，2014，《社区社会资本的衡量——一个引入社会网观点的衡量方法》，《江苏社会科学》第 2 期。

罗家德、梁肖月，2017，《社区营造的理论、流程与案例》，社会科学文献出版社。

罗家德、赵延东，2005，《社会资本的层次及其测量方法》，载李培林、覃方明主编《社会学：理论与经验》，社会科学文献出版社。

罗力群，2007，《对美欧学者关于邻里效应的研究述评》，《社会》第 4 期。

罗昕颖，2020，《社会工作介入城市居民参与社区治理的研究》，《延边党校学报》第 2 期。

马尔特·尼森，2014，《社会企业的岔路选择：市场、公共政策与市民社会》，伍巧芳译，法律出版社。

马西恒、刘中起主编，2011，《都市社区治理》，学林出版社。

马克斯·韦伯，1995，《儒教与道教》，王荣芬译，商务印书馆。

马克斯·韦伯，2005（2007年重印），《社会学的基本概念》，胡景北译，上海人民出版社。

马少红，2003，《都市社区发展和社区文化建设》，《吉林师范大学学报》（人文社会科学版）第6期。

马斯洛、许金声，1987，《动机与人格》，华夏出版社。

马文静、布仁吉日嘎拉，2012，《社会资本理论视阈下的社区发展问题思考》，《前沿》第9期。

马晓燕，2007，《望京"韩国城"韩国创业者的经济适应研究》，博士学位论文，中国人民大学。

曼纽尔·卡斯特，2003a，《认同的力量》，夏铸九、黄丽玲等译，社会科学文献出版社。

曼纽尔·卡斯特，2003b，《网络社会的崛起》（第2版），夏铸九等译，社会科学文献出版社。

米尔斯，2005，《社会学的想象力》（第2版），陈强、张永强译，生活·读书·新知三联书店。

苗贵安，2009，《从群体性突发事件看我国公民有序政治参与的路径选择》，《中共南京市委党校学报》第3期。

穆阳、肖传龙、张郑武文，2019，《居民参与社区治理的现实困境及优化路径》，《管理观察》第26期。

牛喜霞，2004，《社会资本及其本土化研究的几点思考》，《上海大学学报》（社会科学版）第6期。

牛喜霞、邱靖，2014，《社会资本及其测量的研究综述》，《理论与现代化》第3期。

帕克等，2012，《城市社会学——芝加哥学派城市研究》，宋俊岭等译，商务印书馆。

帕萨·达斯古普特、伊斯梅尔·撒拉格尔丁编，2005，《社会资本——一个多角度的观点》，张慧东等译，中国人民大学出版社。

帕特里克·贝尔特，2005，《二十世纪的社会理论》，瞿铁鹏译，上海译文出版社。

帕特南，2014，《流动中的民主政体：当代社会中社会资本的演变》，社会科学文献出版社。

潘允康、关颖，1996，《社区归属感与社区满意度》，《社会学研究》第3期。

潘泽泉，2009，《参与与赋权：基于草根行动与权力基础的社区发展》，《理论与改革》第4期。

彭希哲、徐建，2011，《上海社区安全调查报告》，《科学发展》第7期。

皮埃尔·布迪厄、华康德，2004，《实践与反思》，李猛、李康译，邓正来校，中央编译出版社。

皮艺军主编，2004，《越轨社会学概论》，中国政法大学出版社。

普特南，2001，《使民主运转起来》，王列、赖海榕译，江西人民出版社。

普特南，2015，《使民主运转起来》，王列、赖海榕译，中国人民大学出版社。

齐尔格特·鲍曼，2002，《通过社会学去思考》，高华、吕东、徐庆等译，社会科学文献出版社。

齐美尔，1991，《桥与门——齐美尔随笔集》，涯鸿、宇声译，上海三联书店。

齐鸣，2008，《电机新村"邻里互助卡"让近邻心更近》，《哈尔滨日报》3月1日，第3版。

钱坤，2021，《空间重构：老旧小区社区营造的治理逻辑》，《长白学刊》第3期。

乔纳森·特纳，2001，《社会学理论的结构》（上、下，第6版），华夏出版社。

丘海雄，1989，《社区归属感——香港与广州的个案研究》，《中山大学学报》第2期。

邱国良，2014，《多元与权威：农村社区转型与居民信任》，《国家行政学院学报》第6期。

阮清方、丁侃、黄健，2014，《社区依法治理的"南山样本"》，《南方日报》12月24日，第3版。

芮光晔，2019，《基于行动者的社区参与式规划"转译"模式探讨——以广州市泮塘五约微改造为例》，《城市规划》第12期。

S. 凯米斯，1994，《行动研究法》（下），张先怡译，《教育科学研究》第

5 期。

桑德斯，1982，《社区论》，台北：黎明文化事业股份有限公司。

石发勇，2010，《业主委员会、准派系政治与基层治理——以一个上海街区为例》，《社会学研究》第 3 期。

宋丽娜，2014，《熟人社会是如何可能的：乡土社会的人情与人情秩序》，社科文献出版社。

宋林飞主编，2002，《社区社会工作》，社会科学文献出版社。

隋广军、盖翊中，2002，《城市社区社会资本及其测量》，《学术研究》第 7 期。

孙柏瑛、游祥斌、彭磊，2001，《社区民主参与：任重道远》，《国家行政学院学报》第 2 期。

孙立平，2000，《过程–事件分析与当代中国国家——农民关系的实践形态》，《清华社会学评论特辑》，鹭江出版社。

孙立平，2001，《社区、社会资本与社区发育》，《学海》第 4 期。

孙立平，2004，《失衡：断裂社会的运作逻辑》，社会科学文献出版社。

孙逊、杨剑龙主编，2007，《阅读城市：作为一种生活方式的都市生活》，上海三联书店。

谭祖雪、张江龙，2014，《赋权与增能：推进城市社区参与的重要路径——以成都市社区建设为例》，《西南民族大学学报》（人文社会科学版）第 6 期。

汤雅茹、朱爱，2017，《生态治理中"熟人社区"转型的必要性》，《时代金融》第 9 期。

唐娟，2010，《深圳特区三十年：政府主导与多样性的社区治理形态》，《现代物业》第 10 期。

唐有财、王天夫，2017，《社区认同、骨干动员和组织赋权：社区参与式治理的实现路径》，《中国行政管理》第 2 期。

唐忠新，2003，《社区服务思路与方法》，机械工业出版社。

唐忠新，2008，《现代城市社区建设概论》，上海交通大学出版社。

陶富源，2003，《论主体及主体性》，《安徽师范大学学报》（人文社会科学版）第 5 期。

陶文中，1997，《行动研究法的理念》，《教育科学研究》第 6 期。

田凯，2001，《科尔曼的社会资本理论及其局限》，《社会科学研究》第1期。

田毅鹏，2012，《转型期中国城市社会管理之痛——以社会原子化为分析视角》，《探索与争鸣》第12期。

田毅鹏，2015，《后单位时期社会的原子化动向及其对基层协商的影响》，《南京社会科学》第6期。

田玉麒，2019，《破与立：协同治理机制的整合与重构——评 Collaborative Governance Regimes》，《公共管理评论》第2期。

童士清，1999，《社会信任结构论》，《财经科学》第4期。

托马斯·海贝勒，2005，《中国的社会政治参与：以社区为例》，《马克思主义与现实》第3期。

汪大海、魏娜、郇建立，2005，《社区管理》，中国人民大学出版社。

汪汇、陈钊、陆铭，2009，《户籍、社会分割与信任——来自上海的经验研究》，《世界经济》第10期。

王春光，2013，《个体化背景下社会建设的可能性问题研究》，《人文杂志》第11期。

王存荣，2010，《审视"行动研究"》，《当代教育科学》第5期。

王冬梅，2013，《从小区到社区——社区"精神共同体"的意义重塑》，《学术月刊》第7期。

王斐，2009，《关于新型社区社会资本缺失及建构的研究——基于常州市的调查》，硕士学位论文，南京理工大学。

王德福，2013，《论熟人社会的交往逻辑》，《云南师范大学学报》（哲学社会科学版）第3期。

王刚、汪丽萍，1998，《社区参与简论》，《城市研究》第5期。

王建军、叶金莲，2006，《社区基金会：地位与前景——对一个类社区基金会的个案研究》，《华中师范大学学报》（人文社会科学版）第6期。

王杰秀、何立军，2015，《社区治理创新的"武汉经验"——武汉市社区治理创新调研报告》，《中国民政》第1期。

王敬尧，2006，《参与式治理：中国社区建设实证研究》，中国社会科学出版社。

王名，2013，《社会组织论纲》，社会科学文献出版社。

王鹏杰，2015，《发展社区社会组织促进居民参与社区治理》，《人力资源管理》第 4 期。

王秋花，2017，《社区组织参与城市社区治理的实践与思考——基于惠州市 H 区的调查》，《惠州学院学报》第 1 期。

王若珺，2009，《试论社区警务中社会资本的创建和运用——以熟人社区为视角的研究》，《公安研究》第 11 期。

王绍光、刘欣，2002，《信任的基础：一种理性的解释》，《社会学研究》第 3 期。

王思斌，2000，《体制改革中的城市社区建设的理论分析》，《北京大学学报》（哲学社会科学版）第 5 期。

王思斌主编，2011，《社会工作导论》，北京大学出版社。

王思斌主编，2016，《社会工作硕士专业学位研究生教学案例集》，北京大学出版社。

王卫东，2006，《中国城市居民的社会网络资本与个人资本》，《社会学研究》第 3 期。

王颖，2005，《城市社会学》，上海三联书店。

王永益，2013，《社区公共精神培育与社区和谐善治：基于社会资本的视角》，《学海》第 4 期。

王珍宝，2003，《当前我国城市社区参与研究述评》，《社会》第 9 期。

王志立，2019，《城市社区治理中的公民参与问题探究》，《经济研究导刊》第 23 期。

文军，1997，《社区发展论略》，《中国社会工作》第 5 期。

吴帆、吴佩伦，2018，《社会工作中的"赋权陷阱"：识别与行动策略》，《华东理工大学学报》（社会科学版）第 5 期。

吴光芸、杨龙，2006，《社会资本视角下的社区治理》，《城市发展研究》第 13 期。

吴海燕，2001，《重构与治理：基于"多中心"的中国城市社区研究》，中央文学出版社。

吴明儒，2003，《从社会资本理论探讨台湾福利社区化之困境》，《非营利组织管理学刊》第 2 期。

吴莹，2015，《社区何以可能：芳雅家园的邻里生活》，中国社会科学出版社。

吴志华等，2008，《大都市社区治理研究：以上海为例》，复旦大学出
　　版社。

吴重庆，2014，《无主体熟人社会及社会重建》，社科文献出版社。

伍先江，2009，《城市社区安全评估指标体系的构建——以北京市为例》，
　　《中国人民公安大学学报》（社会科学版）第 4 期。

夏建中，2000a，《现代西方城市社区研究的主要理论与方法》，《燕山大学
　　学报》（哲学社会科学版）第 2 期。

夏建中，2000b，《当代中国城市社区的组织与服务》，《新华文摘》第
　　11 期。

夏建中，2007，《社会为中心的社会资本理论及其测量》，《教学与研究》
　　第 9 期。

夏建中主编，2015，《社区工作》（第三版），中国人民大学出版社。

夏学銮，2003，《中国社区发展的战略与策略》，《唯实》第 10 期。

相秀丽，2000，《现代化：从熟人社会到生人社会》，《长春市委党校学报》
　　第 10 期。

向德平等，2020，《社区善治——桂城街道创建"熟人社区"的实践》，华
　　中科技大学出版社。

向德平、华讯子，2019，《中国社区建设的历程、演进与展望》，《中共中
　　央党校学报》第 3 期。

向秋红，2010，《城市居民参与社区服务的意向与行为——以长沙市 Z 社
　　区为例》，硕士学位论文，中南大学。

项飚，2010，《普通人的"国家理论"》，《开放时代》第 10 期。

肖林，2012，《现代城市社区的双重二元性及其发展的中国路径》，《南京
　　社会科学》第 9 期。

肖林，2020，《迈向社区公共财政？——城市社区服务专项资金政策分
　　析》，《社会发展研究》第 4 期。

肖林、陈孟萍，2021，《"新清河实验"与社会学干预的中介效应——基于
　　"双轨政治"的思考》，《社会学评论》第 5 期。

谢俊贵，2012，《生人社会的来临与社会建设的策略》，《思想战线》第
　　2 期。

熊易寒，2008，《社区选举：在政治冷漠与高投票率之间》，《社会》第
　　3期。

熊易寒，2012，《从业主福利到公民权利——一个中产阶层移民社区的政
　　治参与》，《社会学研究》第6期。

徐善登，2009，《社区公民参与特殊性之内外审视：基于治理视阈》，《云
　　南社会科学》第4期。

徐选国、徐永祥，2016，《基层社会治理中的"三社联动"：内涵、机制及
　　其实践逻辑——基于深圳市H社区的探索》，《社会科学》第7期。

徐延辉、兰林火，2014，《社区能力、社区效能感与城市居民的幸福
　　感——社区社会工作介入的可能路径研究》，《吉林大学社会科学学
　　报》第6期。

徐永祥，2000，《试论我国社区社会工作的职业化与专业化》，《华东理工
　　大学学报》（社会科学版）第4期。

徐永祥，2008，《社会的再组织化：现阶段社会管理与社会服务的重要课
　　题》，《教学与研究》第1期。

徐永祥主编，2001，《社区发展论》，华东理工大学出版社。

徐永祥主编，2004，《社区工作》，高等教育出版社。

许宝君，2021，《我国城市社区居民自治单元重构——兼对"自治单元下
　　沉"论的反思》，《东南学术》第1期。

许娟，2010，《新熟人社会的确证及其对和谐社会的价值——一种基于理
　　想类型的分析》，《贵州社会科学》第1期。

亚历克斯·英克尔斯，1981，《社会学是什么》，中国社会科学出版社。

亚历山德罗·波茨、帕特里夏·兰多特，2000，《社会资本的下降》，李惠
　　斌译，载李惠斌、杨雪冬主编《社会资本与社会发展》，社会科学文
　　献出版社。

颜晓峰，2004，《信任：一种社会资本》，《重庆社会科学》第2期。

燕继荣，2006，《投资社会资本：政治发展的一种新维度》，北京大学出
　　版社。

杨浩勃，2016，《城镇化建设中的社区治理：深圳宝安区的经验》，《中国
　　行政管理》第3期。

杨静，2017，《朝向人性化改变的理论——〈受压迫者教育学〉的解读及

对社会工作的启示》，《中国农业大学学报》（社会科学版）第 3 期。

杨敏，2005，《公民参与、群众参与与社区参与》，《社会》第 5 期。

杨荣，2003，《论我国城市社区参与》，《探索》第 1 期。

杨荣，2004，《社会资本的缺失与重建——以中国城市社区发展为视角》，《山东科技大学学报》（社会科学版）第 3 期。

杨涛，2015，《自发性体育组织参与对城市居民社区信任的影响——基于乌鲁木齐市的调查》，《吉林体育学院学报》第 4 期。

杨晓寅，2014，《城市社区社会资本研究》，硕士学位论文，华北电力大学。

杨雪，2014，《老年人、社区社会资本与新型社区建设：基于 9 城市 W 物业小区的调查》，《社会科学辑刊》第 6 期。

杨雪冬，1999，《社会资本：对一种新解释范式的探索》，《马克思主义与现实》第 3 期。

杨宜音、张曙光，2012，《在"生人社会"中建立"熟人关系"——对大学"同乡会"的社会心理学分析》，《社会》第 6 期。

叶继红，2012，《城市新移民社区参与的影响因素与推进策略——基于城郊农民集中居住区的问卷调查》，《中州学刊》第 1 期。

易婧，2016，《个体行为视角下社区信任对社区养老服务选择意愿的影响研究》，《重庆大学学报》（社会科学版）第 4 期。

殷妙仲，2015，《以社区为本的互助机制：加拿大邻舍中心及其对中国社区建设的启示》，《社会科学》第 1 期。

殷德生，2001，《社会资本与经济发展：一个理论综述》，《南京社会科学》第 7 期。

尹保山，2011，《创建熟人社区 化解社会冷漠》，《佛山日报》10 月 24 日，第 A06 版。

于燕燕，2000，《非营利组织与社区发展》，《现代城市研究》第 1 期。

余新蕾、朱海伦，2017，《嘉兴市城市社区信任现状及对策研究》，《农村经济与科技》第 2 期。

俞惠丽，2016，《社区社会组织参与社区治理研究》，硕士学位论文，华东政法大学。

俞可平主编，2000，《治理与善治》，社会科学文献出版社。

袁方主编，2001，《社会研究方法教程》，北京大学出版社。

袁振龙，2007，《社会资本与社会安全——关于北京城乡结合部地区增进社会资本促进社会安全的研究》，《兰州学刊》第 10 期。

瑞泽尔，2003，《后现代社会理论》，谢立中译，华夏出版社。

曾鹏，2008，《社区网络与集体行动》，社会科学文献出版社。

曾兴，2013，《电子网站对大型社区邻里关系的影响——来自北京市回龙观社区的个案研究》，《现代传播》（中国传媒大学学报）第 9 期。

詹姆斯·S. 科尔曼，1999，《社会理论的基础》（上、下），邓方译，社会科学文献出版社。

张大维、殷妙仲，2010，《社区与社会资本：互惠、分离与逆向——西方研究进展与中国案例分析》，《理论与改革》第 2 期。

张广利，2007，《社会资本理论几个命题的解析》，《华东理工大学学报》（社会科学版）第 1 期。

张洪英、丁惠芳，2011，《"社会资本"为本的中国社区建设模式建构的行动研究：以济南舜耕社区发展项目为例》，《中国青年社会科学》第 4 期。

张继焦，2004，《城市的适应：迁移者的就业与创业》，商务印书馆。

张景芬，2002，《社会资本与中国人的合作意识》，《马克思主义与现实》第 5 期。

张菊枝、夏建中，2014，《社区自治：繁荣城市社区社会资本的有效路径——基于社区自治与社会资本的相关性分析》，《兰州学刊》第 2 期。

张康之，2014，《合作的社会及其治理》，上海人民出版社。

张雷，2018，《构建基于社区治理理念的居民自治新体系》，《政治学研究》第 2 期。

张岭泉、李红霞、张学东，2011，《社会策划模式视角下城中村改造中的社区整合》，《河北大学成人教育学院学报》第 1 期。

张妙清，1995，《性别学与妇女研究》，香港中文大学出版社。

张民选，1992，《对"行动研究"的研究》，《华东师范大学学报》（教育科学版）第 1 期。

张荣，2006，《从社区社会资本的培育探究和谐社区的创建》，《济南大学学报》第 2 期。

张维迎，2006，《信息、信任与法律》，生活·读书·新知三联书店。

张文宏，2003，《社会资本：理论争辩与经验研究》，《社会学研究》第 4 期。

张文宏等，2004，《城市居民社会网络的阶层构成》，《社会学研究》第 6 期。

张文宏，2005，《城市居民社会网络资本的阶层差异》，《社会学研究》第 4 期。

张文宏，2007a，《中国的社会资本研究：概念、操作化测量和经验研究》，《江苏社会科学》第 3 期。

张文宏，2007b，《社会网络分析的范式特征——兼论网络结构观与地位结构纲的联系和区别》，《江海学刊》第 5 期。

张新文，2009，《社会资本视角的和谐社区建设》，《探索》第 3 期。

张晓兰，2011，《熟人社会与陌生人社会的信任——一种人际关系的视角》，《和田师范专科学校学报》第 4 期。

张翼，2020，《全面建成小康社会视野下的社区转型与社区治理效能改进》，《社会学研究》第 6 期。

赵光勇、陈邓海，2009，《国内"参与式治理"研究综述》，《中国劳动关系学院学报》第 4 期。

赵罗英、夏建中，2014，《社会资本与社区社会组织培育：以北京市 D 区为例》，《学习与实践》第 3 期。

赵孟营、王思斌，2001，《走向善治与重建社会资本》，《江苏社会科学》第 4 期。

赵延彦，2007，《社区失谐与社区社会资本的重构》，《社会科学辑刊》第 2 期。

赵秀芳、王本法，2014，《社区文化与和谐社区公共性的建构》，《湖北社会科学》第 10 期。

赵延东、罗家德，2005，《如何测量社会资本：一个经验研究综述》，《国外社会科学》第 2 期。

赵延东，1998，《"社会资本"理论述评》，《国外社会科学》第 3 期。

赵延东，2002，《再就业中的社会资本：效用与局限》，《社会学研究》第

4 期。

赵延东，2007，《社会资本与灾后恢复——一项自然灾害的社会学研究》，《社会学研究》第 5 期。

郑传贵，2007，《社会资本与农村社区发展：以赣东项村为例》，学林出版社。

郑杭生、黄家亮，2012，《论我国社区治理的双重困境与创新之维——基于北京市社区管理体制改革实践的分析》，《东岳论丛》第 1 期。

郑杭生主编，2005a，《中国人民大学社会发展研究报告 2005——走向更加和谐的社会》，中国人民大学出版社。

郑杭生主编，2005b，《社会学概论新修》（第 3 版），中国人民大学出版社。

郑杭生主编，2006，《中国人民大学社会发展研究报告 2006——走向更讲治理的社会：社会建设与社会管理》，中国人民大学出版社。

郑杭生，2007，《中国人民大学社会发展研究报告 2007——走向更加有序的社会：快速转型期社会矛盾及其治理》，中国人民大学出版社。

郑杭生，2009，《社区建设的理论与实践》，党建读物出版社。

郑杭生，2019，《社会学概论新修》（第 5 版），中国人民大学出版社。

郑也夫，2002a，《城市社会学》，中国城市出版社。

郑也夫编，2002b，《都市的角落》，中国城市出版社。

郑也夫编，2003，《信任：合作关系的建立与破坏》，中国城市出版社。

郑也夫，2006，《信任论》，中国广播电视出版社。

郑雨兰，2007，《社会资本测量问题初探》，《经济研究导刊》第 12 期。

中国大百科全书总编委会，1991，《中国大百科全书·社会学》，中国大百科全书出版社。

中共中央、国务院，2017，《关于加强和完善城乡社区治理的意见》，《人民日报》6 月 12 日，第 1 版。

钟涨宝、黄甲寅、万江红，2001，《社会资本理论述评》，《社会》第 10 期。

周长城，2003，《经济社会学》，中国人民大学出版社。

周红云，2002，《社会资本理论述评》，《马克思主义与现实》第 5 期。

周红云，2003，《社会资本：布迪厄、科尔曼和普特南的比较》，《经济社会体制比较》第 4 期。

周红云，2004，《社会资本及其在中国的研究与应用》，《经济社会体制比较》第 2 期。

周庆智，2016，《论中国社区治理——从威权式治理到参与式治理的转型》，《学习与探索》第 6 期。

周雪光，2003，《组织社会学十讲》，社会科学文献出版社。

周义程，2006，《社会资本与构建和谐社会的行动逻辑》，《理论与改革》第 6 期。

周治伟，2006，《西美尔信任理论述评》，《中共长春市委党校学报》第 4 期。

朱蓓，2010，《城市社区社会资本及其测度——基于杭州市 11 个社区的研究》，硕士学位论文，浙江大学。

朱健刚，2002，《国与家之间：上海邻里的市民团体和社区运动的民族志》，博士学位论文，香港中文大学。

朱健刚、陈安娜，2013，《嵌入中的专业社会工作与街区权力关系——对一个政府购买服务项目的个案分析》，《社会学研究》第 1 期。

朱力，2006，《我国社会生活中的第二种规范——失范的社会机制》，《江海学刊》第 6 期。

朱伟，2011，《社会信任构建视角下社区工作人员角色与行为的转变》，《湖北社会科学》第 1 期。

朱依娜，2007，《社会资本与求职：对求职中社会网络的动用及其回报分析》，博士学位论文，中国人民大学。

邹宜斌，2005，《社会资本：理论与实证研究文献综述》，《经济评论》第 6 期。

Abu-Lughod，J. L. 1991. *Changing Cities：Urban Sociology*. Harper Collins Publishers Inc.

Adam，Frane and Borut Roncevic. 2003. "Social Capital：Recent Debates and Research Trends." *Social Science Information* 42（2）.

Agnitsch，Kerry Ann. 2003. *Locating Community Social Capital：A Study of Social Networks and Community Action*. Iowa State University.

Ambrosino，Rosalie et al. 2005. *Social Work And Social Welfare：An Introduction*

(5th ed.). Belmont, CA: Brooks/Cole.

Andersson, K. and Van Laerhovern, F. 2007. "From Local Strongman to Faci litator: Institutional Incentives for Participatory Municipal Governance in Latin America." *Comparative Political Studies* 40 (9): 1085-1111.

Ansell, Chris and Gash, Alison. 2007. "Collaborative Governance in Theory and Practice." *Journal of Public Administration Research and Theory* 4: 543-571.

Becker, Howard. 1963. *Outsiders: Studies in the Sociology of Deviance.* New York: Free Press.

Beck, Ulrich. 1992. *Risk Society: Towards a New Modernity.* London: Sage Publications.

Beck, Ulrich. 1999. *World Risk Society.* Cambridge: Polity Press.

Blau, Judith and Peter Blau. 1982. "The Cost of Inequality: Metropolitan Structure and Violent Crime." *American Sociological Review* 147: 114~129.

Bourdieu, Pierre. 1986. "The Forms of Capital." In *Handbook of Theory and Research for the Sociology of Education*, edited by J. G. Richardson, pp. 241-258. Westpot, CT: Greenwood Press.

Cohen, I. and Shinar, A. 1983. "Attachment to Neighborhood and Social Networks." *The Institute of Urban Studies*: 15-17.

Coleman, J. S. 1988. "Social Capital in the Creation of Human Capital." *American Journal of Sociology* 94: 95-120.

Coleman, J. S. 1990. *Foundations of Social Theory.* Cambridge, M. A.: Harvard University Press.

De Silva, Mary, Sharon R. Huttly, Trudy Harpham, and Michael G. Kenward. 2006. "Psychometric Cognitive Validation of a Social Capital Measurement Tool in Peru and Vitnam." *Social Science & Medicine* 62.

De Silva, Mary. 2006. "System Review of the Methods Used in Studies of Social Capital and Mental Health." In Kwame McKenzir & Trudy Harpham (eds.), *Social Capital and Mental Health.* London: Jessica Kingsley Publisher.

Deutsch, M. 1958. "Trust and Suspicion." *Journal of Conflict Resolution* 2

（4）：265-279.

Draper, A. K., Hwitt, G., and Rifkin, S. 2010. "Chasing the Dragon: Developing Indicators for the Assessment of Community Participation in Health Programmers." *Social Science & Medicine* 71 (6): 1102-1109.

Ebaugh, Helen Rose and Mary Curry. 2000. "Fictive Kin as Social Capital in New Immigrant Communities." *Sociological Perspectives* 43 (2): 189-209.

Edwards, Michael. 2004. *Civil Society*. Cambridge, UK: Polity Press.

Elinor, Ostrom. 1994. "Constituting Social Capital and Collective Action." *Journal of Theoretical Politics* 6 (4): 527-562.

Finer, Catherine Jones and Nellis, Mike (ed.). 1998. *Crime & Social Exclusion*. Blackwell Publishers Ltd.

Firey, Walter. 1945. "Sentiment and Symbolism as Ecological Variables." *American Sociological Review* 10 (2): 140-148.

Fischer, Claude S. 1975. "The Study of Urban Community and Personality." *Annual Review of Sociology* 1: 67-89.

Fisher, Robert. 1984. *Let the People Decide: Neighborhood Organizing in America*. Cengage Gale.

Gabbay, Shaul M. (ed.). 2001. *Social Capital of Organizations*. Elsevier Science Led.

Gans, Herbert J. 1962. *The Urban Villagers: Group and Class in the Life of Italian-Americans*. New York: Free Press of Glencoe.

Gerson, Kathleen. 1977. "Attachment to Place." In Fischer Claude S. (ed.), *Networks and Places*. The Free Press.

Giddens, Anthony. 1998. "Risk Society: The Context of British Politics." In Franklin, J. (ed.), *The Politics of Risk Society*. Cambridge: Polity Press.

Glaeser, Edward L., Bruce Sacerdote, and Jose A. Scheinkman. 1995. "Crime and Social Interactions." *Quarterly Journal of Economics* 111: 507-548.

Gottdiener, M. 1993. "A Marx for Our Time: Henri Lefebvre and the Production of Space." *Sociological Theory* 11 (1): 129-134.

Granovetter, Mark. 1985. "Economic Action and Social Structure: The Problem of Embeddedness." *American Journal of Sociology* 91 (3).

Griswold, Mary Tabor. 2004. *Social Capital: A Tool to Predict the Effect of Gambling Upon Communities*. ProQuest Information and Learning Company.

Grootaert, Christiaan and Thierry Van Bastelaer. 2002. *Understanding and Measuring Social Capital: A Synthesis of Findings and Recommendations from the Social Capital Initiative*. The World Bank.

Grootaert, Christiaan, Deepa Narayan, Veronica Nyhan Jones, and Michael Woolcock. 2004. *Measuring Social Capital: An Integrated Questionnaire*. The World Bank.

Halpern, D. and Moral Values. 2001. "Social Trust and Inequality—Can Values Explain Crime?" *British Journal Criminology* 41: 236-251.

Halpern, D. 2005. *Social Capital*. Cambridge: Polity Press.

Harpham, T., E. Grant, and E. Thomas. 2002. "Measuring Social Capital Within Health Surveys: Key Issues." *Health Policy and Planning* 17.

Harpham, T. 2007. "The Measurement of Community Social Capital Through Surveys." In Idiro Kawachi, S. V. Subramanian, & Daniel Kin (eds.), *Social Capital and Health*. New York: Springer.

Havelin, Julia. 2000. *Dialectical Feminism and Contradictory Economic Systems: Campesina Daily Life form Somoza to Aleman*. ProQuest Information and Learning Company.

Hollnseiner, M. R. 1982. "Citizen Participation and Social Planning." In *Assignment Children*, pp. 57-58. UNICEF.

Hosmer, L. T. 1995. "Trust." *Academy of Management Review* 20 (2).

Howard, Eve L. 2004. *Classic Reading in Sociology* (3th edition). Peking University Press.

Kasarda, John and Janowitz, Morris. 1974. "Community Attachment in Mass Society." *American Sociology Review* 39.

Kawachi, I., Daniel Kim, Adam Coutts, and S. V. Subramanian. 2004. "Commentary: Reconciling the Three Accounts of Social Capital." *International Journal of Epidemiology* 33.

Keller, Suzanne. 2003. *Community: Pursuing the Dream, Living the Reality*. Princeton: Princeton University Press.

Kelling, George L. and Catherine M. Coles. 1997. *Fixing Broken Windows: Restoring Order and Reducing Crime in our Communities*. New York: Free Press.

Krishna, Anirudh. 2000. *Social Capital, Collective Action and the State: Understanding Economic Development, Community Peace and Democratic Governance in Rural North India*. Bell & Howell Information and Learning Company.

Kumar, Acharya. 2015. "Community Governance and Peace Building in Nenal." *Rupal Society* 24 (1): 65-84.

Lesser, Eric L. (ed.). 2000. *Knowledge and Social Capital: Foundations and Applications*. Butterworth ~ Heinemann Ltd.

Lin, Nan, Karen Cook, and Ronal S. Burt (eds.). 2001. *Social Capital: Th eory and Research*. New York: Aldine De Gruyter.

Lochner, K. A., I. Kawachi, and B. P. Kennedy. 1999. "Social Capital: A Guide to Its Measurement." *Health & Place* 5.

Luhmann, Niklas. 1979. *Trust and Power*. John Weley & Sons Chichester.

Macht, Mary Wirtz and Jean K. Quan. 1986. *Social Work: An Introduction*. Columbus: Bell & Howell Company.

Mayer, Margit. 2003. "The Onward Sweep of Social Capital: Causes and Consequences for Understanding Cities, Communities and Urban Movements." *International Journal of Urban and Regional Research* 27 (1): 110-132.

Midgley, J. 1986. "Community Participation: History, Concepts, and Controversies." In J. Midlley et al. (eds.), *Community Participation, Social Development and the State*, pp. 13-14. London: Methuen.

Miller, Walter Benson. 1958. "Lower Class Culture as a Generating Milieu of Gang Delinquency." *Journal of Social Issues*.

Mouw, Ted. 2003. "Social Capital and Finding a Job: Do Contacts Matter?" *American Sociological Review* 68: 868-898.

Narayan, Deepa and Cassidy, Michael F. 2001. A. "Dimensional Approach to Measuring Social Capital: Development and Validation of a Social Capital Inventory." *Current Sociology* 49 (2): 59-102.

Onyx, Jenny and Paul Bullen. 2000. "Measuring Social Capital in Five Communities." *The Journal of Applied Behavioral Science* 36.

Portes, Alejandro. 1998. "Social Capital: Its Origins and Application in Modern Sociology." *Annual Review of Sociology* 24: 1–24.

Posner, Eric A. 2000. *Law and Social Norms*. Cambridge, M. A.: Harvard University Press.

Posner, Richard. 1997. "Social Norms and the Law: An Economic Approach." *American Economic Review* 87 (2): 365–369.

Putnam, Robert D. and Lewis M. Feldstein. 2003. *Better Together: Restoring the American Community*. New York: Simon and Schuster.

Putnam, Robert D. R. Leonard, and R. Naetti. 1993. *Making Democracy Work: Civic Traditions in Modern Italy*. Princeton: Princeton University Press.

Putnam, Robert D. 1993. The "Prosperous Community: Social Capital and Public Life." The *American Prospect* 4: 35–42.

Putnam, Robert D. 1996. "The Strange Disappearance of Civic American." *The American Prospect* 24 (Winter): 34–48.

Putnam, Robert D. 2001. *Bowling Alone: The Collapse and Revival of American Community*. Simon & Schuster.

Reckless, Walter Cade. 1961. "A New Theory of Delinquency and Crime." *Fe deral Probation* 25: 42–46.

Robert, J. , W. Sampson, and Byron Groves. 1989. "Community Structure and Crime: Testing Social Disorganization Theory." *The American Journal of Sociology* 94 (4): 774–802.

Sassen, Saskia. 1991/2002. *The Global City*. New York, London, Tokyo.

Sassen, Saskia. 2000. "New Frontiers Facing Urban Sociology at the Millennium." *British Journal of Sociology* (51): 143–159.

Schuller, Tom, Stephen Baron, and John Field. 2000. "Social Capital: A Review and Critique." In *Social Capital: Critical Perspectives*, edited by Stephen Baron, John Field and Tom Schuller. Oxford University Press.

Small, S. A. and Uttal, L. 2005. "Action-Oriented Research: Strategies for Engaged Scholarship." *Journal of Marriage and Family* 67: 936–948.

Stinner, William F. et al. 1990. "Mollie Van, Community Size, Individual Social Position, and Community Attachment." *Rural Sociology* 55.

Tannenbaum, Frank. 1938. *Crime and Community*. New York: Columbia University Press.

Thomson, Ann M. 2001. "Collaboration: Meaning and Measurement." Ph. D. diss. Indiana University-Bloomington.

Vago, Steven. 2005. *Social Change* (5th edition). Peking University Press.

Vail, John, Jane Wheelock, and Michael Hill (eds.). 1999. *Insecure Times: Living with Insecurity in Contemporary Society*. London: Routledge.

van Leeuwen, Marco H. D. 1994. "Logic of Charity: Poor Relief in Preindustrial Europe." *Journal of Interdisciplinary History* 24 (4): 589-613.

Watkins, Malik R. 2001. "Community and Faith Based Organization Influence on Volunteer Participation: Social Movement for Planning." School of Ohio State University.

Wellman, B. and Leighton, B. 1979. "Networks, Neighborhoods, and Communities: Approaches to the Study of the Community Question." *Urban Affairs Quarterly* 14.

Wellman, B. and Leighton, B. 1979. "Networks, Neighborhoods and Communities." *Urban Affairs Quarterly*.

Wellman, Barry and Leighton, Barry. 1979. "Networks, Neighborhoods, and Communities: Approaches to the Study of the Community Question." *Urban Affairs Quarterly*.

Wirth, L. 1938. "Urbanism as a Way of Life." *American Journal of Sociology*.

Woolcock, M. 1998. "Social Capital and Economic Development: Toward a Theoretical Synthesis and Policy Framework." *Theory and Society* 27.

World Bank. 1998. "The Initiative on Defining, Monitoring and Measuring Social Capital." Social Capital Initiative.

World Bank. 2000. *Measuring Social Capital*. World Bank Press.

Zhong, Lena Y. 2008. *Communities, Crime and Social Capital in Contemporary China*. Willan Publishing (UK).

Zucker, L. G. 1986. "Production of Trust: Institutional Source of Economic Structure 1984~1920." *Research in Organizational Behavior* 8. JAI Press Inc.

附　录

附录1　调查问卷

问卷编号：□□□□□□

社区治理　调查问卷

1. 社区名称　　　　[1]　　　　　　[2]　　　　　[3]

2. 采访地点

_____号院（期）_____号楼_____单元_____门牌号

3. 调查员（签名）_____　　　　代码_____

4. 督导（签名）_____

5. 一审（签名）_____　　　　代码_____

6. 访问开始时间_____月_____日_____时_____分（24小时制）

访问结束时间　_____时_____分（24小时制）

访问总时间　_____分钟

中国·深圳

您好！

　　为了更好地了解超大城市社区治理现状及社区居民需求，对生人社会熟人社区建设模式进行深入分析与探讨，国家社会科学基金项目《超大城市生人社会的熟人社区建设研究》课题组拟在深圳（北京）开展此项调查。问卷仅用于收集一些客观信息，您的回答没有对错、优劣之分，请按照您的实际情况和真实想法，协助访谈员填写问卷。我们将严格遵守统计法，对您的个人信息予以保密。

　　谢谢您的合作！

A 部分　　个人基本情况

A1. 性别：［1］男　　　　　　　　　［2］女

A2. 您的出生年份是：［　　　］年

A3. 您的婚姻状况是：

［1］未婚单身　　　　　　　　［2］同居

［3］已婚有配偶　　　　　　　［4］离婚

［5］丧偶

A4. 您出生时的户口性质是：

［1］农业户口　　　　　　　　［2］非农户口

［3］其他（请注明_____）

A5. 您现在的户口性质是：

［1］农业户口　　　　　　　　［2］非农户口

［3］其他（请注明_____）

访谈员注意：如果被访者出生时是农业户口，现在是非农户口，则续问 A6，否则跳至 A7。

A6. 您从农业户口变为非农户口，是在哪一年？［　　　］年，原因是：

［1］征地、拆迁　　　　　　　［2］城市扩建

［3］达到所在城市的"积分"要求

〔4〕通过投资经营获得城市户籍 〔5〕在城市购置房产而获得城市户籍

A7. 您目前的户口所在地是：

〔1〕坪山街道 〔2〕坑梓街道

〔3〕深圳市其他区县（请注明_____）

〔4〕深圳市以外（请注明_____）

A8. 您目前的政治面貌是：

〔1〕共青团员

〔2〕共产党员，入党时间〔　　〕年

〔3〕民主党派

〔4〕群众

A9. 您的宗教信仰是：

〔1〕基督教 〔2〕天主教

〔3〕伊斯兰教 〔4〕道教

〔5〕佛教 〔6〕民间信仰

〔7〕无 〔8〕其他（请注明_____）

A10. 您的最高受教育程度是：

〔1〕未受过正式教育 〔2〕小学

〔3〕初中 〔4〕高中

〔5〕职高、技校 〔6〕中专

〔7〕大专（非全日制） 〔8〕大专（全日制）

〔9〕大学本科（非全日制） 〔10〕大学本科（全日制）

〔11〕研究生及以上 〔12〕私塾

〔13〕其他（请注明_____）

A11. 您目前主要的就业状况是：

〔1〕创业

〔2〕党政机关、企事业单位、社会团体上班

〔3〕退休

［4］ 离职

［5］ 自由职业

［6］ 务农

［7］ 其他（请注明_____）

A12. 您在本社区居住的时间是：

［1］ 1 年以下　　　　　　　　［2］ 1 年（含 1 年）～3 年

［3］ 3 年（含 3 年）～5 年　　　［4］ 5 年（含 5 年）～7 年

［5］ 7 年（含 7 年）～9 年　　　［6］ 9 年（含 9 年）以上

A13. 您家近三年平均年收入：_____万元。

A14. 您个人最近三个月的月平均收入：_____万元。

A15. 您家里有低于 12 岁的孩子吗？［1］ 有　　　　［2］ 没有

A16. 您是社区居委会成员吗？［1］ 是　　　　［2］ 否

A17. 您是社区的居民代表吗？［1］ 是　　　　［2］ 否

B 部分　社区治理

B1. 您是否赞同以下陈述？

	很不赞同	较不赞同	一般	比较赞同	非常赞同
我住在本社区有家的感觉	1	2	3	4	5
作为本社区的一员，我感到自豪	1	2	3	4	5
如果有一天我不得不搬离本社区，我会感觉依依不舍	1	2	3	4	5

B2. 请您对本社区的以下方面进行评价。（如社区无该项，在每行最右边填写 97）

	很不满意	较不满意	一般	比较满意	非常满意
开发商	1	2	3	4	5
物业管理公司	1	2	3	4	5
社区居委会	1	2	3	4	5
业主委员会	1	2	3	4	5
议事委员	1	2	3	4	5
社区党群服务中心	1	2	3	4	5
社区社会组织	1	2	3	4	5

B3. 您认为本社区的绿化环境是否有必要改善？

[1] 非常必要　　　　　　[2] 必要

[3] 一般　　　　　　　　[4] 不必要

[5] 非常不必要

B4. 您对社区内的健康和休闲娱乐设施满意吗？

[1] 非常不满意　　　　　[2] 不满意

[3] 一般　　　　　　　　[4] 满意

[5] 非常满意

B5. 您希望在居住地附近有哪些健康娱乐设施？（可多选，最多选三项）

[1] 户外健身器材　　　　[2] 篮球场

[3] 乒乓球室　　　　　　[4] 羽毛球场

[5] 图书馆　　　　　　　[6] 定点广场舞场地

[7] 多功能活动室　　　　[8] 儿童游乐场

[9] 其他（请注明＿＿＿＿＿）

B6. 您是否参加过社区内的文化娱乐活动？

[1] 是　　　　　　　　　[2] 否→跳至 B10

B7. 您本人参加过社区哪些方面的文化娱乐活动？（可多选，最多选三项）

[1] 讲座类　　　　　　　[2] 手工类

[3] 娱乐类　　　　　　　[4] 技能培训类

[5] 郊游类　　　　　　　[6] 公益类

[7] 体育运动类　　　　　[8] 亲子类

[9] 讲演类　　　　　　　[10] 展览类

[11] 教育类　　　　　　[12] 兴趣爱好类

B8. 您参加过的社区文化娱乐活动中，最喜欢的是：（单选）

[1] 讲座类　　　　　　　[2] 手工类

[3] 娱乐类　　　　　　　[4] 技能培训类

[5] 郊游类　　　　　　　[6] 公益类

[7] 体育运动类　　　　　[8] 亲子类

[9] 讲演类　　　　　　　[10] 展览类

[11] 教育类　　　　　　[12] 兴趣爱好类

B9. 您是以什么身份参与您最喜欢的娱乐活动的？

[1] 组织者　　　　　　　　　　[2] 活动参与者

[3] 受邀参与者　　　　　　　　[4] 义工

[5] 其他（请注明_____）

B10. 您不参与社区文化娱乐活动的最主要原因是：（单选）

[1] 没时间　　　　　　　　　　[2] 不感兴趣

[3] 收费贵　　　　　　　　　　[4] 不知道活动信息

[5] 其他（请注明_____）

B11. 您是否愿意策划组织社区文化娱乐活动？

[1] 愿意　　　　　　　　　　　[2] 不愿意→跳至 B13

[3] 无所谓→跳至 B13

B12. 您将参与策划哪方面的活动？（可多选，最多选三项）

[1] 讲座类　　　　　　　　　　[2] 手工类

[3] 娱乐类　　　　　　　　　　[4] 技能培训类

[5] 郊游类　　　　　　　　　　[6] 公益类

[7] 体育运动类　　　　　　　　[8] 亲子类

[9] 讲演类　　　　　　　　　　[10] 展览类

[11] 教育类　　　　　　　　　 [12] 兴趣爱好类

B13. 通常情况下，本社区文化娱乐活动是由谁组织的？（可多选）

[1] 街道　　　　　　　　　　　[2] 居委会

[3] 物业公司　　　　　　　　　[4] 社区社会组织

[5] 社区党群服务中心　　　　　[6] 其他（请注明_____）

B14. 通常情况下，您的家庭生活纠纷首先找谁化解？

[1] 亲属　　　　　　　　　　　[2] 朋友

[3] 邻居　　　　　　　　　　　[4] 居委会

[5] 物业公司　　　　　　　　　[6] 业委会

[7] 社区党群服务中心　　　　　[8] 其他（请注明_____）

B15. 您所在小区周围有许多商铺（如小商店、饭店、理发店等），您一般多久去一次？

[1] 从未去过　　　　　　　　　[2] 一年偶尔去几次

[3] 每月至少去一次　　　　　　[4] 每周至少去一次

［5］几乎每天去

B16. 通常情况下，您家里的红白喜事主要找谁帮忙？（可多选）

［1］亲属　　　　　　　　　　　［2］朋友

［3］邻居　　　　　　　　　　　［4］居委会

［5］物业公司　　　　　　　　　［6］业委会

［7］社区党群服务中心　　　　　［8］其他（请注明＿＿＿＿＿＿）

B17. 通常情况下，您是通过什么渠道了解社区信息或社区动态的？（可多选）

［1］公告栏　　　　　　　　　　［2］社区短信

［3］社区微信　　　　　　　　　［4］电子屏

［5］横幅　　　　　　　　　　　［6］业主 QQ 群

［7］新浪微博　　　　　　　　　［8］社区家园网

［9］其他（请注明＿＿＿＿＿＿＿）

B18. 您是否关注社区两委（居委会和支委会）换届选举？

［1］一点儿不关注　　　　　　　［2］不太关注

［3］一般　　　　　　　　　　　［4］比较关注

［5］非常关注

B19. 有人说，远亲不如近邻，您对这种说法的态度是：

［1］非常赞同　　　　　　　　　［2］比较赞同

［3］一般　　　　　　　　　　　［4］不太赞同

［5］很不赞同

B20. 您希望社区居委会主任是：

［1］本社区居民　　　　　　　　［2］非本社区居民

［3］无所谓

B21. 您是否支持居民代表/楼门长对社区事务的提议？

［1］支持

［2］视情况而定，不能损害自己的利益

［3］不支持

B22. 您认为社区管得好不好，主要在于：（社区自治）

［1］政府　　　　　　　　　　　［2］居委会

［3］物业公司　　　　　　　　　［4］居民自己发挥力量

［5］其他（请注明_____）

B23. 您认为晚上 12 点以后，在小区里独自步行是否安全？

［1］很不安全　　　　　　　　［2］比较不安全

［3］一般　　　　　　　　　　［4］比较安全

［5］很安全

B24. 您和邻居之间的熟悉程度如何？

［1］非常不熟悉　　　　　　　［2］不熟悉

［3］一般　　　　　　　　　　［4］熟悉

［5］非常熟悉

B25. 在社区中，与您见面时会打招呼的邻居有多少人？

［1］0 人　　　　　　　　　　［2］10 人及以下

［3］11～20 人　　　　　　　　［4］21～40 人

［5］41～60 人　　　　　　　　［6］61 人及以上

B26. 您手机中存有手机号码的邻居有多少人？

［1］0 人　　　　　　　　　　［2］5 人及以下

［3］6～10 人　　　　　　　　［4］11～20 人

［5］21～30 人　　　　　　　　［6］31 人及以上

B27. 邻居中可以与您登门拜访或者串门的有多少人？

［1］0 人　　　　　　　　　　［2］5 人及以下

［3］6～10 人　　　　　　　　［4］11～20 人

［5］21～30 人　　　　　　　　［6］31 人及以上

B28. 您认为本社区的居民之间相互帮助的情况如何？

［1］没有　　　　　　　　　　［2］偶尔

［3］一般　　　　　　　　　　［4］较多

［5］很多

B29. 当有邻里纠纷时，您首先想到找谁？

［1］居委会　　　　　　　　　［2］议事委员会

［3］物业公司　　　　　　　　［4］楼门长

［5］邻居　　　　　　　　　　［6］其他（请注明_____）

B30. 您是否愿意成为社区以下成员之一？（可多选）

［1］社区义工　　　　　　　　［2］议事委员会成员

[3]　业委会成员　　　　　　　　[4]　楼门长

[5]　文化娱乐活动组织人　　　　[6]　其他（请注明_____）

[7]　都不愿意

B31.　您认为是否需要建立社区公约？

[1]　是　　　　　　　　　　　　[2]　无所谓

[3]　否

B32.　您能否顺利从邻居家中借到需要的日常用品（如盐、酱油等）？

[1]　能够　　　　　　　　　　　[2]　不能够

[3]　不适用

B33.　通常情况下，您对社区的建设和发展有意见或建议找谁？

[1]　居委会　　　　　　　　　　[2]　议事委员会

[3]　物业管理公司　　　　　　　[4]　业委会

[5]　楼门长　　　　　　　　　　[6]　街道

[7]　谁都不找　　　　　　　　　[8]　其他（请注明_____）

B34.　您觉得 3~5 年后社区会变得怎么样？

[1]　差很多　　　　　　　　　　[2]　差一些

[3]　变化不大　　　　　　　　　[4]　好一些

[5]　好很多

B35.　当您急需用钱（如 1000 元以下）时，您会找谁借？（可多选）

[1]　亲属　　　　　　　　　　　[2]　朋友

[3]　邻居　　　　　　　　　　　[4]　居委会

[5]　同事　　　　　　　　　　　[6]　业委会

[7]　其他（请注明_____）

B36.　您主要是通过哪些渠道认识与结交邻居的？（可多选）

[1]　通过社区组织的活动认识更多人并结交

[2]　通过个人关系认识更多人并结交

[3]　通过社区微信群认识并结交

[4]　通过社区居民 QQ 群认识并结交

[5]　通过社区义工 QQ 群认识并结交

[6]　其他（请注明_____）

B37. 您对社区的公共空间满意吗？

[1] 很不满意　　　　　　　[2] 较不满意

[3] 一般　　　　　　　　　[4] 比较满意

[5] 非常满意

B38. 您与邻居聊天交流一般在哪里？（可多选）

[1] 双方家里　　　　　　　[2] 社区公园或广场

[3] 楼门口　　　　　　　　[4] 社区党群服务中心

[5] 社区居委会　　　　　　[6] 其他（请注明_____）

B39. 您与社区邻居交往主要出于什么考虑？（可多选）

[1] 喜欢对方，有情谊在　　[2] 融入大家，有归属感

[3] 交往多，让我有面子　　[4] 相互照应，有事能帮忙

[5] 社区号召　　　　　　　[6] 都交往，我不交往不好

[7] 有事能说上话，不被落下　[8] 其他（请注明_____）

B40. 您在社区内是否遭遇过以下情况？（可多选）

[1] 被盗/入室盗窃　　　　　[2] 抢劫/抢夺

[3] 伤害/恐吓　　　　　　　[4] 欺诈

[5] 车辆损坏/恶意破坏　　　[6] 无

C 部分　服务体系与需求满足

C1. 您所在社区是否提供以下无偿服务？（可多选）

[1] 对老年人的服务

[2] 对残疾人和患病居民的服务

[3] 对儿童青少年的服务

[4] 对妇女和家庭的服务

[5] 对来深建设者（流动人口）服务

[6] 其他（请注明_____）

C2. 您是否愿意参加更多的社区志愿活动？

[1] 非常愿意　　　　　　　[2] 比较愿意

[3] 一般　　　　　　　　　[4] 不太愿意

[5] 不愿意

C3. 如果社区需要您贡献自己更多的力量，您是否愿意？

[1] 非常愿意　　　　　　　[2] 比较愿意

［3］无所谓　　　　　　　　　［4］不太愿意

［5］非常不愿意

C4. 在过去一年中，您是否曾与社区其他居民一起解决过社区的公共问题？

［1］曾经参与　　　　　　　　［2］没有参与

C5. 如果有人发动居民来解决社区内的问题，您是否会参加？

［1］会　　　　　　　　　　　［2］不会

C6. 如果一个项目不直接对您有利（当然也无害），但是对社区有利：

a. 您是否愿意付出时间？［1］愿意　　　　［2］不愿意

b. 您是否愿意付出金钱？［1］愿意　　　　［2］不愿意

C7. 当您在社区面临与个人利益相关的问题时，您选择的解决方式是：

［1］通过社区组织　　　　　　［2］找邻居协商

［3］自己直接找社区领导　　　［4］不解决

［5］其他（请注明_____）

C8. 您对以下社区成员的知晓情况：

	所有都认识和了解	大部分认识和了解	只有少部分认识和了解	基本不认识也不了解	全部不认识也不了解
社区居委会成员	1	2	3	4	5
社区居民代表	1	2	3	4	5

C9. 当您遇到日常生活中以下问题时，您是如何解决的？

	是	偶尔	从来没有
您是否请邻居看护过自己患病的孩子			
您是否请邻居帮忙照顾过患病的自己			
您的邻居是否经常帮助您或您的家人			
您和您的家人是否经常帮助您的邻居			

C10. 您对生活或工作在本社区的下列人员是否信任？

	十分信任	比较信任	一般	不太信任	不信任
邻居					
社区其他居民					

	十分信任	比较信任	一般	不太信任	不信任
保安人员					
居委会工作人员					
业委会成员					
物业公司服务人员					
社区党群服务中心社工					

C11. 您参加过党群服务中心组织的哪些"益起易吧"幸福邻里营造活动？（可多选）

[1]"益民议吧"议事平台　　　[2]"益起易吧"爱心置换平台

[3] 睦邻公益活动　　　　　　[4] 其他（请注明＿＿＿＿＿）

[5] 没参加过

C12. 您希望社区更多组织哪些方面的文化娱乐活动？（可多选，最多选三项）

[1] 讲座类　　　　　　　　　[2] 手工类

[3] 娱乐类　　　　　　　　　[4] 技能培训类

[5] 郊游类　　　　　　　　　[6] 公益类

[7] 体育运动类　　　　　　　[8] 亲子类

[9] 讲演类　　　　　　　　　[10] 展览类

[11] 教育类　　　　　　　　　[12] 兴趣爱好类

C13. 您是否愿意将社区活动信息传达给社区居民，让他们有机会享受社区服务？

[1] 非常愿意　　　　　　　　[2] 比较愿意

[3] 一般　　　　　　　　　　[4] 不太愿意

[5] 不愿意

问卷结束，谢谢您的合作！

附录2　访谈提纲

1. 社区层面

请介绍您的基本情况，包括姓名、性别、年龄、户籍、所在社区、担任职务、在本社区工作年限等。

（1）请您谈谈目前本社区建设的主要目标和任务。为实现此目标，你们都做了哪些工作？工作的成效如何？

（2）深圳是流动人口非常多的城市，大家来自全国各个省份，请您谈谈本社区居民的构成是怎样的？目前本社区的邻里关系状况如何？社区中人与人之间交往的规则是怎样的？

（3）为了改善社区的邻里关系，社区居委会都做了哪些工作？工作的成效如何？社区居民的积极性及参与度如何？

（4）您所在社区要打造什么样的社区文化？为此，街道和居委会都做了哪些工作？取得了什么样的成效？社区居民的积极性及参与度如何？

（5）社区内还有哪些机构？（如社会工作机构、公共服务机构和企事业单位等）这些机构为社区居民提供了哪些服务？为打造社区文化做了哪些工作？成效如何？

（6）您认为，本社区在邻里关系改善方面所取得的成绩，主要影响因素有哪些？比较好的做法有哪些？是否存在制约因素？如果有，您认为制约因素有哪些？

（7）您认为，本社区在社区文化建设方面所取得的成绩，主要影响因素有哪些？比较好的做法有哪些？是否存在制约因素？如果有，您认为制约因素有哪些？

（8）您认为，社区内机构（如社会工作机构、公共服务机构和企事业单位等）在推进邻里关系发展、营造社区文化方面可以发挥哪些作用？它们有没有可以进一步改进或完善的方面？

（9）您理想中的社区是什么样的？（基础设施、社区环境、社区管理和服务、邻里关系等方面）

（10）您对社区邻里关系发展、社区文化建设以及社区治理方面有什么建议和期望？

（11）您认为，省市政府和街道在邻里关系发展、社区文化建设以及社区治理方面可以制定哪些政策或采取哪些措施？

谢谢您接受我们的访谈！

2. 社区党群服务中心

请介绍您的基本情况，包括姓名、年龄、户籍、本中心担任职务、工作年限等。

（1）请您谈谈社区党群服务中心目前的主要项目以及项目的目标。为实现此目标，你们都做了哪些工作？工作的成效如何？

（2）深圳是流动人口非常多的城市，大家来自全国各个省份，请您谈谈您所服务社区的邻里关系状况如何？

（3）您中心是否有专门针对邻里关系改善的项目或服务？你们都做了哪些工作？工作的成效如何？社区居民的积极性及参与度如何？

（4）您觉得目前社区中人与人之间的交往规则是什么样的？请举例说明。

（5）针对社区文化建设，您中心都开展了哪些活动或服务？成效如何？社区居民的积极性及参与度如何？请举例说明。

（6）您认为，社区邻里关系改善主要有哪些影响因素？比较好的做法有哪些？

（7）您认为，制约本社区邻里关系进一步发展的因素有哪些？

（8）您认为，街道社区在邻里关系改善以及社区文化建设方面可以发挥哪些作用？它们有没有可以进一步改进的地方？

（9）您对邻里关系发展以及社区文化建设有什么建议和期望？

谢谢您接受我们的访谈！

3. 社区居民

请介绍一下您的基本情况：姓名、性别、年龄、户籍、所在社区、就业状况、本社区居住时间。

（1）方便介绍一下您的家庭情况吗？您家庭成员情况如何？

（2）请介绍您的家庭迁居本社区前后的大致经历，什么因素促使你们决定在这里定居？

（3）您对社区的情况熟悉吗？比如社区内的学校、社区卫生服务站、社区居委会、社区服务站、公园、运动场馆、购物中心等的位置都知道吗？上述这些地方哪几个去得多一些？

（4）您对社区里的哪些机构比较熟悉？您或您的家庭与社区里的机构主要有哪些接触？

（5）您在社区里承担过什么工作？您对这些工作的认识是怎样的？

（6）您在社区里参与过哪些活动？您参与这些活动的感受或收获是什么？

（7）您关注过社区里的哪些事情？这些事情对您有什么影响吗？如果您生活的社区发生了什么好的事情，您会有什么反应？反之，如果社区发生不好的事情，您又有什么反应？

（8）您对社区哪些工作人员比较熟悉？您对他们的印象如何？您对您所在楼院的居民代表或楼门长熟悉吗？他们是不是一批人？

（9）您和您的家庭享受了政府或社区为您提供的哪些服务？您对这些服务有何评价？请举例说明。

（10）您曾经参与过社区的哪些文体组织或文体活动？您参加这些文体组织或文体活动的目的是什么？您认为，参与社区的文体组织或文化活动有哪些作用？您对本社区的文化娱乐活动有什么意见或建议？

（11）您曾经参与过社区的哪些社会活动和哪些社区社会组织（比如志愿服务、与独居老人结对子、治安巡逻等）？您对这些社会活动的看法如何？

（12）您如果遇到了困难，会找谁帮助？（熟人、亲戚、朋友、同学、单位、社区、政府）

（13）您熟悉您的邻居吗？平时与邻居有什么互动或交流吗？您认为，

社区邻里之间关系应该是怎样的？目前在您所居住的社区，您认为人与人之间交往的规则是怎样的？

（14）您生活在本社区满意吗？如果用一个形容词形容您现在的生活，您觉得用哪个词能够最恰当地表达您的意思？

（15）您理想中的社区是什么样的？（基础设施、社区环境、社区管理和服务、邻里关系等方面）

（16）您对本社区的建设和发展有哪些建议？

谢谢您接受我们的访谈！

后 记

在探索超大城市的熟人社区建设之路上，我们见证了一幅幅温馨且让人印象深刻的画面。随着超大城市的治理步入内涵深化的新阶段，如何雕琢其发展的精致品质成为学者与实践者共同关注的议题。在繁华都市的肌理之下，社区作为社会的细胞，承载着人们对美好生活的无限憧憬。因此，激发社区内多元力量的协同共治，唤醒居民的积极参与意识，塑造社区共同体的精神纽带，增进居民间的情感联结，已然成为实现美好生活愿景的创新之路。这不仅是对人民新期待的深刻回响，亦是一项值得持续深入探讨与实践的重要课题。

为了深耕这一领域，我倾注心血，搜集了大量的实证资料。在北京的朝阳区大屯街道、大兴区观音寺街道等地，我精心选取了调研对象，并对负责问卷调查的中华女子学院社会工作学院的研究生和本科生进行了系统的培训，确保了北京市问卷调查的顺利完成。与此同时，我依托社会工作学院的实习基地，不仅指导学生完成了专业实习与课程实践，还对基地进行了详尽的观察记录，组织了多次座谈会与访谈。此外，在往届毕业生的协助下，我与深圳市坪山区 I 社区党群服务中心合作，通过专业的社会工作外展方式，完成了深圳市的问卷调查，并在 I 社区党群服务中心的支持下，圆满完成了座谈、访谈的任务。

值此研究成果即将面世之际，我要向北京市朝阳区大屯街道、亚运村街道，海淀区清河街道，大兴区观音寺街道以及深圳市坪山区、罗湖区的相关社区表达最深切的感激之情，感谢它们在问卷调查、座谈访谈及专业服务方面给予的无私援助。特别感谢深圳市坪山区 I 社区党群服务中心的所有社会工作者，他们的辛勤付出是本研究成功的坚强后盾。同时，也向那些在北京市、深圳市热情参与调查的朋友们表示衷心感谢，他们的宝贵意见和真实反馈是本研究不可或缺的一部分。

　　此外，我要向中华女子学院社会工作学院参与问卷调查、数据分析、专业服务的所有教师和同学们致以崇高的敬意，感谢他们不辞辛劳的贡献。感谢中国人民大学社会学院夏建中教授为本书撰写序言，他的智慧之光为本书增色不少。同时，也要感谢社会科学文献出版社的编辑赵娜、李薇，她们的专业编辑工作使这本书得以完美呈现。

　　在本书的撰写过程中，我借鉴了许多同行的研究成果，在此表示由衷的敬意和感谢。然而，鉴于个人能力的局限，书中难免有不足之处，恳请学术界的同仁和广大读者不吝赐教，予以批评指正。让我们共同期待，通过不断地探索与实践，超大城市中的熟人社区能够绽放出更加温暖和谐的光芒。

李　敏

2024 年 7 月于北京

图书在版编目（CIP）数据

温情再归：超大城市的熟人社区建设／李敏著.
北京：社会科学文献出版社，2025.1. --ISBN 978-7
-5228-3990-5

Ⅰ.D669.3

中国国家版本馆 CIP 数据核字第 2024FN0279 号

温情再归：超大城市的熟人社区建设

著　　者／李　敏

出 版 人／冀祥德
组稿编辑／赵　娜
责任编辑／李　薇
责任印制／王京美

出　　版／社会科学文献出版社·群学分社（010）59367002
　　　　　　地址：北京市北三环中路甲 29 号院华龙大厦　邮编：100029
　　　　　　网址：www.ssap.com.cn
发　　行／社会科学文献出版社（010）59367028
印　　装／三河市龙林印务有限公司

规　　格／开　本：787mm×1092mm　1/16
　　　　　　印　张：26　字　数：423 千字
版　　次／2025 年 1 月第 1 版　2025 年 1 月第 1 次印刷
书　　号／ISBN 978-7-5228-3990-5
定　　价／169.00 元

读者服务电话：4008918866